NCS 직업기초능력평가

2025 고시넷 대기업

최신 새마을금고 기출 유형

실제 시험과 동일한 구성의 모의고사

고시넷 WWW.GOSINET.CO.KR

MG새마을금고 NCS 직업기초능력평가 기출예상모의고사

gosinet
(주)고시넷

PREFACE

정오표 및 학습 질의 안내

정오표 확인 방법

고시넷은 오류 없는 책을 만들기 위해 최선을 다합니다. 그러나 편집 과정에서 미처 잡지 못한 실수가 뒤늦게 나오는 경우가 있습니다. 고시넷은 이런 잘못을 바로잡기 위해 정오표를 실시간으로 제공합니다. 감사하는 마음으로 끝까지 책임을 다하겠습니다.

고시넷 홈페이지 접속 > 고시넷 출판-커뮤니티 > 정오표

www.gosinet.co.kr

모바일폰에서 QR코드로 실시간 정오표를 확인할 수 있습니다.

학습 질의 안내

학습과 교재선택 관련 문의를 받습니다. 적절한 교재선택에 관한 조언이나 고시넷 교재 학습 중 의문 사항은 아래 주소로 메일을 주시면 성실히 답변드리겠습니다.

이메일주소 **qna@gosinet.co.kr**

CONTENTS

차례

MG 새마을금고 필기시험 정복

파트 1 MG 새마을금고 기출예상모의고사

파트 2 인성검사

파트 3 면접가이드

책 속의 책 정답과 해설

EXAMINATION GUIDE

구성과 활용

1

MG 새마을금고 소개 & 채용 절차

MG 새마을금고의 비전, 경영이념, CI, 인재상 등을 수록하였으며 최근 채용 절차 등을 쉽고 빠르게 확인할 수 있도록 구성하였습니다.

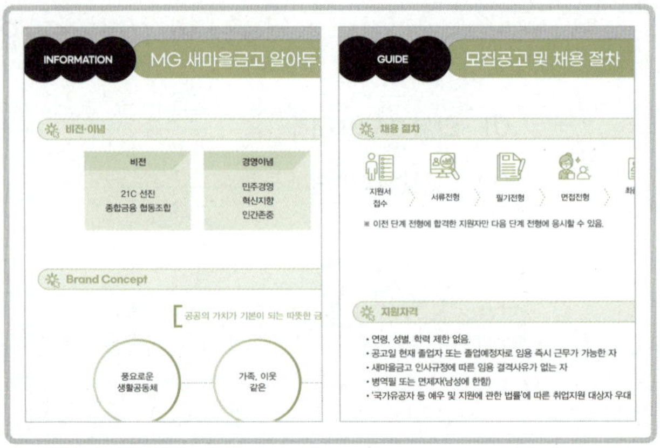

2

MG 새마을금고 기출 유형 분석

최근 기출문제 유형을 분석하여 최신 출제 경향을 한눈에 파악할 수 있도록 하였습니다.

3

기출예상문제로 실전 연습 & 실력 UP!!

총 8회의 기출예상문제로 자신의 실력을 점검하고 완벽한 실전 준비가 가능하도록 구성하였습니다.

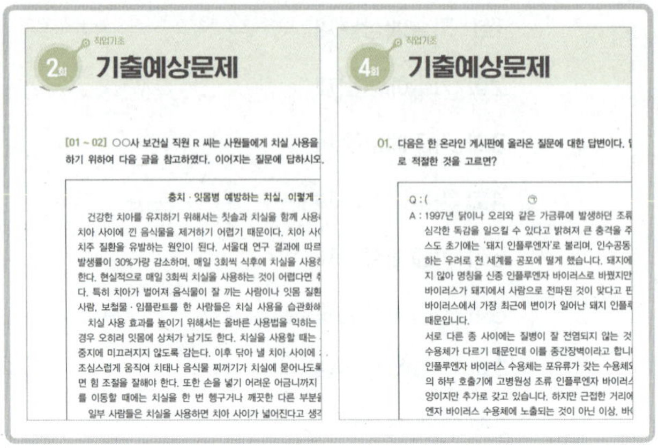

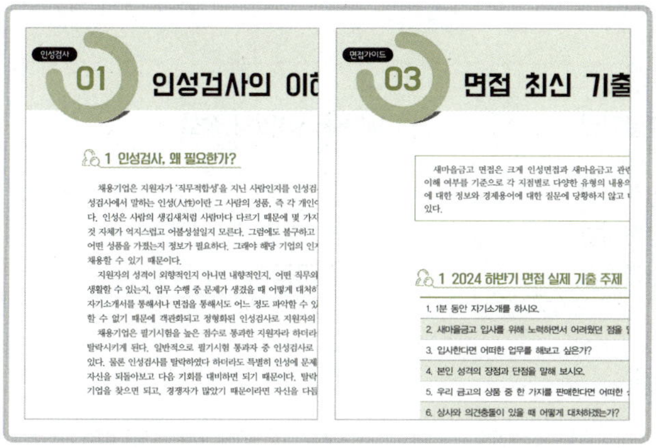

4

인성검사 & 면접으로 마무리까지 OK!!!

최근 채용 시험에서 점점 중시되고 있는 인성검사와 면접 질문들을 수록하여 마무리까지 완벽하게 대비할 수 있도록 하였습니다.

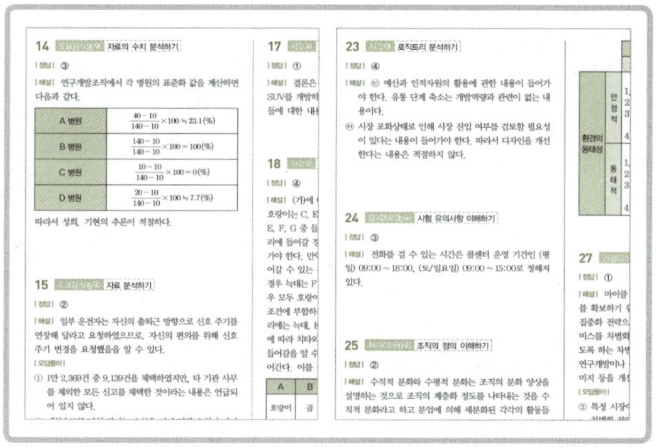

5

상세한 해설과 오답풀이가 수록된 정답과 해설

기출예상문제의 상세한 해설을 수록하였고 오답풀이 및 보충 사항들을 수록하여 문제풀이 과정에서의 학습 효과가 극대화될 수 있도록 구성하였습니다.

MG 새마을금고 알아두기

비전·이념

비전	경영이념	새마을금고인의 정신
21C 선진 종합금융 협동조합	민주경영 혁신지향 인간존중	자조 호혜 공동체

Brand Concept

[공공의 가치가 기본이 되는 따뜻한 금융]

풍요로운 생활공동체
나–이웃–지역–사회가 함께 성장 · 발전해가는 따뜻한 철학

가족, 이웃 같은
사람 중심의 따뜻하고 풍요로운 이미지 내 가족의 일처럼 마음을 다하는 서비스

신뢰할 수 있는
믿을 수 있는 금융 서비스 체계적이고 앞서가는 새마을금고

Name Concept

[MG]

마을금고
Maeul Geumgo

Make Good life
더 멋지고 풍요로운 삶

Meet & Greet
만나면 반가운 이웃

'MG'의 의미는 하나의 국한된 뜻이나 영문 어법상의 내용이 아니라 회원의 생활, 삶, 성공, 만남, 반가움, 이웃 등 복합적인 의미가 있고, 포괄적 및 상징적으로 사용합니다.

Slogan Concept

[Make Good]

Money
모두가 부자되는 금융혜택

Life
모두의 더 나은 생활

World
모두가 행복한 세상

MG 새마을금고의 슬로건 'Make Good'은 '좋아지다, 성공하다, 부자되다'라는 의미로 더 나은 고객의 삶뿐 아니라 더 나은 지역공동체와 세상을 생각하는 금융으로서 MG 새마을금고의 철학을 전달합니다.

CI

MG 새마을금고

MG 새마을금고의 긍정적 자산인 느티나무의 이미지를 연계하여 계승, 발전시킴으로서 금융 본연의 신뢰감, 정직함을 전달하며 현대적인 형태로 세련미와 진중함을 담은 새마을금고를 대표하는 상징체

인재상

자조정신을 갖춘 인재 [창의와 도전]

- 자신의 역량을 최대한 발휘할 수 있는 전문적이고 창의적인 인재
- 어려운 상황에 맞서 끝까지 포기하지 않는 도전적인 인재

호혜정신을 갖춘 인재 [사랑과 봉사]

- 이타심을 바탕으로 타인을 존중하고 배려하는 인재
- 새마을금고 정신을 실천하고 지역사회에 공헌할 수 있는 인재

공동체 정신을 갖춘 인재 [성실 · 책임]

- 금고인으로서 긍지와 자부심을 가지고 정직하고 성실한 자세를 견지하는 인재
- 법과 규정을 준수하고 공정한 태도로 업무를 수행하는 인재

모집공고 및 채용 절차

채용 절차

지원서 접수 〉 서류전형 〉 필기전형 〉 면접전형 〉 최종합격자 발표

※ 이전 단계 전형에 합격한 지원자만 다음 단계 전형에 응시할 수 있음.

지원자격

- 연령, 성별, 학력 제한 없음.
- 공고일 현재 졸업자 또는 졸업예정자로 임용 즉시 근무가 가능한 자
- 새마을금고 인사규정에 따른 임용 결격사유가 없는 자
- 병역필 또는 면제자(남성에 한함)
- '국가유공자 등 예우 및 지원에 관한 법률'에 따른 취업지원 대상자 우대

지원서 접수

- 새마을금고 홈페이지(http://www.kfcc.co.kr)를 통한 온라인 입사지원(방문, 우편, E-mail 접수 불가)
- 지원자는 1개의 새마을금고를 선택하여 응시해야 함.
- 전형별 합격자는 응시한 새마을금고의 합격배수 내에서 지원자들의 성적순에 따라 결정됨.
- 최종 마감일 이후에는 홈페이지에서 지원서를 접수 중이라도 전산이 마감되어 지원이 불가하므로 반드시 사전에 최종지원을 완료해야 함.
- 지원서를 허위(지원자 실수 등 포함)로 작성하거나, 제출된 서류와 내용이 다른 경우 합격을 취소할 수 있음.
- 지원서 작성 시 사전에 서류를 구비하여 오류 입력에 따른 합격 취소 등 불이익이 없도록 유의해야 함.

필기전형

구분	문항(영역)	시간
인성검사	200문항	90분
NCS 직업기초능력평가	40문항 (의사소통, 수리, 문제해결, 조직이해, 대인관계)	

- 본 전형과 관련된 추가정보(합격배수, 출제경향, 과락점수 등)를 지원자에게 개별적으로 안내하지 않음.
- 본인 확인을 위해 반드시 신분증과 수험표(홈페이지에서 출력)를 지참해야 본 시험에 응시할 수 있음.
- 응시자의 필기전형 점수가 일정수준에 미치지 못하는 경우 과락에 따른 불합격으로 처리함.
- 수정테이프 및 계산기는 사용할 수 없음.
- 당일 오전 9시 30분까지 고사장 주출입구에 도착하지 않는 지원자는 본 전형에 응시할 수 없음.

면접전형

- 면접 관련 세부내용은 필기전형 합격자들에게 개별적으로 안내함.
- 면접전형은 지원한 새마을금고에서 지정한 일자와 장소에서 진행됨.
- 새마을금고는 면접전형 결과에 따라 공고된 채용인원을 초과하거나 미달하여 최종합격자를 선정할 수 있음.
- 필기전형 합격자는 면접전형 시 다음 서류를 시험 당일 채용담당자에게 개별 제출해야 함.

필수	해당자
– 주민등록등본 1부 – 최종학교 졸업(예정)증명서 1부 – 최종학교 전학년 성적증명서 1부 – 주민등록초본 1부 (남자의 경우에 한함) ※ 병적사항 기재 (미기재 시 병적증명서 추가 제출)	– 취업(보호)지원대상자 증명서 1부 – 자격증명서(사본) 1부

※ 제출서류에 주민번호가 포함된 경우, 생년월일만 표시되도록 발급받거나 생년월일을 제외하고 주민번호 뒤에 7자리를 마스킹(볼펜 등을 이용하여 삭제) 후 제출함.

MG 새마을금고 기출 유형분석

2024.04.13. MG 새마을금고 기출문제 분석

문번	구분		문항구조	평가요소	소재
1	의사소통능력	문서이해	장문, 2문항	자료이해	DDR5 메모리 D램의 수요 증가
2		문서이해		자료이해	
3		문서작성	장문, 2문항	어휘이해	서로 존중하는 기업문화 형성의 중요성
4		문서작성		자료이해	
5		문서이해	장문, 2문항	자료이해	산재보상보험법 개정으로 인해 산재보험 적용대상 확대
6		문서이해		어휘이해	
7		문서작성	장문, 1문항	자료이해	저출생 문제해결을 위한 해결방안
8		문서이해	장문, 1문항	자료이해	지구온난화 극복을 위한 소비자와 기업의 실천 사례
9	조직이해능력	경영이해	장문, 2문항	자료이해	고객 행동 분석 체제
10		경영이해		자료이해	
11	수리능력	도표분석	표, 2문항	자료이해	서울 자치구별 에너지 사용량 통계
12		도표분석		자료이해	
13		도표분석	표, 2문항	자료이해	문항 내용타당조 검증 지수(CVI)
14		도표분석		자료 계산	
15		기초연산	단문, 1문항	자료 계산	토너먼트 경기 횟수
16	문제해결능력	문제처리	장문, 2문항	자료이해	고객모니터단 모집 공고
17		문제처리		자료이해	
18		문제처리	장문, 2문항	자료이해	임대사업자 입찰 공고
19		문제처리		자료이해	
20		문제처리	단문, 1문항	자료이해	○○군 관광객 증가와 추가 목표
21		문제처리	장문, 1문항	자료이해	관광도시의 지역 관광 발전 방안
22		문제처리	장문, 3문항	자료이해	개인정보 오남용 피해예방 10계명
23		문제처리		자료이해	
24		문제처리		자료이해	

문번	구분		문항구조	평가요소	소재
25	문제해결능력	문제처리	장문, 1문항	자료이해	지방교육청의 연구 · 학습조직 운영
26	조직이해능력	체제이해	표, 2문항	자료이해	교육원의 조직 구조 및 현황
27		업무이해		자료이해	
28		경영이해	표, 2문항	자료이해	브랜드의 SWOT 분석 자료
29		경영이해		자료이해	
30		경영이해	장문, 2문항	자료이해	조직의 전략적 계획 수립과 운영 계획 수립
31		경영이해		자료이해	
32		업무이해	장문, 1문항	자료이해	매트리스 조직에 대한 이해 및 유형
33	대인관계능력	고객서비스	중문, 1문항	자료이해	고객서비스 향상을 위해 문제 인식
34		리더십	장문, 1문항	자료이해	열린 행정과 소통하는 리더십에 의한 성과
35		고객서비스	장문, 2문항	자료이해	캠핑장 사용 FAQ
36		고객서비스		자료이해	
37		대인관계	표, 1문항	자료이해	공사의 미션 및 비전
38		고객서비스	장문, 2문항	자료이해	호텔 고객 불만족 사례
39		고객서비스		자료이해	
40		고객서비스	장문, 1문항	자료이해	공사 고객서비스 이행 기준

MG 새마을금고 기출 유형분석

2023.11.18. MG 새마을금고 기출문제 분석

문번	구분		문항구조	평가요소	소재
1	의사소통능력	문서작성	장문, 2문항	자료이해	고라니의 특징 및 이해
2		문서이해		자료이해	
3		문서작성	단문, 2문항	어휘이해	인류의 설탕 소비 및 발전
4		문서작성		자료이해	
5		문서이해	장문, 1문항	자료이해	비행기 충돌사건에서 발휘한 승무원의 봉사정신과 희생정신
6	조직이해능력	업무이해	단문, 1문항	자료이해	업무성과를 높이기 위한 전략
7	의사소통능력	문서이해	장문, 1문항	자료이해	모바일게임 서비스 이용약관
8		의사표현	단문, 1문항	자료이해	직장 내 인사 예절
9	문제해결능력	문제처리	장문, 1문항	자료 추론	포장재 규제 목표와 이에 따른 대응방안
10		문제처리	장문, 1문항	자료이해	재난 및 안전관리 기본법
11	수리능력	도표분석	표, 2문항	자료 계산	최근 국내 주요 항문 물동량 변화
12		도표작성		자료이해	
13		기초연산	단문, 1문항	자료 계산	토너먼트 경기 횟수
14		도표분석	표, 1문항	자료이해	주요 국가 태양광 및 풍력 발전 비중
15		기초연산	단문, 1문항	자료 계산	일률 계산
16	의사소통능력	문서이해	단문, 1문항	자료이해	주요 국가 인터넷 접속시간
17	문제해결능력	사고력	단문, 1문항	자료 추론	자리 배열
18		사고력	단문, 1문항	자료 추론	순서 계산
19		사고력	단문, 1문항	자료 추론	비밀번호 경우의 수
20		문제처리	장문, 1문항	자료이해	부서별 성과급 계산
21		문제처리	단문, 1문항	자료이해	소셜미디어의 대중화로 인한 양방향 소통
22	의사소통능력	문서작성	단문, 1문항	자료이해	인간 복제 기술에 대한 오해
23		문서작성	장문, 1문항	자료이해	재사용가능하며 생분해되는 마스크 개발
24	문제해결능력	사고력	단문, 1문항	자료 추론	점수 계산

문번	구분		문항구조	평가요소	소재
25	조직이해능력	조직이해	단문, 1문항	자료이해	조직문화의 전략과 관계
26		체제이해	단문, 1문항	자료이해	신입사원 교육을 통해 알 수 있는 조직문화
27		체제이해	표, 1문항	자료이해	조직목적과 인류학, 심리학, 사회학의 관계
28		경영이해	단문, 1문항	자료이해	픽사의 의사결정 방법인 두뇌위원회
29		경영이해	단문, 1문항	자료이해	맥도날드의 안일한 결정이 바꾼 미래
30		경영이해	단문, 1문항	자료이해	중소기업이 대기업과의 경쟁에서 우위를 확보하는 방법
31	대인관계능력	리더십	단문, 1문항	자료이해	임파워먼트
32		리더십	단문, 1문항	자료이해	코칭의 중요성
33		갈등관리	단문, 1문항	자료이해	갈등 사례와 갈등 확인 단서
34		대인관계	표, 1문항	자료이해	조하리의 창 이론
35		대인관계	중문, 2문항	자료이해	직장에서 유대감의 필요성
36	조직이해능력	체제이해		자료이해	
37	대인관계능력	팀워크	단문, 1문항	자료이해	효율적인 팀의 특성
38		협상	단문, 1문항	자료이해	불안감을 이용한 협상전략
39		팀워크	단문, 1문항	자료이해	집단의 편익
40		갈등관리	표, 1문항	자료이해	갈등관리유형

MG 새마을금고 기출 유형분석

2023.04.29. MG 새마을금고 기출문제 분석

문번	구분		문항구조	평가요소	소재
1	의사소통능력	문서이해	장문, 2문항	자료이해	예금자보호법 개정
2		문서이해		자료이해	
3		문서이해	중문, 2문항	자료이해	새마을금고 MG영크리에이터 모집 공고
4		문서이해	중문, 2문항	자료이해	
5		문서이해	중문, 1문항	자료이해	시중금리 인하와 변동금리
6		문서작성	단문, 1문항	어휘이해	올바른 한글맞춤법 알기
7		문서이해	중문, 1문항	자료 추론	중대재해법 위반
8		문서작성	중문, 1문항	어휘이해	탄소중립 · 녹색성장 기본계획
9		문서이해	장문, 2문항	자료이해	직업기초능력평가 타당도 분석
10		문서이해		자료이해	
11	수리능력	도표분석	표, 1문항	자료이해	환경문제
12		기초연산	단문, 1문항	자료 계산	확률 계산
13		도표분석	표, 2문항	자료이해	회사채 금리와 개인투자자 회사채 순매수액의 상관관계
14		도표분석		자료이해	
15		기초연산	단문, 1문항	자료 계산	거리 계산
16	문제해결능력	사고력	단문, 1문항	자료 추론	삼단논법
17		사고력	단문, 1문항	자료 추론	명제 추론
18	조직이해능력	경영이해	중문, 2문항	자료이해	회사 운영 전략
19		경영이해		자료이해	
20	문제해결능력	문제처리	중문, 1문항	자료이해	새마을금고 보이스피싱 대응방안
21		문제처리	표, 1문항	자료이해	부정예매 소명 처리 절차
22		문제처리	중문, 1문항	자료이해	자국 통화 약세 원인
23		사고력	단문, 1문항	자료 추론	진위 판단
24		문제처리	중문, 1문항	자료이해	소상공인 O2O 플랫폼 진출 지원 사업

문번	구분		문항구조	평가요소	소재
25	대인관계능력	고객서비스	단문, 1문항	자료이해	불만고객 처리 단계
26		갈등관리	중문, 1문항	자료이해	송전선 건설 사례 비교
27	조직이해능력	체제이해	중문, 1문항	자료이해	조직구조 개선
28		체제이해	중문, 1문항	자료이해	조직변화 방향 수립
29		체제이해	중문, 1문항	자료이해	조직목표를 위한 개인적 공헌
30		체제이해	중문, 1문항	자료이해	의사결정 모형
31		조직이해	중문, 1문항	자료이해	조직운영 원리
32		체제이해	장문, 1문항	자료이해	개인과 조직의 관계
33	대인관계능력	대인관계	표, 1문항	자료이해	대인관계 양상
34		대인관계	중문, 1문항	자료이해	대인관계에 영향을 미치는 요인
35		갈등관리	장문, 2문항	자료이해	직장 내 대화 환경
36		갈등관리		자료이해	
37		리더십	중문, 1문항	자료이해	리더가 활용할 수 있는 동기부여 방법
38		갈등관리	중문, 1문항	자료이해	갈등해결방안
39		협상	중문, 2문항	자료이해	협상전략
40		협상		자료이해	

MG 새마을금고 기출 유형분석

2022.11.19. MG 새마을금고 기출문제 분석

문번	구분		문항구조	평가요소	소재
1	의사소통능력	문서이해	장문, 1문항	자료이해	인간이 조류 인플루엔자에 감염되는 원인
2		문서이해	장문, 1문항	자료이해	미적 무관심성
3		문서작성	장문, 1문항	자료이해	사업 성공의 배경
4		문서이해	장문, 1문항	자료이해	예술과 과학의 연관성
5		문서작성	장문, 1문항	자료 추론	구글의 가상 정보 저장소
6		문서작성	장문, 1문항	자료 추론	지속 가능한 자본주의
7		문서이해	장문, 2문항	자료이해	새마을금고 모델의 해외 도입
8		문서이해		자료이해	
9		문서이해	장문, 2문항	자료이해	새마을금고의 신용카드 사업
10		문서작성		자료 추론	
11	수리능력	도표분석	표, 1문항	자료 계산	국가별 석탄 발전소의 먼지 배출 허용 기준
12		도표분석	표, 1문항	자료 계산	지표별 표준화 값
13		도표분석	그래프, 1문항	자료 계산	국민신고 교통안전시설 개선 요구안
14		도표분석	표, 1문항	자료이해	국내 의료연구 논문 발표 현황
15		도표분석	중문, 1문항	자료 계산	세계 휴대폰 판매량
16	문제해결능력	문제처리	장문, 1문항	자료이해	충전식 카드형 상품권 서비스
17		사고력	단문, 1문항	자료 추론	명제 추론
18		사고력	단문, 1문항	자료 추론	명제 추론
19		사고력	중문, 1문항	자료 추론	인용한 논문 추론
20		문제처리	단문, 1문항	자료이해	SWOT 분석
21		사고력	표, 1문항	자료 추론	자동차 개발 회의
22		문제처리	중문, 1문항	자료이해	마을 개발 관련 회의
23		문제처리	장문, 2문항	자료이해	개도국 대상 국제개발협력 사업을 위한 업무협약
24		문제처리		자료이해	

문번	구분		문항구조	평가요소	소재
25	대인관계능력	리더십	장문, 2문항	자료이해	임파워먼트 장애요인
26		리더십		자료이해	
27		협상	중문, 2문항	자료이해	협상에서 나타나는 실수와 대처방안
28		협상		자료이해	
29		협상	표, 2문항	자료이해	협상의 단계
30		협상		자료이해	
31		리더십	중문, 2문항	자료이해	리더의 특징
32		리더십		자료이해	
33	조직이해능력	경영이해	표, 2문항	자료이해	다면 평가
34		경영이해		자료이해	
35		국제감각	표, 2문항	자료이해	외교관에게 필요한 지식
36		국제감각		자료이해	
37		업무이해	장문, 2문항	자료이해	기업별 인재상
38		업무이해		자료이해	
39		조직이해	장문, 2문항	자료이해	새마을금고 채용제도 개선
40		조직이해		자료이해	

MG 새마을금고 기출 유형분석

2022.04.23. MG 새마을금고 기출문제 분석

문번	구분		문항구조	평가요소	소재
1	의사소통능력	문서이해	장문, 2문항	자료이해	중소기업 청년 전월세 대출
2		문서이해		자료이해	
3		문서이해	장문, 3문항	자료이해	부정청탁금지법 시행령 개정
4		문서이해		자료이해	
5		문서이해		자료이해	
6		문서작성	장문, 1문항	자료이해	체크인 제도
7		문서이해	장문, 1문항	자료이해	아이핀(I-PIN)
8		문서작성	중문, 1문항	자료이해	인간 복제 토론
9		문서이해	장문, 2문항	자료이해	근대 유럽의 지도자들
10		문서작성		어휘선택	
11	수리능력	도표분석	표, 1문항	자료 계산	물품 판매 현황
12		도표분석	단문, 1문항	자료 계산	우편물 접수
13		도표분석	표, 2문항	자료이해	자전거 교통사고 발생 현황
14		도표작성		자료 계산	
15	문제해결능력	문제처리	중문, 1문항	자료 계산	출장 일정 계획
16		문제처리	장문, 2문항	자료 계산	직원 복지(동아리 지원금 등)
17		문제처리		자료 계산	
18		사고력	단문, 1문항	자료 추론	명제 추론
19		사고력	중문, 1문항	개념이해	강제결합법
20		문제처리	중문, 1문항	자료 계산	보험금 계산
21	수리능력	사고력	중문, 1문항	자료 계산	비밀번호 설정
22	문제해결능력	문제처리	장문, 3문항	자료이해	신용카드별 혜택 비교
23		문제처리		자료 계산	
24		문제처리		자료이해	

문번	구분		문항구조	평가요소	소재
25	조직이해능력	경영이해	중문, 1문항	개념이해	ABC와 ABM의 비교
26		경영이해	중문, 1문항	개념이해	실업
27		조직이해	장문, 2문항	자료이해	조직도와 내선번호 규칙
28		조직이해			
29		경영이해	장문, 2문항	자료이해	경쟁력 모형
30		경영이해			
31		경영이해	중문, 2문항	자료이해	동기부여 강화이론
32		경영이해			
33	대인관계능력	갈등관리	중문, 8문항	개념이해	조직 내 갈등상황
34		갈등관리		개념이해	조직 내 갈등상황
35		갈등관리		개념이해	조직 내 갈등상황
36		갈등관리		개념이해	조직 내 갈등상황
37		고객서비스		개념이해	불만고객 대처
38		고객서비스		개념이해	불만고객 대처
39		고객서비스		개념이해	불만고객 대처
40		고객서비스		개념이해	불만고객 대처

고시넷 MG 새마을금고 NCS

영역별 출제비중

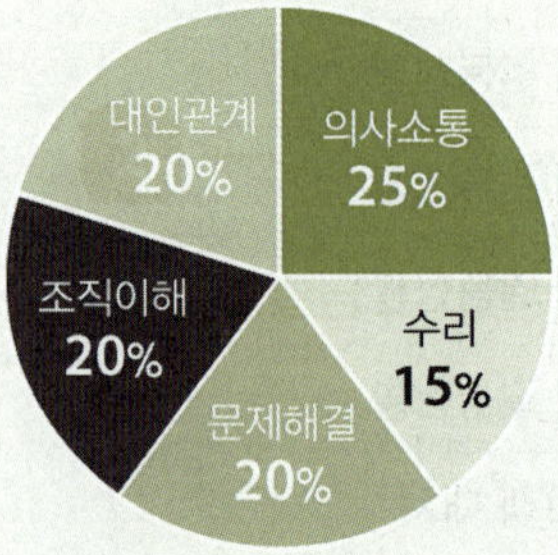

▶ 문단별 중심내용을 파악하는 문제
▶ 고객 행동 분석 체제를 이해하는 문제
▶ CVI 지수를 계산하는 문제
▶ 조직구조를 파악하는 문제
▶ 입찰 자격 조건을 파악하는 문제
▶ 고객의 질문에 응대하는 문제

MG 새마을금고 필기시험은 1. 의사소통능력, 2. 수리능력, 3. 문제해결능력, 4. 조직이해능력, 5. 대인관계능력 다섯 가지 영역으로 출제되고 있다. 의사소통능력에서는 글의 흐름에 따라 문단을 배열하는 문제와 단어의 의미를 파악하는 문제가 출제되었다. 수리능력에서는 CVI 지수를 파악하여 계산하는 문제와 토너먼트 경기의 횟수를 구하는 문제가 출제되었다. 문제해결능력에서는 입찰 공고문을 분석하는 문제와 문제해결과정의 단계를 파악하는 문제가 출제되었다. 조직이해능력에서는 조직구조도를 이해하는 문제와 매트리스 조직의 특성을 파악하는 문제가 출제되었다. 대인관계능력에서는 고객서비스 역량을 파악하는 문제와 고객 응대 실패원인을 분석하는 문제가 출제되었다.

MG 새마을금고

파트 1

기출예상모의고사

1회 기출예상문제

2회 기출예상문제

3회 기출예상문제

4회 기출예상문제

5회 기출예상문제

6회 기출예상문제

7회 기출예상문제

8회 기출예상문제

직업기초

1회 기출예상문제

문항수 : 40 문항

문항시간 : 40 분

▸ 정답과 해설 2쪽

[01 ~ 02] 다음 글을 읽고 이어지는 질문에 답하시오.

(가) 사실 과거에는 교육이 우리나라의 가장 큰 장점이었다. 모두가 동의하듯이 우리가 빠른 시일 안에 개발도상국에서 산업화와 민주화를 이루어 선진국의 문턱에 들어선 것은 교육의 힘 덕분이었다. 미국 컬럼비아대학의 유명 경제학자 제프리 삭스는 2015년 세계교육포럼에 참석해 "한국의 경제발전은 전례가 없는 성과이고, 교육이야말로 경제 발전의 연료 역할을 했다는 데 의심의 여지가 없다."라고 말했다. 심지어 버락 오바마 전 미국 대통령은 재임 시절 "한국에서는 교사가 국가 건설자(Nation Builder)라고 불린다."라고 말한 바 있다. 그러나 이제는 우리나라 교육에 대해서 대부분의 사람들이 불평하고 있다. 학생들은 공부가 재미없고 지겹다면서 열심히 공부해도 취업에 도움이 안 된다고 불만을 표출하고, 기업인들은 대학을 나와도 쓸 만한 인재가 없다고 아우성이다. 학부모들은 사교육비가 너무 비싸서 감당할 수 없다고 비명을 지르고, 대학들은 재정난으로 경영이 불가능하다고 토로한다.

(나) 우리나라 교육의 문제는 단편적인 처방 몇 가지로 해결될 일이 아니므로 오히려 교육의 틀을 근본적으로 바꾸는 사회적 대전환이 필요하다. 마침, 시대의 변화도 이러한 대전환을 요구하고 있다. 영국 옥스퍼드대학 연구팀에 의하면 인공지능(AI)으로 대표되는 제4차 산업혁명이 본격화되면 전문직을 포함해서 현재 있는 직업의 47%가 사라질 것이라고 한다. 또한 세계경제포럼(WEF)의 예측에 의하면, 지금 초등학교에 입학하는 학생들의 65%는 현재 존재하지도 않는 직업을 가지고 일할 것이라고 한다. 학생들이 졸업 후 어떠한 일을 할지도 모르는데, 학교에서 무엇을 가르칠지는 어떻게 결정하겠는가.

(다) 물론 이와 같은 대대적인 교육개혁에는 상당한 저항이 예상된다. 교육에는 학부모 및 교사, 사교육 종사자 등 관련자가 매우 많으며 이들은 서로 다른 이해관계를 가지고 있기 때문이다. 게다가 이념적인 대립도 만만치 않다. 과거 국정교과서 문제라든지 교육과정 개편 등 교육 현안이 있을 때마다 얼마나 시끄러웠는지를 생각해보면 사회적인 합의를 끌어내기가 쉽지 않음을 짐작할 수 있다. 그러나 그렇다고 미리 포기할 수는 없다. 그러기에는 우리의 학생들이 곧 쓸모없어질 지식을 달달 외우느라 학창시절을 의미없이 보내고 살인적인 경쟁에 짓눌려 초중고 학생 4명 중 1명이 자해나 극단적 선택까지 생각해보는 현실에 처해 있기 때문이다. 우리 미래 세대의 행복과 나라의 발전을 위해 담대한 교육개혁의 큰 그림을 그리고 사회적 대타협을 시도하는 것이 필요한 시점이다. 물론 대타협에 이르기까지 많은 시간이 걸릴 수도 있다. 그러나 늦었다고 생각할 때가 가장 빠르다고 하지 않는가.

(라) 이러한 양상은 단순히 불평으로 끝나는 것이 아니라, 이제는 교육이 국가 주요 문제의 원인이 되는 지경에 이르렀다. 예를 들어 지난해 인구보건복지협회가 실시한 조사에 의하면 청년세대가 출산을 원치 않는 가장 큰 이유는 양육비, 교육비 등 경제적 부담이었다. 즉 막대한 사교육비가 출산율 저하의 큰 원인인 것이다. 또한 총인구가 감소하는 것뿐만 아니라 인구의 수도권 집중현상도 큰 문제인데, 지역별로 교육기회가 고르지 못한 것이 주요 원인 중 하나이다. 게

다가 우리나라의 청소년 자살률은 경제협력개발기구(OECD) 평균의 두 배로 가장 높다. 학생들이 지나친 경쟁에 내몰려 과도한 학업 스트레스를 견디지 못하는 것이다. 이처럼 과거 우리나라를 일으켜 세웠던 교육이 이제는 오히려 문제로 전락하고 말았다.

01. 윗글의 (가) ~ (라)를 글의 흐름에 따라 바르게 나열한 것은?

① (가)－(나)－(다)－(라)
② (가)－(나)－(라)－(다)
③ (가)－(라)－(나)－(다)
④ (가)－(라)－(다)－(나)

02. 윗글의 중심내용으로 가장 적절한 것은?

① 대대적인 교육개혁에는 기득권 세력의 저항이 따른다.
② 과거의 우리나라를 일으켜 세웠던 것은 교육이다.
③ 우리 사회에서 가장 문제가 되는 것은 교육이다.
④ 우리나라 교육문제해결을 위해 담대한 교육개혁이 필요하다.

[03 ~ 04] 다음 글을 읽고 이어지는 질문에 답하시오.

전 세계적으로 멸종위기인 동물 중 한국에 가장 많이 서식하는 종이 있다. 국내에서는 유해 동물로 천대받고 있는 고라니가 바로 그 국제적인 보호종이다. 고라니(Water deer)는 사슴과 고라니아과에 속하는 단일종으로 한국고라니(Hydropotes inermis argyropus)와 중국고라니(Hydropotes inermis inermis)의 두 아종이 있다. 중국에서 고라니는 일부 동북부와 동부지역에 한정해 분포하며 한국에서는 제주도와 도서지역을 제외한 전국에 분포한다. 영국에서는 1870년대에 중국고라니가 처음 들어왔고 1930년 전후 추가로 유입되어 현재 보호구역에 1,000마리 정도가 살고 있다. 고라니는 갈대밭이나 큰 풀이 있는 숲, 낮은 산림지역, 농경지가 주 생활터전이며 주로 야간에 활동하며 조심스럽고 경계심이 많다. 영문명과 학명에 (　　㉠　　)이란 뜻을 포함하는 단어가 있듯이 수변을 좋아하고 수영을 잘한다.

또한 고라니는 몸길이가 75 ~ 100cm, 꼬리 길이는 5 ~ 8cm, 어깨높이가 45 ~ 65cm, 체중이 9 ~ 15kg이며, 수컷이 암컷보다 크다. 체형이 노루와 비슷해 혼동하기도 하지만 몇 가지만 알면 쉽게 구분할 수 있다. 우선 노루 수컷은 뿔이 나지만 고라니 수컷은 뿔이 없다. 그리고 노루는 송곳니가 없는 반면 고라니 수컷의 위턱에는 5 ~ 10cm 정도의 긴 송곳니가 있다. 노루의 엉덩이 부분은 털이 흰색이나 고라니는 흰털이 거의 없다.

고라니의 짝짓기 시기는 11 ~ 12월이며 170 ~ 210일의 임신 기간을 거쳐 5 ~ 6월에 새끼를 낳는다. 한 번에 보통 2 ~ 4마리에서 7마리까지 낳기도 하는데 갓 태어난 새끼는 어깨부터 엉덩이까지 양쪽에 흰 반점이 줄지어 있으며 3개월이 되면 없어진다. 새끼들은 태어난 지역에서 함께 지내지만, 조금만 자라면 곧바로 혼자의 생활을 위해 각자의 길을 떠난다. 그리고 성 성숙이 빨라 암컷은 7 ~ 8개월, 수컷은 5 ~ 6개월로 1년이 되기 전에 번식에 참여할 수 있으며 수명은 10 ~ 12년이다.

현재 고라니는 한국의 생태계에서 멧돼지와 더불어 가장 번성하고 있는 동물이다. 국내에 서식하는 개체 수는 약 70만 마리 정도로 추산되는데 이는 전 세계의 90% 이상을 차지한다. 호랑이, 표범, 늑대와 같은 포식동물이 사라진 것이 개체 수 증가 이유다. 담비, 삵, 수리부엉이, 검독수리 등의 천적이 고라니를 사냥하기도 하지만 이들의 수가 많지 않고 새끼 위주로 잡아먹기 때문에 고라니의 개체 수에 큰 영향을 주지 못한다. 한국에서는 고라니의 개체 수가 많아져 농작물에 피해를 준다는 이유로 유해조수로 지정되어 있다. 반면에 세계자연보전연맹(IUCN)의 적색목록(Red list)에는 고라니를 멸종위기 카테고리의 '취약(Vulnerable)'등급으로 분류하고 있다. 이는 사자, 표범, 치타, 아프리카코끼리, 기린 등과 같은 등급이다.

03. 윗글의 빈칸 ㉠에 들어갈 단어로 가장 적절한 것은?

① 뿔 ② 물
③ 불 ④ 숲

04. 윗글을 통해 알 수 있는 내용으로 적절한 것은?

① 암컷 고라니는 뿔이 없으나, 수컷 고라니는 뿔이 있다.
② 암컷 노루와 암컷 고라니는 외형적으로 구분할 수가 없다.
③ 고라니의 개체 수는 전 세계적으로 100만 마리를 넘지 않는다.
④ 고라니의 천적에 의해 국내에 서식하는 고라니 개체 수가 줄고 있다.

[05 ~ 06] 다음 글을 읽고 이어지는 질문에 답하시오.

챗GPT 등 생성형 인공지능(AI)의 열풍으로 데이터센터 서버 수요가 증가하면서 메모리업계가 DDR(Double Data Rate)4 위주의 D램을 차세대 DDR5로 전환하는 데 속도를 내고 있다. 차세대 D램 규격으로 떠오르고 있는 DDR5의 시장 침투율을 얼마나 빨리 높이느냐에 메모리반도체업계의 성패가 달려있는 셈이다.

지난 5일 발표에 따르면 반도체업계에서는 D램 시장의 DDR5 침투율을 현재 10% 안팎으로 보고 있다고 한다. 이 수치는 아직까지 직전 버전인 DDR4가 대세임을 나타낸다. DDR5란 DDR D램이 2001년 출시된 이후 5번째 업그레이드된 기술 표준을 말한다. DDR5는 기존 DDR4보다 데이터 전송속도가 빠르고 전력소모도 적다. 글로벌 시장조사기관 옴디아(Omdia)는 DDR4의 점유율이 올해까지는 DDR5보다 높은 상태를 유지하겠지만, 적어도 내년부터는 DDR5가 더 많이 출하돼 세대교체가 이뤄질 것으로 예상하고 있다.

또한 재작년에는 국제 시장에서 3% 수준이었던 DDR5의 시장점유율이 2023에는 12%가 된 것을 보아 2024년 27%, 2025년 42%까지 높아질 것으로 전망하고 있다. 반면 DDR4는 재작년 53%로 최고점을 찍은 후 2023년 36%로 내려가 2024년에는 23%, 2025년에는 8%로 급격한 하락세를 탈 것으로 예상하고 있다. 국내 시장에서는 좀 더 낙관적인 전망이 나온다. S 투자증권 K 연구원은 옴디아 통계를 토대로 DDR5 침투율이 2024년 상반기 26%, 2024년 하반기 35%, 2025년에는 48%에 이를 것이라고 예측했다. AI 투자 증가에 따라 DDR5 고용량 제품의 수요가 증가하고 이는 DDR5 침투율을 빠르게 확대하는 효과로 이어질 것이란 분석이다.

전반적인 D램 가격이 지난해 하반기부터 곤두박질치고 있는 가운데 DDR5는 DDR4보다 가격대가 높고 가격 하락폭도 덜한 수준이다. 옴디아는 작년 4분기 각각 18.50달러, 84달러였던 DDR4 PC용(8GB)과 서버용(32GB) 가격이 올해 2분기 말에는 12.80달러, 60달러 수준으로 내려갈 것으로 내다봤다. 한편 DDR5는 PC용과 서버용이 작년 4분기 각각 22달러, 108달러였는데 올해 2분기 말 14.30달러, 74달러가 될 것으로 예상했다. DDR4, DDR5 가격이 하락하고 있는 것은 마찬가지이지만 두 제품의 가격 하락원인은 완전히 다르다.

05. 윗글을 이해한 내용으로 적절하지 않은 것은?

① DDR5로 D램을 전환하게 된 배경에는 인공지능(AI) 열풍이 있다.
② DDR4와 DDR5의 가격은 현재 하락세를 보이고 있다.
③ 2024년 정도가 되면 DDR4 램 사용은 거의 없을 것으로 전망하고 있다.
④ 2023년 국제 시장에서 DDR4 램을 사용하는 비중이 DDR5 램보다 크다.

06. 윗글을 읽고 대답할 수 있는 질문으로 가장 적절한 것은?

① 챗GPT는 어떠한 알고리즘으로 구현이 될까?
② DDR5 램의 데이터 전송속도는 어느 정도일까?
③ 데이터센터를 운영하기 위해 필요한 예산은 얼마일까?
④ 요즘 데스크톱 PC용 DDR4와 DDR5 램 가격은 어느 정도 차이가 날까?

[07 ~ 08] 다음 글을 읽고 이어지는 질문에 답하시오.

다음 달부터 여러 업체에서 일하는 배달 · 대리기사 등의 노무 제공자에게도 산재보험이 적용되어 93만 명이 새로이 산재보험 혜택을 받게 된다. 고용노동부에서는 정부가 지난 20일에 국무회의를 열어 이와 같은 내용을 담은 「산업재해보상보험법 시행령」 개정안 등 노동부 소관 대통령령안 5건을 심의 · 의결했다고 밝혔다.

개정된 산재보상보험법에서는 노무 제공자가 하나의 주된 사업장에서 일하는 경우에만 산재보험이 적용되던 ㉠ 전속성 요건이 다음 달부터 폐지된다. 여기서 노무 제공자란 근로자가 아니면서 다른 사람의 사업을 위해 직접 노무를 제공하고 일정한 대가를 받는 사람을 말한다. 현재 시행되고 있는 산재보험법의 '특고 전속성 요건'은 하나의 주된 사업장에서 노무를 상시적으로 제공하고 보수를 받아야 산재보험 적용을 받을 수 있다고 규정했었다. 그러나 이번 개정으로 여러 플랫폼을 통해 일하는 배달 노동자는 물론 퀵서비스 기사, 대리운전기사 등도 산재보험 적용 대상 직종으로 확장될 전망이다. 적용 대상 직종은 기존 14개에서 18개로 늘어나 관광통역안내원, 어린이통학버스기사, 방과후 강사, 건설 현장 화물차주도 새로 산재보험의 보호를 받게 되었다.

이번 개정으로 약 93만 명의 노무 제공자가 추가로 산재보험 혜택을 받게 되어 산재보험 보호를 받는 노무 제공자는 약 173만 명으로 늘어나게 되었다. 이 밖에도 개정된 「고용보험법 시행령」에 따라 15세 미만 예술인 노무 제공자도 본인이 원하면 고용보험 가입이 가능하게 되면서 관련 절차가 신설되었다. 고용보험 적용 최저 연령을 일반 근로자와 같은 만 15세로 명시하여 15세 미만 예술인과 특수형태근로종사자도 원하는 경우 고용보험에 임의 가입할 수 있도록 한 것이다.

07. 윗글에 대한 이해로 적절하지 않은 것은?

① 노무 제공자는 근로자에 속하지 않는다.
② 산재보상보험법이 개정되면 산재보험 보호를 받는 사람이 늘어난다.
③ 산재보상보험법이 개정되면 건설 현장 화물차주도 산재보험의 보호를 받을 수 있다.
④ 산재보상보험법이 개정되면 배달 노동자는 하나의 사업장에서만 일을 해야 산재보험 보호를 받을 수 있다.

08. 윗글의 밑줄 친 ㉠에 대한 의미로 가장 적절한 것은?

① 권리나 의무가 특정한 사람이나 기관에 속해 있는 성향
② 개별적으로 취급하는 것이 아닌 전체를 고려하는 성향
③ 일정 기간 동안 성실하게 일하겠다는 서약
④ 이전에 기관이나 집단에 속해 있던 성향

09. 다음 영화 등급분류 기준을 고려할 때, 표에 제시된 영화의 기본정보를 통해 알 수 있는 내용으로 적절하지 않은 것은?

〈제2장 영화 등급분류 기준〉

제6조(관람등급) ① 영화의 상영등급은 다음 각호와 같이 분류한다.

1. 전체관람가 : 모든 연령에 해당하는 자가 관람할 수 있는 영화
2. 12세 이상 관람가 : 12세 이상의 자가 관람할 수 있는 영화(다만, 당해 영화를 관람할 수 있는 연령에 도달하지 아니한 자가 부모 등 보호자를 동반하여 관람하는 경우 관람가능)
3. 15세 이상 관람가 : 15세 이상의 자가 관람할 수 있는 영화(다만, 당해 영화를 관람할 수 있는 연령에 도달하지 아니한 자가 부모 등 보호자를 동반하여 관람하는 경우 관람가능)
4. 청소년 관람불가 : 청소년은 관람할 수 없는 영화(단, 「초 · 중등교육법」 제2조의 규정에 따른 고등학교에 재학 중인 학생은 관람불가)
5. 제한상영가 : 선정성 · 폭력성 · 사회적 행위 등의 표현이 과도하여 인간의 보편적 존엄, 사회적 가치, 선량한 풍속 또는 국민정서를 현저하게 해할 우려가 있어 상영 및 광고 · 선전에 있어 일정한 제한이 필요한 영화(단, 「초 · 중등교육법」 제2조의 규정에 따른 고등학교에 재학 중인 학생은 관람불가)

구분	A 영화	B 영화	C 영화
개봉	2022.03.15.	2023.11.17.	2021.05.08.
등급	15세 이상 관람가	청소년 관람불가	15세 이상 관람가
장르	액션, 드라마	로맨스, 판타지	액션, 드라마
국가	대한민국	미국	대한민국
러닝타임	115분	150분	123분

① A 영화와 C 영화는 모두 15세 이상 관람이 가능한 액션영화이다.

② A 영화는 2022년에 개봉한 국내영화로, 18세인 윤 씨가 관람할 수 있는 영화이다.

③ C 영화는 2021년에 개봉한 국내영화로, 상영시간이 2시간이 넘는다.

④ B 영화는 2023년에 개봉한 외국영화로, 15세인 박 씨가 보호자를 동반할 경우에는 관람이 가능한 영화이다.

[10 ~ 11] ○○금고 H 사원은 다음 자료를 참고하여 노후 설계 시뮬레이션 교육 프로그램을 만들었다. 이어지는 질문에 답하시오.

〈체계 수립 시 고려할 사항〉	
현재 연령과 은퇴 예상 연령	얼마나 오래 소득을 유지할 수 있는가?
기대 수명	얼마나 오래 연금을 수령할 것인가?
연평균 소득	연금을 납부하는 동안의 월평균 소득은 얼마인가?
은퇴 후 예상 생활비	가장 기본적인 생활을 유지하면서 취미활동 등 풍요로운 삶을 영위할 수 있는 수준인가?
연금 적립 금액	소득이 생긴 이후로 적립한 연금액이 얼마인가?
연금 소득대체율	은퇴 후 한 달에 받는 연금액이 국민연금을 납부한 기간 평균 월소득의 몇 퍼센트가 되는가?
예상 투자수익률	연금 기금의 투자수익률이 얼마나 높을 것인가?
예상 소득 상승률	소득이 지금보다 얼마나 상승할 것인가?

※ 연금 소득대체율이 50%일 때, 평균 월소득이 100만 원이라면 연금으로 매달 50만 원을 수령하게 됨.

〈시뮬레이션 화면 구성 시 고려할 사항〉
㉠ 연금 가입자들이 이해하기 쉬운 용어로 구성되어 있는가?
㉡ 예상이 필요한 질문에 대해서는 판단의 기준을 함께 제공하는가?
㉢ 시뮬레이션 결과로 필요한 정보들이 간결하게 제시되어 있는가?
㉣ 시뮬레이션 결과가 은퇴 후 각 연령별로 제시되어 있는가?

10. **H 사원은 〈체계 수립 시 고려할 사항〉을 다음과 같이 요인별로 분류하여 정리해 보았다. 이에 대한 의견으로 옳지 않은 것은?**

연금 적립액에 영향을 미치는 요인	은퇴 예상 연령, 현재 연령, 연평균 소득
연금 수령액에 영향을 미치는 요인	기대 수명, 소득대체율, 연금 기적립액, 예상 투자수익률, 예상 소득상승률

① 연금 기적립액이 많아도 소득대체율이 높으면 은퇴 후 여유롭게 지낼 수 없겠어.
② 예상 투자수익률과 소득상승률이 하락한다면 은퇴 후 연간 예상 생활비를 낮춰야 해.
③ 은퇴 예상 연령이 높고 연평균 소득이 많을수록 연금적립액의 소진 속도는 감소하겠지.
④ 기대 수명과 밀접한 관련이 있는 의료수준은 간접적으로 연금수령액으로 생활하는 데에 영향을 주겠군.

1회 기출예상
2회 기출예상
3회 기출예상
4회 기출예상
5회 기출예상
6회 기출예상
7회 기출예상
8회 기출예상
인성검사
면접가이드

11. H 사원은 〈시뮬레이션 화면 구성 시 고려할 사항〉을 토대로 시뮬레이션 화면을 구성해 보았다. 다음 화면을 참고할 때 ㉠ ~ ㉣ 중 H 사원이 고려하지 않은 것은?

노후 설계 정보입력

▨ 고객님의 연평균 소득은 얼마인가요?

[40,000,000] 원

▨ 고객님의 예상 은퇴 후 연간 생활비는 얼마인가요?

Ex. 기본적인 삶 : 집+음식+병원=2,400만 원

풍요로운 삶 : 집+음식+병원/여행/외식/…=3,600만 원

[24,000,000] 원

[확 인]

시뮬레이션 상세 결과

기본 생활비용		120만 원×12개월=1,440만 원
여유생활비용	취미, 운동	5만 원×2회×12개월=120만 원(등산, 기타)
	차량유지비	20만 원×12개월=240만 원
	경조사 등 모임 비용	5만 원×3회×12개월=180만 원
	외식비	10만 원×1회×12개월=120만 원
	국내외 여행비	200만 원(해외)+100만 원(국내)=300만 원
	소계	960만 원
	연간 노후생활 자금	2,400만 원
	월 노후 생활비	200만 원
	총 필요자금	약 5억 원

① ㉠ ② ㉡

③ ㉢ ④ ㉣

12. 제시된 부정청탁 및 금품 등 수수의 금지에 관한 법률 및 시행령을 참고할 때, 공직자에 관한 규정이 적용되는 ○○공단의 임직원 A ~ G에 관한 다음의 사례 중 해당 법률을 위반한 것은? (단, 제시된 자료 이외의 사항은 고려하지 않는다)

〈부정청탁 및 금품 등 수수의 금지에 관한 법률〉

제8조(금품 등의 수수 금지) ③ 제10조의 외부강의 등에 관한 사례금 또는 다음 각호의 어느 하나에 해당하는 금품 등의 경우에는 제1항 또는 제2항에서 수수를 금지하는 금품 등에 해당하지 아니한다.

1. 공공기관이 소속 공직자 등이나 파견 공직자 등에게 지급하거나 상급 공직자 등이 위로 · 격려 · 포상 등의 목적으로 하급 공직자 등에게 제공하는 금품 등
2. 원활한 직무수행 또는 사교 · 의례 또는 부조의 목적으로 제공되는 음식물 · 경조사비 · 선물 등으로서 대통령령으로 정하는 가액 범위 안의 금품 등
3. 사적 거래(증여는 제외한다)로 인한 채무의 이행 등 정당한 권원(權原)에 의하여 제공되는 금품 등
4. 공직자 등의 친족(「민법」 제777조에 따른 친족을 말한다)이 제공하는 금품 등
5. 공직자 등과 관련된 직원상조회 · 동호인회 · 동창회 · 향우회 · 친목회 · 종교단체 · 사회단체 등이 정하는 기준에 따라 구성원에게 제공하는 금품 등 및 그 소속 구성원, 공직자 등과 특별히 장기적 · 지속적인 친분관계를 맺고 있는 자가 질병 · 재난 등으로 어려운 처지에 있는 공직자 등에게 제공하는 금품 등

〈부정청탁 및 금품 등 수수의 금지에 관한 법률 시행령〉

제17조(사교 · 의례 등 목적으로 제공되는 음식물 · 경조사비 등의 가액 범위 등) ① 법 제8조 제3항 제2호 본문에서 "대통령령으로 정하는 가액 범위"란 [별표 1]에 따른 금액을 말한다.

[별표 1]

음식물 · 경조사비 · 선물 등의 가액 범위

1. 음식물(제공자와 공직자 등이 함께 하는 식사, 다과, 주류, 음료, 그밖에 이에 준하는 것을 말한다) : 3만 원
2. 경조사비 : 축의금 · 조의금은 5만 원. 다만, 축의금 · 조의금을 대신하는 화환 등 조화는 10만 원으로 한다.

비고

가. 제1호, 제2호 본문 · 단서의 각각의 가액 범위는 각각에 해당하는 것을 모두 합산한 금액으로 한다.

나. 제2호 본문의 축의금 · 조의금과 같은 호 단서의 화환 · 조화를 함께 받은 경우에는 그 가액을 합산한다. 이 경우 가액의 범위를 10만 원으로 하되, 제2호 본문 또는 그 단서의 가액 범위를 각각 초과해서는 안 된다.

① A 부장에게 빌린 300만 원을 갚은 B 차장
② 고생하는 C 차장에게 4만 원 상당의 선물을 사준 D 국장
③ 난치병으로 어려운 처지에 있는 동호회원에게 10만 원을 전달한 E 주임
④ F 부장 아들 결혼식에 축의금 7만 원과 3만 원 상당의 화환을 보낸 G 대리

13. **다음 사례에서 A 복지재단의 문제를 해결한 방법으로 적절하지 않은 것은?**

> A 복지재단은 노인 돌봄 서비스를 제공하는 복지 시설이다. 깔끔하고 안전한 시설과 친절한 서비스로 입소를 희망하는 노인들이 대기 명단에 이름을 올려놓고 있다. 하지만 이런 A 복지재단에도 어려움은 있었다. 시설을 확충하고 채용 직원을 최대로 늘리면서 비정규직 근로자가 전체 근로자의 약 60%에 육박하게 되었다. 그리고 A 복지재단에는 근무 체계와 근무 시간을 명시한 문서도 존재하지 않았으며, 근로자들은 업무 시간의 초과로 인해 상당한 피로가 쌓였으나 이를 해소하기 어려웠다.
>
> 이에 노사는 근로관계 법령을 준수하는 수준에서 근로 환경을 개선하기 시작하였다. 근로자의 고용 안정과 처우 개선을 통한 우수 인재 확보를 목표로 삼고 체계적인 인사 평가 · 보상 제도를 확립해 나갔다. 인사 및 보상 체계에 틀이 잡히기 시작하면서, A 복지재단과 근로자들 사이에는 견고한 신뢰 관계가 형성되었다. 근로자들은 노인들과 보호자들 그리고 A 복지재단에서 요구하는 능력에 대해 명확히 알게 되었으며 고용 안정을 보장받을 수 있게 되었다.
>
> A 복지재단에는 이전보다 즐거운 마음으로 일하게 된 근로자들이 있고, 그들로부터 양질의 돌봄 서비스를 받으며 즐거운 노후를 만드는 노인들이 있다. 이들은 지금도 건강한 변화와 발전을 거듭하고 있다.

① 근로 시간 연장　　② 우수 인재 확보
③ 평가제도 확립　　④ 근로 처우 개선

14. 다음은 A 기업의 개인성과평가 추진계획 내용이다. 이 기업에 입사한 K 사원의 행동 전략으로 적절하지 않은 것은?

구분	내용
횟수	연말 1회 평가(분기별 면담 / 실적 체크)
대상	실무자만 평가(관리자 제외)
방식	• 부하와 면담 / 코칭 절차 의무화 • 단일 평가단(직급, 직렬 구분 없음) • 절대평가 후 전체 순위 평가 • 기여도 / 다면평가방식 도입
평가지표	계량(60%) / 비계량(40%)
평가항목	• 부서 기여도(20%) • 개인목표(60%) • 업무수행과정(20%)

① 기업의 성과목표에 기여할 수 있는 개인의 목표를 설정한다.

② 성과향상을 위하여 조직 내 자신의 멘토와 정기적인 면담 시간을 확보한다.

③ 평가는 관리자로부터만 받기 때문에 관리자의 의견 및 요청에 충실히 따른다.

④ 개인의 목표달성도뿐만 아니라 업무수행과정 등의 성과도 중요시한다.

15. 다음 기준과 〈S 병원의 총영업이익〉을 근거로 판단할 때, 4개 부서 중 1인당 성과급이 가장 높은 부서는?

S 병원은 1년 동안의 부서별 총영업이익을 아래의 표와 같이 산출하였으며, 총 3가지 항목을 지표로 하여 정해진 기준에 따라 각 부서에 성과급을 지급하기로 하였다. 성과급 지급 기준은 다음과 같다.

기준 1) 1인당 영업이익이 많은 부서 순으로 부서 전체 성과급 500만 원, 400만 원, 300만 원, 200만 원을 지급한다.

기준 2) 전년 대비 증가율에 따라 부서원 한 명당, 부서의 전년 대비 증가율(%)×10만 원을 지급한다.

기준 3) 전년 대비 업무의 효율성 평가가 향상된 부서에는 기준 1)과 기준 2)에 따른 합산 성과급의 20%를 추가 지급하고, 효율성 평가가 하락한 부서에는 합산 성과급의 10%를 삭감 지급한다(단, 효율성 평가가 변함없는 부서에는 합산 성과급을 그대로 지급하고 전년과 올해 모두 효율성 평가에서 '상'을 받은 부서는 합산 성과급의 20%를 추가 지급한다).

〈S 병원의 총영업이익〉

부서	부서원 수(명)	1인당 영업이익(백만 원)	전년 대비 증가율(%)	업무 효율성 평가	
				전년	올해
A	8	360	10	상	상
B	10	310	13	중	하
C	12	320	12	상	중
D	15	300	8	하	중

① A　② B
③ C　④ D

16. 다음 자료에 대한 내용으로 적절하지 않은 것은?

> 디지털 생태계의 발전은 다양한 미디어의 탄생을 도모했다. 그중에서도 소비자들 간의 심리를 자극하는 소셜미디어라는 새로운 커뮤니케이션 플랫폼의 등장은 개인 간은 물론 개인과 기업 간의 소통과 마케팅 환경에도 큰 변화를 일으켰다. 소셜미디어를 이용하는 사람들이 늘어나면서 수많은 정보들이 수용과 확산을 거듭하며 다양한 공감대를 형성하게 되었다. 이렇게 형성된 네트워크 공감대 안에서 사용자들은 점차 자신이 추구하고자 하는 목적과 이를 성취하고자 하는 개인적 성향이 강해지고 있다. 이러한 모습으로 인해 기업과 브랜드는 다양한 플랫폼 환경과 디지털 콘텐츠를 통해 소비자와의 관계를 새롭게 구축하고 강화하는 데 많은 노력을 기울이고 있는 실정이다. 기존의 전통적인 미디어에서는 소비자에게 제품과 브랜드를 알리기 위해서 4대 매체인 TV, 라디오, 신문, 잡지가 중심이 되어 한 방향으로 메시지를 전달했다. 하지만 스마트폰의 보급과 소셜미디어의 대중화로 기업과 소비자의 양방향 소통이 일상화되었다. 이런 소통의 변화 속에서 강력한 영향력을 발휘하는 개인 인플루언서들은 다양한 분야를 통해 속속들이 등장하게 되었고, 기업의 마케팅 활동에서도 이들을 활용한 인플루언서 마케팅이 점차 보편화되고 있다.

① 소셜미디어의 대중화로 양방향 소통이 일상화되었다.
② 개인 인플루언서를 이용한 기업 마케팅이 보편화되고 있다.
③ 전통적인 미디어 방식에는 TV, 라디오, 신문, 잡지가 있다.
④ 새로운 플랫폼의 등장은 개인보다 기업에 더 많은 영향을 미쳤다.

1회 기출예상
2회 기출예상
3회 기출예상
4회 기출예상
5회 기출예상
6회 기출예상
7회 기출예상
8회 기출예상
인성검사
면접가이드

17. 다음은 ○○기관에서 발생한 문제를 조사한 내용이다. 각 문제사항을 제시된 5가지 문제유형으로 구분할 때 빈칸에 들어갈 수 없는 문제유형은?

문제사항	문제유형
상반기 매출이 부진하여 신상품 개발 투자가 부족함.	
외부 소음이 심해 업무에 방해가 됨.	
직원들이 업무 프로세스에 익숙하지 못함.	
업무가 바쁜 시간대에는 인력이 충분하지 않음.	
냉난방 시설이 가동 중 꺼지는 고장이 계속 발생함.	

〈5가지 문제유형〉

1. 재정문제 2. 규정문제 3. 인력문제 4. 업무환경문제 5. 시설 · 장비문제

① 재정문제
② 규정문제
③ 인력문제
④ 업무환경문제

18. 다음 ○○은행이 주관하는 축구대회의 경기 방식에 대한 설명을 참고할 때, 진행되는 경기 수의 합은? (단, 모든 경기에서 무승부는 없다고 가정한다)

- ○○은행배 축구 대회에는 총 10개의 팀이 참가한다.
- 참가 팀은 제비뽑기를 통해 대진이 결정되며, 첫 번째 경기부터 준결승전까지 단판 토너먼트 방식으로 진행된다.
- 대회가 진행되면서 남은 팀이 홀수일 때는 1개 팀에게 부전승 기회를 주어 진행한다.
- 결승전은 3판 2선승제 방식으로 진행하며 3, 4위전은 없이 준결승전에서 탈락한 팀에게 3위 자격을 부여한다.

① 최소 8경기, 최대 9경기
② 최소 9경기, 최대 10경기
③ 최소 10경기, 최대 11경기
④ 최소 11경기, 최대 12경기

[19 ~ 20] 다음 제시 상황과 자료를 보고 이어지는 질문에 답하시오.

직원 P는 연도별 자연재해 통계자료를 살펴보고 있다.

〈연도별 자연재해 피해액〉

(단위 : 백만 원)

구분	태풍	호우	대설	풍랑	강풍	지진	합계
20X1년	5,262	141,414	32,239	0	94	0	179,009
20X2년	13,887	1,256	13,489	345	4,031	0	33,008
20X3년	226,301	37,867	19,720	8,761	0	11,628	304,277
20X4년	0	123,614	85	617	0	67,713	192,029

〈연도별 자연재해로 인한 시설 피해 규모〉

(단위 : 명, 백만 원)

구분	사망·실종자수	이재민수	피해액					
			건물	선박	농경지	공공시설	기타	합계
20X1년	2	7,691	3,645	124	3,027	142,198	30,015	179,009
20X2년	0	92	263	316	11	13,604	18,814	33,008
20X3년	7	7,221	9,444	1,379	7,541	222,742	63,171	304,277
20X4년	7	8,731	65,923	75	13,631	106,736	5,664	192,029

〈연도별 자연재해 복구비〉

(단위 : 백만 원)

구분	태풍	호우	대설	풍랑	강풍	지진	합계
20X1년	10,263	462,958	30,975	0	24	0	504,220
20X2년	29,434	1,679	5,372	140	2,868	0	39,493
20X3년	532,774	38,840	14,890	21,384	0	15,316	623,204
20X4년	201	325,195	36	576	0	183,605	509,613

19. 다음 중 직원 P가 위 자료를 이해한 내용으로 적절하지 않은 것은?

① 20X1 ~ 20X4년 동안 연도별 자연재해 피해액이 매해 지속적으로 증가하는 자연재해가 있어.
② 20X1년은 다른 해에 비해 자연재해 피해액 대비 자연재해 복구비가 가장 컸어.
③ 20X4년은 자연재해로 인한 전체 피해액이 작년에 비해 크지 않았어.
④ 20X4년에는 지진으로 인한 자연재해 피해액과 자연재해 복구비가 다른 해보다 컸어.

20. 다음 중 자료의 (가) ~ (라)에 들어갈 값으로 가장 적절한 것은? (단, 모든 계산 값은 소수점 아래 셋째 자리에서 반올림한다)

〈연도별 전체 피해액에서 각 시설 피해액이 차지하는 비율〉

(단위 : %)

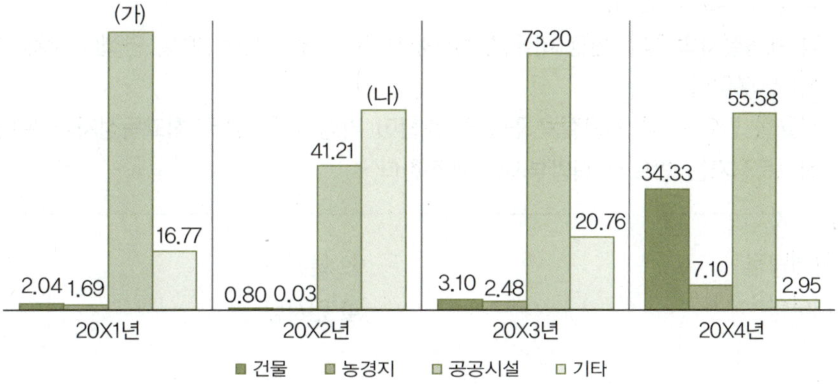

20X3년 대비 20X4년 시설별 피해 규모 증감률				
건물	선박	농경지	공공시설	기타
598.04%	-94.56%	80.76%	(다)	(라)

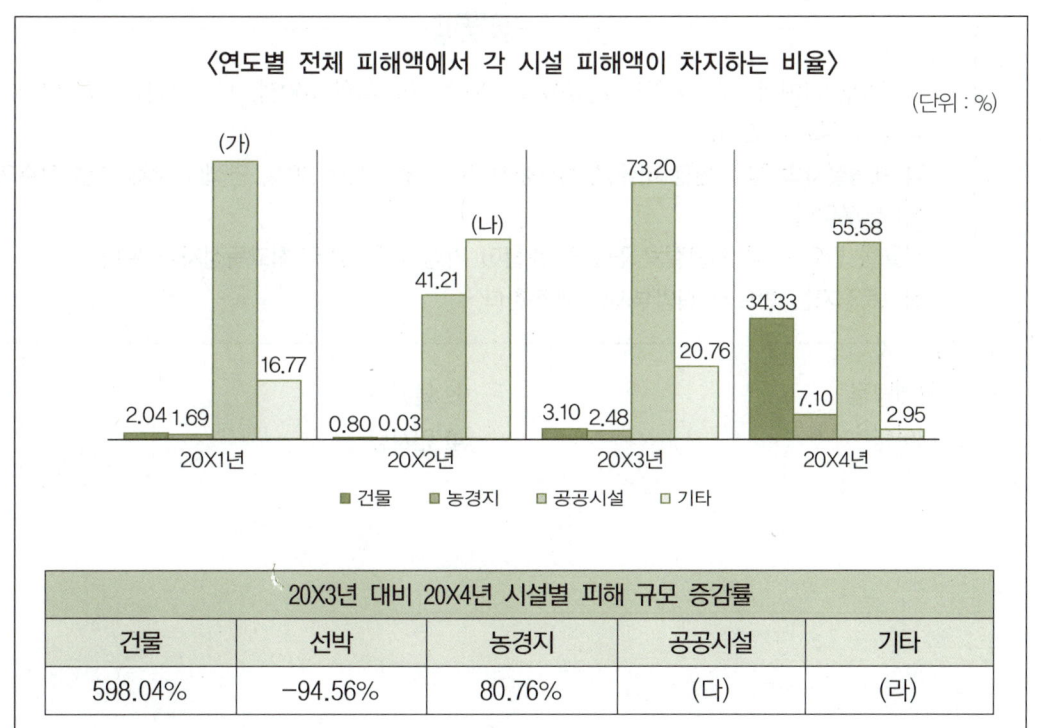

① (가) 76.44
② (나) 53.80
③ (다) -52.08%
④ (라) -58.03%

21. 다음은 ○○기업에 최종 합격한 신입사원들이 각 채용절차에서 얻은 점수와 신입사원별로 입사를 희망하는 부서를 정리한 자료이다. 〈조건〉에 따라 합격자 A ~ E 중 최고득점자가 배정되는 부서로 옳은 것은?

〈공개채용 최종 합격자별 희망부서〉

(단위 : 점)

합격자	서류심사	필기시험	1차 면접	2차 면접	희망부서
A	80	80	48	45	마케팅팀
B	90	85	39	44	CS팀
C	80	87.5	43	48	물류팀
D	70	90	42	38	재무팀
E	90	82.5	46	48	인사팀

조건

- 각 채용절차에서 만점 기준은 서류심사 100점, 필기시험 100점, 1차 면접과 2차 면접은 각각 50점으로 한다.
- 각 채용절차의 점수 반영 비율은 서류심사 10%, 필기시험 40%, 면접(1, 2차 면접 점수의 합) 50%이다.
- 비율을 반영한 각 채용절차 점수의 총합이 가장 높은 경우 최고득점자가 된다.
- 최고득점자는 반드시 희망부서에 배정한다.

① 마케팅팀　　② 물류팀

③ 재무팀　　④ 인사팀

[22 ~ 23] 다음 자료를 보고 이어지는 질문에 답하시오.

〈2022 ~ 2023년 국내 주요 항만 물동량〉

(단위 : 만 톤)

구분	2022년	2023년	증감량(증감률)
A 항만	19,485	20,493	+1,008(5.2% 증가)
B 항만	43,519	41,778	−1,741(4.0% 감소)
C 항만	27,228	24,911	−2,317(8.5% 감소)
D 항만	15,874	16,296	+422(2.7% 증가)
E 항만	12,624	11,864	−760(6.0% 감소)

22. 위 자료에 대한 설명으로 옳지 않은 것은? (단, 소수점 아래 둘째 자리에서 반올림한다)

① 2024년에 동일한 증감률을 보인다고 가정하면 B 항만의 2024년 물동량은 4억 톤 미만이 된다.

② E 항만이 2024년에도 동일한 증감률을 보이더라도 물동량은 1억 톤 이상을 유지한다.

③ C 항만이 2024년에 9.5%의 증가율을 보인다면 2024년 물동량은 2022년 물동량보다 많아진다.

④ D 항만의 2024년 물동량이 16,746만 톤이라면 2024년의 전년 대비 증가율이 2023년의 전년 대비 증가율보다 더 높다.

23. 위 자료를 그래프로 변환할 때, 그에 대한 설명으로 적절하지 않은 것은?

① 물동량과 증감률은 별도의 축을 설정하여 그린다.

② 물동량 축의 최대치는 4억 5천만 톤으로 정하며 그래프를 그린다.

③ 증감률은 방사형 그래프로 그린다.

④ 항만별로 2022년과 2023년의 물동량이 바로 비교되도록 그린다.

24. 다음 조건을 참고할 때 각 정책의 효과가 가장 크게 나타날 수 있는 시행 순서로 복지정책을 나열한 것은?

> 우리 회사는 임직원의 니즈에 부응하고 최적의 업무 성과를 낼 수 있도록 지원하기 위해 복지정책으로 휴가비 지원, 음료 제공, 자기계발비 지원, 식대 제공을 개설하여 시행하고 있습니다. 이와 관련하여 회사의 복지정책 실행 후 그에 따른 결과에 대해 자체 연구를 진행한 바, 다음과 같은 결과가 예상됩니다.
>
> 1. 식대 제공 정책을 음료 제공 정책 뒤에 실시하면 식대 제공 정책의 효과가 절반으로 줄어든다.
> 2. 자기계발비 지원 정책을 식대 제공 정책 전에 실시하면 자기계발비 지원 정책의 효과는 0이 된다.
> 3. 식대 제공 정책과 음료 제공 정책을 바로 이어서 실시하면 두 정책의 효과가 절반으로 줄어든다.
> 4. 식대 제공 정책과 자기계발비 지원 정책은 다른 정책 하나를 사이에 두고 실시하면 식대 제공 정책과 자기계발비 지원 정책의 효과는 두 배가 된다.

① 음료 제공 정책－식대 제공 정책－휴가비 지원 정책－자기계발비 지원 정책
② 음료 제공 정책－식대 제공 정책－자기계발비 지원 정책－휴가비 지원 정책
③ 식대 제공 정책－휴가비 지원 정책－자기계발비 지원 정책－음료 제공 정책
④ 식대 제공 정책－휴가비 지원 정책－음료 제공 정책－자기계발비 지원 정책

25. 다음은 우리나라가 대만 시장 진출을 위해 분석한 대만의 SWOT 결과표이다. 이를 토대로 세운 대만 시장 진출 전략으로 적절하지 않은 것은?

〈대만의 SWOT 분석〉

S(강점)	W(약점)
• 탄력적 가격 · 납기 조정 능력 • 전자 분야 높은 품질 및 성능 경쟁력 • 맞춤형 제품 및 비즈니스 모델 응용개발 능력 • 국제무역 경험 풍부	• 자체 브랜드 경쟁력 취약 • 내수시장 규모의 한계 • 소비자 관심 급변 • 트렌드 선도력 취약
O(기회)	**T(위협)**
• 스마트 · 언택트 시장 확대 • 한류 영향력 대중화 • 신기술 · 신산업 육성정책 추진 • 동남아 시장 접근성과 신남향정책 지속 추진	• 가격에 민감 • 대외 의존도가 높은 경제 · 산업 구조상 외부 변수에 따른 불확실성 확대 우려 • 중국의 기술 경쟁력 지속 제고

※ SO : 강점을 가지고 기회를 살리는 전략
※ ST : 강점을 가지고 위협을 최소화하는 전략
※ WO : 약점을 보완하며 기회를 살리는 전략
※ WT : 약점을 보완하며 위협을 최소화하는 전략

① SO전략 : 유기적 윈－윈 협력 체제를 통한 신산업 분야 협력 및 동남아 시장 공동진출 기회 모색

② ST전략 : 현지 기업과 비즈니스 모델 고도화 협력 추진

③ WO전략 : 디지털마케팅 및 인플루언서를 적극 활용하여 고령화 사회와 위드코로나 시대에 부합하는 스마트 제품 시장을 개척

④ WT전략 : 혁신기업 육성 프로그램을 통한 가성비 향상, 거래조건 융통성 제고

[26 ~ 27] 다음 자료를 참고하여 이어지는 질문에 답하시오.

〈○○기업 조직도〉

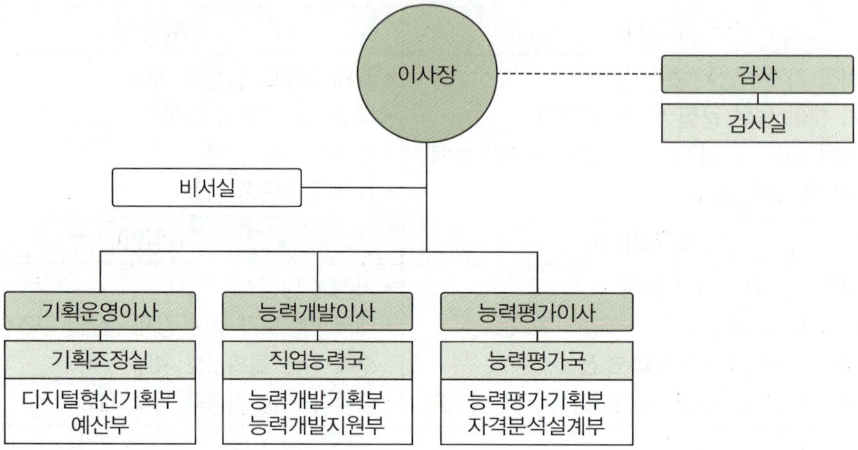

• 점선으로 연결된 조직/직책은 상호 독립적이며 대등함.

〈○○기업 직제규정〉

• 결재는 조직도의 관련 부서를 따라 하위 직책에서 상위 직책 순으로 받는다.
• 전결권자가 별도로 언급된 업무를 제외한 모든 업무에 대해서는 이사장이 최종 결재권을 갖는다.
• 최종 결재권자가 이사장인 경우, 최종 결재 전 감사의 결재를 받아야 한다.
• 부서별 분장 업무

부서명	분장 업무
디지털혁신기획부	1. 현황관리 및 대외기관 보고 총괄 2. 전사 경영계획, 비전 및 중장기 경영전략 · 경영목표 수립 3. 직제 및 정원 관리, 부서 간 업무조정(기획운영이사 전결)
예산부	1. 사업계획/예산 요구 총괄 2. 수입/지출예산 편성 및 배정 관리(기획운영이사 전결) 3. 예산집행 조정/통제 및 결산 총괄
능력개발기획부	1. 능력개발사업 중장기 발전계획 수립 2. 능력개발사업 관련 국회 및 감사 3. 능력개발사업 대내외 포상(능력개발이사 전결)
능력개발지원부	1. 중소기업 학습조직화 지원 사업 운영 관리 2. 현장맞춤형 체계적 훈련 지원 사업 운영 관리(능력개발이사 전결) 3. 청년친화형 기업 ESG 지원 사업

능력평가기획부	1. 이사 내 경영전략/경영계획/사업계획 수립, 경영평가에 관한 사항 2. 이사 내 예산확보/편성/관리/운용, 정원관리, 인사에 관한 사항 3. 국가자격 운영 총괄(능력평가이사 전결)
자격분석설계부	1. 자격제도 및 국가기술자격 효용성, 질 관리에 관한 연구 · 조사 · 분석 · 개선 등에 관한 사항 2. NCS 기반 자격에 관한 연구 · 조사 · 분석 등에 관한 사항 3. 자격 관련 법령 모니터링에 관한 사항(능력평가이사 전결)

※ 전결 : 이사장 또는 소속기관장이 그 결재권한의 일부를 이사, 국장 등 보조기관에 위임하여 처리하게 하는 것

26. 다음 중 위 자료를 이해한 내용으로 옳지 않은 것은?

① 이사장과 감사는 서로 대등하면서도 상호 독립적이다.

② 이사장은 비서실을 두고 있으나 감사는 비서실이 없다.

③ 국가자격 운영에 관한 사항은 능력평가기획부가 총괄한다.

④ 부서 간 업무조정에 대해서는 이사장이 최종 결재권을 갖는다.

27. 다음 〈보기〉에서 설명하는 사업을 담당하는 부서가 소속된 곳은?

보기

- 사업목적 : 기업이 ESG 경영 차원에서 청년고용 지원 프로그램에 대한 비용 및 컨설팅 지원을 통해 청년 직무역량 향상 및 일경험 기회 확대하여 청년고용 활성화 기반 마련
- 지원대상 : 기업이 ESG 경영 차원에서 새롭게 수행하거나 기존에 비해 개선 · 확대하여 운영하는 청년고용 지원 프로그램
- 지원내용 : 프로그램 개발비, 운영비, 참여자 수당, 장소 임차비 등 프로그램 운영에 따른 실비 및 프로그램 컨설팅 지원

① 감사　　② 비서실

③ 기획조정실　　④ 직업능력국

[28 ~ 29] 다음 글을 읽고 이어지는 질문에 답하시오.

전략적 계획을 수립했다면 이제 무엇을 해야 할까요? 전략적 계획은 향후 3 ~ 5년간의 장기 전략을 구상하는 훌륭한 수단입니다. 전략적 계획을 실천하고 달성하려면 필요한 계획 문서가 더 있습니다. 이러한 계획 문서 중에는 해마다 수립해야 하는 것도 있습니다. 예를 들어 연간 목표와 핵심 결과가 여기에 속하는데, 시간이 지남에 따라 자연스럽게 그 규모가 커지기 때문입니다. 하지만 장기적인 목표 달성을 향해 계획대로 진행하고 실행하려면 운영 계획이 필요합니다.

운영 계획 수립이란?

운영 계획 수립은 전략적 계획을 팀이 매주 또는 매일 실행해야 하는 과제로 구체화하여, 이를 실행 가능한 상세 지도로 전환하는 프로세스입니다. 운영 계획에는 전략적 계획을 실행하기 위해 각 팀이나 부서가 완수해야 하는 실행 과제와 마일스톤이 포함됩니다.

운영 계획 수립 프로세스에서는 다음 분기, 반기 또는 회계 연도에 각 팀이나 팀원이 맡을 책무를 정합니다. 운영 계획이 얼마나 상세할지와 그 기간은 여러분이 속한 조직의 일반적인 진행 속도에 따라 달라집니다. 가속화된 로드맵에 따라 업무를 빠르게 진행하는 팀이라면 다음 분기나 반기에 대한 운영 계획을 세워보세요. 하지만 장기적 관점을 따르는 경향이 있는 조직이라면 전체 회계 연도에 대한 운영 계획을 세우는 것이 좋습니다.

운영 계획 수립 vs. 전략적 계획 수립

전략적 계획은 향후 3 ~ 5년간의 장기 전략에 대한 비즈니스 수준의 계획입니다. 운영 계획은 그 범위와 기간이 모두 전략적 계획보다 작습니다. 전략적 목적을 달성하기 위해 매일 실행해야 하는 사항을 기술하는 것이 운영 계획 수립의 목표이기 때문입니다.

전략적 계획과 달리 운영 계획은 실행에 초점을 맞춰야 합니다. 장기적인 전략적 계획을 달성하려면 매일 그리고 주별로 어떤 것을 실행해야 할까요? 팀이 목표를 향해 나아가고 있다는 것을 확인하려면 주요 성과 지표(KPI) 중 구체적으로 어떤 것을 정기적으로 추적해야 할까요? 이러한 세부 사항을 운영 계획에 담아야 합니다.

누가 운영 계획을 세워야 하나요?

누가 어떤 업무를 언제까지 끝낼 것인지 정확히 담으려면 운영 계획이 매우 상세해야 합니다. 이러한 이유로 운영 계획은 기간과 범위가 모두 전략적 계획보다 작아야 합니다. 회사 전체를 대상으로 하기보다는 부서나 팀 수준에서 운영 계획을 세우세요. 규모가 더 큰 회사에서는 특정한 이니셔티브에 대해 상세 업무 계획과 유사하게 운영 계획을 세울 수도 있습니다.

예를 들어, 회사를 지원하기 위해 IT 부서가 매일 수행해야 할 작업을 설명한 운영 계획을 세울 수 있습니다. IT 부서의 운영 계획에는 IT팀의 구성원이 IT 요청 프로젝트 수신함, 프로그램의 예산 편성 세부 정보, IT팀의 신입 직원 온보딩 및 교육 방식을 얼마나 자주 확인할 것인지 그리고 팀 회의는 얼마나 자주 할 것인지에 관한 내용을 기술할 수 있습니다.

누가 운영 계획을 수립해야 할지 결정할 때는 다음과 같은 세 가지 수준을 고려해야 합니다.

• 범위 : 운영 계획은 각 활동의 담당자, 내용, 수행 시기를 기술해야 하며 하나의 팀 또는 이니셔티브에 대한 내용을 집중적으로 다룹니다.
• 기간 : 조직의 실행 속도에 따라 운영 계획의 기간은 분기, 반기 또는 회계 연도가 될 수 있습니다.
• 이해관계자 : 실무에 참여하는 사람이 운영 계획 수립에 참여해야 합니다. 그래야만 계획에 어떤 업무를 포함해야 할지 정확하게 계획하고 예측할 수 있습니다.

28. **다음 중 전략적 계획과 운영 계획을 가장 적절하게 설명한 것은?**

① 전략적 계획은 예산을 다루는 재무적 계획인 반면, 운영 계획은 판단 근거를 제시하는 정무적 계획이다.
② 전략적 계획은 상향식 여론 수렴을 통해 수립된 계획인 반면, 운영 계획은 하향식 지시를 통해 내려진 계획이다.
③ 전략적 계획은 전사적 계획인 반면, 운영 계획은 직원 개인에게만 국한된 계획이다.
④ 전략적 계획은 장기적이면서 전사적인 계획인 반면, 운영 계획은 전략적 계획을 실행하기 위한 구체적 단계이다.

29. **다음 중 운영 계획 수립과 관련하여 옳은 내용을 모두 고른 것은?**

ㄱ. 운영 계획을 수립하기 위하여 일 단위의 시간적 그래프를 고려하였다.
ㄴ. 전사적 목표와 정량화된 부서 또는 업무별 목표를 고려하여 해당 목표를 달성하기 위한 세부 과제를 추출하였다.
ㄷ. 특정 업무에 관련되는 인물이 누구인지 고려하고 해당 인물의 역학 관계를 작성하였다.

① ㄱ　　② ㄴ
③ ㄱ, ㄴ　　④ ㄴ, ㄷ

30. 다음 글을 통해 알 수 있는 우리나라 신입사원 교육에 대한 설명으로 적절한 것은?

헤이즐 마커스와 시노부 기타야마의 '나는 타인으로부터 독립적인가, 의존적인가?' 그리고 트리앤디스의 '나는 타인과 다른가, 같은가?'라는 가정을 통해 각 사회의 지배적인 문화를 규정할 수 있다. 우리나라는 어떤 양상을 보일까? 한국의 문화는 나를 다른 사람들과 연결지어 생각하는 집단주의에 가깝다. 또한 나보다 지위가 높은 사람을 존중하고 그들의 권위를 인정해야 한다는 수직적인 모습을 보이고 있다. 다르게 말하면 불평등을 충분히 용인하는 문화라는 것이다. 이렇게 국가 전체에 자리 잡은 문화는 곧 조직에도 투영된다.

우리나라 조직문화는 대기업 공채 신입사원 교육을 살펴보는 것을 통해 쉽게 가늠할 수 있다. 신입사원 교육은 해당 조직의 문화적 상징성이 가장 강하게 드러나는 제도이다. 인류학자 레비 스트로스(Levi Strauss)는 문화를 '날것', 즉 자연적이고 야생인 상태와 '익힌 것', 즉 문화를 익혀서 활용하는 상태로 구분한다. 직무에 배치받기 전의 신입사원은 그야말로 '날것'인 상태이다. 이들을 짧은 시간 내로 자신이 속한 조직의 문화를 습득하게 하여 '익힌 것'으로 만들어야 하므로 신입사원 교육은 그 조직의 문화 상징이 농축되어 있다.

① 신입사원 교육을 통해서 우리나라의 조직문화를 가늠해 볼 수 있다.
② 신입사원을 교육할 때는 조직의 상징에 대해서 세세하게 가르친다.
③ 우리나라는 신입사원 교육을 통해 불평등을 용인해야 한다고 가르친다.
④ 신입사원 교육을 통해 조직문화를 배우지만 직무배치 후 스스로 습득하기도 한다.

31. 다음 자료를 참고할 때, 총액인건비팀 조직과 벤처형 조직에 대한 설명으로 적절하지 않은 것은?

〈총액인건비팀 조직과 벤처형 조직 비교〉

구분	총액인건비팀 조직	벤처형 조직
설치절차	행정안전부 협의를 거쳐 설치	자율 설치
설치기준	최소 5명 이상	5명 미만도 가능
	장 · 차관, 실 · 국 아래 설치	장 · 차관, 기조실장 아래 설치
명칭	팀	과, 팀, 단, 등 명칭 자율
부서장	4급 또는 5급 무보직 서기관	아이디어 제공 공무원이 부서장 담당
운영기간	3년 이내	2년 이내

① 설치유연성이 높은 조직은 벤처형 조직이다.

② 소속 조직은 두 조직 모두 정해져 있다.

③ 부서장이 가능한 직급은 두 조직 모두 정해져 있다.

④ 구성원 수가 7명이라면 둘 중 어떠한 조직 형태로도 가능하다.

32. 다음은 의사결정 과정에서 잘못된 함정에 빠져 실패한 경우를 보여주는 사례이다. 이때 M사가 범한 가장 큰 실수는?

> 미국의 글로벌 패스트푸드 업체 M사는 90년대 초반까지만 해도 생산과정 표준화를 통해 최대한 빠르게 같은 제품을 만드는 것을 주된 경쟁력으로 보고 있었다. 그러나 고객들의 요구는 변해가고 있었다. 신속함보다는 다양한 메뉴를 원했고, 기존 제품보다 영양가 있는 제품을 먹고 싶어 했다. 이러한 틈새를 노리고, B사나 T사와 같은 회사가 신규 제품을 들고 시장에 들어왔다. 그러나 M사는 기존의 강점인 표준화된 대량 생산 방식으로 신규 경쟁자를 누를 수 있다고 판단하였다. 그러나 결국 고객들은 변화하지 않는 M사의 제품들을 외면하게 되었다. 이에 따라 M사는 곧바로 피자, 디럭스 메뉴, 프리미엄 버거 등의 신제품을 출시하였으나, 다시금 소비자를 사로잡는 데에는 실패하고 말았다.

① 기존의 방식을 버리고 새로운 것을 찾으려고 하였다.

② 지금 상태면 충분하다는 안일한 생각으로 자신의 능력을 과대평가하였다.

③ 판단의 기준이 적절한지는 고려하지 않은 채 과거의 자료나 추세만을 통해 미래를 예측하였다.

④ 자신의 실패를 공개적으로 인정하기 싫어했으며 과거의 의사결정에 대해 미련과 집착을 보였다.

[33 ~ 34] 다음은 ○○기업 간부들을 대상으로 진행한 특강에서 활용된 글이다. 이어지는 질문에 답하시오.

"요즘 젊은 직원들은 회사 엘리베이터에서 만나도 인사를 잘 안 하고 핸드폰만 들여다보고 있어요. 내가 신입일 땐 선배에게 90도로 허리를 굽혀서 폴더폰 인사를 했는데…."

요즘 기업의 선배들이 흔히 하는 볼멘소리다. 심지어 엘리베이터 안에서 선배를 대놓고 모른 척하는 후배들도 있다. 하지만 이들의 행동에는 나름의 이유가 있다. 이들에게 엘리베이터는 아직 회사가 아니며 사무실 책상 앞에서 귀에 꽂은 이어폰을 빼는 순간 비로소 직장 라이프가 시작되기 때문이다. 이어폰은 단지 음악을 듣는 도구가 아니다. 외부로부터 '아직 개인인 나'를 지켜주는 방패다. 근로계약서에 업무 시간이 오전 9시부터 오후 6시까지로 명시되어 있다면 딱 9시 정각부터 업무를 시작하면 된다. 30분 일찍 나와 업무를 준비하라는 상사의 조언은 이들에게 그저 잔소리일 뿐이다.

요즘 직장인들에게는 계약서에 적혀 있는 사실만이 공정성의 기준이다. 따라서 계약서에 기반하지 않는 과도한 책임감을 요구하는 것은 공정성에 어긋난다. 점심시간을 온전히 보장받는 것도 계약 측면에서 보호받아야 하는 나만의 권리다. 상사가 함께 점심을 먹자고 해도 거절하고 혼자만의 점심시간을 즐기는 것도 바로 이 때문이다.

공정성을 요구하는 직장인들의 행태가 기성세대의 눈에 다소 이기적으로 보인다고 해서 그들의 업무 몰입도가 떨어지는 것은 아니다. 필요한 경우라면 야근에 주말 특근까지 하며 본인의 업무에 최선을 다한다. 굳이 과거와 다른 점을 비교하자면, 본인이 한 달간 수행한 야근 시간을 자투리까지 모아 그 시간에 해당되는 만큼의 '특별휴가'를 당당하게 요구한다는 점이다. 회사를 위해 마냥 희생만 하기보다는 자신이 투입한 노력만큼 그 대가도 확실히 요청한다. 기성세대에게는 다소 이해가 되지 않는 행동일 수 있지만, 근로계약서에 적혀 있는 내용을 근간으로 요구하는 사항이기 때문에 딱히 거절하기도 어렵다. 오히려 회사를 위해 본인이 투자한 노력에 대하여 정당한 대가를 인정받을 수 있어, 야근이나 특근으로 인한 업무 스트레스가 감소하고 그에 따라 일의 효율성이 더 높아지기도 한다.

33. 윗글에서 알 수 있는 젊은 세대의 인식 변화와 가장 관련이 깊은 것은?

① 기능 중심의 수평적 관계를 지향한다.
② 계약과 매뉴얼을 중시한다.
③ 차별이 아닌 차이에 기반한다.
④ 지배형 리더보다는 서번트형 리더를 선호한다.

34. ○○기업은 조직 문화를 탈바꿈하기 위한 회의를 열었다. 다음 중 윗글의 견해를 바탕으로 한 의견을 모두 고른 것은?

> ㄱ. A 주임 : 오늘날 젊은 세대에게 가장 중요한 것은 '공정성'입니다. 노력한 만큼 정당한 대가가 지급되도록 제도를 정비해야 합니다.
> ㄴ. B 대리 : 상사들이 권력과 지위를 강조하는 것이 아니라, 부하직원들과의 신뢰 관계를 형성하는 데 중점을 두도록 사내 리더십 연수를 진행하면 좋겠습니다.
> ㄷ. C 과장 : 인사평가에서도 직급에 상관없이 서로를 평가하는 하향식 평가 방식을 도입해서 편향과 오류를 최소화하는 것이 좋겠습니다.
> ㄹ. D 사원 : 공정성을 확보하기 위해서는 직원의 자질과 능력을 객관적으로 평가할 수 있어야 하고, 직급에 따라 특혜를 주는 무분별한 평가 시스템을 지양해야 합니다.

① ㄱ, ㄷ
② ㄱ, ㄹ
③ ㄱ, ㄴ, ㄹ
④ ㄴ, ㄷ, ㄹ

35. 다음은 조직 내 중간관리자 대상의 리더십 향상 연수 내용이다. 이 글에서 강조하는 리더가 갖추어야 할 능력으로 가장 적절한 것은?

> 리더는 업무 상황과 문제점 등을 예견하여 이를 극복할 수 있는 사전조치를 마련하고 그 우선순위를 설정해야 한다. 또한, 이를 임직원들과 함께 추진하며 업무와 책임 한계를 명확히 설정해 주는 것도 중요한 역할이다. 이를 평가하기 위해 글로벌 기업들은 업무부서의 설정과 명확한 역할 분담, 권한의 적절한 위임, 조직 개발 및 지속적 관리 능력 등을 확인한다.

① 문제해결능력 및 진취적 태도
② 리더십과 인간관계능력
③ 의사소통능력
④ 조직기획 및 관리능력

[36 ~ 37] 다음 자료를 읽고 이어지는 질문에 답하시오.

〈A 호텔의 고객 불만족 사례〉

1. 전화 받는 태도

외부에서 전화를 걸어 질문을 하면 어려운 일 같은 경우는 제외하더라도 일반적인 내용까지도 다른 부서로 돌려버림.

예 한 고객이 연회 및 투숙 예약을 목적으로 전화를 건 적이 있는데, 계속 다른 부서로 연결했다고 한다. 처음에는 대수롭지 않게 생각하고 넘어갔다. 이윽고 한 부서에 연결되었으나 해당 종업원이 자리를 비웠다는 말을 듣고 끊어야만 했다고 한다. 그 고객은 잠시 후 또 전화를 했는데, 마찬가지로 직원이 또 다른 부서로 돌렸다고 한다. 이 고객은 한 정보를 알아내려고 많은 시간적 투자를 한 동시에 불편함을 느꼈다고 한다.

2. 체크인

바쁜 일정으로 인한 인원 부족 때문에 일반적인 배달 서비스를 제공하지 못함.

예 성수기에 많은 투숙객들이 몰린 적이 있는데, 그에 따른 인원 부족으로 한 고객이 적절한 서비스를 받지 못하여 상당한 불만을 토로했다. 객실까지 짐을 손수 들고 가야 했으며, 자세한 정보도 듣지 못했다고 한다.

3. 중간에 말을 끊음.

예 어느 고객이 질문을 하는데 종업원이 끝까지 듣지 않고 도중에 말을 끊으며 자기 나름대로 설명을 한 데 불만을 토로했다.

4. (ⓐ)

고객에게 집중하지 않는 모습을 보임.

예 종업원이 고객과의 대화에 있어서 시선을 피한다. 이로써 신뢰가 가지 않았다고 불만을 토로했다. 종업원은 5대 서비스 고객평가의 기준 중 확신성을 풍부히 가질 필요가 있다.

5. 객실 시설의 불만

예 객실 내 비치된 TV가 수신 상태가 좋지 않아 이를 호텔에 알렸는데, 고치는 데 상당한 시간이 소요되었음.

6. F & B

1) 음식도구의 청결 문제

예 한 고객이 스테이크를 시켰는데, 기본 음식 도구인 수저, 포크, 나이프 중 포크에 씻기지 않은 음식물이 약간 남아있었다고 한다.

2) 주문 음식이 바뀌어서 나옴.

3) 주문한 음식이 너무 늦게 나옴.

예 한 고객이 음식을 주문하였으나 30분이 지나도 나오지 않아 불만을 토로했더니, 그로부터 10분 뒤에 음식이 제공되었다고 한다.

36. 위 자료를 참고할 때, 관광시설에서 고객이 불만을 느끼는 원인에 대한 분석으로 적절하지 않은 것은?

① 고객은 행정 절차가 간편하게 진행되지 않았을 때 불만을 느낀다.
② 고객은 본인 주도적인 방식으로 대화가 진행되지 않을 때 불만을 느낀다.
③ 고객은 다른 사람과 비교하여 본인이 서비스를 받지 못한다고 생각할 때 불만을 느낀다.
④ 고객은 존중받지 못한다고 생각할 때 불만을 느낀다.

37. 위 자료를 참고할 때, 빈칸 ⓐ에 들어가기에 가장 적절한 내용은?

① eye to eye contact 실패
② warm smile 실패
③ happy welcoming 실패
④ body language 실패

38. ○○금고에 근무하는 A는 한 부서의 팀장으로서 팀원 간의 갈등이 존재하는지 파악하기로 하였다. 다음 중 갈등에 해당하는 사례의 개수는?

ㄱ. J 대리는 Y 주임의 기획 발표를 듣고 지나치게 감정적인 논평을 하였다. ㄴ. S 과장과 H 대리는 각자 파벌을 만들었으며, 파벌 간에 타협하기를 거부하였다. ㄷ. Y 주임은 P 사원의 의견발표가 끝나기도 전에 P 사원의 의견에 대해 공격하였다. ㄹ. L 사원과 C 사원은 자기주장의 핵심을 이해하지 못한 상대방을 서로 비난하였다.

① 1개
② 2개
③ 3개
④ 4개

1회 기출예상 2회 기출예상 3회 기출예상 4회 기출예상 5회 기출예상 6회 기출예상 7회 기출예상 8회 기출예상 인성검사 면접가이드

39. 다음 글을 참고할 때, 팀을 효율적으로 만들기 위한 방안으로 적절하지 않은 것은?

> '무엇이 팀을 더 효율적으로 만드는가?' G사는 이를 알아보기 위해 각계 전문가들을 모아 '팀워크'에 대해 조사했다. 연구자들은 구성원의 학력, 성비 균형 등을 가설로 두고 조사했지만, 결과는 의외였다. 구성원의 학력, 성비 균형 등은 조직이 성과를 내는 데 크게 중요하지 않았다. 핵심은 팀원 간의 소통 방식, 그리고 조직이 자신의 의견을 중요하게 받아들인다는 믿음이었다.
>
> 그렇게 G사가 발표한 성공한 팀의 특성 중 첫 번째는 '심리적 안정감(Psychological Safety)'이었다. 심리적 안정감이란, 구성원이 업무와 관련해 그 어떤 의견을 제시해도 징계를 받거나 보복당하지 않을 거라고 믿는 조직 환경이다. 실제로 G사는 실패한 팀에게 보상을 주는 특단의 방법으로 심리적 안정감을 조성하고 있다. G사 자회사의 CEO인 △△는 "발전 가능성이 전혀 없는 프로젝트에 몇 년씩 돈을 투자하느니 프로젝트의 실상을 정확히 파악하고 중단시킨 직원에게 그만큼 보상을 해주는 편이 낫다."라고 말했다. 리더가 앞장서서 안전한 실패를 할 수 있는 환경을 조성하고, 구성원들이 자유롭게 문제를 제기하고 개선할 수 있는 기회를 얻는 것이 G사의 성장 원동력인 셈이다.

① 구성원들의 학력이나 성비를 균등하게 분포시킨다.
② 구성원 누구나 자유롭게 문제를 제기할 수 있는 토론 문화를 유도한다.
③ 구성원이 자신의 아이디어나 의견을 자유롭게 펼치도록 하는 근무 환경을 조성한다.
④ 자신의 의견이 중요하게 받아들여진다는 믿음을 쌓을 수 있도록 서로 존중한다.

40. **다음 글의 '소모임'을 통해 기대하는 내용이 반영된 예시는?**

최근 많은 직장맘들이 독서 소모임을 결성하고 있는 추세다. 그들은 대략 2주 혹은 한 달에 한 번 미리 선정한 책을 읽고 와서 육아와 교육에 관한 최신 정보를 교류하고 공감대를 형성한다. 이런 모임은 독서를 통해 지식을 습득하는 것 이상의 중요한 의미가 있다. 뚜렷한 목적과 형태를 갖춘 이 모임이 혼자 감내해야 했던 시간과 노력의 한계를 뛰어넘어 그 이상의 효익과 가치를 발휘할 수 있도록 하기 때문이다. 혼자 책을 읽으면 탁상공론에 빠지기 쉽지만 여러 사람이 모여 토론을 벌이면 실제 사례에 접목해 참고할 수 있고 서로에게 힘이 되어줄 수 있다. 책 속에서 얻는 정보와 지식도 중요하지만, 우리에게 더 필요한 것은 따뜻한 감정이 느껴지는 정서적 지지, 피드백, 격려다.

① A는 대학교 동기들과 매주 토요일마다 영화평론회를 열고 있다. 매주 선정된 영화를 시청하고 각자의 감상을 공유한다. A는 평론회 참여로 영화를 감상하는 폭이 넓어지는 것을 느낀다.

② B는 저녁마다 부모님과 다양한 주제로 대화를 나눈다. 주로 B가 생소한 경제, 사회, 문화에 관한 현안을 다루며 부모님으로부터 대안을 듣는 편이다. B는 이 대화를 통해 시사상식이 풍부해지는 것을 느낀다.

③ 세 번째로 도전한 시험에서 탈락한 C는 세 번의 실패로 인해 진로를 새롭게 찾아야 하는 것은 아닌지 고민하게 되었다. 그런데 먼저 시험에 합격한 친구가 연락을 해왔고, C가 그동안 해온 노력에 대해 얘기하며 C를 지지해 주고 힘내라고 용기를 북돋아 주었다.

④ D는 그의 대학원 지도교수와 논문에 대해 한 달 동안 같은 주제로 논의하고 있다. D가 아직 검증이 덜 되었지만 본인이 관심을 가지고 있는 연구방법론을 적용하려고 하자 지도교수는 검증된 기존의 연구방법론을 적용하도록 조언했다.

직업기초

2회 기출예상문제

문항수 : 40 문항
문항시간 : 40 분

▸ 정답과 해설 10쪽

[01 ~ 02] ○○사 보건실 직원 R 씨는 사원들에게 치실 사용을 권장하고 올바른 치실 사용법을 안내하기 위하여 다음 글을 참고하였다. 이어지는 질문에 답하시오.

충치 · 잇몸병 예방하는 치실, 이렇게 사용하세요.

건강한 치아를 유지하기 위해서는 칫솔과 치실을 함께 사용해야 한다. 식사 후 칫솔질만으로는 치아 사이에 낀 음식물을 제거하기 어렵기 때문이다. 치아 사이에 쌓이는 음식물과 치석은 충치, 치주 질환을 유발하는 원인이 된다. 서울대 연구 결과에 따르면 치실을 사용할 경우 치주 질환 발생률이 30%가량 감소하며, 매일 3회씩 식후에 치실을 사용하면 치주염을 78% 줄일 수 있다고 한다. 현실적으로 매일 3회씩 치실을 사용하는 것이 어렵다면 취침 전 한 번만 사용하는 것도 괜찮다. 특히 치아가 벌어져 음식물이 잘 끼는 사람이나 잇몸 질환이 있는 사람, 치열이 고르지 않은 사람, 보철물 · 임플란트를 한 사람들은 치실 사용을 습관화해야 한다.

치실 사용 효과를 높이기 위해서는 올바른 사용법을 익히는 것이 중요하다. 치실을 잘못 사용할 경우 오히려 잇몸에 상처가 남기도 한다. 치실을 사용할 때는 우선 치실을 30cm 정도 끊어 양손 중지에 미끄러지지 않도록 감는다. 이후 닦아 낼 치아 사이에 치실을 끼우고, 양 손가락을 앞뒤로 조심스럽게 움직여 치태나 음식물 찌꺼기가 치실에 묻어나도록 한다. 이때 잇몸이 다치지 않으려면 힘 조절을 잘해야 한다. 또한 손을 넣기 어려운 어금니까지 신경 써서 닦아내고, 치아 사이사이를 이동할 때에는 치실을 한 번 헹구거나 깨끗한 다른 부분을 사용하도록 한다.

일부 사람들은 치실을 사용하면 치아 사이가 넓어진다고 생각하지만, 치실 사용만으로는 불가능한 일이다. 갑자기 치아 사이가 넓어졌다면 치주질환을 의심해야 한다. 치주질환은 치아 주위 조직에 생기는 병으로, 조직과 치조골(잇몸뼈)이 세균 감염에 의해 파괴되는 것이다. 치주질환 초기에는 스케일링을 통한 치석제거와 구강위생관리로 회복될 수 있지만, 치주염으로 진행된 경우 수술이 필요할 수 있다. 치료 시기를 놓치면 발치해야 하므로 조기에 발견 · 치료해야 한다.

01. **윗글을 통해 알 수 있는 내용으로 적절하지 않은 것은?**

① 치실을 잘못 사용하면 잇몸에 상처가 생길 수 있다.
② 치실을 사용하면 치아 사이가 넓어진다.
③ 치실은 치아 사이에 쌓이는 음식물을 효과적으로 제거한다.
④ 치실은 매일 3회씩 식후에 사용하는 것이 좋고, 어렵다면 취침 전 한 번만 해도 괜찮다.

02. **R 씨는 윗글을 바탕으로 치실 사용을 독려하는 안내 문구를 작성하였다. 다음 중 안내 문구로 적절하지 않은 것은?**

① 여러분의 치아는 치실을 좋아해요.
② 치실 재활용! 사용할 때마다 물로 헹구세요.
③ 칫솔질이 끝내지 못한 일, 치실은 해냅니다.
④ 치아 사이에 낀 음식물은 치실로 간단히 해결하세요.

[03 ~ 04] 다음 글을 읽고 이어지는 질문에 답하시오.

사회의 전반적인 문화 수준이 높아지고, 사람들의 자아의식과 생활수준이 높아지면서 생존을 위해 직장을 다니지 않는 사람들의 비율이 늘어나게 되었다. 오히려 직장을 생활의 일부분으로 여기고, 좀 더 좋은 기업에서 일하기를 끊임없이 열망하는 사람들이 많아졌다.

매슬로우(Maslow)의 욕구단계이론에 따르면, 인간은 기본적인 생리적 욕구가 충족되면 더 높은 단계의 욕구를 추구한다. 따라서 조직관리 차원에서도 인간 중심적 사고에 근거해서 직원들의 욕구를 이해하고 그에 맞는 격려 방법을 찾아야 한다. 지식경제의 시대가 도래한 현재, 조직관리와 인간 관리에서 금전적 보상은 더 이상 예전의 기능을 발휘하지 못하고 있다. 반면 (㉠)이라는 새로운 동기 유발 기법이 주목받고 있다.

누구나 다른 사람에게 (㉠)받기를 원한다. 특히 지식형 직원의 경우 이러한 욕구가 더 강하다. 리더가 진심으로 직원들을 (㉠)하고 해당 분야의 전문가로 대우할 때 직원들도 그에 보답하는 마음으로 적극적으로 일한다. 그러므로 리더는 직원들의 동기를 자극하는 (㉠)의 힘을 절대로 소홀히 여겨서는 안 된다. 이것이야말로 직원들의 동기를 유발하여 그들이 기업의 발전을 자신의 발전과 동일시하고 필사의 노력을 기울이게 만든다. 리더가 직원에게 열정과 관심을 보여줄 때, 직원들은 상사를 단순한 직위상의 상사만이 아니라 좀 더 가까운 관계로 인식하고 기업을 위해 더욱 노력하게 된다. 또한 직원은 기업에서 업무를 수행하는 직업인이기 이전에 자아 발전과 자아실현을 추구하는 개별적인 존재이다. 이 사실을 깨닫지 못한 리더 곁에 훌륭한 인재가 있을리는 만무하며, 훌륭한 인재가 없는 기업의 발전은 어려워질 것이다.

그렇다면 어떻게 해야 진정으로 직원을 (㉠)하는 것일까? 먼저, (가). 업무를 맡길 때는 명령하는 말투가 아닌 진지하고 정중한 말투로 말해야 한다. 리더는 기분이 좋을 때에만 직원을 (㉠)해서는 안 된다. 좋은 성과를 올리지 못한 직원에게도 그동안 흘린 땀과 노력을 인정해주고 용기를 북돋아 주어야 할 필요가 있다.

둘째, (나). 직원이 의견을 제시할 때 진지하게 경청해서 그가 무엇을 얘기하는지 분명히 파악해야 한다. 그리고 어떤 상황에서도 직원의 제안을 그 자리에서 거절해서는 안 된다. 혹여나 제안이 재고의 가치가 없더라도 직원이 의견을 제시한다는 것은 상사를 신뢰하고 있으며 기업의 발전을 위해 고민하고 있다는 증거이다.

마지막으로 (다). 이 세상 누구도 완전할 수 없듯, 직원들 역시 장점과 함께 단점도 가지고 있다. 리더는 직원의 장점을 인정해 주어야 한다. 리더의 인정을 받은 직원은 기업을 위해 자신의 장점을 더욱 적극적으로 사용한다. 직원의 단점은 굳이 들추지 말고 덮어두라. 깊은 배려에 직원은 감동할 것이다.

03. 윗글의 빈칸 ㉠에 들어갈 단어로 가장 적절한 것은?

① 존중 ② 칭찬

③ 주목 ④ 훈육

04. 윗글의 빈칸 (가) ~ (다)에 들어갈 문장으로 적절하지 않은 것은?

① 대화할 때 말투에 주의한다

② 의견에 감사하고 귀를 기울여야 한다

③ 직원의 능력을 파악하고 그에 맞는 보상을 한다

④ 장점은 인정하고 단점은 덮어 둔다

05. 다음 (가) ~ (마)를 글의 흐름에 따라 순서대로 배열한 것은?

(가) 현재 국가 차원에서는 저출생으로 인한 인구 위기 극복을 위해 육아휴직 확대와 출산장려금, 어린이집 보육 확대, 육아지원금 증액, 출산 전후 휴가 및 육아휴직제도 개선 등의 다양한 정책들을 추진하고 있다. 이러한 정책적 지원들이 출산에 대한 경제적, 정신적 부담을 줄이고, 젊은 부모들로 하여금 출산을 결심할 수 있게 하는 기반을 마련하는 데에 어느 정도 효과가 있을 것이라고 기대할 수 있다. 그러나 이것만으로는 아직 갈 길이 멀다. 아직 우리 사회에서는 돌봄 문화를 더욱 다양한 방법으로 지원하려는 노력이 필요하다. 예를 들어, 다자녀 가구에 대한 장기 저금리 생활자금 대출을 지원하거나, 재정적인 어려움으로 출산을 고민하는 저소득 가정의 양육을 돕거나, 부양 부담을 최소화시킬 수 있는 재정적 지원이나 사회 후견인 제도를 활용하는 등 보다 세밀하고 촘촘한 정책적 지원들이 추가되어야 한다.

(나) 우리나라는 현재 출생률이 매우 낮은 상황이다. 이러한 문제는 미래 세대의 인구구조에 심각한 영향을 미치게 될 것이다. 낮은 출생률은 인구 고령화와 맞물려 경제 활동성의 저하, 국가 경제 위기와 같은 막대한 문제를 사회 전반에 일으킬 것으로 예상된다. 이러한 문제는 우리나라뿐만 아니라 전 세계적으로 발생하고 있다. 이를 극복하기 위해서는 국가 차원에서의 노력은 물론 사회와 각 가정의 다양한 노력들과 국민 개개인의 작은 실천들이 필요하다.

(다) 마지막으로 가족 중심의 문화를 활성화하고 보호해야 한다. 가족은 사회의 가장 기본 단위이고 가족의 안정이 곧 결혼과 출산으로 이어질 연결 고리이기 때문이다. 가족 중심의 문화가 활성화되는 것이 저출생 문제를 극복하는 데에 변화의 단초가 되어 우리 사회에 긍정적인 영향을 불러올 것이다. 결론적으로, 이러한 문제는 단기적인 정책으로는 해결할 수 없으므로, 개인과 가정의 노력으로 바꿀 수 있는 사회구조적인 모습과 장기적으로 적용될 수 있는 국가 차원의 정책들이 모두 각자의 주어진 위치에서 그 소임을 다해야 한다. 그래야 저출생의 실타래도 서서히 풀어나갈 수 있을 것이다.

(라) 이외에도 우리 미래세대들이 저출산으로 인한 사회적 심각성을 조기에 인식할 수 있도록 만드는 것도 매우 중요하다. 저출생의 원인은 무엇인지, 저출생과 고령화가 가져올 사회적 문제의 심각성과 이에 대한 해결 방안으로 무엇이 있을지를 기성세대와 함께 고민한다면 미래를 예측하고 앞으로 올 상황을 준비하는 데 많은 도움이 될 것이다. 그러기 위해서는 청년들이 결혼과 출산에 대한 이해를 높이고 가족 형성을 사전에 준비할 수 있도록 결혼 및 출산 지원 프로그램 마련과 인구 위기 대응을 위한 인식개선 교육도 중요시되어야 한다.

(마) 하지만 국가 차원에서의 노력만으로 저출생 문제를 해결하기에는 한계가 존재한다. 따라서 개인과 가정에서의 작은 실천들이 국가적 정책과 함께 한다면 인구고령화 문제 극복에 또 다른 도움이 될 수 있다고 생각한다. 예를 들어 부모님, 친척, 이웃 등이 서로 돕는 가족과 사회 · 문화적 서비스 간의 연결망을 확대할 필요가 있다. 이는 곧 출산을 결심

> 한 부모들을 응원하고, 출산 후에는 가정과 직장 그리고 더 나아가 우리 사회가 육아를 맡아 지원하는 등 서로의 일상을 공유하며 사회적인 지지를 제공할 수 있는 밑거름이 될 것이다.

① (가)-(나)-(마)-(라)-(다)
② (가)-(나)-(라)-(마)-(다)
③ (나)-(가)-(마)-(라)-(다)
④ (나)-(가)-(마)-(다)-(라)

06. 다음은 ○○기관의 부모 교육 프로그램 신청안내 자료이다. 이를 통해 알 수 있는 사항이 아닌 것은?

프로그램 내용	디지털 세대인 청소년들은 극장, 스마트폰, IPTV, OTT 등 다양한 플랫폼을 통해 수많은 영상물에 노출되어 있습니다. 그러므로 급속도로 발전하는 디지털 미디어의 시대에서 영상물에 대한 부모의 올바른 이해와 자녀 교육이 중요합니다.
	• 1단계 : 부모와 함께하는 영상물 바로 보기 • 2단계 : 영상물 등급 분류 이해하기 • 3단계 : 디지털 미디어 시대에 현명한 부모 되기
프로그램 진행 방법	• 참여대상 : 학부모 15명 이상 권장 • 교육시간 해당 학교의 운영시간에 맞춰 진행(초등학교 80분, 중학교 90분, 고등학교 100분) • 선정절차 (1) 신청기간 중 온라인 접수 – 신청기간은 신청 현황 및 선정 인원 등에 따라 조기에 마감되거나 연장될 수 있습니다. (2) 담당 강사 확정 등 교육 일정 정리 (3) 선정 여부 확인 – 선정된 학교는 홈페이지의 [기관소식–공지] 게시판에 공고됩니다.
신청 시 유의사항	• 한 학교당 1명의 강사가 1일(최대 4시간까지) 출강 가능합니다. • 학교별 신청 순서 및 지역, 총 교육 예정 인원 등을 고려하여 교육 일정을 반영, 통보할 예정입니다. • 학교별 신청이 아닌 경우(민간단체 등)에도 교육 희망 인원이 20명 이상이라면, 교육 장소가 준비된 대상에 한하여 출강 가능합니다(○○기관에 사전 문의 요망).

① 학교별 프로그램 진행 시간
② 프로그램 운영 담당자 연락처
③ 프로그램 신청 시 유의사항
④ 단계별 프로그램 내용

07. 다음 기사문을 읽고 직업 정신과 관련하여 도출할 수 있는 주제로 적절한 것은?

2013년 7월 7일 미국 샌프란시스코 국제공항에서 아시아나항공 OZ 214편 여객기가 착륙하던 중 지상과 충돌하는 사고가 발생했다. 이 사고로 탑승객 2명이 사망하고 182명이 부상을 입어 병원으로 옮겨졌다. 사고기에는 한국인 77명을 포함해 승객 291명과 승무원 16명 등 총 307명이 타고 있었다.

승무원들은 여객기가 멈춰서자마자 비상구마다 탈출용 슬라이드를 설치했고, 이에 승객들은 차례차례 슬라이드를 타고 미끄러져 내려와 대피했다. 여객기를 빠져나온 승객들은 혹시 모를 추가 폭발의 위험을 피하기 위해 승무원들과 공항직원들의 지시에 따라 빠른 속도로 현장을 벗어났다.

당시 사고기에 탑승했던 승객 중 한 명인 힙합 공연 프로듀서 N 씨는 미국 월스트리트저널(WSJ)과의 인터뷰에서 한 승무원의 영웅적인 노력을 칭찬했다. N 씨는 승무원이 "비행기 내에서 부상당한 승객들을 옮기느라 동분서주하는 모습을 보면서 그녀가 영웅이라는 생각이 들었다"라고 말했다. 그는 "몸집도 작은 여승무원이 얼굴에 눈물이 흐르는 데도 침착하게 승객들을 등에 업고 사방으로 뛰어다니고 있었다"라고 설명했다.

승무원들 중에서도 가장 주목받은 이는 캐빈 매니저(사무장) L 씨로, 4명의 다른 승무원과 함께 탑승객 300여 명과 정신을 잃은 승무원 7명 등을 모두 탈출시킨 후 마지막까지 기내에 있다가 불길에 휩싸이기 직전에 기내에서 빠져나왔다. 항공기가 완전히 불에 타버린 대형 사고였지만 이들의 노력 덕분에 사망자를 2명으로 줄일 수 있었다.

특히 L 씨는 당시 꼬리뼈가 부서지는 부상을 당했음에도 끝까지 사고현장을 지켰다가 현지 의료진의 권유로 뒤늦게 치료를 받았다고 한다. L 씨는 "탈출하는 과정에서는 부상에 대해 전혀 몰랐다"라면서 "나중에 병원에서 꼬리뼈가 부러졌다고 말해 알게 되었다"라고 전했다.

① 봉사정신과 희생정신의 마음을 갖고 직업 활동에 임하여야 한다.
② 근면하고 정직하게 일하여 자신의 업무에서 보람을 느낄 수 있어야 한다.
③ 직업인으로서의 전문성을 향상시키기 위해 지속적으로 교육에 참여해야 한다.
④ 직업을 통해 자신의 정체성을 확립하여 직업에 대한 표준적 가치를 제시하여야 한다.

08. 다음은 △△공단에서 규정하고 있는 정보공개에 관한 원칙을 설명하는 글이다. 이를 참고할 때, 공개해야 할 정보로 분류할 수 없는 것은?

> 제2절 정보공개
>
> **제13조(정보공개 주관부서)** 정보공개 주관부서 본부는 총무팀, 소속기관은 기록물(문서) 관리를 담당하는 부서로 하며, 정보공개 주관부서는 정보공개청구서의 접수 및 해당부서 이송 등 정보공개 관련 제반사항을 관장한다.
>
> **제14조(정보공개 청구권자)** ① 정보공개 청구권자는 모든 국민, 법인 · 단체, 외국인으로 한다.
> ② 제1항의 정보공개를 청구할 수 있는 외국인은 다음 각호와 같다.
> 1. 국내에 일정한 주소를 두고 거주하거나 학술 · 연구를 위하여 일시적으로 체류하는 자
> 2. 국내에 사무소를 두고 있는 법인 또는 단체
>
> **제15조(행정정보의 공표)** ① 정보공개가 청구되지 아니한 경우에도 공개하여야 하는 다음 각호에 관한 정보의 범위, 공개의 주기, 시기, 방법을 별도로 정하여 공단 홈페이지 등에 공개하여야 한다.
> 1. 국민생활에 중요한 영향을 미치는 공단의 주요사업에 관한 정보
> 2. 대규모의 예산이 투입되는 사업에 관한 정보
> 3. 행정 감시를 위하여 필요한 정보
> 4. 기타 이사장이 정하는 정보
>
> ② 공단은 제1항에 규정된 사항 이외에도 국민이 알아야 할 필요가 있는 정보를 국민에게 공개하도록 적극적으로 노력하여야 한다.
> ③ 다만, 법령상 비공개 대상이거나 공단의 공정한 업무 수행과 안전을 저해할 우려가 있는 정보는 제외할 수 있다.

① 공단의 업무가 국민의 생활에 중대한 영향을 미치게 되는 정보
② 특정한 사유로 공단의 이사장이 공개해야 할 필요가 있다고 판단한 정보
③ 검토 과정 중에 있어 공개될 경우 업무 지장을 초래할 것으로 판단되는 정보
④ 공단의 업무와 관련하여 국민의 감시와 관리가 필요하다고 판단할 수 있는 정보

09. 다음 중 (가) ~ (라) 문단의 주제로 적절하지 않은 것은?

> (가) 지구온난화와 기후변화로 지구촌 곳곳이 몸살을 앓고 있다. 국제사회는 온실가스 절감과 탄소중립을 위한 목표를 달성하기 위해 고군분투 중이다. 환경보호에 대한 소비자들의 관심도 높아지면서 최근에는 친환경 기업에 대한 호감도가 급상승하고 있다. 환경오염이 인류의 생존을 위협하고 있는 현실에서 친환경 기업과 해당 기업의 제품에 더욱 눈길이 가는 것은 당연한 일이다. 이에 가급적이면 친환경 기업의 제품을 구매해 친환경적인 소비를 하려는 소비자들의 행동이 맞아떨어지면서 바람직한 변화가 시작되고 있다.
>
> (나) 이런 소비자들의 인식과 요구에 발맞춰 기업들도 적극적으로 변화하고 있다. 친환경 기업만이 오래 살아남을 수 있다는 사실을 절실히 느끼고 있기 때문이다. 기업들마다 제품의 포장재를 없애거나 플라스틱 대신 친환경 소재로 바꾸고 있고 마케팅도 친환경적으로 진행하고 있다. 이로 인해 친환경 제품 생산이나 판매의 분야마다 솔선수범하는 기업이 나오고 있으며, 식품업계는 그중 가장 적극적으로 친환경을 실천하고 있다. 건강과도 직결되는 식품의 특성상 친환경 제품에 소비자들이 가장 민감하게 반응하기 때문이다.
>
> (다) 구체적인 예로 조미용 김을 생산하는 기업에서 김을 담을 때 플라스틱 트레이를 사용하지 않는 제품을 출시해 인기를 끌고 있다. 트레이가 없어지니 과대 포장이 사라지고 소비자들도 포장 쓰레기를 버리는 수고를 덜어 인기다. 일부러 친환경 포장 김을 구매한다는 소비자들도 늘어나고 있다. 또한 우유 제품에 기존의 플라스틱 빨대 대신 종이 빨대를 부착하거나 빨대를 아예 없애는 제품도 나오고 있다. 사용하지 않은 우유용 빨대를 모아 기업으로 보내는 초등학생들의 작은 실천도 주목을 끌고 있다. 또한 요거트 포장재를 종이컵으로 바꿔 플라스틱 사용량을 연간 70톤가량 줄인 기업도 있다.
>
> (라) 이런 식으로 플라스틱을 사용하지 않거나 재활용이 가능한 소재로 바꾸는 시도들이 확산되고 있는 점은 매우 반가운 상황이다. 기존의 방식을 고수하는 것은 변화하는 시대에 부적합하며 기업 발전의 저해 요소가 된다. 특히나 이와 같은 기업들의 친환경 실천 노력과 소비자들의 친환경 제품 구매욕구가 일치할 때 그 효과는 배가 된다. 친환경 제품 생산에 나선 기업들은 소비자들이 다소 불편할 수 있지만 장기적으로 지구 환경을 살리는 일이란 점에서 그런 노력을 지속할 것을 다짐해야 한다. 환경을 먼저 고려하는 현명한 기업과 소비자가 지구 환경의 지킴이인 것이다.

① (가) : 지구온난화와 기후변화로 인해 친환경 기업을 향한 관심 증대

② (나) : 소비자들의 요구를 반영한 기업들의 적극적인 실천

③ (다) : 친환경 기업의 실천 사례

④ (라) : 기업들의 친환경 관련 정책 변화

1회 기출예상
2회 기출예상
3회 기출예상
4회 기출예상
5회 기출예상
6회 기출예상
7회 기출예상
8회 기출예상
인성검사
면접가이드

10. A, B, C가 다음과 같이 12일에 환전을 마친 후 보유하고 있던 통화 모두를 13일에 달러로 환전한다고 할 때, 달러화 액수를 기준으로 11일에 비해 손해를 보는 사람을 모두 고른 것은? (단, 금액은 소수점 아래 셋째 자리에서 반올림하여 계산한다)

11일 기준 1달러	12일 기준 1달러	13일 기준 1달러
1,100원	1,200원	1,150원
105엔	110엔	107엔
7.5위안	7위안	8위안
0.94유로	0.90유로	0.95유로
96루블	98루블	95루블

- A는 11일에 1달러를 유로화로 환전했다. 이때 받은 유로화를 12일에 원화로 모두 환전했다.
- B는 11일에 1달러를 위안화로 환전했다. 이때 받은 위안화를 12일에 유로화로 모두 환전했다.
- C는 11일에 1달러를 엔화로 환전했다. 이때 받은 엔화를 12일에 루블화로 모두 환전했다.

※ 환전 수수료는 없다고 가정한다.
※ 환전으로 보유하게 된 통화 외에 보유하고 있는 통화는 없다고 가정한다.

① A ② B
③ C ④ B, C

11. 총 20개 팀이 토너먼트 방식으로 우승팀을 결정하는 경기를 진행한다고 할 때, 진행되는 경기의 총수는? (단, 모든 라운드는 한 경기만 진행되며, 이전 라운드에서 승리팀이 홀수인 경우 한 팀은 부전승으로 다음 라운드에 진출한다)

① 18경기 ② 19경기
③ 20경기 ④ 21경기

[12 ~ 13] 다음 통계 자료를 바탕으로 이어지는 질문에 답하시오.

〈20X3년 서울 자치구별 에너지 사용량〉

(단위 : MWh)

구분	연간 합계	1월	2월	3월
총합	44,546,363.21	4,192,315.03	3,879,357.16	3,269,470.65
강남구	4,423,499.24	434,666.66	397,815.23	329,354.04
강동구	1,518,821.73	141,955.02	132,170.26	110,696.37
강북구	869,250.27	84,928.54	79,599.91	64,259.24
강서구	2,362,951.57	220,030.30	205,269.95	176,224.90
관악구	1,663,677.30	155,394.28	147,816.79	121,919.54
광진구	1,264,146.11	116,991.41	108,818.46	89,949.55
구로구	1,874,421.31	176,910.14	163,134.25	137,319.72
금천구	1,607,527.49	152,318.73	137,771.86	119,211.54
노원구	1,456,681.21	143,931.96	130,750.63	108,966.71
도봉구	858,109.16	82,859.01	77,396.76	63,481.01
동대문구	1,301,043.33	125,759.75	116,678.40	95,836.64
동작구	1,198,742.59	111,143.77	104,326.79	86,957.65
마포구	2,168,956.71	198,327.93	183,188.53	157,189.06
서대문구	1,194,293.61	110,219.24	100,643.40	86,854.38
서초구	2,910,377.96	276,996.49	258,268.42	214,806.78
성동구	1,873,845.04	176,313.06	164,958.69	137,799.92
성북구	1,410,116.52	133,976.85	125,897.64	103,797.24
송파구	2,939,751.58	267,933.16	247,076.22	212,466.10
양천구	1,497,627.76	140,140.93	131,110.95	113,017.53
영등포구	2,515,173.72	229,556.19	209,387.30	184,087.12
용산구	1,376,469.03	124,589.42	115,826.44	97,488.82
은평구	1,388,251.30	128,196.85	121,622.67	101,612.17
종로구	1,603,043.56	153,320.03	140,976.06	118,345.03
중구	2,184,565.29	202,504.22	182,435.83	158,707.07
중랑구	1,085,019.81	103,351.09	96,415.73	79,122.53

12. **서울 자치구별 에너지 사용량에 대한 설명으로 옳지 않은 것은?**

① 연간 1개 자치구 평균 에너지 사용량은 약 178만 MWh이다.

② 연간 총합 기준 100만 MWh 미만의 에너지를 사용하는 자치구는 총 2곳이다.

③ 연간 총합 기준 200만 MWh 이상의 에너지를 사용하는 자치구는 세금 부과 기준이 다르다.

④ 연간 총합 기준 가장 많은 사용량을 보이는 자치구와 가장 적은 사용량을 보이는 자치구의 차이는 약 357만 MWh이다.

13. **제시된 월별 에너지 사용량 변화를 고려할 때, 변화 원인을 가장 적절하게 설명한 것은?**

① 산업계가 비수기로 접어들면서 사무실의 에너지 사용이 줄어들었기 때문이다.

② 추위가 잦아들면서 난방을 위한 에너지 사용이 줄어들었기 때문이다.

③ 교통량이 줄어들면서 관련된 에너지 사용이 줄어들었기 때문이다.

④ 정부 정책이 강화되면서 에너지 사용이 제한되었기 때문이다.

[14 ~ 15] 다음 자료를 바탕으로 이어지는 질문에 답하시오.

〈20X1 ~ 20X5년 수입 및 지출 현황〉

(단위 : 십억 원)

구분				20X1년	20X2년	20X3년	20X4년	20X5년
수입	정부지원	직접지원	출연금	367	352	345	349	362
			보조금	871	670	594	620	670
		간접지원	사업수입	0	0	0	0	0
			위탁수입	106	114	96	111	120
			독점수입	0	0	0	0	0
			부대수입	9	(　)	8	8	10
	차입금			0	0	5	0	0
	기타			0	0	0	0	0
지출	인건비			87	98	108	118	121
	경상운영비			6	6	6	8	7
	사업비			1,239	1,013	906	942	1,011
	차입상환금			0	0	2	2	0
	기타			21	25	27	18	23

• 용어설명
- 출연금 : 기관 고유목적 사업 수행 등을 위해 정부로부터 직접 출연 받은 금액
- 보조금 : 보조금관리에 관한 법률에 따라 지원받은 금액
- 사업수입 : 법령 또는 정관에 규정된 당해 기관의 업무로 인한 수입액
- 위탁수입 : 법령 또는 정관에 규정된 위탁근거에 따라 위탁 받은 업무로 인한 수입액
- 독점수입 : 법령 또는 정관에 규정된 근거에 의하여 부여된 독점적 사업으로 인한 수입
- 부대수입 : 정부의 간접지원액의 이자 등 운용 수익

14. 다음 중 위 자료에 대한 설명으로 옳지 않은 것은?

① 해가 갈수록 직접지원이 증가하고 있다.
② 기타 항목에서 지출과 달리 수입은 십억 원 미만을 기록하고 있다.
③ ○○공단의 수입은 크게 3가지 종류로 나눌 수 있다.
④ 부대수입을 제외한 간접지원에 해당하는 수입의 발생은 법령 또는 정관을 근거로 한다.

15. 다음 중 20X2 ~ 20X5년 각 해의 인건비 대 경상운영비의 비를 계산한 값으로 옳지 않은 것은? (단, 소수점 아래 자릿수는 버린다)

① 20X2년 – 14 : 1
② 20X3년 – 18 : 1
③ 20X4년 – 14 : 1
④ 20X5년 – 17 : 1

16. 다음 자료를 통해 추론할 수 있는 우리나라의 태양광 및 풍력 발전 정책에 대한 설명으로 가장 적절한 것은?

〈주요 국가 태양광 및 풍력 발전 비중〉

(단위 : %)

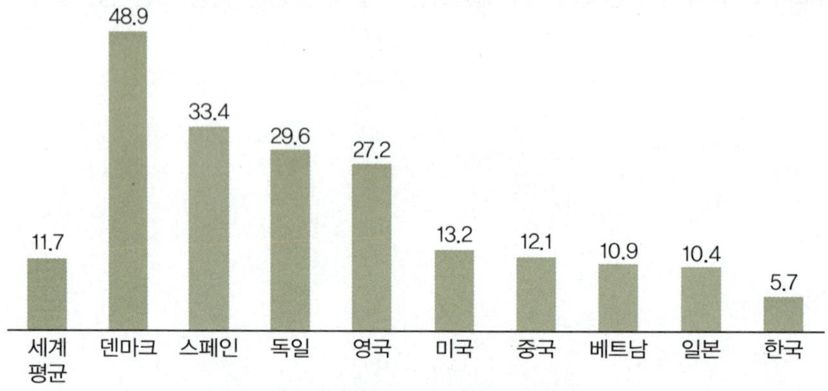

① 자료에 제시된 주요 국가 외 나라들의 발전 비중을 알 수 없으므로 정책적인 판단을 유보한다.

② 태양광 및 풍력 발전은 생산성이 높지 않으므로 관련 예산을 증액할 필요가 없다.

③ 우리나라의 발전 비중과 주요 국가들과 비중이 크게 차이나지 않으므로 현재 수준을 유지 할 필요가 있다.

④ 주요 국가들뿐만 아니라 세계 평균과 비교하여도 발전 비중이 작은 편으로 관련 예산을 증액할 필요가 있다.

17. ○○금고 인사팀에 근무하는 갑, 을, 병, 정 4명은 〈조건〉에 따라서 원형 테이블에 앉아 회의를 진행하려고 한다. 다음 중 A ~ C 자리에 앉을 직원들을 순서대로 바르게 나열한 것은? (단, 갑은 테이블 가운데를 바라보며 앉아 있다)

조건

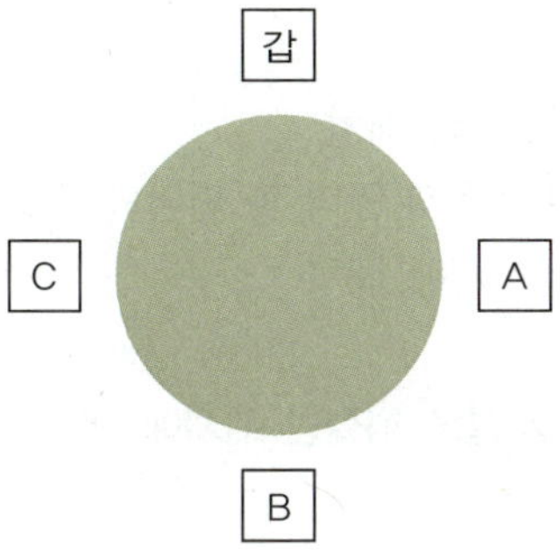

- 을과 병은 사이가 좋지 않기 때문에 서로 마주보고 앉는 것을 꺼린다.
- 갑은 본인이 바라보는 방향의 오른쪽에 을이 앉기를 원한다.

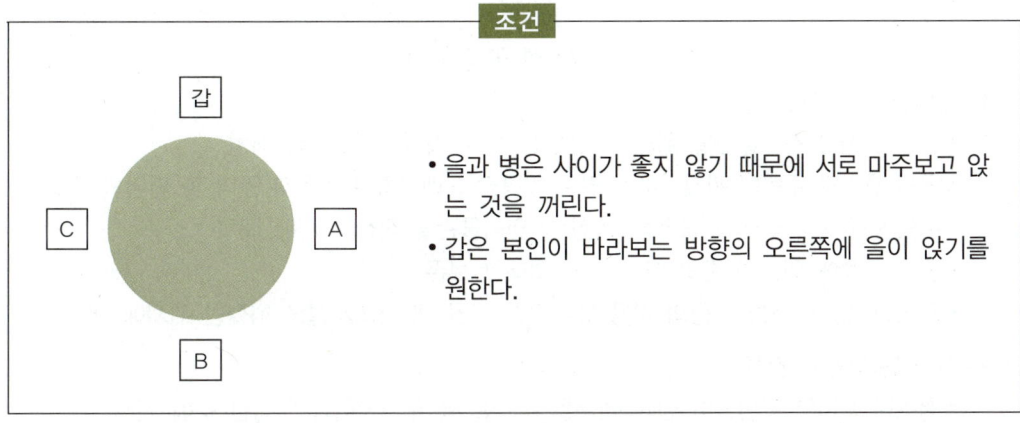

① 정－을－병　　② 정－병－을
③ 병－을－정　　④ 을－병－정

18. ○○금고에 근무하는 A는 회사 출입문 비밀번호 4자리가 기억나지 않아 다음의 〈단서〉를 통해 찾아내려고 한다. 가능한 비밀번호는 모두 몇 가지인가?

단서

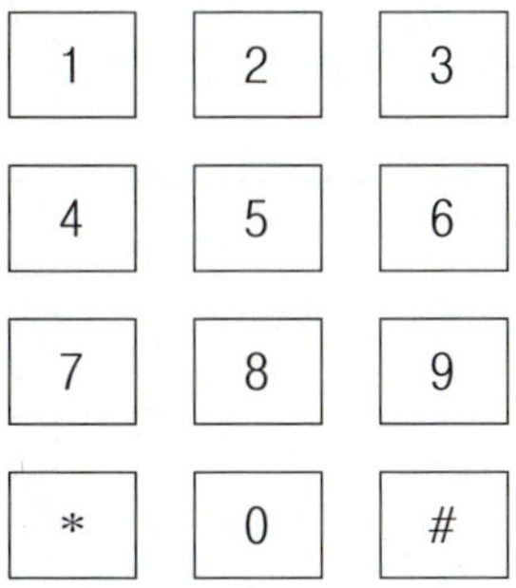

- 비밀번호는 0부터 9까지 10개의 숫자만 사용할 수 있다.
- 비밀번호를 구성하고 있는 숫자 중 소수는 없다.
- 비밀번호를 구성하고 있는 숫자 중 4의 배수는 1개뿐이다.
- 비밀번호는 큰 수부터 차례대로 나열되어 있다.
- 비밀번호에 같은 숫자를 중복하여 사용할 수는 없다.

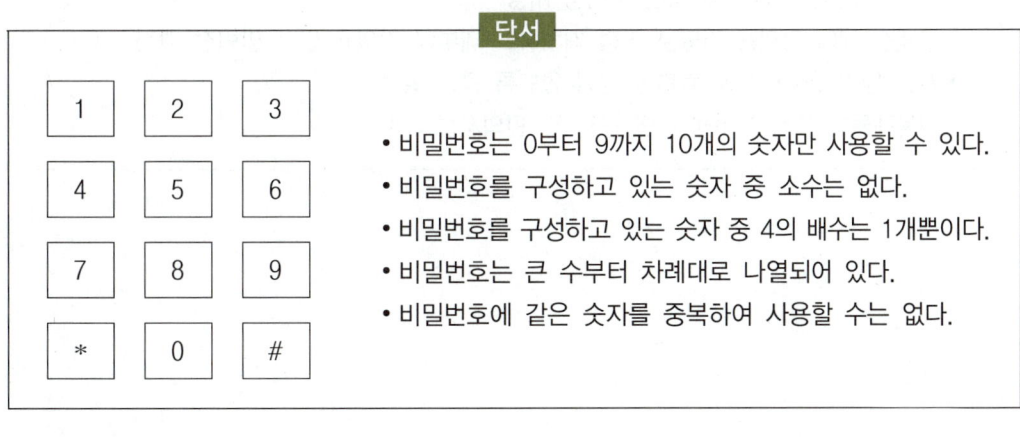

① 7가지　　② 8가지
③ 9가지　　④ 10가지

[19 ~ 20] 다음 제시 상황과 자료를 읽고 이어지는 질문에 답하시오.

△△공사 직원 M은 부지 건설을 위한 공사 계획을 살펴보고 있다.

〈시설 공사계획〉

1. 산림공원 내 시설 확장
   - 원활한 차량 진·출입을 위해 각 출입문 도로 확장 및 주차장 배치
   - 공원 출입구 주변에 관리사무소 및 진입광장을 배치하여 이용객 안내 및 만남의 장소 제공
   - 산림공원 내부에 국악 공연장, 동상, 자연박물관을 적정 위치에 배치
   - 공원 동쪽에 있는 기존의 대나무 숲 최대한 보존
   - 화장실, 벤치, 그늘막 등의 이용객을 위한 공원 내 편의시설을 적절한 위치에 배치
2. 한지체험박물관 건설
   - 청소년과 지역 주민들이 쉽게 접근할 수 있도록 주거지역과 인접한 곳에 건설
   - 박물관 혹은 기념관과 프로그램 연계를 위해 간접 지역에 건설
   - 산림공원 이용객이 접근하기 쉽도록 산림공원의 대나무 숲과 연결도로 확장
   - 산림공원 연결로를 통한 산림공원 내 주차장 공동 이용
   - 한지 공장에서 물품 공수를 위해 이용도로 확장
3. 도시 외곽 체육시설 건설
   - 강변 운영으로 수영장과 수상스포츠 시설 시공
   - 원활한 차량 출입을 위해 순환도로와 연결된 출입로를 확장하고 주차장 배치
   - 인접 산의 암벽 지역에 자연 암벽장 시공
   - 암벽장 내에 강의용 건물을 적정 배치하고 내부에 강의용 인공 암벽장 배치
   - 자연 암벽장의 이용에 불편한 점이 없도록 공간 확보
   - 이용객들의 휴식을 위해 수변 공원 및 편의시설 배치

19. 본 시설 공사계획에는 각각 다른 건설사가 각 사업을 진행한다. 다음 〈건설사 시공 가능내역〉을 참고할 때, 참여하지 않는 건설사는?

〈건설사 시공 가능내역〉

건설사	주차장	도로 확장	공용 편의시설	수상스포츠 시공	자연 암벽장	건축물
갑	X	O	X	O	X	X
을	O	O	X	X	O	O
병	O	O	O	X	X	O
정	O	O	O	O	O	O

① 갑　② 을　③ 병　④ 정

20. 다음은 건설 부지 명단과 입지 여건이다. 제시된 자료에 따라 우선순위가 가장 낮은 부지끼리 연결한 것은?

구분	입지 여건
A 부지	• 동쪽으로 일반 주거 지역과 역사박물관이 있으며, 서쪽으로 산림 공원과 맞닿음. • 북쪽으로 청소년 수련원 및 골프연습장이 위치함.
B 부지	• 자연녹지 지역으로 폭 12m 도로와 접하고 있으며, 산림 공원 내 위치함. • 서쪽에 스쿨존이, 남쪽에는 주거 지역 및 상업 지역과 인접해 있음. • 동쪽으로 대나무 숲이 위치함.
C 부지	• 자연녹지 지역이며 일반 주거 지역 내부에 있음. • 외곽 순환 도로와 접해 있음. • 서쪽과 남쪽에 강을 따라 농장 및 논과 밭이 있음.
D 부지	• 일반 주거 지역 내부에 있으며 서쪽에는 역사기념관, 중학교, 한지 공장이 있음. • 강변에 위치하여 순환 도로와 접해 있음. • 서쪽에 대나무 숲이 위치함.
E 부지	• 도시 외곽에 위치한 자연 녹지 지역으로 서쪽으로 순환도로가 있음. • 남쪽으로 절이 위치하며, 북쪽으로 강이 흐르고 있음. • 부지 동남쪽으로 △△산 자연 암벽 지형이 있음. • 부지 내에 공터 및 주차장이 조성되어 있음.

① A, C　② A, D
③ C, D　④ C, E

21. 다음은 ○○기업 사원들을 대상으로 실시한 스트레스 취약성 테스트 자료이다. 이를 참고할 때, 스트레스 취약성 테스트 결과에 대한 설명으로 적절하지 않은 것은?

〈스트레스 취약성 테스트〉

연번	내용	점수
1	일이 풀리지 않으면 자책부터 한다.	1
2	중요한 문제를 의논할 친구가 없다.	1
3	본인이 원하는 것을 명확하게 표현하지 못한다.	1
4	일을 해냈을 때 성취감보다는 안도감이 든다.	2
5	취미 생활이 일로 느껴져 포기한다.	2
6	이루고자 하는 목표가 높다는 말을 자주 듣는다.	3
7	칭찬을 듣고 의심해 본 적이 많다.	3
8	감정의 기복이 심한 편이다.	3
9	쉽게 불안해진다.	4
10	생각이 너무 많다는 말을 많이 듣는다.	4
11	잠자리에 들면 오늘 있었던 힘든 일들이 떠올라 쉽게 잠들지 못한다.	5
12	소리 자극에 민감한 편이다.	5

〈점수별 진단 결과〉

점수 구간	상태
1 ~ 5점	스트레스 약간 수준
6 ~ 10점	스트레스 다소 수준
11 ~ 15점	스트레스 많음 수준
16 ~ 20점	스트레스 상당히 많음 수준
21점 이상	스트레스 극심함 수준

① 3, 5, 12번에 해당하는 A 사원은 스트레스 다소 수준이다.

② 1, 4, 6, 8번에 해당하는 B 사원은 스트레스 다소 수준이다.

③ 2, 7, 9, 11번에 해당하는 C 사원은 스트레스 많음 수준이다.

④ 1, 2, 5, 6, 9, 10, 12번에 해당하는 D 사원은 스트레스 극심함 수준이다.

22. **다음 보도문에 제시된 ○○시가 운영하는 민관 합동 조직진단반에 대한 설명으로 적절하지 않은 것은?**

> ○○시가 조직 운영의 업무 효율성, 조직진단의 객관성과 전문성을 높이기 위해 '민관 합동 조직진단반'을 도입한다고 26일 밝혔다. 시에 따르면 민관 합동 조직진단반은 시 조직진단 과정에 참여해 인력 재배치, 조직 정비 방안 도출, 조직운영체계상 개선 사항, 기구 · 인력의 비효율성 점검 등에 대한 의견을 제안하는 기구다. 그동안의 시 자체 조직진단 방식에서 벗어나 민관이 합동으로 조직운영 전반을 진단함으로써 행정의 객관성과 신뢰성이 더욱 높이기 위한 시도다. ○○시가 조직진단에 민간위원을 위촉한 것은 이번이 처음이다. 조직진단반은 행정기구 조직 관련 전문 연구원 등 민간위원과 시 소속 공무원 등 5명으로 구성됐으며, 조직진단 기간 중 자문기구로서 한시적으로 운영된다. 시는 조직진단 및 자문 결과를 반영한 조직개편안을 마련하고 입법예고와 같은 관련 행정절차를 거쳐 오는 7월 조직개편을 시행할 계획이다.

① 운영 기간이 정해져 있다.

② 조직 운영 과정에서 개선 사항을 제안하게 된다.

③ 과거에는 ○○시 자체적으로 조직진단을 수행하였다.

④ 도입 취지는 조직 운영 업무 구성원 다양성 제고이다.

23. **○○금고 앞 교차로의 신호등 규칙이 다음과 같다고 한다. 오전 9시에 동서방향 신호등의 직진 신호가 시작되었다고 할 때, 오전 10시 30분의 신호등 상태로 적절한 것은?**

> • 동서방향 신호등의 직진 신호가 2분 동안 먼저 작동하고, 남북방향 신호등이 이어서 작동한다.
> • 남북방향 신호등은 직진(2분 30초) → 좌회전(1분) 신호 순으로 작동한다.
> • 남북방향 신호등이 모두 작동하면 전체 보행자 신호가 3분 동안 작동한다.
> • 전체 보행자 신호에 이어서 다시 동서방향 신호등이 작동한다.

① 동서방향 신호등의 좌회전 신호

② 남북방향 신호등의 좌회전 신호

③ 동서방향 신호등의 직진 신호

④ 보행자 신호

24. 다음 기사를 읽고 가질 수 있는 의문으로 가장 적절한 것은?

> 국내 대표 관광지인 ○○군을 찾는 방문객이 늘면서 1,000만 관광객 유치의 실현 가능성이 높아졌다. 15일 ○○군에 따르면 지난 9 ~ 12일 설 연휴 기간 9만 1,101명이 ○○군을 찾았다. 이는 지난해 설 연휴 기간 ○○군을 방문한 7만 2,473명보다 25% 늘어난 수치이다. 도담삼봉은 3만 1,142명, 구담봉은 1만 8,446명, 만천하 스카이워크는 1만 1,247명의 관광객이 찾아 연휴를 즐겼다. 이 외에 주요 관광지에도 많은 관광객들이 몰렸다. ○○군은 이 같은 관광객 유입 추세라면 올해 연말까지 1,000만 관광객 유치는 무난할 것으로 예상하고 있다. 지난해 ○○군을 찾은 관광객은 925만 540명이다. ○○관광공사 수입금도 2022년 77억 원에서 지난해 78억 7,000만 원으로 1억 7,000만 원 증가했다.
>
> 문화체육관광부와 □□공사가 주관한 '2023 ~ 2024 한국관광 100선'에 도담삼봉, 만천하스카이워크, ○○강 잔도가 선정되고 '밤밤곡곡 100선'에 ○○강 잔도, 수양개빛터널, ○○야간미션투어가 선정되는 등 ○○군은 관광 분야에서 다양한 두각을 나타내고 있다. ○○군 관계자는 "올해는 많은 관광객의 발길을 끌 수 있는 공격적인 관광마케팅을 펼칠 계획이다"라며 "체류형 관광 생태계를 선도하는 명품 관광도시를 만들겠다"라고 말했다.

① ○○군 방문객 목표치는 몇 명인가?

② ○○군의 주요 관광지에는 지난 설 연휴기간 동안 몇 명이 방문하였는가?

③ ○○군의 방문객이 늘어난 원인은 무엇인가?

④ ○○군이 내세우는 관광 산업의 목표는 무엇인가?

25. 다음은 ○○대학교에 재학 중인 A, B, C, D 4명의 OX시험 답안지이다. OX시험에서 A는 15점, B는 20점, C는 10점을 받았다고 할 때, D의 점수는 몇 점인가? (단, 각 문제의 배점은 5점이고 D는 A보다 낮거나 같은 점수이다)

구분	1번	2번	3번	4번	5번	총점(25점 만점)
A	○	×	×	○	×	15점
B	×	×	○	○	○	20점
C	○	×	×	×	×	10점
D	○	×	○	×	○	?

① 5점 ② 10점

③ 15점 ④ 20점

26. 다음 사례에서 마텔의 성장과 DEC의 실패에 결정적 영향을 미친 요인으로 볼 수 있는 것은?

> ABC-TV는 1955년 '미키 하우스 클럽'이라는 새로운 프로그램을 방송하기로 계획하면서, 마텔(Mattel)에게 52주간 광고를 독점할 수 있는 기회를 50만 달러에 제안하였다. 50만 달러는 마텔의 기업가치에 해당하는 엄청난 금액이었지만 마텔은 과감하게 그 금액을 투자하여 TV광고를 실행하기로 결정했고 아이들은 광고를 통해서 마텔 제품에 익숙해지게 되었다. 그 결과 마텔의 바비인형은 3초에 하나씩 팔려나갈 정도로 큰 성공을 거두게 되었다.
>
> DEC는 기존 중대형 컴퓨터를 저렴한 가격으로 대체할 수 있는 미니컴퓨터 시장을 창출하였고, 1980년대 중반에는 세계 2위의 컴퓨터 업체로 부상하였다. 그런데 대기업으로 성장한 이후에도 엔지니어가 의사결정을 주도하는 기존의 의사결정 프로세스를 그대로 유지하였다. 그 결과 PC와 노트북 시장으로의 진입 기회를 놓쳤고, 결국 컴팩(Compaq)이라는 기업에 인수되었다.

① 전문 경영인의 유무
② 주인의식 있는 책임감의 유무
③ 올바른 의사결정의 유무
④ 사회친화적인 경영목적의 유무

27. 다음 글에서 설명하는 조직문화와 전략의 관계를 가장 적절하게 제시한 것은?

> 기존의 연구들은 조직문화를 비이성적(irrational)인 영역으로 간주했다. 반면, 전략은 합리적이고 이성적인 영역으로 생각했다. 연구자들은 전략이 제대로 수행될 수 있도록 하려면 비이성적이고 비합리적인 영역인 조직문화를 적극적으로 관리하고 통제해야 한다고 주장했다.
>
> 대부분의 사람들은 전략을 이성적이고 합리적으로 잘 세우고 나서 비이성적이고 골칫거리인 조직문화를 관리해야 한다고 생각하였다. 그런데 이런 가정이 과연 바람직할까? '전략 수립 → 적합한 조직문화로 변화 추진'과 같은 순차적인 방식이 요즘처럼 빠르게 경쟁하는 세상에서 적합할까?
>
> 나는 조직문화가 전략을 낳는다고 말하고 싶다. 조직문화를 '토양'으로 간주해 보면 나의 주장을 이해할 수 있을 것이다. 문화가 토양이라면, 이는 다양한 전략을 낳고 더 건강한 전략을 선택해 자라게 할 것이다. 전략을 세우고 나서 무언가 새로운 것을 해 보는 것이 아니라 평소에 조직문화를 일상적으로 잘 가꾸어야 한다.

	조직문화	전략
①	아버지	어머니
②	식물	화분
③	배경	원인
④	환경	산출물

[28 ~ 29] 다음 자료를 보고 이어지는 질문에 답하시오.

〈K사 SWOT 분석 자료〉

강점 (Strength)	• 자사 제품의 가격 경쟁력 • 브랜드 인지도 • 높은 영업이익률
약점 (Weakness)	• 과도한 비용 절감에 대한 직원 불만 증대 • 낮은 보상 수준으로 인한 핵심 인재 유출 • 직원들에 대한 업무 과중
기회 (Opportunity)	• 해외 시장의 관심 증대 • 학계의 제품 관련 기반 기술 지속 개발
위협 (Threat)	• 지속적인 경쟁사 유입 • 계속되는 제품 관련 법률 소송

28. 다음 중 K사의 상황에 해당하지 않는 사례는?

① K사가 판매하는 제품은 서울 및 수도권뿐만 아니라 전국 어느 지역을 가더라도 쉽게 찾아볼 수 있다. 또한 세대를 불문하고 이미 많은 사람들이 K사 제품에 대해 잘 알고 있다.

② K사는 매출 규모가 높지 않음에도 재료비, 개발비, 물류비 등을 보수적으로 책정하여 회사를 운영하기 위한 자금 유동성을 긍정적으로 만들어 나가고 있다.

③ K사의 제품이 SNS를 통해 급속도로 홍보되고 있다. 처음에는 한 인플루언서가 자신의 SNS에 K사 제품을 우연히 소개하였는데, 이 콘텐츠의 조회수가 급격히 높아지더니 지금은 해외에서도 제품에 대한 문의가 끊이질 않고 있다.

④ K사가 판매하는 제품은 단순해 보이지만 고도의 최신 기술이 접목되어 있다. K사는 제품 개발 초기부터 최첨단 기술의 도입을 위한 투자를 아끼지 않았고, 결국 제품을 개발하는 데 성공하였다.

29. SWOT 분석은 두 가지 요소를 결합하여 전략을 수립하기 위한 도구이다. 다음에 제시된 전략이 기초로 하고 있는 요소는 무엇인가?

> 최근 급성장한 K사는 겉으로는 많은 소비자들로부터 지지를 받는 회사로 보인다. 그러나 속내를 들여다보면 불안감을 지울 수 없다. K사의 미래를 이끌어 갈 우수 인재들이 계속해서 회사를 떠나고 있기 때문이다. 인재 공백이 심화되고 있는 현 상황을 타개하기 위해서는 우수 인재에 대한 보상 체계를 혁신하고 적극적인 해외 시장 진출을 통해 K사의 매출 구조를 개선할 필요가 있다. 그동안 매출 대비 비용 구조가 열악하여 직원들에 대한 합리적인 보상이 이루어지지 못했다는 것은 K사의 임직원 모두가 잘 알고 있는 사실이다. 이 구조를 바꿔 나가는 것이 K사가 해결해 나가야 할 과제이다.

① 약점－기회　　② 약점－위협
③ 강점－기회　　④ 강점－위협

30. 다음 글을 바탕으로 할 때, ESG 투자에 대한 설명으로 적절하지 않은 것은?

> ESG 투자는 기업의 재무적 성과뿐만 아니라 환경보호(Environmental), 사회적 책임(Social), 적정한 지배구조(Governance)와 같은 비재무적인 요소를 고려하는 투자방식을 의미한다. ESG 투자는 비재무적 지표라는 이유로 간과되었던 ESG 정보의 재무적 속성을 재평가하는 데에서 시작한다. 그 결과 ESG를 포트폴리오 선정 및 운용과정에 통합시켜서 추가로 수익 기회를 발굴하는 것을 궁극적인 목적으로 삼는다.
>
> 세계 최대 자산운용사인 블랙록(BLK)을 필두로 글로벌 자산운용사가 ESG를 자본시장의 새로운 기준으로 내세우면서 현재 ESG는 기업경영에 직접적인 영향을 미치는 요인 중 하나가 되었다. 일례로 20년 넘게 흑자였던 미국 최대 에너지기업인 엑손모빌(XOM)조차도 2020년에 다우지수에서 퇴출된 데 이어, 2021년에는 ESG 행동주의를 표방한 해지펀드에게 이사회의 4분의 1인 3명의 선임권을 내주었다. 투자자의 기후변화 요구(E)에 소홀히 대응한 것이 결정적인 이유였다.

① ESG 투자는 재무 외의 요소를 투자결정 요인으로 고려한다.
② 엑손모빌이 다우지수에서 제외된 것은 적정한 지배구조를 유지하지 않았기 때문이다.
③ 사회적 책임(S)은 비재무적 지표에 해당한다.
④ ESG는 글로벌 자산운용사의 투자기준 중 하나이다.

31. 영화 제작사 픽사(Pixar)에서 '두뇌위원회'를 조직하여 운영하는 가장 궁극적인 목적으로 적절한 것은?

> 영화 〈몬스터 주식회사〉에서 "요즘 아이들은 예전처럼 겁먹지 않아(Kids don't get scared like they used to)"라는 괴물들의 대사는 픽사의 고민과 열정을 대변한다고 생각한다. 어린이들의 상상력은 나날이 풍부해져 가는데, 이런 어린이들을 사로잡기 위해 픽사는 이들의 상상력을 뛰어넘는 영화를 만들어야 하기 때문이다. 픽사에는 뛰어난 상상력을 발휘하고 실천하기 위한 '두뇌위원회(The Brain Trust)'라는 조직이 있다. 두뇌위원회는 경험 많은 8명의 감독으로 구성되어 있으며, 제작팀이 도움을 요청할 때면 언제든지 현재의 진행 상황과 문제점을 공유해 그에 따른 조언을 구할 수 있다. 두뇌위원회에 상황과 문제점이 전달되면 그때부터는 자신들의 풍부한 경험을 바탕으로 문제 해결을 위한 토론을 벌인다. 이 위원회의 모토는 '잔인할 정도로 솔직하게(brutally honest)'이다. 그래서 회의 참석자는 상대의 직위를 고려하거나 지나치게 격식을 차리지도 않는다. 그저 있는 그대로 그리고 느낀 그대로 자신의 의견을 제시한다. 솔직하게 자신의 생각을 말하고 온전히 털어놓으며 소통하기에 남의 의견도 있는 그대로 받아들인다. 이들은 솔직함이 없다면 신뢰도 없다고 생각한다.
>
> 이후 제작팀은 회의 결과를 바탕으로 도출된 위원회의 조언을 받아들일지 결정한다. 제작팀은 언제라도 편안하게 위원회의 도움을 요청할 수 있지만, 제작팀 스스로가 문제의 해결방식을 결정함으로써 창의성을 보호받는다.

① 솔직하고 자유로운 분위기에서 격의 없는 소통과 공감을 통해 조직의 통합을 이루기 위함이다.

② 위원회의 조언과 비평을 100% 반영하여 흥행에 성공할 수 있는 영화를 만들기 위함이다.

③ 단순한 일터라는 의미보다는 소속감을 주어 조직의 신뢰성을 높이고 생산성을 향상시키기 위함이다.

④ 조직의 창의성을 보호하면서 조언과 비평을 통해 이를 더욱 발전시키기 위함이다.

32. 오늘과 같이 급변하는 지식 정보화 시대에서 기업들은 도태되지 않도록 성공역량을 끊임없이 개발해야 한다. 다음 〈보기〉에서 설명하고 있는 기업의 역량으로 적절한 것은?

> **보기**
>
> 중소기업은 대기업에 비해 보유 자원이 부족하기 때문에 경쟁우위를 확보하기 위해서는 가벼운 규모의 조직을 활용하여 빠른 속도로 시장에 진입해 고객의 요구에 즉각적으로 대응하는 활동 능력을 필요로 한다. 성공의 가장 핵심적인 요인은 신속함, 기습적인 선점능력 그리고 탁월한 결정력이라고 볼 수 있다.

① 진취성　　② 전문성
③ 학습성　　④ 자기주도성

33. 다음은 토마스(Thomas)의 갈등 해결 모형이다. 회피형이 갈등을 해결한 사례로 가장 적절한 것은?

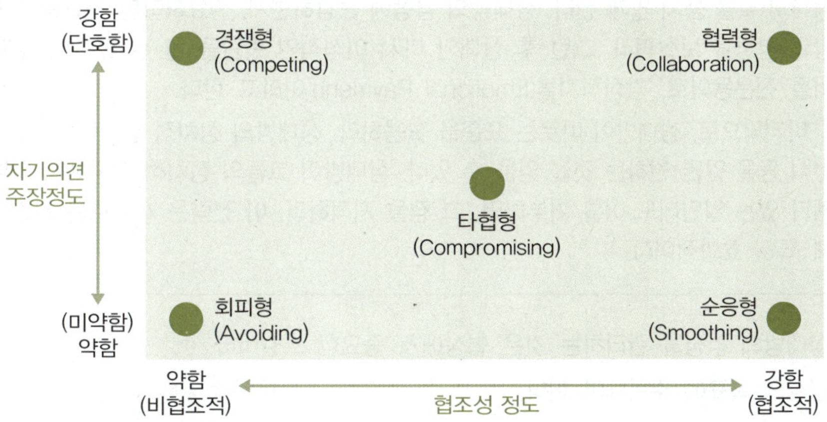

① 갈등에 있어 상대방의 목표 달성을 희생시키고 자신의 목표를 이루는 데만 집중한다.
② 갈등이 있음에도 아무런 갈등이나 문제가 없는 것처럼 행동한다.
③ 상대방의 주장과 요구를 충족하기 위해 본인의 주장을 드러내지 않거나 희생한다.
④ 적극적으로 본인과 상대방의 목표를 모두 만족시키기 위하여 서로 정보를 교환한다.

34. 다음 글의 글쓴이의 관점으로 적절하지 않은 것은?

> 협상은 사람 사이에서 이루어지는 상호작용이다. 우리는 상대방과 대화를 하면서 말이나 혹은 몸짓을 통해 의식적으로든 무의식적으로든 협상을 시도한다. 협상은 상대방이 특별한 행동 · 판단 · 인식을 하도록 만드는 과정이며, 상대방이 어떠한 감정을 가지도록 만드는 과정이다. 효과적인 협상을 위한 전략은 다음과 같다.
>
> 첫째, 목표에 집중하라. 협상을 통해 얻고자 하는 것은 바로 목표 달성이다. 그런데 애석하게도 많은 사람들이 부차적인 것들에 신경 쓰느라 목표 달성에 방해가 되는 행동을 하곤 한다. 협상을 할 때 인간관계만을 생각하거나 공통의 관심사에 빠져들거나 윈-윈하는 방법, 혹은 협상 도구 자체에만 집중해서는 절대 안 된다. 협상에서 하는 모든 행동, 몸짓 하나까지도 오직 목표를 달성하기 위한 전략이 되어야 한다.
>
> 둘째, 상대가 생각하는 머릿속 그림을 그려라. 다시 말해 그들의 생각, 감성, 니즈를 파악하고 그들이 어떤 식으로 약속을 하는지, 상대방의 어떤 부분에서 신뢰를 느끼는지도 알아야 한다. 또한 그들이 절대적으로 믿고 의지하는 제3자로부터 도움을 받을 수 있는지도 확인해야 한다. 협상에 있어 가장 효율적인 방법은 강압적 수단을 쓰지 않고 상대방이 자발적으로 손을 내밀도록 만드는 것이다.
>
> 셋째, 감정에 신경 써라. 세상이 언제나 이성적으로 돌아가는 것은 아니다. 아이러니하지만 중요한 협상일수록 사람들은 비이성적인 태도를 취하기도 한다. 사람이 감정적으로 변하면 상대의 말을 듣지 않게 된다. 상대방의 감정에 공감하면서, 필요하다면 사과를 해서라도 상대방의 감정을 보살펴라. 그런 후 상대가 다시 이성적인 판단을 할 수 있도록 유도해야 한다. 이를 전문용어로 '감정적지불(Emotional Payment)'이라고 한다.
>
> 마지막으로, 상대방이 따르는 표준을 활용하라. 상대방의 정치적 성향, 과거발언, 의사결정 방식 등을 알면 원하는 것을 얻을 수 있다. 상대방이 그들의 정치적 성향에서 일탈하거나 전례가 있는 일인데도 이를 거부하면, 그 점을 지적하라. 이 전략은 까다로운 사람들을 상대할 때 특히 효과적이다.

① 상대방의 감정을 관리하는 것은 협상에서 중요한 스킬이다.

② 협상의 목표에 주목해야 한다.

③ 상대방 견해를 우선적으로 고려하기보다 내 요구사항을 먼저 제시해야 한다.

④ 상대방의 정치적 성향, 과거 발언, 의사결정 방식 등을 미리 파악해야 한다.

[35 ~ 36] 다음 글을 읽고 이어지는 질문에 답하시오.

과거에는 사무실 업무가 끝나고 맥주 한 잔을 같이 즐길 친구나 스포츠 중계를 함께 보거나 쇼핑을 함께할 친구가 있었다. 노동은 매일 출근하는 이유의 일부에 불과했다. 노동이 삶의 전부가 아니었고 더 큰 사회의 일부로 살아간다는 느낌이 존재했다.

그러나 현재 재택, 원격 등 예전과는 달라진 하이브리드 업무환경에서 노동과 사회적 관계는 한층 더 양극화되었다. 이러한 양극화 현상은 직업과 개인 생활 모두에 영향을 미치고 있다. 노동의 질적인 면 그리고 사람과 노동의 관계에 변화가 찾아왔다.

프라이버시 중심 이메일 업체 ○○의 COO는 "좋아하는 사람과 시간을 보내는 것, 그리고 멋진 일을 하는 것, 이 두 가지를 통해 삶의 의미를 느끼게 된다"라고 말했다. 탕비실, 사무실, 회사 내 휴게실에서 일어나는 모든 사물과 사건은 사람들로 하여금 공통적인 유대감을 생성한다. 그리고 조직에 소속되어 있다고 느끼면 노동의 의미를 더욱 심층적으로 체감할 수 있다.

재택/하이브리드 팀에서 심층적이고 유의미한 관계를 만들려면 관련된 모두가 의도적으로라도 방법을 생각해 보아야 한다. 완전 재택 환경에서는 회의실, 엘리베이터, 누군가의 책상 옆을 지나는 일이 없으므로 우연한 사건이나 마주침이 발생하지 않는다. 하지만 일부러라도 ⓐ <u>이런 일</u>을 만들려고 노력해야 한다.

이것은 일종의 '멋진 신세계'다. 어느 정도는 모든 사람이 공동으로 발견한 신대륙이다. 재택 및 하이브리드 팀에서 일하는 사람, 이질적인 팀 간 연락을 용이하게 하는 도구를 개발한 사람, 조언을 위한 독특한 솔루션을 만든 사람에게 '멋진 신세계'의 새 항해법을 질문해 보아야 한다.

35. 밑줄 친 ⓐ에 해당하는 것으로 적절하지 않은 것은?

① 입사 동기를 몇 년 만에 회사 휴게실에서 마주친 일
② 과거 프로젝트를 함께 수행했던 후배를 오랜만에 마주친 일
③ 해결하기 어렵던 과제를 해결하고 성취감을 느낀 일
④ 다른 부서로 부서 이동을 한 상사를 우연히 만난 일

36. 윗글의 필자가 주장하는 직장의 개념으로 옳은 것은?

① 직장은 건전한 의사소통을 권장하는 곳이다.
② 직장은 전문성을 갖춘 구성원들이 경쟁하는 공간이다.
③ 직장은 사람들과의 교류를 보장하는 작은 사회이다.
④ 직장은 구체적인 목표와 방향을 가지고 운영되는 체계적 조직이다.

37. 다음 내용은 ○○공사의 대 고객만족 서비스 이행 기준이다. 이 기준과 관련 없는 고객 대응 사례는?

〈○○공사 대 고객 서비스 이행 기준〉

공통 서비스 이행 기준

□ 방문고객

- 사무실 입구에 근무자 사진과 함께 담당업무가 표시된 좌석배치도를 부착하고, 신분증을 항상 패용하겠습니다.
- 항상 밝은 미소와 공손한 말씨로 "안녕하십니까? 무엇을 도와드릴까요?"라고 맞이하겠습니다.
- 고객께서 일을 마치고 가실 때는"안녕히 가십시오!"라고 정중히 인사하겠습니다.

□ 전화고객

- 전화벨이 3회 이상 울리기 전에 신속히 받고 "감사합니다. ○○공사 홍길동입니다. 무엇을 도와드릴까요?"라고 인사를 드리겠습니다.
- 통화 시에는 고객의 말씀을 경청한 후 밝은 목소리로 답변해 드리겠으며, 중요사안에 대해서는 1회 이상 반복하여 고객의 의견을 확인하겠습니다.
- 담당직원 부재 시에는 고객께 직원의 부재사유를 설명하고, 고객의 성함 · 연락처 · 민원내용 등을 메모하여 "담당자가 돌아오는 즉시 전화를 드리겠습니다."라고 응답하겠습니다.
- 대화가 끝났을 때는 "전화 주셔서 고맙습니다. 좋은 하루 되세요!"라고 인사하고 고객께서 전화를 끊으신 후 1초 후에 수화기를 내려놓겠습니다.

□ 인터넷 문의고객

- 인터넷 홈페이지를 통해 ○○공사의 사업장 안내 및 서비스에 대한 최신정보를 자세하게 소개하여 고객들이 쉽게 이용할 수 있도록 하겠습니다.
- 만약 어떠한 사정으로 부득이 회신기한을 준수하기 어려울 경우에는 답변 가능 시기를 남겨주신 연락처 또는 이메일로 고객님께 알려드리고 기한 내에 답변드리도록 하겠습니다.

고객의 알 권리 충족과 비밀보장

- 행정정보 공개제도를 충실히 운영하여 고객의 알 권리를 보장하고 행정의 투명성을 확보하겠습니다.
- 우리 공사의 제반사항을 고객께서 쉽게 이해하고 알아보실 수 있도록 홈페이지에 충실하게 게재하겠습니다.
- 고객께서 제출하시는 민원에 대해서는 고객의 비밀을 보장하겠습니다.

고객서비스 평가 및 사후관리

- 고객서비스헌장 및 서비스 이행 기준의 성과와 이행 상태를 공사의 팀별로 평가지표를 설정하여 매년 점검하고, 이를 통해 발견된 문제점을 시정하고 개선해 나가겠습니다.

- 서비스 수준 향상을 위하여 매년 1회 이상 고객을 대상으로 설문조사를 실시하여 서비스 개선의 지표로 삼고, 그 평가 결과를 공사 홈페이지에 게재하겠습니다.

고객참여 및 의견 제시

- 고객께서 언제 어디서나 편하게 민원을 신청하실 수 있도록 홈페이지, 전화, Fax, 우편, 방문 등 다양한 채널을 운영하겠습니다.
- 업무 담당자가 휴가, 외출 등으로 자리를 비웠을 경우 업무대행 직원에게 철저히 인계인수하여 민원처리 지연 등 업무공백이 없도록 조치하겠습니다.

① 윤 사원은 고객들이 궁금해하는 공단 관련 내용을 일목요연하게 정리하여 고객 접근 채널에 올려놓았다.

② 박 대리는 고객 문의 전화를 가능한 한 빨리 받고 신속하게 필요한 내용으로 답변하였다.

③ 최 주임은 고객으로부터 불친절 신고를 받고 해당 내용을 정직하게 기재하여 시정될 수 있도록 상사에게 보고하였다.

④ 송 과장은 공사 시설물 이용 고객의 정보를 활용하여 시설물 이용 후기를 조사 및 분석하고 향후 개선을 위한 기초 자료로 삼았다.

38. 임파워먼트(권한 위임)란 조직 구성원들을 신뢰하고 그들의 잠재력을 믿으며, 그 잠재력을 개발하여 고성과(High Performance) 조직이 되도록 하는 일련의 행위를 말한다. 다음 중 임파워먼트의 충족 기준에 대한 설명으로 적절한 것을 모두 고르면?

ㄱ. 조직 구성원들이 업무에 자유롭게 참여하고 기여할 수 있는 분위기가 조성되어야 한다.

ㄴ. 조직 구성원들이 가지고 있는 재능과 그들의 목표를 파악하고, 이를 최대한 활용할 수 있는 환경을 구성원 스스로 조성한다.

ㄷ. 조직 구성원들로 하여금 명확하고 의미 있는 조직의 목적과 사명을 공감할 수 있도록 하여 구성원이 그 목적과 사명을 달성하기 위해 최선의 노력을 발휘하게 한다.

ㄹ. 조직의 체계적인 의사소통을 위해 의사소통이 하향으로만 진행되도록 하여 의사 및 명령이 명확하게 전달되도록 한다.

① ㄱ, ㄴ　　② ㄱ, ㄷ

③ ㄴ, ㄷ　　④ ㄷ, ㄹ

39. 다음 대화를 통해 배울 수 있는 직장 내에서의 교훈적인 행동지침으로 가장 적절한 것은?

> 청년 : 선생님이 여러 번 말씀하신 인간관계에 대해서 생각해 봤어요. 엄청난 부를 손에 넣었지만, 사랑하는 사람도, 친한 친구라고 부를 만한 사람도 없고 주변 사람들에게 미움만 받고 있다면 그건 큰 불행이라고 생각해요. 그리고 또 뇌리에서 떨칠 수 없는 단어가 '굴레'였는데요. 우리는 지금 모두 '굴레'라는 이름의 실에 엉켜서 발버둥을 치며 괴로워하고 있어요. 좋아하지도 않는 사람과 어울려야 하고, 싫어하는 상사의 기분을 살피지 않으면 안 되는 경우가 많죠. 생각해 보세요. 만약 그런 인간관계에서 해방된다면 얼마나 마음이 편해질지! 하지만 그런 게 가능한 사람은 아무도 없어요. 우리는 어딜 가든 타인에 둘러싸여, 타인과 관계를 맺으며 살아가는 사회적 개인이기 때문이겠죠. 어떻게 해도 인간관계의 단단한 그물망에서 벗어날 수 없어요. "모든 고민은 인간관계에서 비롯된 고민이다"라고 말했던 아들러의 식견이 맞다는 결론을 내릴 수 있겠네요.
>
> 철학자 : 중요한 의견이네. 그렇다면 좀 더 파고들어 생각해 보세. 대체 인간관계의 무엇이 우리의 자유를 빼앗는 것일까?
>
> 청년 : 저도 그거에 대해 생각해 본 적 있어요! 선생님께서 지난번에 타인을 '적'으로 생각할 것인가 '친구'로 생각할 것인가에 관해 말씀하셨죠. 그리고 타인을 '친구'로 볼 수 있다면 세계를 보는 눈이 달라질 거라고도 하셨고요. 확실히 공감이 가는 의견이에요.

① 인간관계는 우리의 자유를 해친다.

② 모든 고민은 사람 때문에 발생한다.

③ 직장에서 만나는 모든 사람과 친구가 되어야 한다.

④ 다른 사람과 친구 같은 관계를 맺으며 사는 것이 좋다.

40. 다음 글의 밑줄 친 책에서 언급하는 핵심 내용으로 적절한 것은?

> 상대를 지루하게 하는 것보다 자극하는 것이 더 낫다. 친절보다는 상처를 주면 상대를 감정적으로 더욱 종속시킬 수 있다. 상대의 약점을 파악한 다음 그것을 이용해 갈등을 조장하라. 그런 다음 결정적인 순간에 그 갈등을 해결해라. 갈등이 잔인하면 잔인할수록 효과는 더욱 증폭된다. 스탕달의 『연애론』이라는 책을 통해 두려움이 욕망에 미치는 영향을 엿볼 수 있다. 스탕달에 따르면, 사랑하는 사람이 곧 자신을 버릴지도 모른다는 생각이 들수록 점점 더 정신이 아득해지고 자신에 대한 통제력을 잃게 된다. 이와 같은 통찰력을 역이용해 유혹의 대상에게 적용할 수 있어야 한다. 상대의 마음을 안심시켜서는 절대 안 된다. 오히려 두려움과 불안을 느끼게 해주어야 한다. 차갑고 냉정한 모습을 보여주고 언제라도 헤어질 수 있다는 암시적인 행동을 종종 해서, 헤어짐에 대한 불안감을 늘 느끼게 만들어라. 그러다가 적당한 시간이 흘렀다고 판단되거든 다시 평안한 마음을 갖게 해주는 것이다.

① 여러 사람과 다양한 관계를 형성해야 한다.

② 풍요로운 인간관계가 우리의 생활을 행복하게 만든다.

③ 대인관계 형성에 자신의 매력을 적극적으로 활용해야 한다.

④ 두려움과 불안함의 감정을 적절히 이용하여 관계를 형성한다.

3회 기출예상문제

문항수 : 40 문항
문항시간 : 40 분

▸ 정답과 해설 18쪽

[01 ~ 02] 다음 자료를 읽고 이어지는 질문에 답하시오.

〈202X년 새마을금고 "MG영크리에이터" 모집〉

모집안내	• 모집기간 : 202X년 3월 2일(목) ~ 202X년 3월 19일(일) • 모집인원 : 25명(에디팅 분야 15명, 영상 분야 10명) • 지원자격 : MG새마을금고/새마을금고중앙회에 관심 있는 대학생 및 휴학생 • 우대사항 – SNS채널을 활발하게 운영하고 콘텐츠 제작에 관심 있는 분 – 홍보서포터즈 및 기자단 활동 경험이 있는 분 – 외국어 회화가 능숙한 분
지원방법	• 제출서류 : MG영크리에이터 지원서 및 개인정보제공동의서 ※ 새마을금고 블로그에서 서류 다운로드 • 이메일접수 : kfcc.young202X@*****.com • 선발절차 : 1차 서류심사 ▶ 2차 면접 ▶ 합격자 안내 • 최종합격자 발표 : 202X년 3월 28일(화), 새마을금고 블로그 게시 및 개별통지
활동내용	• 활동기간 : 202X년 4 ~ 11월(8개월) • 주요활동 : 새마을금고 관련 콘텐츠 월 1건 제작 • 활동혜택 – 새마을금고(중앙회) 관련 직무 인터뷰 및 현장체험 기회 제공 – MG영크리에이터 임명장 및 기념품 지급 – 매월 콘텐츠 원고료 지급(에디팅 분야 10만 원 / 영상 분야 15만 원) – 활동 종료 후 수료증 수여 및 우수활동자 시상

01. 위 모집 공고의 내용에 따를 때, 다음 대화의 A ~ D 중 거짓을 말하는 사람은? (단, 대화는 202X년 4월 6일에 나눈 것이다)

> A : 나 새마을금고 MG영크리에이터에 합격했어.
> B : 진짜? 나도 합격했는데. 우리 같이 열심히 해보자.
> C : 다들 축하해. 나는 떨어졌어. 도대체 합격 비결이 뭐니? 나는 영어 회화에 자신이 있어서, 우대 조건을 보고 지원했는데 불합격했더라고.
> D : 나도 떨어졌어. 아니다. 떨어졌다기보다는 내가 성실하게 준비하지 못했다는 것이 맞아. 지원서를 작성해서 지난달 20일에 접수하려고 했더니 이미 지원 마감했더라.
> A : 힘내! 다음에 또 기회가 있을 거야. 나는 대학에 입학하지 않았잖아? 그래도 내 나름대로 SNS 활동을 활발하게 하고 있고 홍보나 마케팅에 관심이 많다는 점을 면접 때 어필했는데, 이 점이 효과가 있었던 것 같아.
> B : 나는 대학 기자단 활동을 하고 있어서 그 경험을 구체적으로 지원서에 작성한 것이 좋은 점수를 받았다고 생각해.

① A ② B
③ C ④ D

02. 위 모집 공고를 읽은 후 질문할 수 있는 내용은? (단, 이미 제시된 내용을 질문하는 것은 적절하지 않다고 해석한다)

① MG영크리에이터가 되면 어떤 활동을 하게 됩니까?
② MG영크리에이터 활동기간은 어떻게 됩니까?
③ MG영크리에이터 선정절차가 어떻게 됩니까?
④ MG영크리에이터 모집에 대한 문의는 어떻게 하면 됩니까?

03. 다음 글의 빈칸 ㉠에 들어갈 단어로 가장 적절한 것은?

> 지난달 정부에서 '제1차 국가 탄소중립 · 녹색성장 기본계획(2023 ~ 2042)' 의안을 발표했다. 「기후위기 대응을 위한 탄소중립 · 녹색성장 기본법」에 따른 법정 계획으로, 향후 20년간 탄소중립 사회로의 이행을 위한 구체적 방안을 담은 의안이다.
>
> 우선 2018년 대비 온실가스를 40%나 더 감축하겠다는 목표가 눈에 띈다. 이 목표를 달성하기 위해 보다 체계적으로 강화된 계획도 제시되어 있다. 기존에는 산업공정 배출시설 중심의 소극적 개선 계획이 주를 이루었다면, 올해는 현 인프라를 점진적으로 저탄소 · 순환경제 체계로 전환하려는 계획들이 두드러진다.
>
> 돌이켜보면 기술 발전의 '전환기'에는 늘 거대한 (㉠)이/가 존재했다. 목질계 연료가 석탄으로, 석탄이 석유로, 석유가 전기로 전환되는 시점마다 증기기관, 내연기관, 발전기술과 같은 새로운 기술이 뒤따랐다. 저탄소 · 순환경제로의 전환을 시도하는 현 상황에서도 재생에너지, 무공해차, 순환이용, 수소, CCUS(탄소 포집 · 활용 · 저장기술) 등의 기술혁신이 가속화되고 있는 양상이다.

① 장애　　② 정책
③ 혁신　　④ 발표

04. 다음 중 밑줄 친 단어의 맞춤법이 잘못된 것은?

① 모든 부동산 <u>중개인</u>은 세입자에게 정확한 주택 정보를 제공해야 한다.
② 정인이는 바쁜 어머니를 돕기 위해 <u>설겋이</u>를 맡아서 한다.
③ 최 부장은 이번 프로젝트 실패 원인에 대하여 <u>재고</u>하기로 했다.
④ 박 사장은 김 상무가 보고한 <u>결재</u> 서류를 검토하고 있다.

05. 다음 기사의 제목으로 가장 적절한 것은?

> 30대 직장인 김 씨는 지난 2020년 말 시중은행에서 3% 초반대의 변동금리로 신용대출을 받았다. 당시 기준금리는 1%가 채 되지 않았지만, 이후 한국은행이 기준금리를 공격적으로 올리면서 기준금리는 5% 가까이 치솟았고 가산금리를 더한 신용대출의 금리는 7%에 육박했다. 그러나 최근 치솟았던 대출 금리가 다시 안정세에 접어들자 김 씨는 '대출상품 갈아타기'에 나섰다.
>
> 금융권에 따르면 지난달 31일 기준 4대 시중은행(KB국민 · 우리 · 신한 · 하나)의 고정형(혼합형) 주택담보대출 금리(은행채 5년물 기준)는 연 3.660 ~ 5.856%로 하단이 3% 중반대까지 하락했다. 시중은행의 주택담보대출 고정형 금리가 3%대로 떨어진 건 지난해 2월 이후 약 1년 만이다. 지난해 6월, 13년 만에 처음으로 상단이 7%를 넘었으나, 시장금리 인하와 정부의 인하 압박에 지난 1월 이후 꺾이기 시작하였다.

① 시중금리 하향 조정세
② 대출금리 경쟁적 인상 조짐
③ 변동금리와 고정금리 비교
④ 주택담보대출의 위험성

06. 다음 기사를 참고할 때 관련 업종의 대표가 취해야 할 행동으로 가장 적절한 것은?

> 중소 건설사 ◇◇파트너스의 대표이사 A 씨가 중대재해처벌법 위반 혐의로 법정에서 유죄 선고를 받았다. 중대재해법이 적용된 후 기업 최고경영자(CEO)에 대한 형사처벌 판결이 나온 첫 번째 사례이다. 의정부지방법원 고양지원 K 판사는 6일 중대재해법 위반 혐의로 기소된 ◇◇파트너스 대표 A 씨에게 징역 1년 6개월, 집행유예 3년을 선고했다. A 씨는 건설 현장에서 하청 노동자가 추락사한 사건으로 지난해 11월 말 기소되었다. 사망한 근로자는 안전대 없이 5층 높이(16.5m)에서 작업을 했고, 이는 사고 발생의 원인으로 직결되었다. 검찰은 ◇◇파트너스가 유해 및 위험 요인 등을 확인했음에도 이를 개선하는 절차를 마련하지 않았고, 안전보건관리책임자 등의 업무수행 평가기준과 중대산업재해 대비 지침서도 갖추지 않아 형사처벌 판결을 받았다고 전했다.

① 건설업이 아닌 다른 업종으로 사업 구조를 변경한다.
② 건설 현장의 안전 설비가 규정에 맞게 구비되어 있는지 점검한다.
③ 건설 관련 전문 변호인을 미리 선임한다.
④ 회사 소속 또는 하청 건설 근로자에게 사고 발생 시 함구하도록 지시한다.

[07 ~ 08] 다음 글을 읽고 이어지는 질문에 답하시오.

(가) 새마을금고는 예금자보호법이 처음 제정된 1995년보다 이른 1983년부터 협동조합권 최초로 예금자보호제도를 법률로 제정하고 예금자보호준비금을 설치하여 예금자를 보호하는 제도를 운영하고 있다. 새마을금고에서 고객이 가입한 예 · 적금 상품에 대한 원금을 지급하지 못하게 될 경우 은행과 동일하게 고객 1인당 5천만 원까지의 원금과 소정의 이자를 지급한다.

(나) 미국의 실리콘밸리은행(SVB) 사태를 계기로 기존 국내 금융기관의 예금자보호한도인 5천만 원을 상향해야 한다는 목소리가 다시 커지고 있다. ㉠ 현행 예금자보호법에 따르면 은행 · 저축은행 · 보험사 등의 금융기관이 파산하면 고객 예금은 예금보험공사로부터 1인당 최대 5천만 원까지 돌려받을 수 있다. 이 보호한도는 2001년 국내총생산(GDP) 등을 근거로 책정된 후 23년째 제자리인데, 미국 실리콘밸리은행 파산 사태 때문에 현 제도를 개선하자는 목소리에 힘이 실리는 모양새다. 지난해 한국의 1인당 GDP(국제통화기금 기준)는 2001년 대비 3배가량 증가했으나, 1인당 GDP 대비 예금보호한도 비율은 1.2배로, 일본(2.3배), 영국(2.3배), 미국(3.3배) 등에 견주었을 때 낮은 편이다. 현재 국회에는 예금자보험한도를 1억 원으로 상향하자는 예금자보호법 개정안이 여러 건 발의된 상태이다.

금융당국도 3분기에 예금자보호제도의 전반적인 개선책을 발표할 예정이다. 그러나 제도 개선을 위해서는 금융권 간의 이권이 잘 조율돼야 한다. 대표적인 게 예금 보험료율이다. 예금자보호한도를 높이면 예금 보험료율도 상승해 금융기관이 부담해야 하는 예금 보험료가 증가한다. 금융기관들은 보험료가 늘어날 경우, 이를 대출금리를 높이는 등의 방식으로 소비자에게 전가할 수밖에 없다는 입장이다. 시중은행의 예금 보험료율은 0.08%, 보험사의 경우에는 0.15%인데, 2011년 저축은행 사태 이후 저축은행의 보험료율은 0.4%다. 그래서 저축은행에서는 오히려 보험료율을 낮춰야 한다고 주장하고 있다. 시중은행의 경우는 부실 위험이 높지 않은 상황인데도 보험료가 늘어나는 데 불만스러워하는 한편, 예금자보호한도가 늘어나면 금리가 높은 저축은행으로 예금이 쏠릴 것을 우려하고 있다. 보험사에서는 예금자보험보다는 계약 이전을 통해 이를 해결하는 게 더 낫다고 판단하고 있다.

07. 다음 중 밑줄 친 ㉠과 (가) 문단과의 관계에 대한 설명으로 옳은 것은?

① ㉠을 개선하여 (가) 문단과 같은 제도를 시행하고 있다.
② ㉠을 근거로 (가) 문단과 같은 제도를 시행하고 있다.
③ ㉠은 (가) 문단과 같은 제도를 근거로 시행하고 있다.
④ ㉠이 있기 전에 이미 (가) 문단과 같은 제도를 시행하고 있었다.

08. 다음 중 (나) 문단에서 설명하고 있는 제도를 개정하려는 근거를 모두 고르면?

a. 미국의 실리콘밸리은행(SVB) 사태
b. 한국, 일본, 영국, 미국의 1인당 GDP 대비 예금보호한도 비율
c. 금융기관이 부담해야 하는 예금 보험료율 상승

① a
② b
③ a, b
④ b, c

[09 ~ 10] 다음 글을 읽고 이어지는 질문에 답하시오.

미래 환경변화에 따른 직무중심의 인사관리체계에 대한 논의가 더욱 중요해지고 있는 시점에서, 현 채용제도에서는 직무능력중심의 객관적인 평가도구 활용이 확산되고 있다. 채용과정에서 지원자에 대한 측정 및 평가 방법론을 도입하여 운영된다는 점에서 채용제도에 대한 타당도를 분석하는 것은 중요한 절차임에도 불구하고 기존 직업기초능력평가에 대한 타당도 검증은 매우 미흡한 실정이다. 해당 연구는 NCS 직업기초능력평가 타당도 분석의 중요성을 인식하는 계기를 만들기 위해 내용타당도 분석 방법론을 활용하여 NCS 직업기초능력평가의 타당도를 분석하였다.

본 연구의 분석대상은 2022년 능력중심채용모델의 직업기초능력 필기전형 850문항이다. 내용타당도 분석을 위하여 측정 및 평가 방법론 전문가와 직군별 내용전문가가 개별 문항을 검토하여 해당 문항이 측정하고자 하는 내용과 실질적으로 관련성이 높은지 정량 평정을 하도록 했다. 평정 척도는 4점 척도로 구성되었으며, 3점 또는 4점으로 평정된 문항에 대해 내용 관련성 여부를 판단했다. 850문항을 직업기초능력평가 10개 영역 내 하위 영역들과의 내용 관련성을 분석한 결과 직업기초능력평가 문항들의 평균적인 내용타당도가 양호한 수준으로 확인되었다. 즉, 현 채용제도 필기전형의 측정 문항은 측정하고자 하는 내용을 안정적으로 포함하고 있던 것이다.

해당 연구에서 활용된 내용타당도 분석은 전문가가 개별 문항의 내용을 직접 검토하는 방법이므로 개인의 주관적 판단에 의해 내용타당도 수준이 결정된다는 점에서 객관적 검증이 어렵다는 단점이 존재한다. 그러나 통계적 방법론에 의존하는 측면이 큰 구인타당도나 준거타당도 관점의 타당도 분석과 달리 실제 내용전문가들에 의해서 전문가적 관점의 문항 검토 결과를 제시하고, 이와 같은 검토 결과를 정량적인 타당도 지수로 산출하였다는 점에서 의의가 있다.

09. 윗글을 작성한 목적으로 적절한 것은?

① 연구 내용을 요약하여 설명하기 위해서
② 연구를 수행한 연구자의 업적을 치하하기 위해서
③ 새로운 연구를 제안하고 연구예산을 투자받기 위해서
④ 연구의 한계를 언급하고 이를 해결하기 위해서

10. 윗글에 대한 이해로 적절하지 않은 것은?

① 이전까지는 직업기초능력평가에 대한 타당도 검증이 미흡했다.
② 이 연구는 내용타당도 분석 방법론을 적용하여 이루어졌다.
③ 연구의 최종 결과는 전문가의 의견을 기술한 글만으로 작성되었다.
④ 연구에 참여한 전문가는 개별 문항에 대한 4점 척도의 평가를 실시하였다.

11. 다음 설문조사 결과에 대한 해석으로 가장 적절한 것은?

〈우리나라가 직면한 가장 중요한 환경문제〉

(단위 : %)

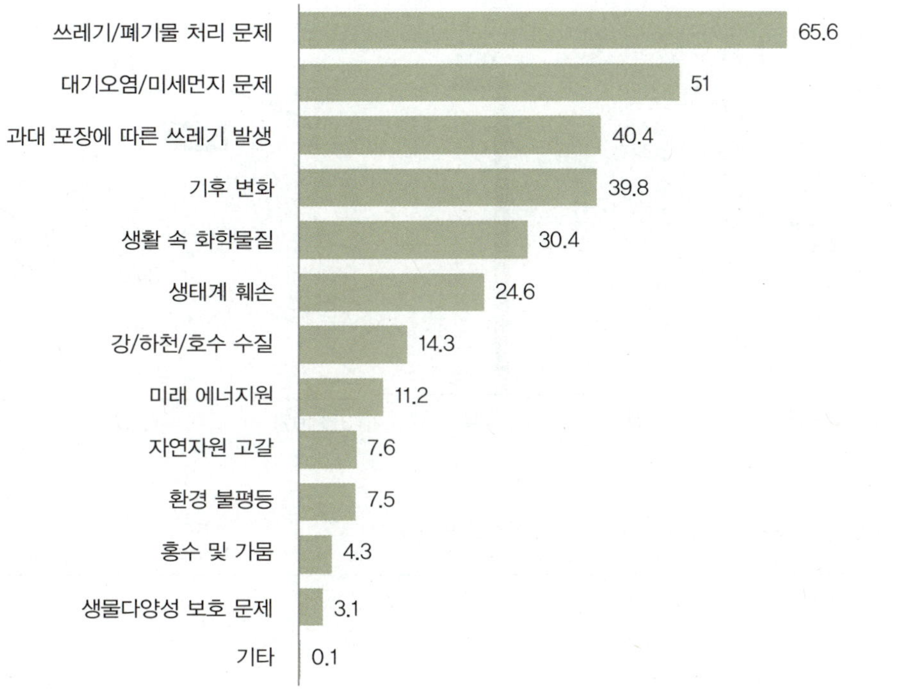

※ 일반 국민 5,000명을 대상으로 조사(복수 응답 가능)

※ 환경 불평등 : 소득이나 거주 지역 등에 따라 환경의 피해나 혜택에 차이가 발생하는 것

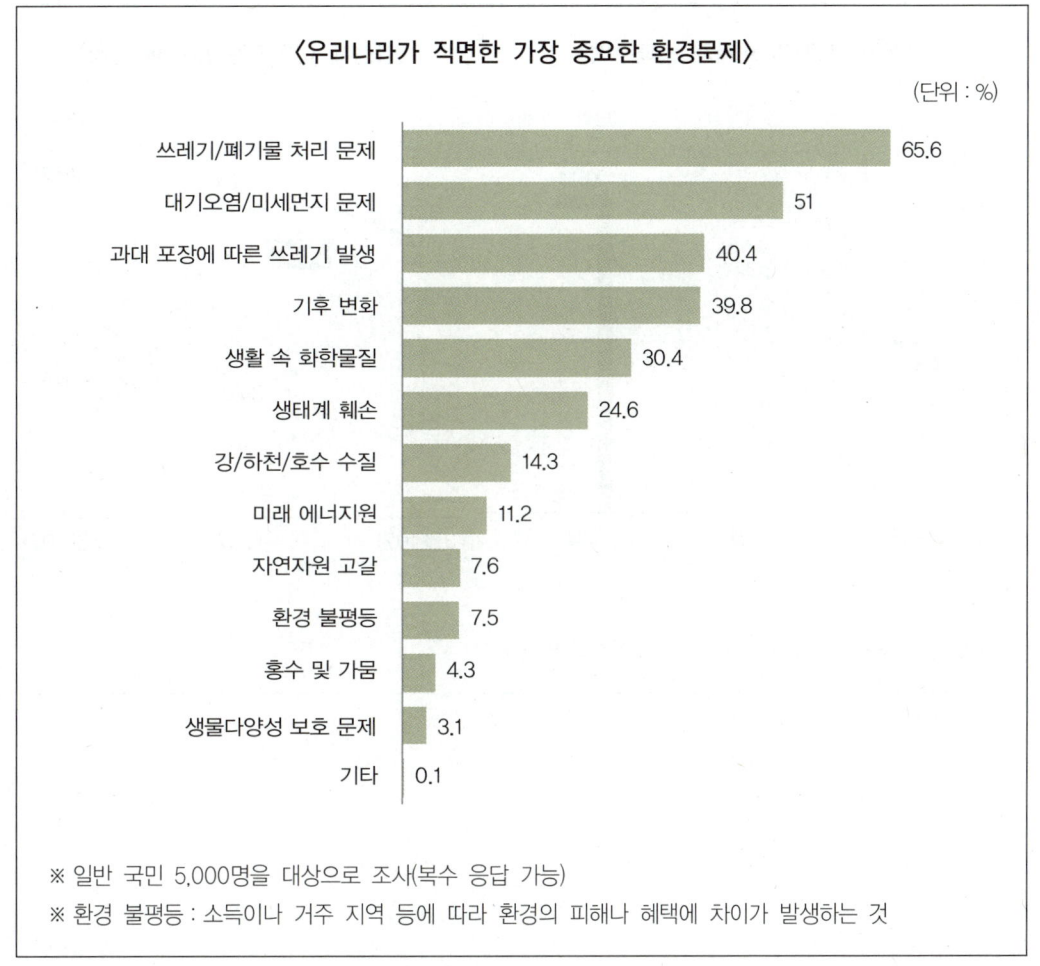

① '대기오염/미세먼지 문제'를 지적한 사람과 '홍수 및 가뭄'을 지적한 사람은 중복되지 않는다.

② '쓰레기/폐기물 처리 문제'를 지적한 응답자의 수는 3,280명이다.

③ 지역별 환경 피해 정도가 다르다는 것을 지적한 사람은 전체 응답자 중 7%도 되지 않는다.

④ 수질을 걱정하는 사람의 수는 '자연자원 고갈'을 지적한 사람 수의 2배 이상이다.

[12 ~ 13] 다음 자료를 보고 이어지는 질문에 답하시오.

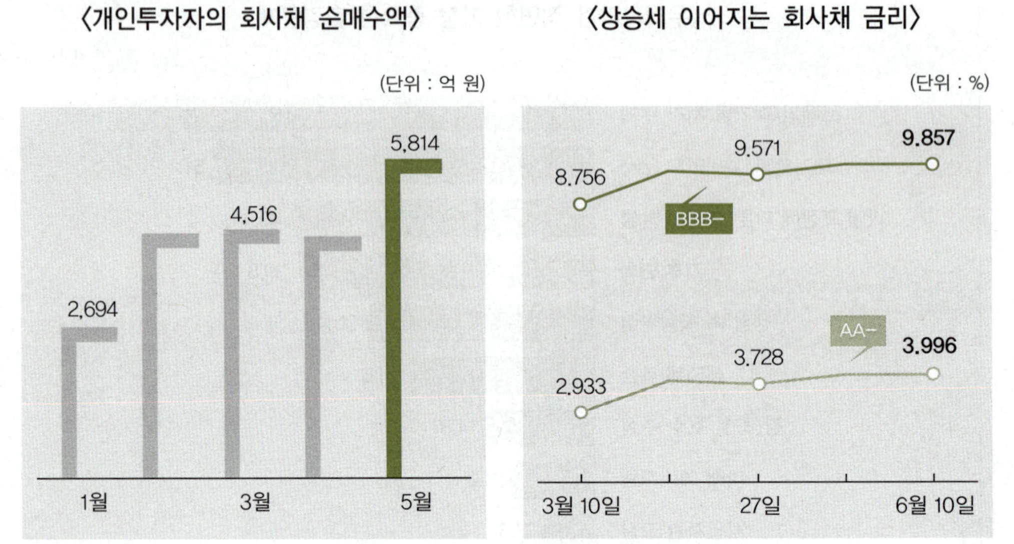

※ 회사채 : 회사채권

※ AA− / BBB− : AA−가 BBB−보다 신용등급이 높음.

12. 위 자료에 대한 해석으로 가장 적절한 것은?

① 회사채 금리가 상승하면 개인투자자들의 수익률이 상승할 수 있다.
② 회사채 금리가 상승하면 개인투자자들의 수익률이 하락할 수 있다.
③ 회사채 금리의 변화는 개인투자자들의 투자 심리에 영향을 미칠 수 없다.
④ 회사채 금리가 상승함에 따라 채권 가격도 상승하고 있다.

13. 위 자료를 근거로 회사채 금리와 회사 신용등급 간의 관계를 다음과 같이 표현할 수 있다. 빈칸에 들어갈 단어로 적절한 것은?

회사의 신용등급과 회사채 금리는 (　　　) 관계에 있다.

① 무형　　② 독립
③ 비례　　④ 반비례

1회 기출예상 | 2회 기출예상 | 3회 기출예상 | 4회 기출예상 | 5회 기출예상 | 6회 기출예상 | 7회 기출예상 | 8회 기출예상 | 인성검사 | 면접가이드

14. ○○기업 인사팀에 근무하는 직원 A와 B는 서로 다른 출장지에서 각각 출발하여 중간 지점에서 만나기로 했다. A와 B의 출장지 간 거리는 300km이고 A는 시속 100km의 속도로, B는 시속 80km의 속도로 이동하고 있다면 직원 A와 B가 만나는 지점은? (단, A와 B는 출발 후 제시된 속도를 동일하게 유지하며, 동시에 출발했다)

① 직원 B의 출장지로부터 약 153km 떨어진 지점
② 직원 B의 출장지로부터 약 141km 떨어진 지점
③ 직원 B의 출장지로부터 약 137km 떨어진 지점
④ 직원 B의 출장지로부터 약 133km 떨어진 지점

15. ○○사의 영업부 직원들은 주사위와 동전 던지기를 통해 출장 인원을 선정하기로 하였다. 주사위와 동전을 동시에 던져 주사위는 홀수가 나오고 동전은 앞면이 나올 경우 출장을 가게 된다고 할 때, 김 대리가 출장을 가게 될 확률은 얼마인가?

① $\frac{1}{2}$　　② $\frac{1}{3}$
③ $\frac{1}{4}$　　④ $\frac{1}{6}$

16. 다음 명제가 모두 참이라고 할 때, 반드시 참인 명제는?

- 규칙적으로 운동을 하는 사람은 신체가 건강하다.
- 신체가 건강한 사람은 건전한 사고를 한다.
- 건전한 사고를 하는 사람은 표정이 밝다.

① 규칙적으로 운동을 하는 사람은 표정이 밝지 않다.
② 표정이 밝지 않은 사람은 규칙적으로 운동을 하지 않는 사람이다.
③ 신체가 건강한 사람은 규칙적으로 운동을 한다.
④ 표정이 밝지 않은 사람은 신체가 건강한 사람이다.

17. 다음 결론이 성립하기 위해 빈칸에 들어갈 전제로 옳은 것은?

> **[전제]** ○○고등학교 3학년 2반 학생들은 모두 대학에 합격했다.
> ( )
>
> **[결론]** 수진이는 대학에 합격했다.

① 수진이는 열심히 공부했다.
② 수진이는 ○○고등학교를 졸업했다.
③ 수진이는 ○○고등학교 3학년 2반 학생이었다.
④ 수진이는 ○○고등학교 3학년 2반 학생이 아니었다.

18. 다음 진술을 고려할 때 범인은 누구인가? (단, 범인만 거짓을 말한다)

> 형사의 심문에 대한 각 용의자의 답변은 다음과 같다.
> A : B가 범인입니다.
> B : 저는 범인이 아닙니다.
> C : 저는 범인이 아닙니다.
> D : A는 범인이 아닙니다.

① A　　② B
③ C　　④ D

19. 다음 소명 처리 절차에서 최종 단계에 해당하는 것은?

〈A 예매 사이트 소명 처리 절차〉

티켓 예매 사이트 시스템상에서 부정 또는 부정으로 의심되는 정황이 확인되면 보안 담당자는 당사자에게 소명 요청을 하게 되며 당사자의 소명 내용을 검토하여 부정 여부를 판단한다.

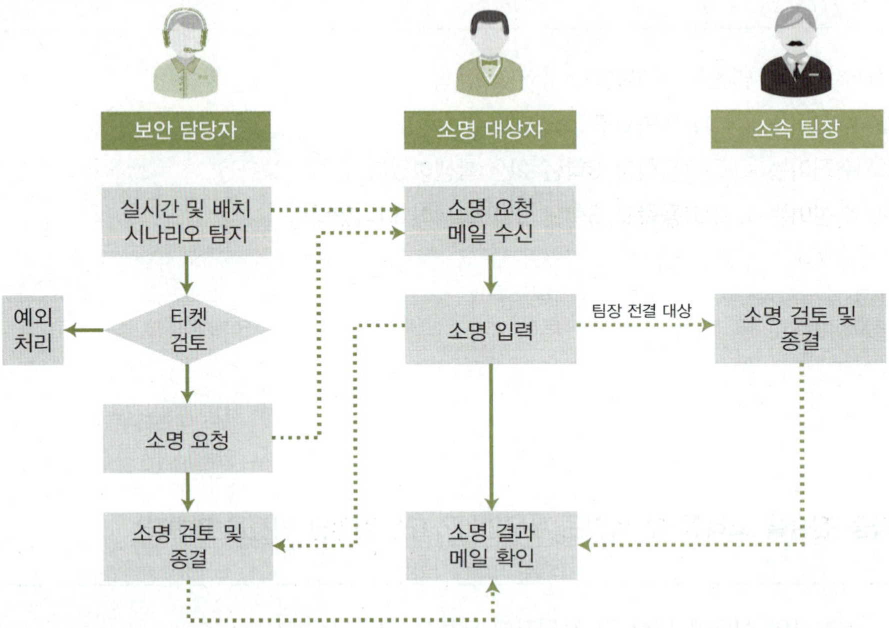

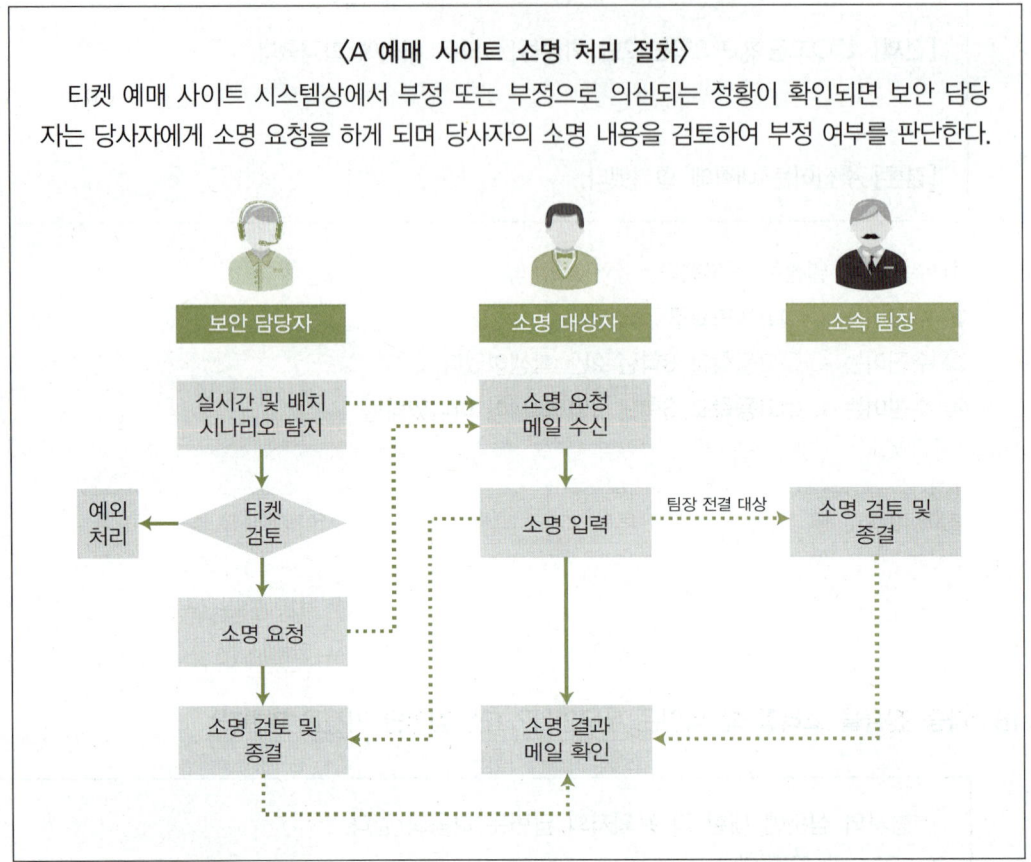

① 소명 요청 메일 수신　　② 소명 입력

③ 소명 검토 및 종결　　④ 소명 결과 메일 확인

20. 다음 글을 통해 알 수 있는 새마을금고중앙회의 문제해결방안으로 적절한 것은?

> 새마을금고중앙회에서는 지난 6일 1년간 새마을금고 내 보이스피싱 사기를 예방한 금액이 총 78억 원에 달한다고 밝혔다. 보이스피싱에 속아 현금을 인출하기 위해 새마을금고에 내방한 고객의 피해를 직접 예방한 사례가 86건에 26억 원이나 되며, 중앙회 전기통신금융사기와 이상 금융거래 모니터링을 통한 피해예방 실적이 1,251계좌에 52억 원에 달했다. 이후로도 새마을금고는 지속적인 고객 대상 보이스피싱 예방교육과 길거리 캠페인을 실시하고 있으며, 새마을금고 이용 고객들에게도 보이스피싱 방지 SMS를 전송하는 등 보이스피싱 예방에 적극적으로 나서고 있다.
>
> 앞서 지난 3월 23일에는 서울의 한 새마을금고 직원들이 거액의 현금을 인출해가던 보이스피싱 수거책을 10분간의 몸싸움 끝에 직접 검거해 고객 피해예방을 위해 적극적으로 나선 새마을금고 직원으로 주목받기도 했다. 새마을금고중앙회는 모니터링을 통한 예방 외에도 보이스피싱 예방 교육과정을 전면 개편해 직원들의 대응능력을 높이는 중이다. 해당 교육과정은 텔레그램 등의 SNS를 이용한 보이스피싱과 같이 새로운 유형의 보이스피싱에 대한 적시성 있는 내용을 포함하고 있다. 새마을금고중앙회 관계자는 "새마을금고는 고객 보호를 최우선 가치로 두고 있다."라며, "고객들의 소중한 재산을 지킬 수 있도록 최선을 다하겠다."라고 말했다.

① 보이스피싱 모니터링과 대응 교육

② 보이스피싱에 대한 법 제도 개정

③ 보이스피싱에 대한 징계 강화

④ 보이스피싱에 대한 전문가의 분석

21. 다음 중 '소상공인 O2O 플랫폼 진출 지원사업' 운영을 위한 협력 조직으로 적절한 곳은?

> 지난 6일 식품유통 플랫폼 기업인 R사가 소상공인시장진흥공단이 진행하는 '소상공인 O2O 플랫폼 진출 지원사업' 협력기관으로 최종 선정되었다. 해당 사업은 전국 소상공인을 대상으로 하며, 소상공인의 O2O 플랫폼 진출을 지원해 온라인 판로를 확대하고 매출을 증가시키는 것을 목적으로 한다. 올해 A, B, C, D 등 총 8개 국내 주요 O2O 플랫폼 사업자가 참여했으나 R사가 유일한 지역마트 대상의 O2O 플랫폼으로 선정되면서 지역마트 상생과 온라인 판매 지원에 박차를 가할 예정이다.
>
> R사의 지원사업에 참여하는 소상공인은 총 50만 원의 지원을 받게 된다. 지원금은 R사의 O2O 플랫폼인 ◇◇애플리케이션에서 사용할 수 있는 '소비자 할인쿠폰'과, 마트운영 및 매출관리 전반에 사용 가능한 '비즈 포인트'로 구성된다. 지원 대상은 전국 500개점이며, 이달부터 '소상공인 24' 홈페이지에서 온라인으로 신청할 수 있다.
>
> 홈페이지에서 R사의 이커머스 사업본부장은 "최근 어려운 국내 지역마트 시장에 O2O 플랫폼 지원을 할 수 있어 매우 기쁘다. ◇◇애플리케이션은 O2O 플랫폼에 최적화된 모델로, 오프라인 매출과 온라인 매출을 동시에 올리고 싶어 하는 국내 지역마트에 큰 도움이 될 수 있을 것"이라며 선정 소감을 밝혔다.

① R사
② 소상공인시장진흥공단
③ 소상공인 24
④ 지역마트

22. 다음 글의 내용을 〈보기〉와 같이 그림으로 정리할 때, (가)에 들어갈 내용으로 적절하지 않은 것은?

> 올해 1월 한국과 일본은 대규모 경상수지 적자가 동시에 발생했다. 한국은 경상수지 적자가 45억 2,000만 달러로 1980년 통계 작성 이후 최대치를 찍었고, 일본도 경상수지 적자가 2조 엔으로 1985년 이후 가장 높은 수치를 기록했다. 대중(對中) 수출 타격을 받았고 에너지 수입 의존도도 높다는 공통점을 가진 양국의 취약점이 드러난 것이다. 경상수지 적자는 외환이 국외로 유출된다는 의미로, 이는 자국 통화의 약세 압력으로 작용한다.
>
> 원화와 엔화의 재정환율이 1년 만에 100엔당 1,000원을 넘어선 것은 비슷한 악조건에도 엔화가 원화보다는 선방했다는 의미를 내포한다. 엔화 자체가 안전자산으로 인식되는 영향도 크지만, 우리 경제의 펀더멘털(Fundamental)이 일본에 크게 밀리고 있는 것으로 분석된다. 특히 큰 기대를 걸었던 중국의 경제활동 재개(리오프닝) 효과가 예상보다 크지 않아 유독 원화가 크게 흔들리고 있다.

보기

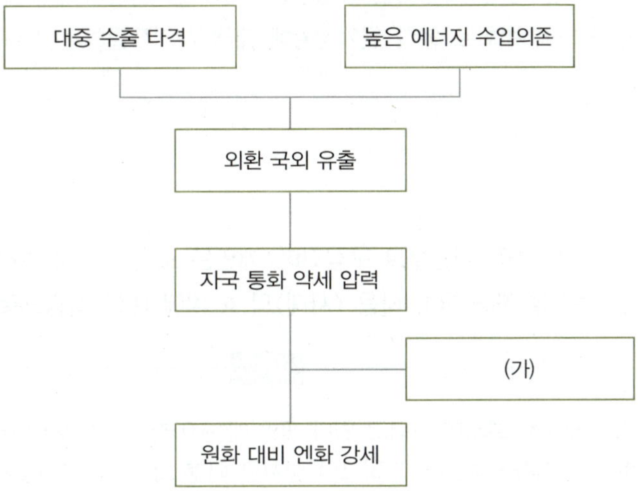

① 경상수지 적자

② 중국의 리오프닝 효과 미흡

③ 국내 경제 펀더멘털 약세

④ 원화보다 엔화가 안전자산이라는 인식

23. 조직의 변화는 '환경변화 인지, 조직변화 방향 수립, 조직변화 실행, 변화결과 평가'의 과정으로 실행된다. 다음 중 S사의 조직변화에 대한 설명으로 적절하지 않은 것은?

> 최○○ 부장은 공학기계를 제작하는 S사에 근무하고 있다. 어느 날 공학기계 제작 분야에서 새로운 기술이 나왔을 때, 다른 사람들이 이를 잘 인지하지 못하자 최 부장이 신기술 도입의 중요성을 주장하며 신기술을 사내에 소개하였다. 그러나 사람들은 새로운 기술을 도입하면 기술을 새로 배워야 한다는 것에 번거로움을 느꼈고, 라인의 변경 등에 따른 추가비용이 부담된다는 이유로 도입을 망설였다. 그럼에도 최 부장은 경쟁업체가 먼저 신기술을 적용할 경우 우리 회사에 발생할 막대한 손실을 예측하여 그 결과를 구체적인 수치로 제시하였고, 신기술 도입에 따른 조직변화 방향 또한 제시하였다. 결국 S사는 신기술을 제일 먼저 도입하게 되었고 이후 경쟁업체에서도 신기술을 받아들여 획기적인 발전을 이루었지만, 이에 철저하게 대비한 S사는 계속해서 동종업계 1위 자리를 고수할 수 있었다.

① 환경변화 인지 : 공학기계 제작을 획기적으로 발전시킬 수 있는 신기술을 인지했다.
② 조직변화 방향 수립 : 추가비용에도 신기술 도입의 필요성에 대한 직관적인 판단을 내렸다.
③ 조직변화 실행 : 신기술을 도입하면서 경쟁업체의 기술 발전에 대해서도 철저하게 대비했다.
④ 변화결과 평가 : 환경변화로 인한 위기상황에 대해 시기적절하게 조직을 변화시켜 대처했다.

24. 조직은 공동의 목표를 가진 사람들로 구성되며, 개인은 조직 내에서 여러 가지 공헌을 하고, 조직은 이에 대한 보상을 제공한다. 다음 〈사례〉의 A 씨에 대한 설명으로 적절하지 않은 것은?

사례

> A 씨는 ○○자동차 회사에 다니고 있다. 평일에는 아침 9시가 되면 어김없이 출근해 12시까지 일을 한 후 점심을 먹는다. 그리고 점심시간 이후 오후 1시부터 6시까지 일하여 하루에 총 8시간 근무를 한다. A 씨가 하는 일은 조립된 자동차의 안전 점검을 하는 일이다. A 씨는 본인의 업무를 더 잘 수행하기 위하여 근무 외 시간에도 관련 매뉴얼을 읽고 자동차 관리 인터넷 동호회에 가입하여 자동차 안전 점검에 관한 노하우를 체득하고 있다.
>
> A 씨는 ○○자동차 회사의 안전 점검에 관한 일을 하면서 매달 15일에 월급을 받는다. 그리고 성과를 고려하여 1년에 2번씩 성과금이 나온다. A 씨는 본인의 업무를 성실하게 수행함을 인정받아 성실직원상이라는 표창을 받는 등 만족감을 느끼면서 열심히 생활하고 있다.

① A 씨는 스스로 개인시간을 할애하여 ○○사의 조직목표 달성에 공헌하고 있다.
② A 씨가 받는 월급과 성과급은 외재적 보상에 해당한다.
③ ○○자동차 회사는 A 씨에게 성실직원상이라는 내재적 보상을 제공했다.
④ A 씨의 개인목표와 조직목표가 조화를 이루고 있음을 추론할 수 있다.

25. **다음 글에서 강조하고 있는 조직운영 원리로 적절한 것은?**

> 어떤 비공식적인 규칙들은 하나씩 개별적으로 생각해 보면 그 나름대로 의미와 이유가 존재한다. 예컨대 승차권 발권 직원들이 화재의 가능성을 감시하는 업무에 참견하지 않고 승차권을 파는 데만 집중하는 습관이 생긴 것은 수년 전 런던 지하철이 매표소 직원 부족으로 곤경을 치른 경험 때문이다.
>
> 당시 발권 직원들은 쓰레기통을 비우거나 관광객들에게 열차의 방향을 알려 주는 업무까지 담당해서 걸핏하면 매표소를 비우곤 했다. 그래서 당연히 매표소마다 줄이 길게 늘어서게 되었고 이에 따라 승객들의 불만이 커져 갔다. 결국 런던 지하철은 발권 직원들에게 매표소를 이탈하거나 다른 업무에 관여하지 말고 승차권을 판매하는 데만 집중하라는 지시를 내렸다. 해당 지시의 효과는 즉각적이었다. 매표소의 줄은 금세 줄어들어 승객들의 불만이 줄었다. 발권 직원들은 매표소 밖에서, 즉 자신의 책임 영역 밖에서 불미스러운 일이 벌어지는 걸 목격해도 승차권을 판매하는 일에만 신경 썼다.

① 고객 불만에 대한 즉각적인 대응
② 본인 업무에 대한 책임감
③ 명확한 역할 규정
④ 주변 업무에 대한 무관심

26. 점진적 의사결정 모형은 조직에서 발생한 문제를 해결하기 위해 구조화된 행동을 순차적으로 진행하는 과정으로 '확인 단계, 개발 단계, 선택 단계'로 구성된다. 다음 〈사례〉를 분석한 내용으로 적절하지 않은 것은?

사례

L은 전자회사의 부품조립라인에 근무하는데, 최근 불량품이 계속해서 발생하자 L과 그의 동료들은 이에 대한 해결책을 마련하기 위해 회의를 열었다. 먼저 그동안 부품 불량 문제가 발생했을 때 조직 내에서 어떻게 해결해 왔는지 관련 자료를 살펴보았으나 만족스러운 해결책을 찾지 못했다. 참석자들은 문제해결을 위해 가능한 대안을 모두 도출한 뒤, 관련 자료를 찾아보고 토의를 거쳐 각 대안의 장단점을 분석하기로 했다. 토의를 통해 회의에서 나온 대안별 장단점을 비교한 결과, 부품 불량 문제가 발생하는 원인을 좀 더 과학적으로 분석할 필요가 있다고 판단되었다.

① 부품 불량 문제와 관련하여 이전 자료를 검토한 것은 확인 단계에 해당한다.
② 개발 단계에서 문제해결을 위한 대안들을 도출하는 과정 중 브레인스토밍이 사용되었다.
③ 동료 간 토의를 통해 대안들의 장단점을 비교한 것은 선택 단계에 해당한다.
④ 한 명의 의사결정권자의 판단에 따라 의사결정을 했다면 더 적은 시간이 소요되었을 것이다.

[27 ~ 28] 다음 자료를 읽고 이어지는 질문에 답하시오.

〈회사 운영 전략 구분〉

운영전략	내용
기업전략(= 전사전략) 어떤 영역의 사업을 진행할까?	- 기업 전체적으로 사업영역을 결정하는 전략 - 그 기업이 경쟁하는 시장과 산업의 범위를 결정 ex) 다각화전략, 수직적 통합, 인수합병, 해외사업진출 등
사업전략(= 경쟁전략) 어떠한 방식으로 경쟁할까?	- 개별사업부 내에서의 경쟁전략을 다루는 전략 - 각각의 시장에서 경쟁하는 구체적인 방법을 다룸. ex) 저비용전략, 차별화전략 등
기능전략 효율적인 업무방법은?	- 개별 사업부 내에 있는 기능별 조직에서의 전략 - 기능별 분야에서 세부적인 수행방법 등을 다룸. ex) 재무전략, 인사전략, 마케팅전략 등

27. 다음 중 '기업전략'의 구체적 예시로 적절하지 않은 것은?

① A 기업은 상대기업보다 유리한 지점을 점유하기 위하여 정부 정책이 유리한 쪽으로 결정될 수 있도록 적극적인 대정부 로비를 펼치고 있다.

② 음료수병을 생산하여 판매하는 B 기업은 하청업체로부터 납품을 받던 뚜껑을 올해부터 자체적으로 생산하기로 하였다.

③ C 기업은 10년 동안 음반제작 사업만을 진행하였는데 올해부터는 영화제작 분야에도 뛰어들기로 하였다.

④ D 기업은 2차 전지 사업을 수행하기 위하여 2차 전지 분야 중견기업을 인수하였다.

28. 다음의 A ~ C 회사 운영 내용이 해당되는 운영 전략을 바르게 나열한 것은?

> A 회사 : 경쟁사의 동일 제품 가격보다 10% 낮은 가격으로 제품을 출시하기 위하여 생산 효율화를 추진하기로 하였다.
> B 회사 : A 회사의 제품 요소 가운데 A/S 시스템이 가장 약한 요소라고 분석하여 B 회사는 A/S 서비스를 강화하기로 하였다.
> C 회사 : 앞으로 추진할 사업에서 다수의 소송이 제기될 것으로 예상하고 법무팀 인력을 추가 채용하기로 하였다.

	A 회사	B 회사	C 회사
①	기업전략	사업전략	기능전략
②	사업전략	기업전략	기능전략
③	사업전략	사업전략	기능전략
④	기능전략	기능전략	사업전략

29. 다음 글에서 언급하는 조직 내의 '심리적 안정감'에 대한 설명으로 가장 적절한 것은?

> 나는 '심리적 안정감'을 '인간관계의 위험으로부터 근무 환경이 안전하다고 믿는 마음'이라고 생각한다. 어떤 의견을 말해도 무시당하지 않고 질책당하지 않는다면, 즉 구성원 모두가 심리적 안정감을 느낀다면 동료나 상사의 눈치를 보지 않고 자신의 의견이나 질문, 우려 사항 등을 자유롭게 말할 수 있을 것이다. 이러한 심리적 안정감은 구성원이 서로를 신뢰하고 존중하며 자기 생각을 솔직하게 나눌 때 생겨난다. 심리적 안정감이 흐르는 조직에서는 '아주 짧지만 결정적인 침묵의 순간'이 발생하지 않는다. 누구나 주저 없이 자신의 의견을 이야기하고 상대방의 말에도 귀 기울이며, 각종 문제나 실수에도 쉽게 대처한다. 그리고 이러한 과정을 내부 발전의 계기로 삼기도 한다.
>
> 심리적 안정감을 경험하는 최고의 방법은 이미 그 안정감이 실재하는 것처럼 행동하는 것이다. 이렇게 행동한 후 시간이 지나고 주위를 둘러보면 주변 환경도 이전보다 훨씬 안전하고 에너지 넘치는 곳으로 바뀌어 있을 것이다. 리더십은 비단 조직의 최상위층만이 가져야 할 덕목이 아니다. 모든 구성원들이 능동적으로 일을 하기 위해서 갖춰야 할 필수 요소다. 리더십의 핵심은 혼자서는 성취할 수 없는 목표를 서로의 노력으로 함께 이루는 데 있다. 구성원 개개인이 자신의 역량과 기술을 바탕으로 업무에 최대한 매진하도록 돕는 것이 심리적 안정감이다. 침묵을 지키는 대신 솔직하게 표현하고, 두려움을 갖는 대신 적극적으로 참여하게 하는 것이 올바른 조직문화를 만들어가는 첫 발걸음이 될 것이다.
>
> 마지막으로 심리적 안정감이 생기는 여건을 만드는 데 기여하는 간단하지만 아주 강력한 효과를 지닌 표현 몇 가지를 소개하려 한다. '잘 모르겠습니다, 도움이 필요해요, 제가 실수했군요, 죄송합니다'이다. 이 표현들은 모두 자신의 취약함을 드러내는 화법이다. 스스로 실수를 범할 수 있는 존재라는 걸 인정하면서 주변 동료들에게도 비슷한 생각과 태도를 취할 수 있는 여지를 제공하는 방법인데, 스스로 가면을 벗어던짐으로써 다른 사람도 그렇게 할 수 있도록 돕는 방안이다. 이와 같은 표현은 아주 완전한 수준은 아니지만 심리적 안정감을 느낄 수 있게 행동하는 걸 도와준다. 때로는 대인관계 위험을 줄이기 위해 어느 정도 그 위험을 감수해야 하는 것과 같은 이치다.

① 본인의 실수를 솔직하게 인정할 수 있는 청렴함

② 성과 창출에 대한 압박에서 벗어날 수 있는 자유로움

③ 본인의 업무결과에 대하여 누군가로부터 질책 받지 않을 것이라는 당당함

④ 업무 수행 과정에서 느끼게 되는 인간관계 스트레스를 경감시키기 위한 전략

30. 다음 글을 통해 알 수 있는 조직 개편의 핵심은?

> ○○도 △△시는 새로운 시장이 취임한 지 어느덧 9개월이 지났는데도 아직 민선 7기 조직을 그대로 운영하고 있어 문제가 많다는 지적을 받고 있다. 시 일부 공직자들과 시민 등에 따르면 시가 지난해 7월 민선 8기 시장이 취임하면서 야심차게 대대적인 개편을 진행하려고 했으나, 시장 공약과 주요 추진 정책을 제대로 이행하지 못하고 조직 개편이 지연되고 있어 대책 마련이 시급한 실정이다.
>
> 현 △△시 조직 체계 중 가장 모순된 부분은 홍보정보담당관 직제다. 홍보와 정보통신이 함께 있는 이상한 조직체계로 이루어져 있다. 인구가 17만여 명인 ◇◇시와 19만여 명인 □□에도 홍보과와 정보통신과가 나뉘어 존재한다. 그런데 인구가 27만여 명인 △△시는 정보통신담당이 홍보정보담당관 산하에 있다. 따라서 자치분권과 산하의 협치팀을 뺀 후 소통홍보담당관으로 새롭게 개편할 필요가 있다.

① 조직 기능 개편
② 조직 규모 확대
③ 조직 관리자 신규 선정
④ 조직 운영 예산 개편

31. 다음 글을 참고할 때 직장에서 가장 선호하는 직원의 사례로 적절한 것은?

> 현재 재직 중인 직장인을 대상으로 설문조사를 한 결과, 앞으로 동료를 선택할 수 있다면 '평소 업무 수행 태도와 성격(76.0%)', '예의(63.6%)', '뛰어난 성과 및 역량(54.1%)', '넓은 인간관계(53.6%)' 순으로 고려할 것이라는 응답이 나왔다. 특징적인 점은 직장 내에서 가장 선호하는 유형으로 성실성과 예의를 꼽았는데, 반대로 직장 동료로 가장 선호하지 않는 유형으로 '예의가 없는 사람(67.5%)'을 언급한 비율이 가장 높았다는 것이다. 직장에서 함께 일하고 관계를 맺고 싶은 동료는 업무 능력도 중요하지만 무엇보다 예의 등의 '기본적인 태도'를 갖춘 사람이라는 것을 다시 한번 확인해 볼 수 있는 결과였다.
>
> ※ 제시된 설문은 모두 복수 응답이 가능한 설문이었다.

① 김 사원은 분석적 능력이 뛰어나서 남들이 예측하지 못하는 부분까지도 세세하게 알고 있다.
② 정 사원은 재미있는 얘기를 자주하여 경직된 사무실 분위기를 풀어주는 동료이다.
③ 박 대리는 시간을 정확하게 준수하여 남들에게 절대 피해를 끼치지 않으려고 노력한다.
④ 최 대리는 사람들에게 항상 존댓말을 사용하며 상대방을 배려하는 태도로 의견을 구한다.

32. A 회사 고객센터에 다음과 같은 불만 사항이 접수되었다. 고객의 불만을 처리하는 단계를 참고할 때, 각 단계에서 할 수 있는 말로 적절하지 않은 것은?

온라인으로 코트를 주문했는데 오늘 해당 상품은 품절이 되어 환불을 해주겠다는 전화를 받았습니다. 품절이 된 상품이었다면 품절 표시를 하거나 제품 판매를 일시 중단하는 방안이 있었을 텐데, 이제 와서 멋대로 주문 취소를 하면 어떻게 하라는 말입니까? 주말에 갈 결혼식에서 입을 거라 꼭 필요한 옷입니다.

〈불만고객 처리단계〉

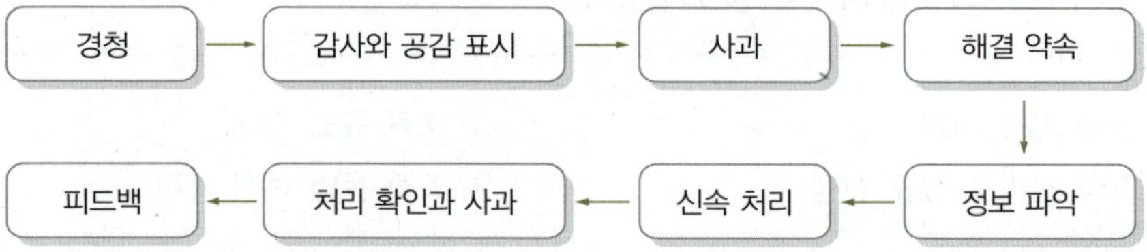

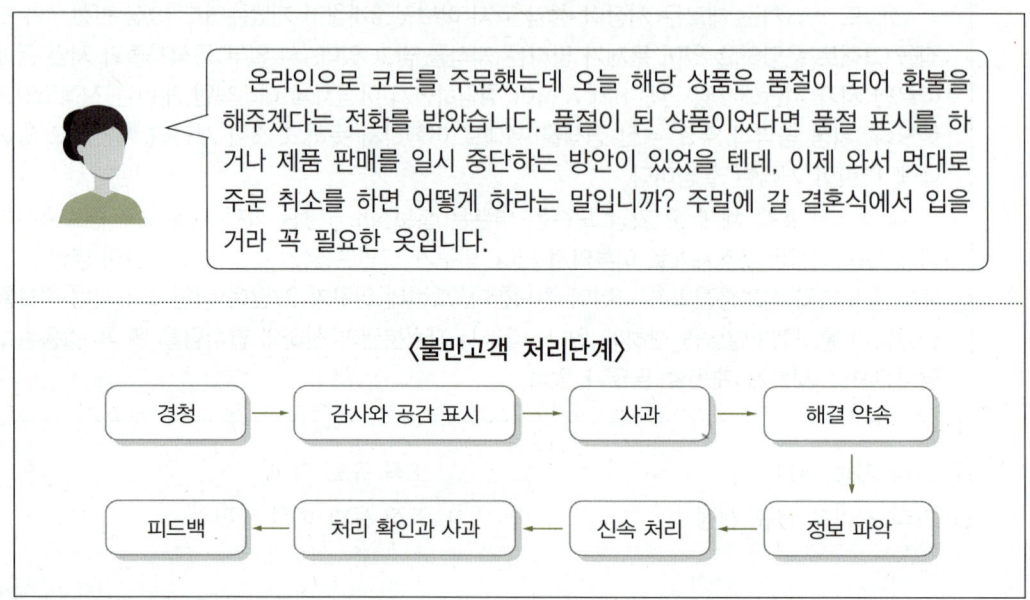

① 감사와 공감 표시－고객님 저희 제품을 구매해 주셔서 감사합니다. 코트를 주문하셨는데 품절 공지를 나중에 듣게 되어 당황하셨군요.

② 사과－결혼식에서 필요한 코트인데 불편을 끼쳐드려 정말 죄송합니다.

③ 해결 약속－주문하신 코트와 비슷한 유형의 코트들이 있으니 시간 내어 찾아보시면 감사하겠습니다.

④ 신속 처리－다른 매장에 같은 제품의 재고를 확인하여 발송될 수 있도록 확보하였습니다.

33. 다음 자료를 통해 알 수 있는 내용으로 적절하지 않은 것은?

〈직장 내 대인관계 확장이 필요한 이유〉

(단위 : %)

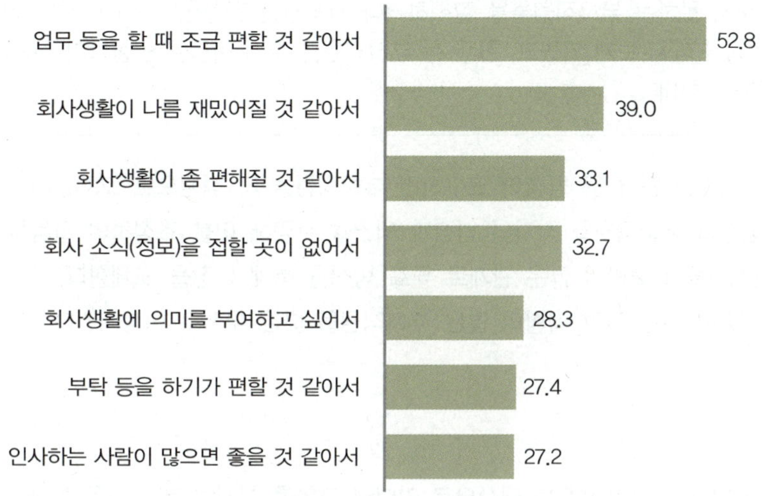

※ 복수응답 가능

① 직장인들은 업무 편의성을 중요하게 생각한다.

② 직장 내 대인관계가 원만한 사람은 업무 성과가 높다.

③ 직장인들은 직장 내 대인관계가 직장생활의 활력과 관련이 있다고 여긴다.

④ 대인관계가 원만한 사람은 업무를 수월하게 수행할 수 있다.

34. **다음과 같은 상황이 발생했을 때 인사팀에서 제시할 수 있는 해결방안으로 가장 적절한 것은?**

> ○○회사의 기획팀은 요새 팀 분위기가 어수선하다. 부하직원들이 새로 부임한 윤 팀장에 대한 불만을 쏟아내고 있기 때문이다. 윤 팀장은 완벽주의자 성향이 있어 본인이 정한 기준을 따라오지 못하는 부하직원들을 질책하거나 사사건건 간섭한다. 이에 같은 직급의 동료들도 윤 팀장을 다시 보게 되었고, 현재 한 부하직원은 부서 이동을 원한다며 회사에 요청을 넣은 상태라고 한다.

① 팀의 리더인 만큼 윤 팀장이 요구하면 부하직원을 타 직원으로 교체한다.
② 윤 팀장과 부하직원들 각자의 입장과 의견을 수렴해 이를 조정하여 갈등을 해결한다.
③ 부하직원들의 불만이 많은 관계로 투표 방식을 통해 팀장을 교체한다.
④ 윤 팀장에 대한 불만 사항이 많은 부하직원을 다른 부서로 이동시킨다.

35. **○○기업에서는 각 부서장을 대상으로 리더십 교육을 실시하였다. 다음에 제시된 조직원의 동기부여 방법에 대한 설명으로 적절하지 않은 것은?**

> 〈리더가 활용할 수 있는 동기부여 방법〉
>
> • 책임감으로 철저히 무장한다.
> 있는 그대로 솔직하게 의사소통할 수 있는 분위기를 조성하고, 직원들이 현실적인 목표를 세워 자신의 업무에 책임을 다하도록 격려하면 직원들은 자신의 위치에서 안정감을 느낄 뿐만 아니라 자신이 의미 있는 일을 하고 있다는 긍지를 갖게 된다.
>
> • 변화를 두려워하지 않는다.
> 부하직원들이 안전지대를 벗어나 더욱 높은 목표를 향해 나아가도록 격려하여 스스로에 대한 자긍심을 가질 수 있도록 한다.
>
> • 지속적으로 교육한다.
> 직원들에게 지속적인 교육과 성장의 기회를 제공함으로써 스스로가 상사로부터 충분히 인정받고 있으며 일부 권한을 위임받았다고 느낄 수 있도록 한다.

① 스스로 성장할 수 있는 기회를 부여하고 창의적인 문제해결법을 찾는다.
② 업무 성과에 대한 부담을 적절히 덜어주는 것이 좋다.
③ 단기적인 효과를 거둘 수 있지만 장기적으로는 오히려 역효과가 생길 수 있다.
④ 스스로 정한 목표에 달성한 경우 높은 평가를 하는 것이 좋다.

36. 다음 〈사례 1〉과 〈사례 2〉의 갈등 상황을 비교해 분석한 설명으로 적절한 것은?

〈사례 1〉

○○군의 주민들은 한전에서 송전선 건설을 진행하는 사업에 초기부터 그다지 크게 관심을 가지지 않았다. 주민들이 목소리를 내지 않아 한전에서는 자신들의 계획대로 공사를 강행했고, 공사가 끝나고 나서야 주민들은 자신들의 의견이 하나도 반영되지 않았다는 사실을 알게 되었다.

〈사례 2〉

◇◇군은 송전선 건설 과정에서 한전에 적극적으로 의견을 제시했다. 처음에는 주민들과 한전 간의 의견 대립으로 갈등 상황이 고조되기도 했었다. 그러나 이를 해소하기 위해 한전에서 주민들의 의견을 수렴하는 태도를 보이자, 주민들도 한전 측의 주장을 어느 정도 수용하면서 갈등 상황이 완화되어 송전선 건설이 원활하게 진행되었다.

① 제시된 두 군의 송전선 규모가 달라 결과에 차이가 나타났다.
② 갈등 상황에서 때로는 경제적 편익이 가장 우선시되기도 한다.
③ 〈사례 1〉은 갈등 상황이 아닌 반면, 〈사례 2〉는 갈등 상황이라고 볼 수 있다.
④ 갈등은 다양한 의견 수렴과 적극적인 참여를 통해 해결할 수 있다.

[37 ~ 38] 다음 글을 읽고 이어지는 질문에 답하시오.

올해 초 영국의 한 연구소에서 직장인 정신 건강에 영향을 미치는 요인 중 직장 상사의 비율이 가장 높다는 설문조사 결과를 발표했다. 영국의 UKG 노동인구연구소(The Workforce Institute at UKG)는 10개국의 3,400명 직장인을 대상으로 업무 스트레스, 직장이 정신 건강에 미치는 영향, 일에 대한 감정 등에 대한 설문을 진행했고 그 결과, 69%의 직장인이 정신 건강에 가장 큰 영향을 미치는 사람으로 직장 상사를 뽑았다고 한다. 특히 직장 상사에게 받는 압박과 같은 부정적인 정신 환경인 '화목하지 못한 가정생활(61%)', '일상(54%)', '인간관계(42%)' 순으로 직장인에게 좋지 않은 영향을 끼친다는 결과를 공개했다.

심지어 직장 상사 항목에 응답한 사람 중 38%가 '거의' 또는 '절대' 직장 상사와 관계 개선을 위한 대화를 나누지 않는다고 답변했다. 그 이유는 '스스로 해결할 수 있어야 해서(20%)', '상사가 신경을 쓰지 않아서(16%)', '상사가 너무 바빠서(13%)' 순이었다.

직장 결정에 관한 질문에서는 응답자 80% 이상이 고액의 연봉보다 정신 건강을 지킬 수 있는 직장을 선호한다고 답했다. 매니저 이상 직급의 직장 상사 중 70%도 같은 답변을 했다. 자릭 카너드 영국 노동인구연구소 박사는 "불안정한 글로벌 상황으로 인해 생기는 불안감이 직장인들의 에너지를 더 소비하게 하고, 이는 업무 성과, 혁신, 사내 문화에 영향을 미친다."라며 "회사는 직원들이 필요로 하는 자원을 제공하며 안정감을 느낄 수 있도록 조치를 취해야 한다."라고 말했다.

37. 윗글을 참고할 때, 직장 상사와 관계 개선을 위한 대화를 하지 않는 이유에 해당하는 사례로 적절하지 않은 것은?

① 모든 문제는 본인이 하는 것에 달려 있어. 문제가 생겼을 때 다른 사람에게 의지하지 않고 본인이 해결하기 위해 노력해야 해.

② 우리 부장님은 본인으로 인해 부서 내에서 어떤 일이 발생하고 있는지 잘 모르는 것 같아. 그래서 나도 관심을 두지 않기로 했어.

③ 우리 차장님과 대화하면 문제가 더 꼬이는 느낌이야. 도대체 내 말을 이해하지 못하신다니까.

④ 우연히 다음 주 상무님 일정을 보게 되었는데, 어떻게 그걸 다 소화하시는지 모르겠어. 정말 바쁘시더라. 잠깐 시간을 내달라는 얘기를 못하겠어.

38. 다음 중 자릭 카너드 박사가 제안한 내용을 구현한 기관은?

① A 기관은 직원에 대한 징계 절차를 명확하게 개정하였다.

② B 기관은 직원의 주택 자금 지원 정책을 개선하여 지원 규모를 확대하였다.

③ C 기관은 재무 여건을 고려하여 직원 채용 규모를 확정하기로 하였다.

④ D 기관은 기관 비전을 미래 지향적으로 개정하였다.

[39 ~ 40] 다음의 글을 읽고 이어지는 질문에 답하시오.

> A 씨는 ○○회사의 스마트폰 부품 생산 담당자이다. 그날도 거래처로부터 중요부품 3,000개 납품 요청이 들어와 전 생산라인을 가동하고 있었다. 그런데 거래처에서 갑작스럽게 1,000개를 더 납품해달라고 요구했다. A 씨는 가동 가능한 생산라인을 전부 가동해도 거래처의 요구를 맞춰 주기 힘들다는 것을 알고 있었다. 그러나 앞으로 거래처와의 관계를 생각할 때 제안을 받아들이는 것이 더 이롭다는 판단에 거래처의 요구를 받아들였다.

39. 다음 중 A 씨가 구사한 협상전략으로 옳은 것은?

> • 협력전략 : 협상 참여자들이 협동과 통합으로 문제를 해결하고자 하는 문제해결 전략
> • 유화전략 : 상대방이 제시하는 것을 일방적으로 수용하여 협상의 가능성을 높이려는 전략
> • 회피전략 : 무행동 전략으로 협상을 피하거나 잠정적으로 중단하여 철수하는 전략
> • 강압전략 : 자신이 상대방보다 우위에 있을 때 자신의 이익을 극대화하기 위한 공격적 전략

① 협력전략　　② 유화전략
③ 회피전략　　④ 강압전략

40. A 씨는 생산담당부서의 리더로서 추가인원을 배치하는 방안을 구상하고 있다. A 씨가 추가인원을 배치하기 전에 해야 할 행동으로 적절하지 않은 것은?

① 부품 목표 생산량을 달성하기 위한 적임자가 누구인지 파악한다.
② 가용할 수 있는 생산부서 인원의 추가 규모를 인사팀을 통해 파악한다.
③ 추가인원 배치가 납품목표를 달성할 수 있는 방법으로 적절한지를 검토한다.
④ 기존 팀원과 추가 배치되는 인원 간 갈등이 발생할 가능성이 존재하는지 알아본다.

4회 기출예상문제

문항수 : 40 문항
문항시간 : 40 분

▶ 정답과 해설 24쪽

01. 다음은 한 온라인 게시판에 올라온 질문에 대한 답변이다. 답변을 보고 빈칸 ㉠에 들어갈 질문으로 적절한 것을 고르면?

> Q : (㉠)
>
> A : 1997년 닭이나 오리와 같은 가금류에 발생하던 조류 인플루엔자가 사람에게 전염되면 심각한 독감을 일으킬 수 있다고 밝혀져 큰 충격을 주었습니다. 신종 인플루엔자 바이러스도 초기에는 '돼지 인플루엔자'로 불리며, 인수공동질병이 점차 확산되는 것이 아닌가 하는 우려로 전 세계를 공포에 떨게 했습니다. 돼지에서 사람으로 전파된 경로가 밝혀지지 않아 명칭을 신종 인플루엔자 바이러스로 바꿨지만, 근래 전문가들은 신종 인플루엔자 바이러스가 돼지에서 사람으로 전파된 것이 맞다고 판단하고 있습니다. 신종 인플루엔자 바이러스에서 가장 최근에 변이가 일어난 돼지 인플루엔자 유전자들이 뒤섞여 나타났기 때문입니다.
>
> 서로 다른 종 사이에는 질병이 잘 전염되지 않는 것이 일반적입니다. 동물마다 질병의 수용체가 다르기 때문인데 이를 종간장벽이라고 합니다. 조류의 호흡기 상피세포에 있는 인플루엔자 바이러스 수용체는 포유류가 갖는 수용체와 다릅니다. 그런데 사람은 폐 근처의 하부 호출기에 고병원성 조류 인플루엔자 바이러스에 감염될 수 있는 수용체를 적은 양이지만 추가로 갖고 있습니다. 하지만 근접한 거리에서 고농도의 고병원성 조류 인플루엔자 바이러스 수용체에 노출되는 것이 아닌 이상, 바이러스가 하부 호흡기까지 도달하지 않기 때문에 조류 인플루엔자에 쉽게 감염되지 않습니다. C 대학교 수의대학 K 교수는 "돼지는 호흡기에 2가지 수용체를 모두 갖고 있어 조류와 사람 모두에게서 전염될 수 있다."라며 "돼지는 여러 가지 인플루엔자 바이러스가 섞일 수 있는 중간 숙주인 셈"이라고 말했습니다.

① 신종 인플루엔자에 걸리지 않으려면 어떻게 해야 할까요?
② 신종 인플루엔자를 처음 발견한 사람은 누구인가요?
③ 신종 인플루엔자는 사람에게 얼마나 위험한가요?
④ 동물들이 감염되는 인플루엔자가 왜 사람에게 전이될까요?

02. 다음 중 ㉠과 ㉡에 들어갈 내용을 바르게 연결한 것은?

> 2004년 구글은 Gmail이라는 무료 이메일 서비스를 시작했다. 구글은 사용자 한 명당 1GB(기가바이트)에 달하는 메일 저장 공간을 인터넷의 저쪽 편에 무상으로 마련한다고 발표했다. 점점 더 저렴하게 제공되는 정보화 기기의 끊임없는 진전으로 사람들이 무감각해지고는 있지만, '한 사람당 1GB'라는 당시의 발표는 산업계에 엄청난 파장을 일으켰다. 그렇게 거대한 기억 장치를 전 세계 이용자에게 무상으로 준다는 것은 불가능하다고 생각했기 때문이다. 많은 사람들은 이를 '하루 이른 만우절 거짓말'이라고 생각했다. 그러나 만우절 거짓말이 아님을 알았을 때, 사람들은 구글의 정보 발전소가 상식적으로는 상상할 수 없을 정도의 낮은 비용으로 운영되고 있다는 사실을 깨닫게 되었다.
>
> 우리들이 인터넷의 '이쪽 편'에 보관하고 있는 이메일을 모두 '저쪽 편'에 옮겨 버리겠다는 것이 구글의 의도였다. '이쪽 편'이 (㉠)를 의미한다면 '저쪽 편'은 (㉡)를 뜻한다고 할 수 있다. 마이크로소프트는 정보가 '이쪽 편'에 존재하는 한, 그 정보를 처리하는 소프트웨어 부문에서 패권을 유지할 수 있게 된다. 예컨대, 이메일을 수신하기 위해서는 이를 위한 별도의 프로그램이 필요한 셈이다. 반면 구글은 전 세계의 정보를 조직화하기 위한 정보 발전소를 '저쪽 편'에 만들려고 한다. 따라서 정보가 '이쪽 편'에서 '저쪽 편'으로 옮겨가게 되면 구글은 자사의 본거지에서 승부를 벌일 수 있게 된다. 정보 발전소의 기능을 증감함으로써 다양하고 새로운 서비스를 자유롭게 추가할 수 있게 되기 때문이다.
>
> 검색 엔진은 구글의 최대 특기이기 때문에 Gmail 사용자는 과거의 이메일 내용을 고속으로 검색할 수 있게 된다. 더 나아가 스팸메일 제거나 바이러스 퇴치 등의 기능도 모두 '저쪽 편'에 준비될 것이다. 스팸메일이나 바이러스는 공격 측과 방어 측 사이에 끊임없는 술래잡기가 벌어지는 세계다. '이쪽 편'에 정보를 저장하는 방식이라면 바이러스 퇴치 프로그램을 시시각각 업그레이드해서 배포해야 하고 사용자들도 개선된 제품이 나올 때마다 '이쪽 편'의 소프트웨어를 업그레이드해야 한다는 번거로움을 가진다. 그러나 구글은 Gmail을 활용하는 것이 보다 안전하게 정보를 전달할 수 있는 방법임을 강조한다. 이는 '저쪽 편'이 사용자의 손을 거치지 않고도 바이러스 퇴치나 스팸 제거 등을 일괄적으로 할 수 있는 체계를 갖추고 있기 때문이라는 것이다.

	㉠	㉡
①	인터넷 이용자가 살고 있는 현실 세계	인터넷 공간에 존재하는 가상의 정보 저장소
②	메일의 고속 검색이 가능한 장소	지속적인 업그레이드가 필요한 장소
③	구글이 운영하는 검색체계	마이크로소프트가 제공하는 서비스
④	안전하게 정보를 제공하는 발전소	스팸메일이나 바이러스 공격의 취약지

03. 다음 글의 밑줄 친 ㉠에 들어갈 내용으로 적절한 것은?

> 1. 연구 배경 및 목적
>   - 최근 '지속 가능한 자본주의'의 중요성이 부각되면서 사회공헌 활동과 밀접한 관련이 있는 박애사상에 대한 관심이 증가하고 있다. 박애사상은 의료 활동과 같은 공익적 활동과도 밀접한 관련이 있다.
>   - (㉠   )
> 2. 박애사상의 역사적 고찰(대상)
>   - 서양 : 스토아 철학, 기독교사상, 루소, 토크빌
>   - 동양 : 묵가, 불교사상, 타고르, 간디
> 3. 박애사상의 함의
>   - 박애는 자본주의가 초래한 기아, 질병 등의 문제를 해결할 가능성을 열어 준다.
> 4. 박애사상의 성공적 실현 사례
>   - 아라빈드 안과병원(Aravind Eye Care System) : 인도 빈민층의 안과진료를 위해 다양한 방법을 시도하여 병원의 급속한 성장을 이뤄냈다.
>   - 그라민 은행(Grameen Bank) : 빈민층이 금융권에서 차별받지 않고 삶을 적극 개선할 수 있도록 도우면서 지속적인 수익을 냈다.
>   - 브락(BRAC) : 내전으로 피폐해진 방글라데시의 현실을 개선하고자 만들어진 비영리기관에서 빈민층이 겪는 다양한 문제를 해결하기 위해 교육 · 의료 · 소액대출 · 농업기술 개발 등의 총체적인 해결 방안을 제시했다.
> 5. 결론
>   - 기업이 지속적으로 성장하기 위해서는 경영에 박애사상을 반영하여 이를 적극적으로 실현해 나가야 한다.
>   - 비영리기관은 박애의 전략적 중요성을 인식하고 기업이 지니고 있는 경영기법이나 노하우를 접목하려는 노력이 필요하다.

① 박애사상이 기업의 이윤추구와 사회의 공익 간의 갈등을 해결해 줄 수 있다.

② 비영리기관과 기업의 협력을 통해 현대 사회의 다양한 문제를 박애주의로 바라본다.

③ 기업이 지속적으로 성장하기 위해서는 박애사상을 기본 이념으로 지녀야 한다.

④ 박애사상의 역사적 형성과정을 탐구하고 미래에 접목할 방법을 찾아야 한다.

04. 다음 중 (가) ~ (라)에 대한 설명으로 적절하지 않은 것은?

(가) 인류 역사에 나타난 예술적 활동을 살펴보면, 흥미롭게도 항상 과학 활동과 밀접하게 연관되어 있었고 인간의 높은 창조성을 요구했다. 문자의 발명은 사물을 추상적으로 묘사하고 기록할 수 있도록 했고, 자연 세계를 대상으로 합리적이고 보편적인 이론을 추구하는 과학이 출현하는 데 매우 중요한 역할을 하였다. 그리고 예술적 관점에서 볼 때 문자는 일종의 그래픽이기 때문에 예술이 과학의 발전에 영향을 미친 것과 다름이 없다.

(나) 마찬가지로 자연에서의 대칭성과 조화로움에 대한 발견은 수학의 발전으로 이어졌고, 수학은 다시 건축학에 응용되어 현실로 나타났다. 르네상스 시대의 건축가 브루넬레스코는 유클리드의 원근법을 이용했으며, 천문학자 케플러는 행성들이 공전하면서 내는 소리를 우주의 음악이라면서 수학적인 비율과 음표로 표현했다.

(다) 하지만 이러한 과학과 예술의 긍정적 상호교류가 항상 일어난 것은 아니었다. 근대 과학의 완성으로 기계론적 철학이 중심 철학으로 부상하면서 과학과 예술의 연관은 단절되기 시작했다. 자연과학의 기반이 되는 이성의 힘으로 맹신과 무지를 극복하고 새로운 사회를 건설하려던 프랑스 대혁명은 계몽주의의 정점이기도 했지만, 오히려 반과학적 정서를 야기하고 말았다. 지나치게 기계론적인 과학적 정서와 자연으로 회귀하고자 하는 열망이 극단적인 대립을 일으키게 된 것이다. 18세기에 출간된 조나단 스위프트의 「걸리버 여행기」 역시 소인국과 거인국의 신박한 모험을 다룬 어린이용 동화가 아니었다. 그것은 거대한 우주를 아주 작은 입자의 운동으로 환원하려는 뉴턴 주의자들을 조롱하는 성인 대상의 사회 풍자 소설이었다.

(라) 이후 과학과 예술은 상대방의 영역을 거의 극단적인 형태로 대비시키며 각자의 영역을 지키기에 몰두했으며, 과학은 주관적 가치판단이 배제된 기계적 객관성의 학문으로, 예술은 인간의 주관이 개입된 창의적 사고 영역으로 구분되었다. 이 둘 사이의 관계에 변화가 생기기 시작한 것은 20세기 이후의 일이었다.

① (가)는 글의 중심 소재 간의 일반적인 연관성을 제시하고 있다.
② (나)는 (가)에 대해 부연하며 (가)의 내용을 뒷받침해 주고 있다.
③ (다)는 (가)와 반대되는 중심 소재들의 관계를 제시하고 있다.
④ (라)는 중심 소재를 비교한 다음 이에 대해 정리하고 있다.

05. 다음 중 밑줄 친 ㉠과 ㉡에 대한 설명으로 적절한 것은?

㉠ 미적 무관심성은 영국 근대의 경험론자들을 거쳐 칸트에 의해 확립된 용어이다. 우리가 어떤 대상에 대해 아름다움을 느낄 때, 주변 상황이나 요소에는 관심을 두지 않은 채 미를 느끼는 태도를 의미한다. 예를 들어, 당신이 지금 베르사유 궁전을 바라보고 있다고 가정해 보자. 금강산도 식후경이라고, 매우 허기진 상태에 있다면 우리는 본능적 관심에 휩싸여 베르사유 궁전의 아름다움을 온전하게 느낄 수 없을 것이다. 그리고 베르사유 궁전을 바라보는 우리의 주관적 상태가 윤리적 관심으로 가득 차 있다면, 우리는 '백성의 고혈을 무용한 것에 낭비하는 왕족들의 허영'에 분노를 느끼지, 아름다움을 느끼지는 못할 것이다. 또한 우리의 주관적 상태가 경제적 관심으로 가득 차 있다면, 우리는 아름다움을 느끼기보다는 베르사유 궁전 덕분으로 생기는 프랑스의 관광 수입에 부러움을 느낄 것이다. 이렇듯, 우리는 베르사유 궁전이라는 동일한 대상을 두고도 우리의 주관적 상태가 어떤 관심에 놓여 있느냐에 따라 다양한 느낌을 가질 수 있다. 그런데, 칸트의 말에 따르면 베르사유 궁전에 대해 아름다움을 느낄 때 우리의 주관적 상태는 정치적, 윤리적, 경제적, 본능적 관심 등 일체의 관심으로부터 벗어나 있는 무관심성의 상태라는 것이다.

쇼펜하우어는 칸트의 미적 무관심성을 계승하여 미적 관조라는 용어를 체계화시켰다. 쇼펜하우어의 철학에서 ㉡ 미적 관조는 상당히 높은 위치를 점유한다. 쇼펜하우어의 철학에서는 이 세상의 본질을 의지(Will)라고 본다. 의지는 스스로를 보존하고 유지하려는 '맹목적 충동(Blind Impulse)'이다. 의지는 그 자체로는 드러나지 못하고 현상 세계 속에서 인과율을 통해 광물, 식물, 동물, 인간 등의 각 개체에게 표상된다. 즉, 의지는 자신의 맹목적 충동을 현상 세계의 각 개체 속에서 인과율을 통해 만족시킨다. 그러나 인과율을 통한 만족은 일시적이고 표면적일 뿐이다. 하나의 충동이 만족되면 곧 새로운 충동이 생긴다. 그리고 이 충동은 끝없이 계속된다. 맹목적 충동의 주체인 의지는 '회전하는 수레바퀴에 실려 있는 것과 같은', 그리고 '밑 빠진 독에 끝없이 물을 퍼 넣는 것과 같은' 영원한 갈망이다. 따라서 맹목적 충동을 인과율을 통해 만족시키려 할 경우 우리는 맹목적 충동으로부터 벗어나지 못한 채 결핍과 괴로움에 시달릴 수밖에 없다.

쇼펜하우어에 따르면, 맹목적 충동의 수레바퀴에서 벗어날 수 있는 길들 중의 하나가 미적 관조이다. 미적 관조는 두 가지 기능을 지닌다. 하나는 대상을 인과율에서 벗어나 대상 그 자체로 보게끔 하는 것이다. 과학적 관찰이나 수학적 추론이 대상을 인과율을 통해 파악하는 일에 해당한다면, 미적 관조는 인과율을 통해 표상되기 이전의 대상을 직관하는 일이다. 즉, 미적 관조는 대상의 이데아를 직관하도록 한다. 다른 하나는 대상을 바라보는 주체를 인과율에서 벗어나게끔 해주는 기능이다. 미적 관조를 통해 주체는 주체 자신의 관심, 충동, 목적을 포기하고 순수한 직관적 주체가 된다. 이렇듯, 미적 관조는 대상과 주체에 모두 영향을 미친다. 그리고 이러한 영향을 통해, 대상과 주체 모두가 맹목적 충동을 일시적이고 표면적으로 만족시키려는 인과율에서 벗어나 대상은 대상의 이데아로, 주체는 순수한 주체로 변하게 된다. 그리하여 우리는 대상의 이데아를 있는 그대로 바라볼 수 있게 된다.

① ㉠은 영국 관념론자들에 의해 생겨난 개념이다.
② ㉠은 주체의 주관적 상태에 따라 변한다.
③ ㉡은 인간을 의지와는 상관없는 상태로 만들어 준다.
④ ㉡은 대상의 이데아를 인과율로서 바라보게 한다.

06. 다음 (가)~(라)를 글의 흐름에 따라 순서대로 나열한 것은?

(가) H 커피는 자신들이 커피와 감동을 파는 제3의 공간을 제공한다고 말한다. 다시 말해 가정도, 직장도, 학교도 아닌 제3의 장소에서 느긋하게 자신만의 시간을 보낼 수 있는 공간을 제공한다는 것이다. 확실히 H 커피 매장 안에 들어서면 지금까지와는 전혀 다르게 공간이 주는 신선함과 해방감을 맛볼 수 있으며, 그 시간 동안만은 한껏 사치를 누리는 기분을 느낄 수 있다. 이러한 전략은 현재 한국의 상황과 잘 맞아떨어졌다.

(나) H 커피는 원래 질 좋은 원두를 제공하던 원두 판매 회사였기 때문에 커피 맛이 일품이었다. 그러나 커피만 놓고 본다면 더 질 좋고, 맛있는 커피를 제공할 수 있는 커피 체인점은 H 커피 말고도 얼마든지 더 있었다.

(다) 이런 H 커피가 성공할 수 있었던 것은 경영전략 덕분이었다. H 커피는 자기 매장에서 커피를 마시면 행복과 만족을 얻을 수 있다는 인식을 심어 주기 위해 노력했다. 향기롭고 맛있는 커피, 세심한 배려와 온화한 미소를 띤 직원, 마음 편히 즐길 수 있는 자신만의 공간 등의 체험을 상품으로 내세웠다. 이는 사람들의 뇌리에 자리 잡았으며, H 커피는 사람들에게 특별한 공간으로 인식되었다.

(라) 한국의 주택 사정은 열악하다. 도시에서 방 3개짜리 집에 개인용 서재라도 두려면 상당한 투자를 해야 한다. 이렇게 좁은 집에서 가족들의 눈을 피해 자신만의 공간을 확보하고 시간을 보내기란 쉬운 일이 아니다. 그러나 H 커피에서 커피 한 잔만 시키면 자신만의 여유로운 공간과 시간을 가질 수 있다. 그러니 빠져들 수밖에 없는 것이다.

주위에서도 자신만의 공간을 확보하기 어려운 학생이나 직장인들이 마음 편히 공부할 장소로 H 커피를 선택하곤 한다. 가격이 비싸더라도 그만큼의 만족감만 느낄 수 있다면 H 커피를 선택하겠다는 사람들의 생각이 지금의 H 커피를 만든 추진력이 되었다.

① (가)-(나)-(다)-(라)
② (가)-(라)-(다)-(나)
③ (나)-(가)-(다)-(라)
④ (나)-(다)-(가)-(라)

1회 기출예상 2회 기출예상 3회 기출예상 4회 기출예상 5회 기출예상 6회 기출예상 7회 기출예상 8회 기출예상 인성검사 면접가이드

[07 ~ 08] 다음 글을 읽고 이어지는 질문에 답하시오.

새마을금고중앙회(이하 새마을금고)가 상업자 표시 신용카드(PLCC) 사업 추진에 나선다. 새마을금고는 지난달 31일 '새마을금고중앙회 PLCC 사업 추진 컨설팅' 사업 공고를 내고 새마을금고중앙회 PLCC 사업 추진을 위한 세부 업무 수행 방안 수립에 나섰다.

최근 금융권에서 주목받고 있는 'PLCC'는 신용카드사와 제휴사의 협업으로 만들어지는 새로운 형태의 신용카드다. 소비자는 제휴사에서 PLCC를 사용하면 특별한 (㉠)을/를 제공받을 수 있다. 카드사는 제휴사의 '충성고객'들을 유치할 수 있고 제휴사는 소비자를 자사에 묶어 두는 자물쇠 효과를 거둘 수 있는 전략이다. 하지만 새마을금고가 직접 신용카드사 사업자로 나서는 것은 아니다. 새마을금고는 이번 달 말까지 PLCC 사업 추진 컨설팅 업체를 선정하고 PLCC 사업 구조와 PLCC 대행사 선정 전략, PLCC 전산시스템 구축, PLCC 사업 활성화 전략 등을 수립할 계획이다. 또한 컨설팅을 통해 내년 중 신용카드사를 선정, PLCC 제휴를 맺고 시스템을 구축할 예정이다.

새마을금고는 다가오는 2024년 중으로 PLCC 상품을 출시하는 것을 목표로 두고 있다. 사업 구상단계인 만큼 제휴사 및 (㉠) 방향 등을 포괄적으로 검토 중인 것으로 전해진다. 새마을금고는 조합원을 주요 타깃으로 PLCC 상품을 개발할 계획이며 새마을금고중앙회 차원에서 PLCC 사업 계획을 수립하고 상품을 개발해 각 조합에서 PLCC 카드를 발급하는 형태로 진행할 예정이다. 새마을금고 관계자는 "이번 PLCC 사업은 조합원들에게 다양한 혜택을 제공하고자 기획됐다."라며 "조합원뿐 아니라 평소 새마을금고에 관심을 가진 이들에게도 자사를 알릴 수 있는 기회가 되기를 바란다."라고 말했다.

07. 윗글에서 나온 'PLCC' 사업에 대한 설명으로 적절하지 않은 것은?

① 상업자 표시 신용카드 사업을 의미한다.
② 카드사 입장에서는 충성고객 유치 효과를 가져올 수 있다.
③ 제휴사 입장에서는 자물쇠 효과를 기대할 수 있다.
④ 신용카드사 단독으로 추진하는 사업이다.

08. 윗글의 맥락을 고려할 때 빈칸 ㉠에 들어갈 말로 적절한 것은?

① 사업　　② 혜택
③ 보상　　④ 기회

[09 ~ 10] 다음 글을 읽고 이어지는 질문에 답하시오.

박○○ 새마을금고중앙회장은 피지 농어촌개발부 장관을 맞이하며 기관 방문 견학을 진행했다. 이번 방문은 미얀마, 우간다, 라오스 등에서 성공적으로 자리매김한 새마을금고 모델을 피지에 도입하기 위한 준비 과정이다.

지난 9월 피지 수도 수바에서 진행된 현지 워크숍에 이어 새마을금고를 통한 지역개발에 대한 이해를 다지는 자리를 가졌다. 내년 창립 60주년을 맞는 새마을금고는 적극적인 ESG 경영을 추진 중이다. 지역밀착형 금융플랫폼을 지향하는 만큼 '소셜 MG', '그린 MG', '휴먼 MG', '글로벌 MG' 등 4대 핵심 분야를 정해 체계적인 사회공헌사업을 전개하고 있다. 또한 지난 7월에는 ESG 경영 위원회를 출범하고 'MG가 만드는 행복한 지역사회'라는 미션 아래 202X년 하반기 중 ESG 경영 선도금고 중심 운영을 통해 MG형 ESG 모델을 순차적으로 구축할 계획이다.

국제개발협력사업은 '글로벌 MG'의 대표 사업으로, 새마을금고 플랫폼을 개발도상국에 전파해 빈곤 극복과 금융사각지대 해소를 목표로 한다. 특히 저축장려운동과 금융교육 등을 통해 지역사회 기초자본을 형성해 전파 대상국의 삶의 질 향상에 기여하고 있다.

현재 미얀마, 우간다, 라오스 등에 56개의 새마을금고가 설립되어 운영 중에 있으며, 성공적인 경험을 바탕으로 피지와 캄보디아로 국제협력 대상국을 확대 추진하고 있다. 이러한 새마을금고 국제개발협력사업 모델은 저축교육과 금융개발을 통해 금융포용성을 증진시키는 공로를 인정받아 국무조정실에서 한국 ODA 주요사례로 선정하기도 했다. 또한 국제개발협력의 날을 맞아 최초로 실시한 개발협력 유공자 정부포상에서 대통령표창을 수상하기도 했다. 박○○ 새마을금고중앙회장은 "국제개발협력사업은 새마을금고 ESG 경영의 핵심 사회공헌사업이다."라며 "새마을금고가 개발도상국에서 성공적인 금융포용 플랫폼으로 자리 잡을 수 있도록 하겠다."라고 밝혔다.

09. 다음 중 새마을금고중앙회가 추진하는 ESG 경영의 핵심 분야로 적절하지 않은 것은?

① 소셜 MG
② 휴먼 MG
③ 글로벌 MG
④ 서비스 MG

10. 윗글에서 설명하고 있는 새마을금고중앙회의 사업으로 적절한 것은?

① 금융 서비스가 정착되지 않은 나라에 선진 금융 서비스를 전파하는 사업
② 개발도상국의 열악한 경제 여건을 개선하는 자금 지원 사업
③ 제조업 중심의 경제 환경을 재정립하는 지원 사업
④ 나라 간 네트워크를 다지는 문화 교류 사업

11. 다음은 연간 국내 의료연구 논문 발표 현황을 나타낸 자료이다. 이를 토대로 요약한 기사의 내용 중 바르지 않은 것은?

〈연간 국내 의료연구 논문 발표 현황〉

(단위 : 건/위)

구분	20X3년	20X4년	20X5년	20X6년	20X7년	20X8년	20X9년
논문 발표 수	22,684	27,809	28,430	28,407	35,624	38,647	39,843
세계 총 논문 수	855,475	984,100	982,541	981,692	1,166,488	1,191,376	1,180,761
세계 순위	12	11	11	12	12	11	11

교육과학기술부가 실시한 연간 국내 의료연구 논문 발표 현황 통계에 따르면 ① 20X9년에 우리나라는 의료연구 논문 부문에서 2년 연속 세계 순위 11위를 차지했다. ② 20X9년 39,843건의 의료연구 논문이 우리나라에서 발표되었으며 이는 20X3년에 비하여 1.7배 이상 증가했다. 비록 ③ 20X3년부터 20X9년까지 국내 의료연구 논문 부분의 세계 순위는 크게 변동이 없지만, ④ 세계 총 의료연구 논문 수가 줄어들었던 때에도 우리나라의 의학연구 논문 발표 수는 매년 증가하였다. 20X5년부터 20X9년까지의 연평균 논문 발표 수 증가추이를 계속해서 유지한다면 내년 논문 발표 수는 총 40,000건을 돌파할 것으로 보인다. 우리나라의 의료연구 분야의 지속적인 발전이 기대되는 모습이다.

12. 다음 전 세계 휴대폰 판매량에 대한 기사를 바르게 이해한 사람을 〈보기〉에서 모두 고르면?

증권가에서는 ㉮사의 2/4분기 스마트폰 판매량을 7,300만 대로 예상하고 있다. 이는 전 분기보다 300만 대가량 늘어난 수치다. ㉯사는 2/4분기가 신제품 출시가 없는 비수기지만 올해는 스마트폰 제품인 A의 부진이 실적에 결정적 영향을 미친 것으로 파악됐다. 미국의 한 증권사에서는 ㉯사의 2/4분기 스마트폰 판매량이 전 분기 3,700만 대보다 20% 이상 감소할 것으로 보고 있다. ㉰사의 2/4분기 휴대폰 판매량은 1,700만 대로 이 중 스마트폰은 70%가 넘는 1,200만 대일 것으로 전망했다. ㉰사는 1/4분기에는 스마트폰 1,050만 대를 판매해 1/4분기 전 세계 휴대폰 판매 비중의 5%를 기록했다.

보기

K 대리 : ㉮, ㉯, ㉰사의 스마트폰 판매량 합계는 2/4분기가 1/4분기보다 높을 것이다.

W 대리 : ㉮사의 1/4분기 스마트폰 판매 비중은 ㉮, ㉯, ㉰사의 스마트폰 판매량 합계의 약 35%일 것이다.

B 대리 : 1/4분기 3사 이외의 회사의 스마트폰 판매량 총합은 약 9,250만 대일 것이다.

① K 대리　② W 대리

③ B 대리　④ W 대리, B 대리

13. 다음은 국가별 석탄 연소 발전소의 먼지 배출 허용 기준을 비교한 자료이다. 〈자료 1〉에 따라 먼지 배출 허용 기준을 넘는 석탄 연소 발전소는 벌금을 내도록 하는 조약을 각국이 맺는다고 할 때, 〈자료 2〉의 6개의 발전소 중 벌금을 내지 않아도 되는 발전소의 개수는? (단, 먼지 배출량 단위는 생략한다)

〈자료 1〉 국가별 먼지 배출 허용 기준

<table>
<tr><th rowspan="2">국가(단위)</th><th rowspan="2">발전소 규모</th><th colspan="2">고체 연료</th><th colspan="2">액체 연료</th><th colspan="2">기체 연료</th></tr>
<tr><th>신규 발전소</th><th>기존 발전소</th><th>신규 발전소</th><th>기존 발전소</th><th>신규 발전소</th><th>기존 발전소</th></tr>
<tr><td rowspan="2">한국(m^3/h)</td><td>3만 초과 20만 이하</td><td>50</td><td>50</td><td>65</td><td>70</td><td>제한 없음</td><td>제한 없음</td></tr>
<tr><td>20만 초과</td><td>100</td><td>95</td><td>50</td><td>45</td><td colspan="2">50</td></tr>
<tr><td>일본(m^3/h)</td><td>20만 초과 25만 이하</td><td>47</td><td>40</td><td colspan="2">244</td><td colspan="2">39</td></tr>
<tr><td>미국(MW)</td><td>73 초과</td><td>56</td><td>50</td><td colspan="4">제한 없음</td></tr>
<tr><td rowspan="3">영국(MW)</td><td>20 초과 50 이하</td><td>50</td><td>60</td><td colspan="2" rowspan="3">50</td><td rowspan="3">65</td><td rowspan="3">제한 없음</td></tr>
<tr><td>50 초과 500 이하</td><td>60</td><td>80</td></tr>
<tr><td>500 초과</td><td>80</td><td>140</td></tr>
</table>

〈자료 2〉 석탄 연소 발전소 분류

발전소	국가	연료	신규/기존 발전소 분류	발전소 규모	월평균 먼지 배출
A	한국	고체	신규 발전소	16만m^3/h	47.275
B	미국	액체	기존 발전소	97MW	32.785
C	일본	고체	기존 발전소	23만m^3/h	45.240
D	영국	고체	신규 발전소	375MW	78.456
E	한국	액체	신규 발전소	22만m^3/h	47.687
F	영국	기체	신규 발전소	892MW	67.790

① 1개
② 2개
③ 3개
④ 4개

14. 다음 병원별 연구개발조직 보유 개수에 관한 자료를 바르게 추론한 사람을 모두 고르면? (단, 계산은 소수점 아래 둘째 자리에서 반올림한다)

〈자료 1〉 연구개발조직 보유 개수 및 평균 연구개발인력

(단위 : 개, 명)

구분	연구개발조직 보유 개수	평균 연구개발인력
A 병원	40	40
B 병원	140	50
C 병원	10	15
D 병원	20	12

〈자료 2〉 지표별 표준화 값

범위와 단위가 다른 지표들을 공통된 기준하에 비교하기 위해 사용되는 표준화 방법은 다양하지만, 주로 활용되는 방법은 표준 편차를 고려한 표준 점수의 도출이나 최댓값과 최솟값의 거리를 측정하는 방식이 많이 활용되고 있다. 본 분석에서는 아래 식으로 표준화 값을 지정하였으며, 지표별 표준화 값이란 각 항목에서의 1위 기업 수준을 100%로 두었을 때 응답 기업들의 상대적 수준(%)을 나타내는 것이다.

$$\text{지표별 표준화 값(\%)} = \frac{\text{측정치} - \text{최소치}}{\text{최대치} - \text{최소치}} \times 100$$

성희 : 연구개발조직 보유 개수 여부, 평균 연구개발인력 두 현황은 모두 B 병원을 100% 수준으로 둬야 해.

태호 : 연구개발조직 보유 여부에 관련된 표준화 값을 계산하면, A 병원의 상대적 수준은 D 병원의 상대적 수준보다 낮아.

기현 : 연구개발조직 보유 여부에 있어 C 병원의 상대적 수준보다 D 병원의 표준화 값이 더 높아.

① 성희　　② 성희, 태호

③ 성희, 기현　　④ 태호, 기현

15. 다음은 20X3년 5월 한 달간 '국민이 함께하는 교통 환경 정비기간' 운영을 통해 시민들이 낸 교통안전시설 개선 요구안에 관한 자료이다. 이에 대한 설명으로 옳은 것은?

〈자료 1〉 국민 신고 접수 교통안전시설 개선 요구안

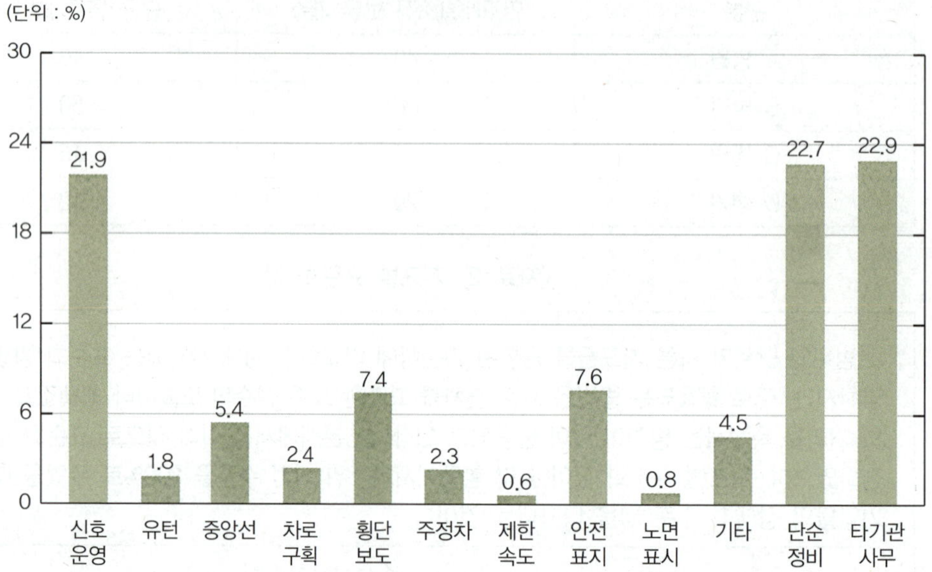

〈자료 2〉 국민 신고 접수 현황

경찰청은 도로 여건 및 교통 패턴의 변화로 인한 교통안전시설 개선을 위해 '국민과 함께하는 교통 환경 정비기간'을 운영한 결과, 전국적으로 총 1만 2,369건의 신고가 접수되었고 이 중 9,139건을 채택해 개선 중이라고 밝혔다. 단순 정비나 타 기관 사무를 제외하고 신고 건수가 가장 많은 것은 신호 운영 개선(21.9%)이었다. 건물 · 도로 등의 신설로 인한 유출입 차량 및 인구 증가에 따라 방향별 교통량 변화가 필요하다는 것이었다. 그러나 일부 운전자는 자신의 출퇴근 방향으로 신호 주기를 연장해 달라는 요청을 하였다. 제한속도 관련 신고는 73건(0.6%)에 불과했지만, 그중 67건(91.8%)이 속도를 낮춰 달라는 요청이었다. 또 과속 카메라의 과속방지턱 설치 요청도 934건으로 20X1년 5월 150건, 20X2년 5월 507건보다 늘었다.

① 경찰청은 타 기관 사무를 제외한 모든 신고를 채택해 개선하고 있다.

② 본인의 편의를 위해 신호 주기를 바꿔 달라고 요청한 시민도 있었다.

③ 제한속도를 낮춰 달라는 요청은 시민 전체 요청의 91.8%를 차지한다.

④ 과속 카메라와 과속방지턱 설치 요청은 20X2년에 비해 두 배 이상 증가하였다.

16. 다음 기사를 요약할 때, 상품권 구매 고객에게 제공되는 내용으로 적절한 것은?

> 새마을금고중앙회가 소상공인시장진흥공단에서 주관하는 충전식 카드형 온누리상품권 서비스를 선보인다. 29일 새마을금고중앙회 발표에 따르면 이날 개시될 충전식 카드형 온누리상품권은 기존에 사용 중인 카드를 온누리상품권 애플리케이션에 등록하고 상품권을 구매(충전)한 뒤, 온누리상품권 가맹점에서 애플리케이션에 등록한 실물카드로 결제하는 방식이라고 한다. 이용 금액은 카드상품 이용실적으로 인정되며, 전통시장에서 이용한 금액은 소득공제가 40%까지 적용된다. 전통시장, 골목형상점가 등 전국 온누리상품권 가맹점에서 사용할 수 있으며 추석을 맞아 10월까지 충전식 카드형 온누리상품권을 구매(충전)할 경우, 10% 특별할인을 받을 수 있다. 상품권 구매(충전)는 1인당 100만 원까지 가능하며, 예산 소진 시 조기 종료될 수 있다.
>
> 아울러 새마을금고중앙회는 출시 기념 이벤트로 충전식 카드형 온누리상품권 잔액 이용 시 각종 할인과 캐시백 이벤트도 제공한다. 10월 말까지 상품권 잔액 5,000원 이상 최초 결제 대금에 대해 5,000원 캐시백 혜택을 제공하며 최초 결제한 회원 중 페이북 앱에서 마이태그를 등록한 뒤 2만 원 이상을 결제할 경우 2,000원 캐시백도 추가로 받을 수 있다. 추석기간에는 슈퍼마켓, 농수산축산품, 정육점 업종 온누리상품권 가맹점에서 2만 원 이상 상품권 잔액 결제 시 3,000원 캐시백을 제공한다. 또한 해당 결제 건이 페이북 앱의 마이태그 등록 후 결제한 것이라면, 2,000원의 추가 캐시백도 받을 수 있다.

① 시간적 지원
② 기념품 지원
③ 금전적 지원
④ 주주 권환 지원

17. ○○모터스에서는 새로운 자동차를 개발하기 위해 회의를 진행했다. 회의 자료를 정리하면서 결론 부분을 제외한 A ~ D 부분을 소실하였는데, 이때 A ~ D 부분에 들어갈 수 있는 내용으로 적절하지 않은 것은?

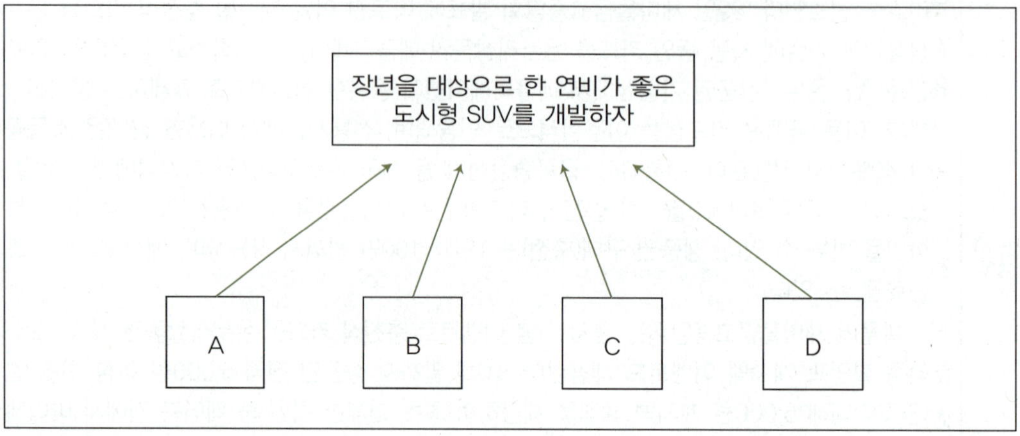

① 신입사원들이 상여금을 받았을 때 가장 먼저 고려하는 것이 자동차 구입이다.
② 레포츠나 캠핑에 관심을 가지는 연령의 폭이 다양하게 늘어나고 있다.
③ 국제 유가가 계속해서 상승하는 중이다.
④ 작년 한 해 판매된 차의 성장률을 보면 SUV 선호도가 늘어나고 있다.

18. 김 씨는 동물원에서 맹수사를 담당하는 사육사로 일하고 있다. 맹수사 우리를 개조한 후 곰, 사자, 치타, 표범, 호랑이, 여우, 늑대를 배치하고자 한다. 맹수사 우리의 구조는 다음과 같고, 〈조건〉에 따라 배치된다고 할 때, 반드시 참이라고 할 수 없는 것은?

〈맹수사 구조〉

A	B	C	D	E	F	G

조건

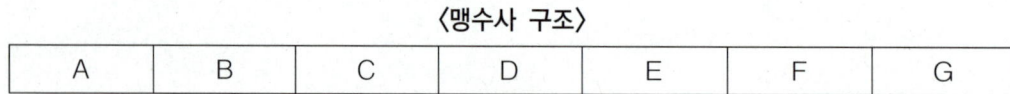

(가) 여우 우리는 모든 우리의 중앙에 둔다.
(나) 치타 우리는 사자 우리 바로 옆에 둔다.
(다) 호랑이 우리와 여우 우리는 바로 옆에 이웃하여 두지 않는다.
(라) 여우 우리는 표범 우리보다 왼쪽에 위치하도록 한다.
(마) 늑대 우리를 중심으로 왼쪽에 호랑이, 오른쪽에 표범을 두되 같은 간격만큼 떨어트려 놓는다.

① 표범은 E 우리에 있다.
② 늑대 우리와 여우 우리는 이웃해 있다.
③ 곰은 B 우리에 있다.
④ 여우 우리를 중심으로 호랑이 우리와 사자 우리는 같은 간격만큼 떨어져 있다.

19. □□빌딩의 2층에는 6개의 사무실이 있으며, 이를 각각 세무사사무소, 법무사사무소, 인쇄소, 연구소, 스터디카페, 치과가 사용하고 있다. 사무실의 위치가 다음과 같을 때, 반드시 참인 것은?

201호	202호	203호
복도		
204호	205호	206호

(가) 연구소는 206호이다.
(나) 세무사사무소는 복도를 기준으로 인쇄소와 같은 쪽에 있다.
(다) 법무사사무소는 복도를 기준으로 연구소와 같은 쪽에 있다.
(라) 스터디카페는 연구소 또는 치과의 맞은편에 있다.
(마) 인쇄소, 법무사사무소, 연구소는 서로 이웃하지 않고 맞은편에 있지도 않다.

① 치과는 202호이다.
② 치과는 인쇄소와 마주 보고 있다.
③ 세무사사무소는 203호이다.
④ 세무사사무소와 스터디카페는 이웃해 있다.

1회 기출예상
2회 기출예상
3회 기출예상
4회 기출예상
5회 기출예상
6회 기출예상
7회 기출예상
8회 기출예상
인성검사
면접가이드

20. 지애, 혜정, 응재, 푸름 네 사람은 논문을 작성하였다. 네 사람은 모두 자신의 논문에 참고문헌을 인용했는데, 인용한 책은 〈한서일기〉, 〈기연록〉, 〈주사관기〉, 〈정고사호록〉 중 하나이고 각 참고문헌의 내용은 역사, 천문, 지리, 음양에 관한 것들 중 하나였다. 네 사람이 나눈 대화가 다음과 같을 때, 〈보기〉에서 옳은 것을 모두 고르면? (단, 네 사람이 나눈 대화는 모두 참이다)

> 푸름 : 나는 내 논문에 역사책인 〈정고사호록〉을 인용했어.
> 혜정 : 〈주사관기〉는 음양에 관한 내용이야.
> 응재 : 지애가 〈기연록〉을 자신의 논문에 인용했다면, 푸름이가 인용한 책은 음양에 관한 내용이겠네.
> 푸름 : 지애가 인용한 책이 음양에 관한 내용이 아니라면, 혜정이가 인용한 책은 천문에 관한 내용이 아니야.
> 응재 : 혜정이가 인용한 책이 〈기연록〉이 아니었다면, 푸름이가 인용한 책은 역사에 관한 내용이 아니야.
> 지애 : 혜정이가 인용한 책은 지리에 관한 내용이 아니야.

보기

(가) 응재는 〈한서일기〉를 인용했다.
(나) 혜정은 〈기연록〉을 인용하지 않았다.
(다) 〈기연록〉은 역사에 관한 책이다.
(라) 지애는 〈주사관기〉를 인용했다.

① (가), (나)　　② (가), (다)
③ (가), (라)　　④ (나), (다)

21. 다음은 어느 마을에서 마을 개발과 관련하여 소집된 회의 내용이다. 이 씨가 저지르고 있는 오류로 적절한 것은?

> 마을대표 : 이전에 여러 광물로 번성했던 마을이 경제적으로 기울고 있습니다. 다행히 이런 마을의 사정을 알고 국가 차원에서 마을 발전에 도움을 주겠다고 합니다. 어떻게 마을을 발전시킬지 의견을 말해 주세요.
> 이 씨 : 역시 농사 아니겠습니까? 우리 마을에서 가장 잘할 수 있는 것이 농사이기도 하고, 가장 안정적인 것이 농사이기도 합니다.
> 김 씨 : 그건 잘 모르는 말씀입니다. 우리 마을의 토지는 농사에 적절하지 않아요. 기왕 국가에서 지원해 주겠다고 하는 김에 관광도시로 개발해 보면 어떨까요?
> 이 씨 : 관광도시라니요. 무슨 그런 말을 합니까? 관광을 하러 온 사람들이 많아지면 얼마 가지 않아서 마을 전체에 도박꾼이 넘쳐나게 될 겁니다.

① 근거가 부족한 예측을 하고 있다.
② 자신이 처음에 한 주장을 변경하고 다른 주장을 하고 있다.
③ 상대방의 주장에 무조건적으로 동조하고 있다.
④ 논의되고 있는 사안에 관심을 두지 않고 있다.

22. 다음은 기업 현황을 분석하는 SWOT 기법에 관한 설명이다. SWOT 분석의 내용으로 적절하지 않은 것은?

> SWOT 분석은 기업 현황을 분석하기 위한 기본적인 기법으로, 기업의 강점, 약점, 기회, 위협 요인을 도출하는 방법론이다. 강점과 약점은 기업의 내부 환경에 대하여 긍정적인 요소로 작용하는 것은 강점, 부정적인 요소로 작용하는 것은 약점으로 분석된다. 반면, 기회와 위협 요인은 기업의 외부 환경에 대한 것인데, 기업이 직접 조절할 수 없는 요소 중 긍정적으로 작용하는 것은 기회, 부정적으로 작용하는 것은 위협 요인으로 분석된다.

① S : (주)대한은 신속한 의사결정을 위한 의사소통 채널을 마련하고 있다.
② W : (주)대한은 경쟁회사와 비교할 때 소비자 판매가가 높은 편이다.
③ O : (주)대한은 문화콘텐츠 사업을 진행하는데 내년부터 정부가 해외 콘텐츠 수출 활로를 지원하겠다는 정책을 발표했다.
④ T : (주)대한은 작년에 IT 인력을 대거 채용하였는데 올해는 이들을 대거 해고하였다.

[23 ~ 24] 다음 글을 읽고 이어지는 질문에 답하시오.

> 한국환경공단은 새마을금고중앙회와 새마을금고중앙회 본부 회관에서 개도국 대상 국제개발협력 사업의 효과적 수행을 위한 업무협약을 체결했다고 밝혔다. 한국환경공단은 환경부문 국제협력 전문기관으로서 환경시설 설치, 환경 기술컨설팅, ODA 등 다양한 분야에서 해외환경사업을 수행하고 있다.
>
> 새마을금고는 그동안 무상원조 금융분야에서 저축중심 및 주민참여형 지속가능성장 모델로 주목받았다. 이번 업무협약은 양 기관의 전문성을 기반으로 더 효과적인 국제개발협력사업 추진을 위한 상호 협력을 목적으로 하고 있다. 주요 협력내용은 ▲환경 분야 국제개발협력 사업 추진 시 새마을금고 연계 등을 위한 협력 ▲새마을금고 운영 확대를 위한 환경 분야 국제개발협력 사업 추진 ▲국제개발협력 사업 추진을 위한 네트워크 구축 · 협업 등이다.
>
> 양 기관은 이번 협약을 통해 한국환경공단의 환경친화적 개발협력 사업 추진 경험과 새마을금고중앙회의 개도국 금융포용성 증진 사업 추진 경험이 시너지를 낼 수 있는 상호 협력기반이 마련될 것으로 기대하고 있다. 특히, 양 기관은 작년 11월 실시된 개발협력의 날 유공자 포상에서 각각 대통령 표창과 국무총리 표창을 받은 만큼 국제협력개발사업의 시너지가 상당할 것으로 전망된다. 향후 양 기관은 '환경'과 '금융'이 융합된 ESG 경영기반 녹색경제 실현을 위한 새로운 사업모델 구축에 나설 계획이며, 국내는 물론 국제사회에서 더욱 각광받을 수 있도록 적극 나설 계획이다.

23. 윗글을 토대로 할 때, 두 기관이 업무협약을 통해 추진하고자 하는 목표로 적절한 것은?

① 국제협력개발사업 추진
② 환경분담금 구체적 제도 마련
③ 탄소중립 정책 근거 계획
④ 주변 국가와의 국제적 네트워크 마련

24. 두 기관의 업무협약에 대한 평가로 적절한 것은?

① 두 기관이 전문성을 더욱 증진시키는 것이 목적이라면 전문 컨설팅을 받을 필요가 있어.
② 두 기관 모두 나라에서 인정을 했으므로 안정적인 사업 추진이 가능할 것이야.
③ 두 기관이 서로 경쟁 구도에 있는 것으로 알고 있는데, 적절하게 협력할 수 있을까?
④ 두 기관은 서로 사업 성격이 달라서 시너지를 내기 어려워. 이 점을 어떻게 해결할까?

[25 ~ 26] 다음 자료를 확인하고 이어지는 질문에 답하시오.

〈외교관에게 필요한 지식〉

중요도	지식	설명
100	역사	역사적 사건과 원인 그리고 유적에 관한 지식
100	영어	영어를 읽고, 쓰고, 듣고, 말하는 데 필요한 지식
99	국어	맞춤법, 작문, 문법에 관한 지식
98	사회 · 인류	집단행동, 사회적 영향, 인류의 기원 및 이동, 인종, 문화에 관한 지식
98	철학 · 신학	생활에 영향을 미치는 다양한 철학과 종교에 관한 지식
93	지리	육지, 바다 그리고 하늘의 특성 및 상호 관계에 관한 지식
92	법	법률, 규정에 관한 지식
89	예술	음악, 무용, 미술, 드라마에 관한 지식

25. 위 자료를 참고할 때, 외교관이 되고 싶은 김 씨의 행동으로 적절하지 않은 것은?

① 세계사 중 우리나라와 연관된 역사적 사건만을 골라 공부한다.
② 외국의 역사를 알아보고, 그로 인해 발생하는 문화의 차이를 익힌다.
③ 영자신문을 구독하여 독해, 회화, 어휘 공부를 하고 최근 시사 이슈도 함께 파악한다.
④ 같은 상황에서 우리나라 법령과 외국의 법령이 다르게 적용되는 사례를 검색한다.

26. 다음의 A ~ C를 외교관에게 필요한 지식의 중요도 순으로 나열한 것은?

A. 미국과 영국의 영어 발음 차이에 대해 공부해 본다.
B. 공정의 가치에 대하여 다시 한 번 생각해 본다.
C. 한국 드라마가 전 세계적으로 큰 인기를 끈 이유에 대해 분석해 본다.

① A > B > C　　② A > C > B
③ B > A > C　　④ B > C > A

[27 ~ 28] 다음 자료를 확인하고 이어지는 질문에 답하시오.

직속 상사에 의해 이루어지던 기존의 인사 평가 방법에 여러 가지 문제점이 있어서 최근 여러 기업에서는 다수의 평가자가 여러 방면에서 평가하는 방법을 도입하여 인사고과에 대한 객관성을 높이고 평가결과에 대한 수용성을 높일 수 있는 방안을 검토 중이다. 하지만 새로운 방안 도입 시 다양한 평가 방식, 기준, 평가자를 어떻게 운영할 것인가 연구해야 하는 어려움이 있다.

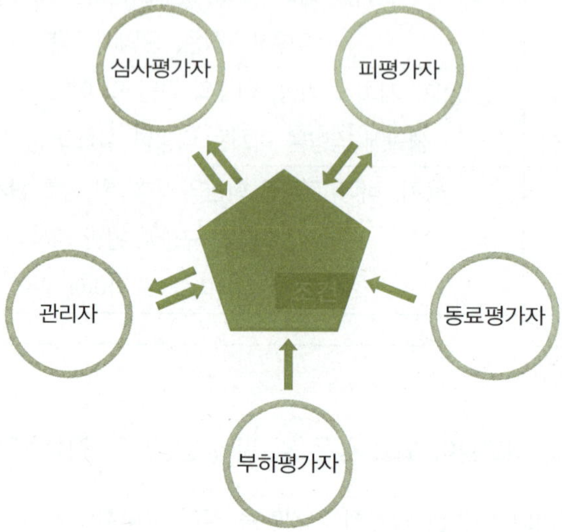

27. 위 자료를 읽고 동료와 나눈 대화 내용으로 적절하지 않은 것은?

① 평가에 앞서 명확하고 단일한 기준을 세우는 것이 필수적이겠네.
② 다양한 방면에서 인사고과를 평가할 수 있는 방법으로는 360° 다면평가제가 있어.
③ 평가자의 숫자와 평가의 객관성은 상관관계가 있어.
④ 기존의 인사고과 평가방법을 사용할 시 고과자의 주관적인 감정이 들어갈 수 있다는 단점이 있겠군.

28. 위 자료를 참고할 때, 평가자 그룹에 포함되지 않는 사람은?

① 김 대리의 상사인 박 부장
② 김 대리의 후임인 정 사원
③ 김 대리 본인
④ 김 대리의 고객인 장 사장

[29 ~ 30] 다음 글을 읽고 이어지는 질문에 답하시오.

새마을금고중앙회가 새마을금고의 현직 일원과 직원의 친인척 관계로 함께 근무하고 있는 사적 채용 사례에 대한 실태 조사 후 미비점을 보완한 공정채용체계를 구축한다. 새마을금고중앙회는 이번 공정채용체계 구축은 금고 내 사적 채용 의혹에 관한 국회의 지적 및 언론보도에 대한 후속 조치라고 설명했다.

앞서 새마을금고중앙회는 현재 채용 관련 지침상 지원자와 이해관계가 있거나 가족 관계 등 공정한 채용에 저해가 될 소지가 있으면, 해당 관계자는 면접위원에서 제외되는 등 채용과정에서 배제되어야 하며 사전에 서약서를 징구하는 제도가 있지만 일부 금고에서 지켜지지 않고 있는 상태를 파악한 것으로 나타났다.

이에 중앙회는 전국 새마을금고에 대한 실태조사를 통해 채용과정의 제도적인 개선사항을 점검하고, 내부규정 등 근본적 제도개선을 실시할 계획이다. 또, 면접관과 응시자가 친인척일 경우 상호 제적 · 기피하도록 한 현행 지도지침에 따라 향후 채용과정에서 위법 부당한 영향이 미쳐지지 않도록 공정채용 지도 · 감독을 더욱 강화할 계획이며 친인척 관계나 비리행위 여부가 존재하는지 사후에도 검증할 방침이다.

새마을금고중앙회 회장은 "앞으로 새마을금고 채용과 관련한 그 어떠한 부정행위도 용납할 수 없다는 것을 천명하고, 제도적 구조개선과 객관화된 채용이 이뤄지도록 적극 지도 · 감독하겠다."라며, "공정한 채용 문화가 뿌리내리도록 더욱 노력하겠다."라고 말했다.

29. 윗글을 참고할 때, 면접에 참여할 수 있는 면접위원은?

① 갑 지원자의 아버지인 면접위원 A 부장
② 을 지원자의 지도교수인 면접위원 B 교수
③ 병 지원자와 면접 당일 지하철에서 마주친 면접위원 C 차장
④ 정 지원자의 전 직장 상사인 면접위원 D 부장

30. 윗글을 토대로 할 때 새마을금고중앙회가 목표로 하는 가치로 적절한 것은?

① 타당성
② 공정성
③ 책임성
④ 성실성

[31 ~ 32] 다음 자료를 확인하고 이어지는 질문에 답하시오.

1. ○○전자, '다양한 경험'과 '어학 능력' 중시
   - 인재상
     꿈과 열정을 가지고 세계 최고에 도전하는 사람, 꾸준히 실력을 배양하여 정정당당하게 경쟁하는 사람, 팀워크를 이루며 자율적이고 창의적으로 일하는 사람, 고객을 최우선으로 생각하고 끊임없이 혁신하는 사람
   - 글로벌 인재의 조건
     세계인과 소통할 수 있는 어학 능력, 열린 사고를 기본으로 한 글로벌 마인드, 해외근무 경험과 다른 문화에 대한 높은 이해도

2. □□통신, '전문성'을 기본으로 한 '유연성' 강조
   - 인재상
     창의력과 패기, 가치 창조, Global Business, 세계 일류
   - 글로벌 인재의 조건
     외국어 능력, 다른 문화에 대한 이해와 적응, 현지인과 직접 또는 서신을 통한 교류, 교환연수나 배낭여행을 통한 글로벌 비즈니스 감각

3. ◇◇식품, '세계 문화에 관심을 갖고 이해하는 사람' 원해
   - 인재상
     정직하고 열정적이며 창의적인 인재, 글로벌 역량을 갖춘 인재, 전문성을 갖춘 인재, 자신이 속한 비즈니스의 트렌드에 민감하며 끊임없이 학습하는 인재
   - 글로벌 인재의 조건
     글로벌 시장에서 경쟁력 있는 어학 능력과 글로벌 마인드

1회 기출예상
2회 기출예상
3회 기출예상
4회 기출예상
5회 기출예상
6회 기출예상
7회 기출예상
8회 기출예상
인성검사
면접가이드

31. 지원자 A ~ C의 특징이 〈보기〉와 같을 때, 각 기업에 적합한 인재를 적절하게 짝지은 것은?

보기

A : 휴학 중 해외탐방 프로그램을 통해 미국, 유럽, 중동 주요 도시 경험 다수
B : 외국 최신 트렌드가 무엇인지 빠르게 파악하며 민감하게 반응하는 성향
C : 외국 사무소에서 1년간 실무 경험 보유

	○○전자	□□통신	◇◇식품
①	A	B	C
②	A	C	B
③	B	A	C
④	C	A	B

32. 제시된 자료를 바탕으로 할 때, 세 회사 모두 인재상으로 고려하지 않는 것은?

① 어학 능력 ② 유연성
③ 창의력 ④ 리더십

[33 ~ 34] 다음 표를 보고 이어지는 질문에 답하시오.

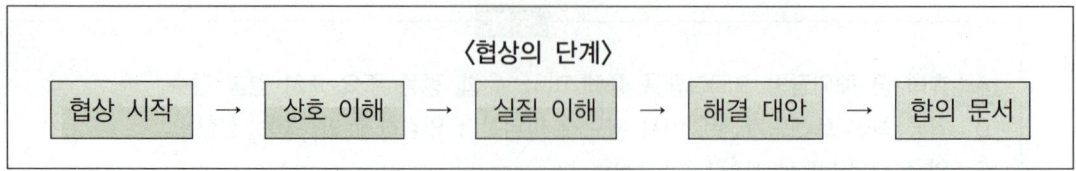

〈협상의 단계〉

협상 시작 → 상호 이해 → 실질 이해 → 해결 대안 → 합의 문서

33. 위 표를 이해한 내용으로 적절하지 않은 것은?

① 상호 간에 요구사항이 다를 때 진행한다.
② 협상 단계는 총 5단계로 진행된다.
③ 상대방과 나의 상황을 파악하는 것은 실질 이해 단계에 해당한다.
④ 협상의 최종 마무리는 합의된 내용을 점검하는 것이다.

34. 다음 중 〈협상의 단계〉에서 '해결 대안'에 해당하는 것은?

① A사는 제품 생산 단가를 내리고자 하는 협상의 의지를 보이고 있다.
② B사는 경제 악화로 인해 제품의 가격을 낮출 수 없는 상황이다.
③ A사와 B사는 양측의 의견을 내놓으며 서로의 이해관계를 분석하였다.
④ A사와 B사는 한 달 동안 시간을 가진 다음 다시 협상을 하기로 했다.

[35 ~ 36] 다음 자료를 보고 이어지는 질문에 답하시오.

〈리더십 유형〉

(가) 리더는 그룹의 목적에 중점을 두고 그룹 내에 존재하는 동기부여의 수호자로서 역할을 다한다.

(나) 리더는 집단이 통제가 없이 방만한 상태에 있을 때 혹은 가시적인 성과물이 보이지 않을 때 효과적일 수 있다.

(다) 리더는 자신들의 그룹이 가장 효율적인 의사소통을 내릴 수 있도록 만든다.

(라) 리더는 그룹에 지시를 거의 내리지 않으므로 팀원들이 의사결정 과정을 완전히 자유롭게 수행할 수 있다.

(마) 리더는 자신을 따르려는 사람들의 신뢰와 존경을 효과적으로 얻는다.

35. 윗글의 (나)에 해당하는 리더의 장점으로 옳은 것은?

① 제한된 시간 안에 프로젝트를 완료할 수 있게 만든다.
② 팀이 리더와 같은 목표를 가지고 있다면 그 목표를 달성할 수 있다.
③ 모두가 전체 상황을 이해하고 최종 목표를 달성하기 위해 동기부여를 받는다.
④ 모든 구성원이 명확한 역할을 가지고 있어 위기 상황에도 도움이 될 수 있다.

36. 윗글의 (마)에 해당하는 리더의 강점으로 옳은 것은?

① 구성원들을 수월하게 전사적 사업으로 유도할 수 있다.
② 구성원들의 전문성을 빠른 시간 안에 끌어올릴 수 있다.
③ 구성원들에 대한 보상 체제를 합리적으로 제공할 수 있다.
④ 특정 업무를 신속하게 마무리할 수 있다.

[37 ~ 38] 다음 글을 읽고 이어지는 질문에 답하시오.

임파워먼트는 실무자들의 업무 수행 능력을 제고시키고, 관리자들이 지니고 있는 권한을 실무자에게 이양하여 그들의 책임 범위를 확대함으로써 종업원들이 보유하고 있는 잠재 능력 및 창의력을 최대한 발휘하도록 하는 방법이라고 말할 수 있다. 임파워먼트를 성공적으로 실행하기 위해서는 조직 구성원들이 능동적으로 자신의 역할 수준을 재정립하고 업무를 추진해 나갈 수 있도록 해야 한다. 요즈음 기업들이 가장 관심을 두고 있는 사항 중의 하나는 어떻게 하면 조직 구성원들이 담당 과업을 보다 의미 있게 느끼고, 자율적으로 조직에 헌신할 수 있도록 만드느냐 하는 것이다. 임파워먼트의 장애요인은 다음과 같다.

첫째, 관료적 문화를 가진 조직은 변화나 위험을 감수하고 새로운 아이디어를 장려하기보다는 현재 상황을 유지하려는 경향이 강하다. 둘째, 상하 간 또는 부문 간 발생하는 갈등은 성공적인 임파워먼트의 실행을 가로막는 장애물이다. 셋째, 업무 부담이 너무 크거나 스킬 및 지식의 부족 등으로 인해 조직 구성원들이 주어진 일만 해도 시간이 부족한 경우가 있다. 넷째, 임파워먼트가 성공적으로 실행되기 위해서는 기업의 비전과 전략 방향이 명확하게 제시되어야 한다. 다섯째, 기업은 구성원들이 회사가 자신들을 임파워먼트 시키기 위해 노력하고 있다는 것을 느낄 수 있도록 인적 자산을 중시하는 문화를 구축하여야 한다. 여섯째, 임파워먼트는 새로운 아이디어를 생각해 내고 과거의 관행에 얽매이지 않고 새로운 행동 방식을 실험해 나가는 것을 권장한다. 일곱째, 임파워먼트된 종업원은 그들의 책임감의 증가에 따라 보상이 이루어져야 한다. 여덟째, 기업이 아무리 훌륭한 관리 방식이나 시스템 구축을 통해 임파워먼트를 지원하는 환경을 구축한다고 해도 구성원 스스로 임파워먼트 되기를 원하지 않는다면 아무런 소용이 없다. 아홉째, 임파워먼트에 관한 많은 문제들은 구성원의 능력과 관리자들의 리더십 스타일이 제대로 조화되지 못했기 때문에 발생한다.

37. 윗글을 토대로 할 때, 관료적 문화에 젖은 기업의 특징이 아닌 것은?

① 미래에 대한 명확한 비전 제시를 하지 않는다.
② 실질적 변화에 필요한 지원을 제대로 하지 못한다.
③ TF팀처럼 필요하면 뭉치고 필요하지 않으면 흩어진다.
④ 장기적인 성과보다는 단기적 성과에 집착하는 경향이 있다.

38. 윗글의 임파워먼트된 리더는 다음 중 어디에 속하는가?

① 무대 위에 리더가 혼자 올라가서 이야기하고, 팀원들은 이를 평가하는 모습
② 무대 위에 리더가 혼자 올라가서 이야기하고, 팀원들은 듣고 있는 모습
③ 무대 위에 리더와 팀원이 같이 올라가 있으며 서로 합리적인 결과를 도출하는 모습
④ 무대 위에 팀원이 올라가 있고, 리더는 무대 밑에서 무대를 바라보면서 팀원들의 가치를 판단하는 모습

[39 ~ 40] 다음 〈상황〉과 〈대처방안〉을 읽고 이어지는 질문에 답하시오.

상황

㉠ 특정 입장만 고집하는 것
㉡ 잘못된 사람과 협상하는 것
㉢ 설정한 목표와 한계에서 벗어나는 것
㉣ 준비되기도 전에 협상을 시작하는 것
㉤ 협상 타결에 초점을 맞추지 못하는 것
㉥ 협상의 통제권을 잃을까 두려워하는 것
㉦ 상대방에 대해서 너무 많은 염려를 하는 것

〈대처방안〉

ⓐ 아직 준비가 덜 되었다고 솔직히 말한다.
ⓑ 협상에서 한계를 설정하고, 그다음 단계를 대안으로 제시한다.
ⓒ 협상의 모든 단계에서 협상의 종결에 초점을 맞추고, 염두에 둔다.
ⓓ 한계와 목표를 잃지 않도록 기록하고, 기록된 노트를 협상의 길잡이로 삼는다.
ⓔ 협상은 통제권을 확보하는 것이 아니라 함께 의견 차이를 조정하면서 최선의 해결책을 찾는 것이다.
ⓕ 협상 상대가 협상에 대하여 책임을 질 수 있고 타결 권한을 가지고 있는 사람인지 확인하고 협상을 시작한다.
ⓖ 상대방이 원하는 것을 얻을까 너무 염려하지 말고, 협상을 타결 짓기 전에 자신과 상대방이 각기 만족할 만한 결과를 얻었는지, 협상 결과가 현실적으로 효력이 있었는지, 모두 만족할 만한 상황이 되었는지 확인한다.

39. 다음을 읽고 김 과장이 한 실수를 〈상황〉에서, 그리고 그에 대한 효과적인 방안을 〈대처방안〉에서 골라 바르게 짝지은 것은?

> 영업팀 김 과장은 거래 조건을 두고 밀당(밀고 당기기)을 반복하고 있다. 김 과장은 자신이 고객의 요구를 수용하면 고객이 구매결정을 해 계약이 성사될 것이라는 기대로 협상 상대인 구매 담당 이 대리의 요구조건을 들어주고 있다. 김 과장은 이 대리에게 가격 3% 디스카운트를 수용하겠다고 한다. 그러자 이 대리는 "말씀하신 내용은 팀장님께 보고해 보겠습니다. 하지만 결론이 어떻게 나게 될지는 모르겠습니다."라고 한다. 김 과장은 "이 대리께서 결정권이 있지 않나요?"라고 하자, 이 대리는 "그렇지 않습니다. 팀장님께 보고를 해야 합니다. 팀장님이 결정할 수 있을지도 잘 모르겠습니다."라고 했다.

① ㉠-ⓑ
② ㉡-ⓕ
③ ㉤-ⓕ
④ ㉦-ⓖ

40. 다음 글을 읽고 박 과장이 한 실수를 〈상황〉에서, 그리고 그에 대한 효과적인 방안을 〈대처방안〉에서 골라 바르게 짝지은 것은?

> 영업사원 박 과장은 거래업체에 다니는 유 과장과 계약 관련 미팅 중이다. 미팅은 유 과장의 회사에서 진행하고 있으며, 박 과장은 정해진 협의사항에 대해 계약만 하기로 하였고, 유 과장 회사의 담당자와 임원 모두 참석하였다. 계약 당일 거래업체의 이사가 박 과장에게 가격 디스카운트와 함께 제품 입고 일정의 무리한 조율, 제품 상단에 자사의 로고 인쇄 등에 대해 처음 협의된 사항에서 몇 가지 추가 요구하였다. 박 과장은 난감하였지만, 물류팀, 생산팀 등에 협조 요청을 하면 될 것이라고 판단하여 요구사항을 다 수용하고 계약을 마무리하였다.

① ㉠-ⓑ
② ㉡-ⓓ
③ ㉢-ⓓ
④ ㉦-ⓖ

5회 기출예상문제

문항수 : 40 문항
문항시간 : 40 분

▸ 정답과 해설 31쪽

[01 ~ 02] 다음 자료를 보고 이어지는 질문에 답하시오(단, 자료 내에서 자산 항목을 제외한 모든 사항은 항상 변동 없이 시행한다고 가정한다).

〈중소기업 취업 청년 전월세 보증금 대출〉

□ 대출 대상

• 아래의 요건을 모두 충족하는 자

1. (계약) 주택 임대차 계약을 체결하고 임차 보증금의 5% 이상을 지불한 자
2. (세대주) 대출 접수일 현재 민법상 성년(만 19세가 되는 해의 1월 1일을 맞이한 미성년자 포함)인 만 34세 이하 세대주 및 세대주 예정자(병역 의무를 이행한 경우 병역 복무 기간에 비례하여 자격 기간을 연장하며, 최대 만 39세까지 연장 가능)로서, 생애 1회만 이용 가능
3. (무주택) 세대주를 포함한 세대원 전원이 무주택인 자
4. (중복대출 금지) 주택도시기금 대출, 은행재원 전세자금 대출 및 주택담보 대출 미이용자
5. (소득) 최초 가입 시에만 심사하며, 연소득 5천만 원(외벌이 가구 또는 단독 세대주인 경우 3천 5백만 원) 이하인 자
6. (자산) 대출 신청인 및 배우자의 합산 순자산 가액이 통계청에서 발표하는 최근년도 가계금융 복지 조사의 '소득 5분위별 자산 및 부채 현황' 중 소득 3분위 전체 가구 평균값 이하(십만 원 단위에서 반올림)인 자 : 2024년도 기준 3.25억 원
7. (신용도) 아래 요건을 모두 충족하는 자
   - 신청인이 한국신용정보원 "신용정보관리규약"에서 정하는 신용정보 및 해체 정보가 남아 있는 경우 대출 불가능
   - 그 외, 부부에 대하여 대출 취급 기관 내규로 대출을 제한하고 있는 경우 대출 불가능
8. (공공임대주택) 대출 접수일 현재 공공임대주택에 입주하고 있는 경우 불가
   - 대출 신청 물건지가 해당 목적물일 경우 또는 대출 신청인 및 배우자가 퇴거하는 경우 대출 가능
9. (중소기업) 아래 중 하나에 해당하는 경우
   ① 중소기업 취업자 : 대출 접수일 기준 중소 · 중견 기업 재직자(단, 소속 기업이 대기업, 사행성 업종, 공기업 등에 해당하거나 대출 신청인이 공무원인 경우 대출 제외)
   ② 청년 창업자 : 중소기업진흥공단의 '청년 전용 창업 자금', 기술보증기금의 '청년 창업 기업 우대 프로그램', 신용보증기금의 '유망 창업 기업 성장 지원 프로그램', '혁신 스타트업 성장 지원 프로그램' 지원을 받고 있는 자

□ 신청 시기

- 임대차 계약서상 잔금 지급일과 주민등록등본상 전입일 중 빠른 날로부터 3개월 이내까지 신청
- 계약 갱신의 경우에는 계약 갱신일(월세에서 전세로 전환 계약한 경우에는 전환일)로부터 3개월 이내에 신청

□ 대상 주택

- 아래의 요건을 모두 충족하는 주택
  1. 임차 전용 면적 : 임차 전용 면적 $85m^2$ 이하 주택(주거용 오피스텔은 $85m^2$ 이하 포함)
  2. 임차 보증금 : 2억 원 이하

□ 대출 한도 : 최대 1억 원 이내

□ 대출 기간 : 최초 2년(4회 연장, 최장 10년 이용 가능)

□ 대출 금리 : 1.2%(단, 1회 연장까지 동일 금리를 유지하나, 1회 연장 시 대출 조건 미충족자로 확인되거나 1회 연장 포함 대출 기간 4년이 종료된 2회 연장부터 2.3% 적용)

□ 대출금 지급 방식 : 임대인 계좌에 입금함을 원칙으로 하되, 임대인에게 이미 임차 보증금을 지급한 사실이 확인될 경우에는 임차인 계좌로 입금 가능

□ 준비 서류

- 본인 확인 : 주민등록증, 운전면허증, 여권 중 택 1
- 대상자 확인 : 주민등록등본(단, 단독 세대주 또는 배우자 분리 세대는 가족관계증명원을 추가 제출하며, 결혼 예정자의 경우 예식장 계약서 또는 청첩장 추가 제출), 만 35세 이상의 병역의무 이행자의 경우 병적증명서 제출(단, 병적증명서상 군복무를 마친 사람에 체크되어 있고, 병역 사항에 예비역으로 기재되어 있어야 함)
- 재직 및 사업 영위 확인 : 건강보험자격득실 확인서
- 주택 관련 : 확정일자부 임대차(전세)계약서 사본, 임차주택 건물 등기사항전부증명서, 임차 주택 보증금 5% 이상 납입 영수증
- 중소기업 재직 확인
  1. 중소기업 재직자의 경우 재직회사 사업자등록증, 주업종코드 확인서, 고용보험자격이력내역서 (발급이 불가한 경우 건강보험자격득실 확인서로 대체 가능)
     (단, 1년 미만 재직 시 회사 직인이 있는 급여명세표, 갑종근로소득원천징수영수증(최근 1년), 급여통장(급여입금내역), 은행 직인이 있는 통장거래내역을 추가 제출)
  2. 청년 창업자의 경우 관련 보증 또는 대출을 지원받은 내역서

01. 다음 중 제출해야 할 서류를 모두 바르게 제출한 신청자는? (단, 오늘 날짜는 2024년 4월 23일이며, 건강보험자격득실 확인서와 주택 관련 서류는 이미 제출했다고 가정한다)

	신청자명	내용
①	김○○	신청자 정보 : 만 25세, 2023. 04. 30. 중소기업 입사, 단독 세대주
		제출한 서류 : 여권, 주민등록등본, 가족관계증명원, 재직회사 사업자등록증, 주업종코드 확인서, 고용보험자격이력내역서
②	박△△	신청자 정보 : 만 34세, 2023. 01. 01. 창업
		제출한 서류 : 여권, 주민등록등본, 창업 자금 대출 내역서
③	이☆☆	신청자 정보 : 만 36세, 2019. 01. 06. 중소기업 입사, 병역의무 이행자
		제출한 서류 : 운전면허증, 주민등록등본, 재직회사 사업자등록증, 주업종코드 확인서, 고용보험자격이력내역서
④	정□□	신청자 정보 : 만 30세, 2022. 08. 03. 중소기업 입사, 2024. 09. 24. 결혼 예정
		제출한 서류 : 운전면허증, 주민등록등본, 예식장 계약서
⑤	최◇◇	신청자 정보 : 만 19세, 2023. 03. 23. 중견기업 입사, 배우자 분리 세대
		제출한 서류 : 주민등록증, 주민등록등본, 재직회사 사업자등록증, 주업종코드 확인서

1회 기출예상
2회 기출예상
3회 기출예상
4회 기출예상
5회 기출예상
6회 기출예상
7회 기출예상
8회 기출예상
인성검사
면접가이드

02. 다음 중 Q&A 게시판에 올라온 질문에 대한 답변으로 적절하지 않은 것은?

Q&A 게시판
Q. 전세자금 대출 기간 2년이 끝나가서 연장하려고 합니다. 다른 기준은 모두 충족되는데, 현재 중소기업을 퇴사하여 직장을 다니지 않고 있습니다. 연장이 가능할까요?
A. ① 연장이 가능합니다. 다만 연장 시 금리는 중소기업 재직 기준을 충족하지 못하기 때문에 2.3%로 적용됩니다.
Q. 임대인에게 올해 10월 25일에 잔금을 지급하기로 했고, 같은 달 31일에 전입신고를 할 예정입니다. 대출 신청은 언제까지 가능할까요?
A. ② 잔금 지급일과 전입일 중 빠른 날로부터 3개월 이내까지 신청이 가능합니다. 귀하의 경우 잔금 지급일이 더 빠르므로 잔금 지급일 기준으로 계산하시면 됩니다.
Q. 남편과 함께 중소기업에 재직 중인 33살 동갑내기 신혼부부입니다. 자산을 따져보니 남편 1억 9천만 원, 제가 1억 4천만 원인데, 신청이 가능할까요?
A. ③ 작성하신 정보만으로 판단했을 때, 연령과 중소기업 조건은 충족하지만 2024년을 기준으로 자산 요건을 충족하지 못해 신청이 불가합니다.
Q. 가입 기간 동안 납부한 이자 내역을 확인하고 싶습니다. 해당 상품을 2회 연장하여 6년 동안 이용했습니다. 대출 금액은 8,000만 원으로, 가입 내내 조건 변동은 없었습니다. 6년간 납부한 이자는 총 얼마인가요?
A. ④ 귀하께서 납부하신 이자는 총 376만 원입니다.
Q. 현재 만 35살 중소기업 재직자이며, 2년간 현역으로 복무했습니다. 신청이 가능할까요? 그리고 나중에 연장도 가능할까요?
A. ⑤ 연령과 중소기업 기준 외 다른 기준도 모두 만족하시면 신청이 가능합니다. 예비역으로 체크되어 있는 병적증명서를 추가로 제출하셔서 복무 기간 2년을 인정받으시면 됩니다. 2년 후에도 조건이 충족되면 연장이 가능하나, 상황에 따라 금리가 변할 수 있습니다.

[03 ~ 05] 다음 자료를 보고 이어지는 질문에 답하시오.

〈부정청탁금지법 시행령 개정 내용〉

가.

- ㅁ 선물은 현행 상한액 5만 원을 유지한다. 다만, 농수산물 및 농수산가공품 선물에 한정하여 10만 원까지 가능하다. 선물이란 금전, 유가증권, 음식물(제공자와 공직자 등이 함께 하는 식사, 다과, 주류, 음료, 그 밖에 이에 준하는 것) 및 경조사비를 제외한 일체의 물품, 그 밖에 이에 준하는 것을 말한다.
- ㅁ 경조사비는 현행 상한액 10만 원에서 5만 원으로 조정한다. 다만, 축의금과 조의금을 대신하는 화환 · 조화의 경우 현행대로 10만 원까지 가능하다.

※ 10만 원 범위 내에서 '축의금(5)+화환(5)', 또는 '화환(10)' 제공 가능

나.

- ㅁ 상품권 등의 유가증권은 현금과 유사하고 사용 내역 추적이 어려워 부패에 취약하므로 선물에서 제외한다. 이는 음식물 가액 기준 회피 수단으로 상품권의 악용과 같은 편법 수단을 차단하고, 농수산물 선물 소비를 유도하기 위함이다. 다만, 다른 법령 · 기준 또는 사회 상규에 따라 주거나 법 적용 대상이 아닌 민간 기업 임직원이나 일반 시민에게 주는 상품권, 직무 관련이 없는 공직자 등에게 주는 100만 원 이하 상품권, 상급 공직자가 위로 · 격려 · 포상 등의 목적으로 하급 공직자에게 주는 상품권은 예외적으로 제공이 가능하다.

다.

- ㅁ 공무원과 공직유관단체 임직원의 직급에 따른 사례금 상한액 차이를 해소하기 위해 외부 강의 등 사례금은 직급 구분 없이 동일한 상한액을 설정한다. 이때, 최고 상한액 40만 원 범위 내에서 기관별 자율적인 운영이 가능하다.
- ㅁ 국공립학교 · 사립학교 사이, 일반 언론사 · 공직유관단체 언론사 사이의 상한액 차이를 해소하기 위해 동일한 상한액을 설정한다.

구분	공무원, 공직유관단체 임직원	각급 학교 교직원 학교법인 · 언론사 임직원
1시간당 상한액	40만 원 (직급별 구분 없음)	100만 원
사례금 총액한도	60만 원 (1시간 상한액+1시간 상한액의 50%)	제한 없음.

※ 이외 국제기구, 외국정부, 외국대학, 외국연구기관, 외국학술단체, 그 밖에 이에 준하는 외국기관에서 지급하는 외부 강의 등의 사례금 상한액은 사례금을 지급하는 자의 지급 기준에 따른다.

라.

ㅁ 외부 강의 등의 유형, 요청 사유를 사전 신고 사항에서 삭제한다. 사후 보완 신고 기산점 조장 및 신고 기간을 조정한다. 보완 신고 기산점을 '외부 강의 등을 마친 날부터'에서 사전 신고 시 제외된 사항을 '안 날로부터'로, 신고 기간을 '2일'에서 '5일'로 연장한다.

※ 사례금 총액, 상세 명세 등을 모르는 경우 해당 사항을 제외하고 사전 신고한 후 추후 보완 신고

마.

ㅁ 공공기관의 장이 소속 공직자 등으로부터 법 준수 서약서를 받는 주기를 '매년'에서 '신규 채용을 할 때'로 한정한다.

03. 다음 중 가. ~ 마.에서 설명하고 있는 개정 내용으로 적절하지 않은 것은?

① 가 : 선물 · 음식물 · 경조사비의 가액 범위 조정
② 나 : 선물에서 유가증권 제외
③ 다 : 외부 강의 등 사례금 상한액 조정
④ 라 : 외부 강의 등 사전 신고 사항 및 보완 신고 기간 정비
⑤ 마 : 부정청탁금지법 준수 서약서 제출 부담 완화

04. 위의 자료에서 알 수 없는 내용은?

① 선물에서 상품권을 제외한 의도
② 사례금 총액을 모를 때 신고 방법
③ 농수산물과 농수산가공품 구분 방법
④ 외국대학에서의 사례금 상한액 설정 방법
⑤ 법률을 위반하지 않고 결혼 축하를 위해 화환과 축의금을 함께 보내는 방법

05. 다음은 개정 내용을 요약한 자료이다. 잘못 작성된 부분은?

구분		기존	변경
가액 범위	선물	5만 원	① 5만 원 (농수산물 · 가공품 10만 원)
	경조사비	10만 원	② 5만 원 (화환 · 조화 10만 원)
선물 범위		③ 상품권 등 유가증권 포함	상품권 등 유가증권 제외
외부 강의 등 신고	사전 신고 사항	외부 강의 등의 유형, 요청 사유 포함	외부 강의 등의 유형, 요청 사유 제외
	보완 신고 기간	외부 강의 등을 마친 날부터 2일 이내	④ 외부 강의 등을 마친 날부터 5일 이내
부정청탁금지법 준수 서약서 제출		매년	⑤ 신규 채용 시

06. 갑, 을, 병, 정 네 사람이 다음 글을 읽고 나눈 대화의 빈칸에 들어갈 말로 적절한 것은?

조직 구성원들의 경쟁 심리를 자극해 성과 창출에 대한 동기를 부여할 수 있는 상대평가 방식은 경쟁을 조장해 협력 및 집단 지성의 발현을 저해하는 등의 부작용이 나타나기도 한다. 대표적으로 평가 공정성에 대한 불만으로 이직이 빈번하게 발생하고, 성과 평가 시즌에만 성과 창출에 집중하는 문제가 발생한다. 또한, 성과 창출에 집중해야 할 구성원들이 지나치게 많은 시간과 노력을 절차 및 서류 작성 등에 쏟고 있어 제도가 복잡하고 투입되는 시간과 노력이 과다하다는 것도 지적되고 있다.

이에 따라 A 기업에서는 새로운 방식의 체크인 제도를 시도하여 연례 평가에 소모되던 시간과 노력을 절약하게 되었고 이직률도 크게 감소했다. 체크인 제도의 첫 번째 단계는 관리자와 구성원이 공동으로 도전적인 목표를 설정하는 것이다. 여기서 가장 중요한 점은 명확한 목표설정과 평가지표의 기준이다. 평가지표에는 구성원의 성과가 사업에 어떤 영향을 주었는지, 목표를 달성하고자 어떤 협력을 했는지가 반영된다. 이렇게 목표를 설정하고 나면 구성원들은 수시로 관리자와 피드백을 주고받는다. 이때 관리자는 사후 평가자가 아닌 목표달성을 위한 지원자로서 구성원들의 목표와 피드백 시점을 설정하고 목표달성을 위한 조언과 지원을 제공한다. 이들은 사업 사이클이나 업무 프로세스에 맞는 적절한 시점에 필요한 조언을 제공함으로써 구성원들이 현재 자신이 어느 정도 목표를 달성했는지, 부족한 부분은 무엇인지 신속하게 확인하고 보완할 수 있도록 한다. 부정적인 피드백을 해야 하는 상황이 생겨도 수시로 작게 주고받기 때문에 연례 평가에 비해 서로 부담이 줄어든다는 장점도 있다.

새로운 평가제도의 도입에서 가장 중요한 변화는 등급제 및 성과에 따라 일정 비율로 구성원들을 구분하는 상대평가제도가 폐지된 것이다. 동료들과의 경쟁이 아닌 본인 스스로 세운 목표를 얼마만큼 달성했는지를 평가받으므로 개인의 목표달성에 몰입하고 조직의 목표달성을 위해 협력할 수 있는 분위기가 형성된다.

한편 보상이 결정되는 방식도 크게 달라졌다. 인사팀에서 조직별로 구성원들의 평가 등급에 따라 재원을 나눠주고 배분되게 했던 기존의 방법에서 벗어나 역할, 지위, 지역 등에 따라 재원이 결정되며 관리자들의 재량권이 증가된다. 관리자들은 보상에 대한 통제권을 획득함에 따라 책임감이 높아지게 되고 사업 운영에 있어서도 자율성을 갖게 된다. 또한, 회사 차원에서 관심을 갖고 관리할 필요가 있는 핵심 인재에 대해서는 각 조직의 리더들이 참여하는 회의를 통해 차별적인 보상을 제공한다. 관리자들은 구성원들과 지속적인 피드백을 주고받는 과정을 진행하여 구성원들에 대한 이해도가 높아졌기 때문에 핵심 인재 선발을 위한 논의는 보다 풍부해진다.

갑 : 체크인 제도를 활용하면 기존보다 직원들이 성과 창출에 더욱 몰입할 수 있겠구나.

을 : 요즘 들어 상대평가로 진행되는 성과 평가 결과에 불만을 가진 직원들과 오랫동안 함께 일하고 싶은 후배들이 더 좋은 직장을 가기 위해 퇴사하고 싶다고 면담을 요청하는 일이 많아지고 있어.

병 : 우리 회사도 체크인 제도를 도입하여 (   )

정 : 맞아. 더 나아가 직원이 성과를 내기 위해서는 창의성을 발휘할 수 있는 기업 문화가 뒷받침되어야 하니까 직원의 성과 관리 외 기업 문화 조성에도 노력을 기울일 필요가 있어.

① 3개 등급으로 나누어 평가하던 것을 5개 등급으로 나누어 평가하는 게 좋겠어.

② 성과 관리에 필요한 절차나 서류 작업을 담당하는 직원을 각 팀마다 배치는 게 좋겠어.

③ 동료들과의 상대적 비교가 아닌 각자의 목표달성 여부를 토대로 평가관리를 개선하는 것이 좋겠어.

④ 핵심 인재에 대한 차별적 보상이나 보상 금액 및 범위는 조직별로 구성원들의 성과 등급에 따라 인사팀에서 결정해 주는 게 좋겠어.

⑤ 구성원들 간의 협력을 증진시키기 위해 체육대회나 워크숍과 같은 활동을 늘리는 게 좋겠어.

07. 다음 글을 읽고 추론할 수 있는 내용으로 적절한 것은?

2014년 8월부터 개인정보보호법 개정안이 시행되면서 공공기관이나 개인사업자 모두 인터넷상에서 이용자의 주민등록번호를 수집하지 못하게 되었다. 개정안 시행 이전에는 정보통신 제공자가 이용자의 동의를 얻으면 주민등록번호를 수집 · 이용하거나 제3자 등에게 제공이 가능해 개인정보 유출의 우려가 컸고, 실제로 보이스 피싱 등 각종 범죄에 악용된 사례도 적지 않았다. 반면 외국에서는 인터넷 사이트 가입 시 이메일 주소와 이름, 생년월일 등의 기본 정보만으로 사용자를 구분할 수 있으며, 사이트가 해킹돼 이들의 정보가 유출된다 하더라도 이로 인한 2차 피해는 크지 않은 편이다. 개정안 시행 후에는 본인 확인 기관으로 지정되어 있거나 법령에서 이용자의 주민등록번호 수집을 허용했을 경우를 제외하고는 이용자의 주민등록번호를 수집 · 이용할 수 없다. 이에 따라 기업 및 단체들은 실명 확인 방법으로 아이핀(I－PIN), 휴대전화번호, 공동인증서(구 공인인증서) 등 대체 인증 수단을 도입했다.

아이핀(I－PIN)은 'Internet Personal Identification Number'의 앞 글자를 따서 만든 말로, 대면 확인이 불가능한 인터넷상에서 주민등록번호를 대신해 아이디와 패스워드로 본인임을 확인받을 수 있는 안전한 본인 확인 서비스이다. 2005년 7월 가이드라인 제정 이후 2006년 개정을 거쳐 시행되고 있으며, 제도 및 서비스 품질의 지속적인 개선을 통해 안전한 사이버 세상을 만들기 위해 노력하고 있다.

아이핀 인증을 받기 위해서는 주민등록번호 실명 확인이 필요하지만 한 번 신원 확인을 하고 난 뒤에는 발급받은 아이디와 패스워드로 여러 사이트에서 신원 확인이 가능하다. 또 하나의 아이디와 비밀번호를 외워야 하는 번거로움이 있어 다른 인증에 비해 편의성이 떨어지지만 휴대전화로 본인인증을 할 수 없는 상황이거나 공동인증서가 없을 경우 등에서는 유용한 인증 수단이다. 이러한 아이핀 발급 과정에는 본인 명의의 휴대전화 또는 범용 공동인증서가 필요하며, 신규 발급란에 이름과 주민등록번호, 아이핀 아이디와 비밀번호를 기입해 공동인증서나 휴대전화로 본인인증을 완료하면 된다. 생성이 완료된 아이핀은 해당 날짜로부터 1년 동안 유효하며, 2차 비밀번호, 키패턴, 지문 등의 2차 인증 수단을 지정하면 더욱 원활하게 사용할 수 있다.

휴대전화 인증은 본인 명의의 휴대전화 문자메시지로 수신된 인증번호를 입력하면 본인 확인이 가능하다. 공동인증서 방식에는 발급 비용이 발생하는 범용 공동인증서와 은행에서 무료로 발급되는 용도 제한용 공동인증서가 있다. 은행에서 발급된 공동인증서의 경우 금융거래, 은행, 보험, 공공서비스 등 일부 영역에서만 사용 가능하다.

대체 인증 수단 역시 개인정보 유출의 위험이 존재하며, 특히 휴대전화 인증과 달리 아이핀은 보안 문제로 5회 이상 잘못 입력할 시 IP가 차단되는 등의 번거로움이 있다. 하지만 개인정보 유출 및 도용으로 발생되는 피해를 줄이기 위해 보안 의식을 강화하는 것은 중요하기 때문에 개인정보 동의에 수동적으로 대응하기보다 사용자 스스로 더욱 세심한 주의를 기울일 필요가 있다.

① 아이핀은 최초 발급 시 발급 비용이 발생한다.
② 개인정보보호법 개정안 시행 후 모든 사이트 이용 시 아이핀만 사용하게 되었다.
③ 아이핀과 무료로 발급 받은 공동인증서의 사용 목적 및 이용 가능한 사이트는 모두 같다.
④ 아이핀은 개인정보 유출을 막기 위해 개인정보보호법 개정안 시행 후에 개발되었다.
⑤ 주민등록번호 유출 사고로 발생할 수 있는 2차 피해는 계속해서 발생하고 있다.

08. 인간 복제를 주제로 하는 다음 대화에서 문맥상 수정이가 한 말로 적절한 것은?

> 선화 : 불치병 치료와 같은 기술이 가져다줄 희망을 생각했을 때 의학적 효용성이나 과학의 발전을 위해 인간 복제 기술의 발전에도 박차를 가해야 한다는 주장이 나오고 있어. 이에 따라 인간의 존엄성과 비윤리적 악용에 관한 우려를 표하는 의견과 충돌하고 있는 상황이야.
> 수환 : 대부분 국가에서는 인간 복제를 허용하고 있지 않아. 우리나라도 「생명윤리 및 안전에 관한 법률」을 제정해서 복제인간을 만드는 연구 등을 금지하고 있어.
> 유영 : 특히 완벽한 인간에 관한 잘못된 갈망과 편견을 가속화시킬 수 있다는 문제가 크다고 생각해. 더 나은 유전자를 찾는 과정에서 따라올 불행은 상상만으로도 끔찍해.
> 동욱 : 하지만 불치병 환자나 불임부부에게는 정말 필요한 기술이라고 생각해. 그뿐만 아니라 신체기관의 부분 복제를 통해 불법 장기매매도 근절시키고 인간 수명도 연장할 수 있을 거야.
> 수정 : (   )
> 지석 : 맞아. 인간 중심적 관점에서 벗어나 생명윤리와 복제 인간의 도덕적 지위에 대한 복잡한 논의들이 선행되어야 한다고 생각해. 기술 개발로 인한 수많은 범죄 가능성 역시 미리 법적 · 제도적으로 방지할 수 있도록 사회적 합의도 이뤄져야 할 거야.

① 부분 복제든지 모든 실험을 허용하든지 간에 인간의 존엄성 문제는 똑같지 않을까?
② 나중에 생길 문제를 예측하고 준비하는 건 당연하니까 복제 기술 개발을 중단해야 돼.
③ 인간 복제 기술은 상류층, 기득권자들만 누릴 수 있게 되어 빈부격차 문제도 발생할 거야.
④ 단순히 인간의 편의를 위해 기술을 개발하게 되면 복제인간의 상품과 및 대량 복제의 위험성 등 수많은 부작용이 따를 거야.
⑤ 반려동물 양육 인구가 크게 증가했어도 동물 권리에 대한 성찰은 부족해. 실험에 사용되는 동물 수를 줄여야 돼.

[09 ~ 10] 다음 글을 읽고 이어지는 질문에 답하시오.

인류 역사를 되돌아보면 뛰어난 인물들이 동시에 나타나 한 나라는 물론 경쟁국의 운명을 좌우하는 경우가 종종 있다. (㉠) 고대 중국 삼국시대에 조조, 유비, 손권이 천하를 제패했던 것처럼 17세기 중 · 후반 유럽에서도 비슷한 상황이 펼쳐졌다. 영국의 올리버 크롬웰, 네덜란드의 요한 드 비트, 프랑스의 장 바티스트 콜베르 세 인물은 근세 유럽의 중심부를 놓고 서로 다투었다.

영국의 올리버 크롬웰(1599 ~ 1658)은 청교도혁명을 일으킨 후 공화정을 세우고 오늘날 대통령이나 수상보다 막강한 권력으로 통치했다. 17세기 유럽에서 가장 뛰어난 정치 지도자로 평가된 요한 드 비트는 27세에 네덜란드 총리에 올랐다. 그는 영국과 전쟁을 하기도 했지만, 영국 · 프랑스 등 막강한 국가 사이에서 비폭력적인 교역 조약 체결, 상호 방위 체제 구축 등 중립주의와 균형정책을 절묘하게 구사했다. 프랑스에서는 태양왕 루이 14세 왕권 하에 장 바티스트 콜베르가 해군장관과 재무장관을 거친 후 재상에 올랐다.

이들은 호국경과 총리로서 탁월한 리더십과 책략으로 자국을 막강한 나라로 만들었을 뿐만 아니라 교역 발전에 이바지하였다. 영국의 크롬웰과 프랑스의 콜베르는 중상주의를 해양 책략으로 삼았고, 해군 체제 확립과 군함 건설로 자기 나라를 해양 패권 국가로 키웠다는 점에서 공통점을 갖는다. 중상주의의 대표적 이론가이기도 한 콜베르는 "한 나라의 부는 그 국가가 보유하는 금과 은의 양으로 결정된다. 이를 위해서는 먼저 다른 나라로 금과 은이 유출되는 것을 막고 국내 산업을 부흥시켜 수출을 늘리고 금과 은을 축적해야 한다."라고 주장했다. 콜베르는 보호 관세 주의를 도입하여 국가가 산업에 개입하는 보호 육성책을 펼쳐 나갔다.

요한 드 비트의 아버지 야코프는 여섯 차례나 도르트레흐트 시장을 지냈을 정도로 네덜란드 공화국의 가장 강력한 세력인 홀란트 주를 대표하는 정치 지도자였다. 비트의 출세는 부친의 정치적 기반과 함께 본인의 훌륭한 웅변술과 명민함 덕분이었다. 영국—네덜란드 전쟁을 이끌었던 그는 전쟁이 끝난 후 해군력과 상권을 본격적으로 강화하기 시작했으며 두 차례에 걸쳐 30척씩 전함을 건조케 했다. (㉡) 그의 외교 정책은 탁월했다. 네덜란드의 안위는 제3국에 의해서도 파괴될 수 있다고 판단하여 각 참가국끼리 현 상태(Status Quo)를 보장하는 내용의 비폭력적인 상호 방어조약을 통해 안보를 지켜나가는 '능동적 중립주의'로 방향을 잡았으며 네덜란드의 전성기 '해가 지지 않는 네덜란드'를 구축했다.

이처럼 세 사람 모두 해양 강국을 만들면서 근대 국가 형성에 크게 기여했는데, 말년에 왕정과의 권력 투쟁 및 질시로 비참하게 생을 마친 점까지도 유사하다. 권력무상이 아닐 수 없다.

09. 윗글을 이해한 내용으로 적절하지 않은 것은?

① 야코프와 비트는 부자지간이다.
② 콜베르는 말년에 왕권 견제를 받았다.
③ 콜베르는 금을 모아야 한다고 주장했다.
④ 네덜란드는 보호 관세 주의를 추진했다.
⑤ 17세기 네덜란드의 해군력은 영국과의 전쟁 후 더욱 증강되었다.

10. 빈칸 ㉠과 ㉡에 들어갈 접속어를 바르게 짝지은 것은?

	㉠	㉡
①	가령	게다가
②	가령	그러나
③	하지만	또한
④	하지만	한편
⑤	예를 들어	그렇지만

11. 다음은 A 도매상의 요일별 사과와 배의 판매 현황을 나타낸 표이다. 사과와 배의 일주일 총 판매 금액이 8,313,600원, 월요일 사과와 배의 총 판매 금액이 1,036,000원일 경우, 수요일의 배 판매 개수는? (단, 일별 과일의 판매 단가는 모두 동일하다)

(단위 : 개)

구분	월	화	수	목	금	토	일	합계(원)
사과	210	205	220	255	245	320	285	3,828,000
배	205	212	( )	225	230	255	240	( )

① 230개
② 235개
③ 240개
④ 245개
⑤ 250개

12. 채영은 우편물을 접수하려고 한다. 다음 〈조건〉을 참고할 때, 무게가 3.5kg인 소포의 개수는?

조건

- 우편물은 무게가 3.5kg인 소포와 13.5kg인 소포 두 가지만 있다.
- 우편 비용은 3.5kg인 소포가 3,400원, 13.5kg인 소포가 12,500원이다.
- 채영이 접수해야 할 소포의 총 우편 비용은 70,400원이며, 총 무게는 75kg이다.

① 5개
② 6개
③ 7개
④ 8개
⑤ 9개

[13 ~ 14] 다음 자료를 보고 이어지는 질문에 답하시오.

〈연령대별 자전거 교통사고 발생 현황〉

구분		발생 건수(건)	사망자 수(명)	치사율(%)	부상자 수(명)
가해운전자	계	5,667	83	1.5	6,150
	12세 이하	473	0	0.0	521
	13 ~ 20세	603	3	0.5	671
	21 ~ 30세	584	3	0.5	648
	31 ~ 40세	451	1	0.2	508
	41 ~ 50세	605	3	0.5	679
	51 ~ 60세	996	17	1.7	1,073
	61 ~ 64세	468	12	2.6	501
	65세 이상	1,435	44	3.1	1,494
	불명	52	0	0.0	55
피해운전자	계	8,087	116	1.4	8,399
	12세 이하	870	1	0.1	906
	13 ~ 20세	665	1	0.2	715
	21 ~ 30세	758	6	0.8	813
	31 ~ 40세	629	3	0.5	676
	41 ~ 50세	892	8	0.9	958
	51 ~ 60세	1,457	12	0.8	1,519
	61 ~ 64세	619	8	1.3	640
	65세 이상	2,194	77	3.5	2,169
	불명	3	0	0.0	3

〈가해운전자의 법규 위반별 자전거 교통사고 발생 현황〉

구분	발생 건수(건)	사망자 수(명)	치사율(%)	부상자 수(명)
합계	5,667	83	1.5	6,150
중앙선 침범	381	10	2.6	405
신호위반	348	13	3.7	364
안전거리 미확보	135	5	3.7	160
안전운전 의무 불이행	3,883	45	1.2	4,258
교차로 통행방법 위반	163	1	0.6	172
보행자 보호의무 위반	88	1	1.1	92
기타	669	8	1.2	699

13. 다음 중 위의 자료를 잘못 분석하고 있는 사람은?

① 연지 : 연령이 높아진다고 자전거 교통사고 사상자 수가 반드시 많아지는 것은 아니군.

② 미영 : '불명'을 제외하면 전 연령대에서 부상자 수는 가해운전자보다 피해운전자가 더 많네.

③ 유진 : 40세 초과 연령대에서는 가해운전자와 피해운전자 모두 치사율이 고령층으로 갈수록 높아지네.

④ 병욱 : '신호위반'이 '안전거리 미확보'보다 발생건수 대비 사망자 수 비율이 더 높구나.

⑤ 상준 : 사망자 수가 더 많은 법규 위반 자전거 교통사고라고 해서 반드시 부상자 수도 더 많은 것은 아니로군.

14. 위의 자료를 그래프로 나타낼 때, 옳지 않은 것은?

① 〈연령대별 자전거 교통사고 발생 건수, 단위 : 건〉

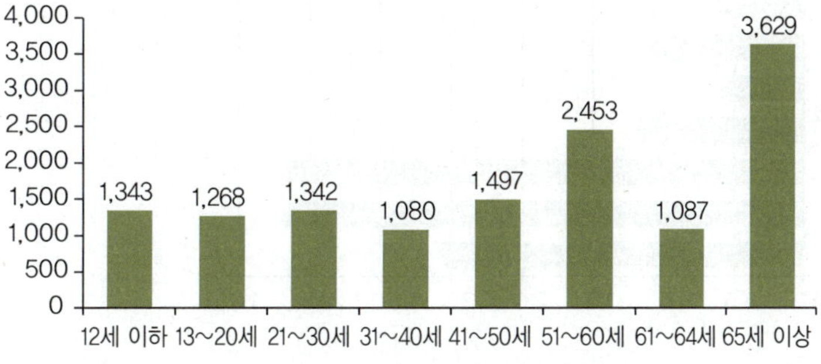

② 〈가해운전자와 피해운전자의 부상자 수 상위 3개 연령대의 부상자 수, 단위 : 명〉

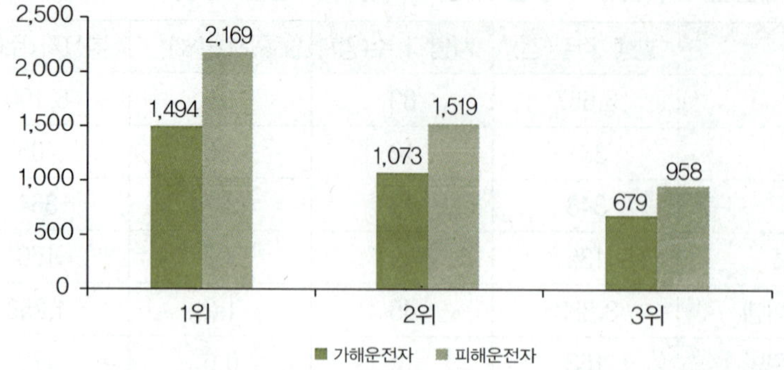

③ 〈자전거 교통사고 피해운전자 발생 건수의 연령대별 비중, 단위 : %〉

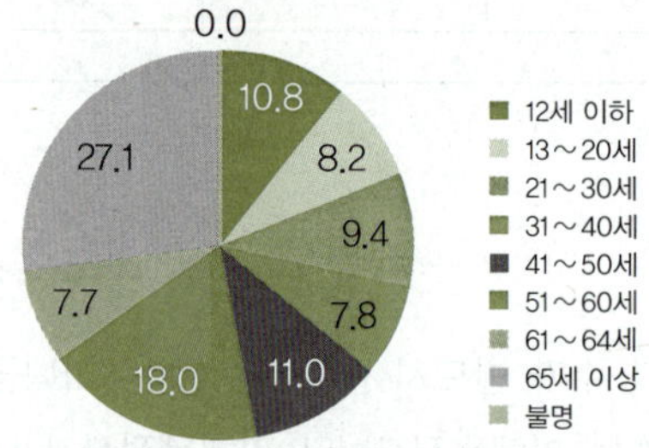

④ 〈연령대별 자전거 교통사고 사망자 수, 단위 : 명〉

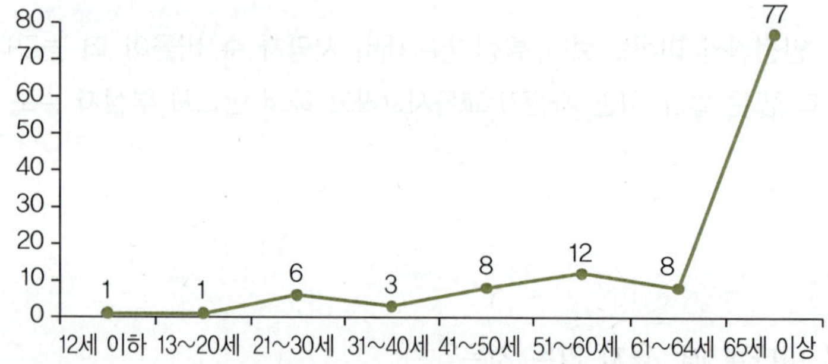

⑤ 〈법규 위반별 자전거 교통사고 치사율, 단위 : %〉

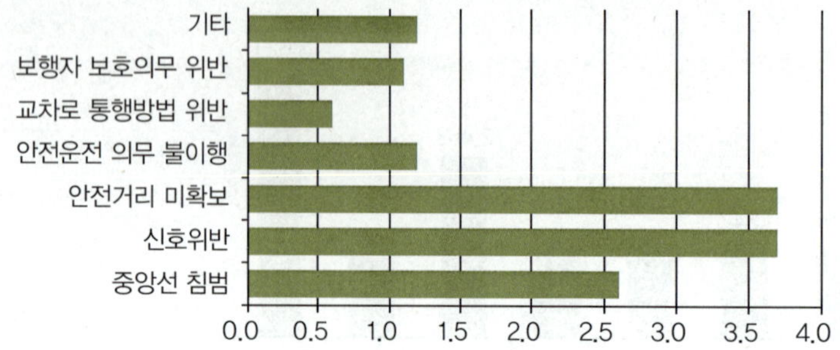

15. 다음 자료를 참고할 때, 출장일과 출장자가 올바르게 짝지어진 것은?

영업팀의 이 팀장, 박 과장, 최 과장, 정 대리, 노 대리, 김 사원, 송 사원 7명은 다음과 같은 회사의 지침에 맞게 국내출장을 가고자 한다. 이들은 모두 허용된 최대 기간의 출장을 계획하고 있다.

〈출장 지침〉

1. 한 팀 내에서 같은 주에 출장을 쓸 수 있는 직원은 최대 2명으로 함.
2. 7월 최대 출장 일수는 주말, 공휴일 제외, 출발일/도착일 포함 4일을 넘지 못함.
3. 같은 직급인 두 직원이 같은 기간에 출장을 갈 수 없음.
4. 7월에는 인당 1회의 출장만 허용됨.

〈영업팀 출장 계획〉

- 이 팀장은 김 사원보다 늦은 주에, 박 과장보다 빠른 주에 출장을 가며, 박 과장은 송 사원과 같은 주에 출장을 간다.
- 7월 마지막 주에는 정 대리 1명만 출장을 간다.
- 올해 7월의 직원별 업무 일정은 다음과 같으며, 업무 일정이 있는 경우 해당 직원은 출장을 갈 수 없다.

일	월	화	수	목	금	토
		1	2	3	4	5
6	7	8	9	10	11 영업팀 전체 회의	12
13	14 팀장급 사장 미팅	15	16	17	18	19
20	21	22	23	24	25 영업팀 전체 회의	26
27	28	29	30	31		

	출장일	출장자		출장일	출장자
①	1 ~ 4일	김 사원, 송 사원	②	7 ~ 10일	이 팀장, 박 과장
③	14 ~ 17일	박 과장, 김 사원	④	21 ~ 24일	최 과장, 노 대리
⑤	24 ~ 29일	최 과장, 정 대리			

[16 ~ 17] 다음은 '갑'사의 사내 동아리 지원금 관련 규정이다. 이어지는 질문에 답하시오.

〈연간 지원금 지급 기준〉

1. 지급원칙
   - 동아리 지원금은 적용대상 동아리에 대하여 전년도 성과(활동 실적, 임직원 평가, 조직 기여도의 평점 합) 순위에 따라 지급한다.
   - 적용대상 동아리에는 최하위 등급까지 모든 동아리가 포함된다.
2. 지원금의 배분

   지원금은 아래의 기존 등급에 따른 지급 기준액을 기준으로 1년에 1회 지급한다.

1등급	2등급	3등급	4등급
400만 원	300만 원	200만 원	100만 원

3. 지급액 등
   - 동아리별 지원금 지급액은 기존 등급에 따른 지급 기준액에 동아리 성과 순위에 따른 지급률을 곱하여 산정한다.
   - 8개 동아리는 전년도 성과 순위에 따라 다음 해에 2개 동아리씩 1 ~ 4등급으로 구분한다.
4. 지급률

성과 순위	1 ~ 2위	3 ~ 4위	5위 이하
지급률	150%	130%	100%

〈20X1년도 동아리별 성과 평가 내역〉

동아리	평점(점)			기존 등급
	활동 실적	임직원 평가	조직 기여도	
A	8	6	8	4등급
B	10	8	7	2등급
C	7	4	8	2등급
D	8	9	7	3등급
E	6	5	7	1등급
F	8	9	10	4등급
G	8	8	5	1등급
H	7	5	5	3등급

16. '갑'사의 8개 동아리 중 20X2년 지원금을 가장 많이 받는 동아리와 가장 적게 받는 동아리의 지원금 차이는?

① 150만 원 ② 250만 원 ③ 280만 원
④ 320만 원 ⑤ 350만 원

17. 다음 중 20X2년도 동아리 지원금이 가장 많은 2개 동아리로 올바르게 짝지어진 것은?

① A, B ② A, D ③ B, D
④ B, F ⑤ D, F

18. 다음 명제가 모두 참일 때, 반드시 참인 명제는?

- 아이스크림을 좋아하는 사람은 초콜릿도 좋아한다.
- 초콜릿을 좋아하는 사람은 쌀도 좋아한다.
- 쌀을 좋아하는 사람은 과자를 좋아하지 않는다.
- 과자를 좋아하는 사람은 야채를 좋아하지 않는다.
- 야채를 좋아하는 사람은 아이스크림을 좋아하지 않는다.

① 쌀을 좋아하지 않는 사람은 아이스크림을 좋아한다.
② 쌀을 좋아하지 않는 사람은 과자를 좋아한다.
③ 야채를 좋아하지 않는 사람은 쌀을 좋아한다.
④ 초콜릿을 좋아하는 사람은 야채를 좋아한다.
⑤ 과자를 좋아하는 사람은 아이스크림을 좋아하지 않는다.

19. 다음은 발산적 사고의 하나인 '강제결합법'에 대한 설명이다. 이를 참고할 때, 강제결합법의 사례로 적절하지 않은 것은?

> 강제결합법(Forced Connection Method)은 서로 관계가 없는 둘 이상의 대상을 강제로 연결시켜 아이디어를 창출하는 방식이다. 조금 인위적인 방법이기는 하지만 지식과 경험이 부족할 때나 아이디어가 더 이상 생성되지 않을 때 유용하게 사용할 수 있다. 강제결합법은 두 대상의 관계성이 낮을 때 효과가 더 크게 나타날 수 있다. 두 대상은 머리에 떠오르는 대상으로 해도 되지만, 관계성이 낮아야 하기 때문에, 예를 들어 단어 카드를 무작위로 뽑아서 나온 단어들을 연결하는 방법을 사용할 수 있다. 그 방법은 다음과 같다.
> 1. 몇백 개의 단어 카드를 만든다.
> 2. 상자에 넣고 잘 섞는다.
> 3. 2 ~ 3개의 단어 카드를 뽑는다.
> 4. 해당 단어가 암시하는 아이디어를 결합한다.

① 휴대폰의 특성을 시계에 접목하여 전화와 카메라, 알람 기능 등을 갖춘 스마트워치를 개발하였다.

② 기존 플라스틱 컵의 재질을 끊임없이 대체해 보는 과정을 통해 종이컵이 개발되었다.

③ 음성, 사전, LCD 등의 단어를 결합하여 음성지원 전자번역기를 개발하였다.

④ 구름과 가방이라는 키워드로 구름처럼 가벼우면서 튼튼한 가방을 개발하였다.

⑤ 계단을 밟고 내려가면 발전이 되는 '발전 계단'은 계단과 전기라는 단어를 결합하여 만든 아이디어가 반영된 것이다.

20. 다음 자료를 참고할 때, A ~ D 건물의 손해액이 5천만 원으로 동일하다고 가정할 경우 지급되는 보험금이 가장 많은 건부터 순서대로 올바르게 나열한 것은?

〈지급 보험금 산정방법〉

피보험물건 유형	조건	지급 보험금
일반물건, 창고물건, 주택	보험금액≥보험가액의 80%	손해액 전액
	보험금액<보험가액의 80%	손해액×보험금액÷보험가액의 80%
공장물건, 동산	보험금액≥보험가액	손해액 전액
	보험금액<보험가액	손해액×보험금액÷보험가액

〈피보험물건의 보험금액 및 보험가액〉

피보험물건	피보험물건 유형	보험금액	보험가액
A 건물	일반물건	5천만 원	7천만 원
B 건물	공장물건	7천만 원	8천만 원
C 건물	창고물건	6천만 원	8천 5백만 원
D 건물	동산	1억 원	1억 2천만 원

① A 건물 – B 건물 – C 건물 – D 건물
② A 건물 – C 건물 – B 건물 – D 건물
③ A 건물 – C 건물 – D 건물 – B 건물
④ C 건물 – A 건물 – B 건물 – D 건물
⑤ D 건물 – C 건물 – B 건물 – A 건물

21. 다음에서 A가 설정한 새 비밀번호로 가능한 경우의 수는?

보안업무를 맡고 있는 A는 회사 규정에 따라 퇴근 시 문서보관함의 7자리 숫자로 된 비밀번호를 새로 만들고 문서보관함을 잠근 후 퇴근하였으나, 다음날 새 비밀번호가 기억나지 않아 난처한 상황에 놓이게 되었다. A가 설정했던 바뀌기 전의 비밀번호와 바뀐 후 새로운 비밀번호에 적용된 규칙은 다음과 같다.

〈바뀌기 전 비밀번호〉

2	2	1	1	3	6	4

〈바뀐 후 비밀번호에 적용된 규칙〉

- 가운데 숫자는 0이다.
- 같은 숫자를 세 번 이상 사용하지 않았다.
- 7자리의 숫자를 모두 더하면 15이다.
- 바뀌기 전 비밀번호에서 두 번 사용된 숫자는 모두 새 비밀번호에서 한 번씩만 사용되었다.
- 7자리 숫자 중 가장 작은 숫자만 두 번 사용되었다.
- 0을 제외한 나머지 숫자만 오름차순으로 정렬되어 있다.

① 3가지　② 4가지　③ 5가지
④ 6가지　⑤ 7가지

[22 ~ 24] P 부장 부부는 다음 달에 해외여행을 가려고 한다. 소지하고 있는 신용카드 혜택 내역과 비용 지출 계획에 대한 다음 자료를 보고 이어지는 질문에 답하시오.

〈신용카드별 혜택 내역〉

'갑' 카드	국내	- 국제선 항공권 8% 할인 - K 여행사 여행 패키지 이용 시 3% 할인 - 인천공항 식당 10% 할인 - 인천공항 주차요금 30% 할인 - 공항 청사 내 S, T 카페 10%, Y, Z 카페 15% 할인
	해외	- JR, HR 등의 해외 철도 이용 시 교통요금 15% 할인 - 미국, 일본, 홍콩에서 H사 렌터카 이용 시 13% 할인 - 국제 가맹 호텔인 SW 호텔 숙박료 5% 할인
'을' 카드	국내	- 국제선 항공권 5% 할인 - K 여행사 여행 패키지 이용 시 5% 할인 - 도서 구매 시 10% 할인 - 인천공항 주차요금 50% 할인
	해외	- JR, HR 등의 해외 철도 이용 시 교통요금 15% 할인 - 국제 가맹 호텔인 SW 호텔 숙박료 5% 할인
'병' 카드	국내	- 국제선 항공권 10% 할인 - K 여행사 여행 패키지 이용 시 6% 할인
	해외	- 미국, 일본에서 H사 렌터카 이용 시 15% 할인 - 국제 가맹 호텔인 SW 호텔 숙박료 7% 할인

※ 카드 해외 사용 시의 US$의 원화 환산 시 환율은 공히 1,100원을 적용하며, 해외 사용에 따른 추가 수수료 등은 고려하지 않는다.

※ 언급되지 않은 사항과 카드별 혜택 사항이 없는 것은 모두 현금으로 지출한 것으로 가정한다.

〈P 부장 부부의 다음 달 여행 예정 관련 비용 산출 내역〉

9박 10일 미국 패키지 여행
- K 여행사 패키지 상품 550만 원/2인, 공항 주차요금 10만 원
- JR 철도 이용요금 US$120/2인
- 공항 청사 내 S 카페에서 식사 2만 원/2인, 도서 구매 3만 원/2인

※ 단, P 부장 부부는 위 3장의 카드를 모두 소지하고 있다고 가정한다.

1회 기출예상
2회 기출예상
3회 기출예상
4회 기출예상
5회 기출예상
6회 기출예상
7회 기출예상
8회 기출예상
인성검사
면접가이드

22. 다음 중 제시된 3개 카드에 공통으로 적용되는 혜택을 모두 나열한 것은?

① K 여행사 패키지 할인, 인천공항 주차요금 할인
② K 여행사 패키지 할인, 호텔 숙박료 할인
③ 국제선 항공권 할인, 호텔 숙박료 할인
④ 국제선 항공권 할인, K 여행사 패키지 할인, 호텔 숙박료 할인
⑤ 국제선 항공권 할인, K 여행사 패키지 할인, 렌터카 할인

23. P 부장 부부가 다음 달의 여행을 위해 원화 환산 기준 신용카드로 받을 수 있는 할인금액이 가장 큰 신용카드를 선택할 경우, 해당 신용카드와 그 할인금액이 올바르게 짝지어진 것은?

① '갑' 카드, 333,000원
② '갑' 카드, 344,800원
③ '을' 카드, 333,000원
④ '을' 카드, 347,800원
⑤ '병' 카드, 333,000원

24. 다음 중 각 신용카드별 혜택을 비교한 내용으로 올바른 것은?

① 해외에서 SW 호텔을 이용할 경우에는 '병' 카드의 혜택이 가장 크다.
② 인천공항에서는 '갑' 카드의 혜택 금액이 가장 많다.
③ 미국에서 H사의 렌터카를 이용할 경우, 세 가지 카드가 모두 할인 혜택을 제공한다.
④ 공항 내 청사에서 이용할 수 있는 카드 혜택으로 보면 '갑' 카드가 '을' 카드보다 유리하다.
⑤ 해외에서 카드 사용 시에는 '갑' 카드를 사용하는 것이 유리하다.

25. 다음 기업의 원가를 관리하는 방법에 대한 설명을 참고할 때, ABC와 ABM의 차이점으로 가장 적절한 것은?

> ABC(Activity－Based Costing, 활동기준 원가계산)는 기업의 활동(설비유지, 제품유지, 배치 관련, 단위수준활동 등)을 공간적으로 확대하여 모든 활동을 분석하고, 활동의 관리에 초점을 두어 원가를 계산하고자 하는 방식이다. 이는 전통적 원가시스템의 부적합성에 대응하여 적합한 원가정보를 제공하려는 노력 중 하나이며, 원가의 초점이 원가 자체에 있는 것이 아니라 활동에 있음을 인식하고 활동별로 원가를 추적하여 원가동인을 확인 · 측정하고 그 원가동인을 기준으로 원가를 배부하는 기법이다. ABC는 전통적 원가시스템에서 인식하지 않은 가치사슬, 활동, 원가동인이 중요한 개념을 구성한다. ABC는 주요 활동을 식별하는 데서 시작되며, 활동을 분석하여 활동별로 원가를 집계하고, 원가동인을 규명하여 제품의 원가에 배부한다. 이 과정에서 활동들에 대한 정확한 분석과 평가를 통해 기업 전체의 활동에 대한 능률성을 개선할 수 있다.
>
> ABM(Activity－Based Management, 활동기준 원가관리)은 ABC의 정보를 기준으로 프로세스 관점에서 활동분석, 원가동인 및 성과측정을 활용하여 고객가치를 개선하고 원가를 절감하여 궁극적으로 이익을 제고하는 데 목적을 둔다. ABM에서는 기업의 활동을 기업에 유익한 부가가치활동과 낭비적인 비부가가치활동으로 분석하여 궁극적으로는 낭비적 활동을 제거하는 데 목적이 있다.

① ABC가 '원가는 왜 발생하는가?'에 대한 관점이라면 ABM은 '원가는 얼마인가?'에 대한 관점이다.

② 특정 제품을 개발하고 유지하는 데 수행되는 활동은 ABM의 관리 요소이다.

③ 전통적 원가계산 정보에 자원을 소비하는 활동 요인을 가미한 분석이 ABM 기법이다.

④ ABC의 활용을 위해 ABM에서 얻은 정보가 이용된다.

⑤ ABC는 제품원가 중심 측정관점의 기법인 반면, ABM은 프로세스 개선 관점의 기법이다.

26. 다음 글을 읽고 추론할 수 있는 내용으로 적절하지 않은 것은?

> 실업이란 일할 의사와 능력이 있음에도 불구하고 일자리를 찾지 못하고 있는 상태를 의미한다. 그런데 실업은 개인이 스스로 선택한 경우도 있고 사회 · 경제적인 외부 환경에 의해서도 발생할 수 있다. 전자를 자발적 실업, 후자를 비자발적 실업이라 한다. 문제가 되는 것은 본인의 의지에 상관없이 발생하는 비자발적 실업이다.
>
> 일반적으로 만 15세 이상의 사람들을 노동가능인구라 하는데(단, 전투경찰과 군인, 수감자는 15세 이상이라도 노동가능인구에서 제외), 이 중 일할 능력과 의지를 가진 사람들을 경제활동인구, 그렇지 않은 사람들을 비경제활동인구라 한다. 일할 의사가 없는 전업주부나 학생, 일할 능력이 없는 노약자, 환자 등은 비경제활동인구에 속한다. 경제활동인구 중 실제로 일자리를 얻은 사람들을 취업자, 그렇지 못한 사람들을 실업자로 분류한다.
>
> 경제활동인구 중 실업자가 차지하는 비중을 실업률이라고 하며, 15세 이상 인구 중 취업자가 차지하는 비중을 고용률이라고 한다. 또한 15세 이상 인구 중 경제활동인구가 차지하는 비중을 경제활동참가율이라고 한다.
>
> 실업률은 가장 많이 쓰이고 있는 지표지만 구직단념자나 취업준비생 등은 비경제활동인구로 분류되어 실업률에 실질적으로 반영되지 않아 정확도가 떨어지고 현실과 괴리가 있다는 점에서 체감 실업을 더 정확히 파악할 수 있는 지표를 사용해야 한다는 주장이 제기되고 있다. 이에 따라 최근에는 OECD를 비롯한 많은 나라에서 고용률을 주요 실업 지표로 사용하는 경우가 늘고 있다.

① 노동가능인구는 취업자, 실업자, 비경제활동인구를 포함하는 개념이다.

② 군인은 경제활동인구와 노동가능인구에 모두 포함되지 않는다.

③ 취업준비생이 적어질수록 실업률은 높아지지만 경제활동인구는 증가한다.

④ 실업자 수가 감소하여 그만큼 취업자가 되어도 경제활동참가율은 변하지 않는다.

⑤ 직장 생활을 하던 근로자가 갑작스러운 심신장애로 사회생활이 어려워져도 노동가능인구에는 변함이 없다.

[27 ~ 28] 다음 자료를 읽고 이어지는 질문에 답하시오.

〈△△사회복지기관 조직도〉

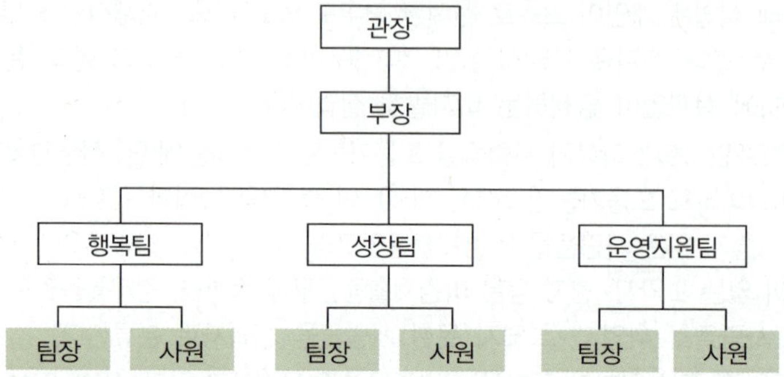

조직명(구성원 수)		담당업무안내
관장(1)		복지관 운영 총괄, 인사 관리, 후원자 및 후원금 관리, 직원 고충 처리
부장(1)		예산 및 사업, 총무 총괄, 인사 관리, 연구 총괄
행복팀	팀장(1)	사례 관리 총괄, 홍보 총괄
	사원(6)	사례 관리, 노인 프로그램 운영, 급식소 관리
성장팀	팀장(1)	위탁형 대안학교 총괄, 프로그램 운영 총괄
	사원(8)	장애인 프로그램 운영, 자살 예방 관련 프로그램 운영, 지역사회 프로그램 운영
운영 지원팀	팀장(1)	총무행정업무, 시설 및 비품 관리, 실습생 관리, 사회 복무요원 관리, 구청 업무, 운영위원회, 방역 총괄
	사원(5)	도서관 관리, 자원봉사자 관리, 기획 행사 운영, 홈페이지 운영 관리, 예산 및 결산, 보조금 신청 및 정산보고, 물품 구매, 통장 관리, 차량 관리, 건물 안전 관리, 도시락 배달 지원, 방역 관리

〈번호 관련 규정〉

- 내선번호는 숫자 다섯 자리로 구성되어 있다.
- 첫 번째 숫자는 팀을 의미하며, 팀명을 가나다 순으로 정렬해 1부터 차례대로 부여한다(단, 관장과 부장은 0을 부여한다).
- 두 번째 숫자는 직급에 따라 구분하는데, 모든 직급을 높은 순으로 정렬해 1부터 차례대로 부여한다.
- 세 번째 숫자는 팀별로 속한 직원 수에 따라 달라지는데, 각 직원당 1부터 차례대로 부여한다.
- 네 번째와 다섯 번째 숫자는 숫자 01부터 99까지 임의로 두 자릿수를 부여한다.
- 팩스번호는 각 팀별로 부여하며, 각 팀의 팀장의 내선 번호를 거꾸로 배열하면 팩스 번호와 같고, 관장과 부장 자리로는 팩스를 보낼 수 없다.

27. 위의 자료를 참고하여 조직과 사용하고 있는 내선 및 팩스번호를 다음과 같이 추론했을 때, 잘못된 것은?

① 관장 내선번호 – 01111
② 부장 내선번호 – 02111
③ 행복팀 팩스번호 – 22533
④ 성장팀 팩스번호 – 10931
⑤ 운영지원팀 내선번호 – 22700

28. 다음 A의 전화를 받은 직원이 안내할 내선번호가 아닌 것은?

A는 얼마 전 친구들 사이에서 힘든 일을 겪어 마음에 상처를 입었고, 자살까지 시도했었다. 더 이상 학업을 이어 나가기 힘들다고 판단해 담임선생님께 자퇴를 하고 싶다고 말했는데, 선생님은 학교가 힘들면 대안학교도 있으니 계속해서 학업을 이어 나갔으면 좋겠다고 했다. A는 고민 끝에 대안학교를 알아보기로 마음을 먹고 대안학교가 있는 △△사회복지기관에 전화를 걸었다. A는 우울감이 심한 것 같아 자살 상담도 함께 알아보기로 하였으며 예전에 해당 기관에서 자원봉사를 한 경험이 있어 이번에 전화를 하면서 확인서도 함께 발급받을 생각이다.

① 13131　② 14541　③ 24142
④ 24299　⑤ 34743

[29 ~ 30] 다음은 다섯 가지 경쟁력 모형(Five Force Model)에 대한 설명이다. 이어지는 질문에 답하시오.

다섯 가지 경쟁력 모형은 기업의 환경 분석을 위한 다섯 가지 요인들을 설명한다. 산업 환경에 영향을 미치는 요인들이 높고 낮음에 따라 해당 산업의 수익성과 매력도를 판단하고, 해당 요인들을 고려하여 경영 전략을 수립하게 된다.

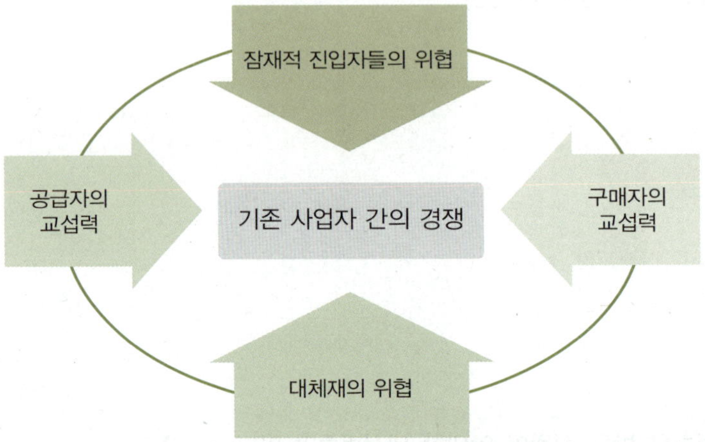

5요인	세부 내용
기존 사업자 간 경쟁	경쟁자 수, 제품의 유사성 등에 따라 기존 업체들 간의 경쟁이 치열해질수록 해당 산업의 수익성이 떨어짐.
구매자의 교섭력	구매 제품 및 서비스의 표준화 정도 등에 따라 결정되며, 구매자의 교섭력이 증가할수록 해당 산업의 수익성이 떨어짐.
공급자의 교섭력	공급자들의 수, 공급자들이 제공하는 제품들에 대한 대체재, 공급 제품의 차별화된 정도 등에 따라 공급자의 교섭력이 결정되며, 공급자의 교섭력이 높아질수록 해당 산업의 수익성이 떨어짐.
잠재적 진입자들의 위협	새로운 역량 및 시장 점유율 확대 욕구를 가진 잠재적 진입자들의 시장 진입이 용이할수록 수익성이 떨어짐.
대체재의 위협	고객이 대체 가능한 제품이나 서비스를 쉽게 획득하는 것을 의미하며, 대체재의 위협이 증가할수록 해당 산업의 수익성이 떨어짐.

29. 다음 중 인터넷전문은행 C사의 상황에 대한 경쟁력 모형의 적용이 잘못된 것은?

상황	판단
모바일 단일 플랫폼에만 집중하여 타사와 차별화되어 있음.	기존 사업자 간 경쟁 ① 낮음.
인터넷전문은행의 편의성을 앞세워 특화된 대출상품을 출시하고 있음.	구매자의 교섭력 ② 낮음.
은행자금을 모집하는 예금 금리를 설정하는 데 있어 오프라인 은행과의 차별이 어려움.	공급자의 교섭력 ③ 낮음.
• 인터넷전문은행 인가에 어려움이 있음. • 투자비용은 물론, 지속적인 서비스 제공을 위해서는 막대한 자본금이 필요함.	잠재적 진입자들의 위협 ④ 낮음.
• 오프라인 은행 점포 중 일부는 모바일 어플을 개선하여 비대면 서비스를 강화하려는 노력이 진행 중인 것으로 나타남. • 오프라인 은행 한 곳은 공인인증서를 대체하는 편리한 로그인 방식을 성공적으로 도입함.	대체재의 위협 ⑤ 높음.

30. 위의 자료와 29번 분석 내용을 바탕으로 인터넷전문은행 C사의 산업 매력도를 평가할 때, 다음 중 산업의 매력도와 C사의 대응 전략을 바르게 나타낸 것은?

〈산업의 매력도 판단〉

$$\frac{\text{수익성 저해요인의 개수}}{5} > 0.5 : \text{매력도 낮음.}$$

$$\frac{\text{수익성 저해요인의 개수}}{5} < 0.5 : \text{매력도 높음.}$$

	산업의 매력도	대응 전략
①	낮음.	인터넷전문은행 인가에 어려움을 겪는 기업과 업무 제휴를 맺고 새로운 서비스를 개발하여 제공한다.
②	낮음.	시장 진입의 욕구가 있는 기업에게 투자비를 지원하여 공급자의 범위를 넓혀 구매자가 인터넷 전문 은행을 선택하는 데 있어 선택의 폭을 넓게 한다.
③	낮음.	현재와 같이 인터넷 상에서 금융 관련 서비스를 독점적으로 공급한다.
④	높음.	오프라인 은행이 점포를 운영하는 데 드는 인력과 운영비를 예금 금리를 높이거나 대출 금리를 최소화하는 데 사용하여 차별화된 가격 서비스를 제공한다.
⑤	높음.	모바일 단일 플랫폼에서 벗어나 오프라인 점포를 개설해 면대면 서비스를 제공함으로써 고객 유치에 힘쓴다.

[31 ~ 32] 다음 자료를 보고 이어지는 질문에 답하시오.

〈동기부여 강화이론〉

특정 자극과 반응이 반복되어 굳어지는 현상으로, 개인의 행동을 증가 또는 감소시키는 행동 변화 방법을 설명한 이론이다. 바람직한 행동을 증가시키거나 바람직하지 못한 행동을 감소시키기 위하여 4가지 강화전략을 통한 변화를 유도한다.

강화전략	내용
전략 1	바람직한 행동이 일어난 후 긍정적인 자극을 주어 그 행동을 반복하게 함.
전략 2	바람직한 행동이 일어난 후 부정적인 자극을 감소시켜 그 행동을 반복하게 함.
전략 3	바람직하지 않은 행동이 일어난 후 긍정적 자극을 감소시켜 그 행동을 감소시킴.
전략 4	바람직하지 않은 행동이 일어난 후 부정적 자극을 주어 그 행동을 감소시킴.

31. 위의 자료를 바탕으로 다음 목표와 계획에 맞게 전략을 세우고자 할 때, 전략의 유형과 그 내용이 잘못 짝지어진 것은?

관리 목표	직원들의 성과 향상 및 사기 증진
세부 계획	• 근태 관리 강화 • 신선하고 창의적인 아이디어로 영업 이익 향상 도모

① 전략 1 : 신규 계좌 개설 수가 많을수록 임금이 높게 책정되는 시스템을 도입한다.
② 전략 2 : 회의에서 이익 향상을 위해 적극적으로 아이디어를 낸 직원에게 반일 휴가를 제공한다.
③ 전략 3 : 지각이 잦은 직원은 자기개발비를 50%만 지급한다.
④ 전략 3 : 조직의 분위기를 저해하는 직원은 회식비를 차감한다.
⑤ 전략 4 : 6개월 이상 새로운 프로젝트를 기획하지 못한 팀에게는 벌점 10포인트를 부과한다.

32. 위의 자료를 바탕으로 다음 목표와 계획에 맞게 전략을 세우고자 할 때, 전략의 유형과 그 내용이 잘못 짝지어진 것은?

관리 목표	서비스에 대한 고객들의 민원 발생 축소
세부 계획	• 친절한 응대를 통한 고객 서비스 만족도 점수 향상 • 표준화된 서비스 제공을 위해 동료 간 체크리스트 크로스 체크

① 전략 1 : 만족도 점수가 가장 높아 '이달의 친절왕'으로 뽑힌 직원은 금전적 보상을 받는다.

② 전략 2 : 사이트 내 '칭찬합니다' 게시판에 언급된 직원에게 당직 근무를 1회 제외해 준다.

③ 전략 2 : 친절한 응대를 위해 시간을 내어 외부 교육을 받은 직원에게 한 달에 한 번 있는 대청소를 면제해 준다.

④ 전략 3 : 체크리스트 내 불이행 항목이 있는 직원은 상사와 개인 면담을 진행한다.

⑤ 전략 4 : 내부에서 정기적으로 진행하는 서비스 교육에 결석한 직원에게 인사고과상 불이익을 부여한다.

[33 ~ 40] 다음은 업무를 수행하며 갈등에 직면한 직원의 인사기록카드와 상황을 나타낸 자료이다. 각각의 상황에서 해당 직원이 취할 행동으로 가장 바람직한 것을 고르시오.

33.

이름	이지호	부서 / 직급	인재개발원 / 대리
성별 / 나이	남 / 32세	담당 업무	자료 총괄

[상황]

인재개발원에서 사용하는 자료를 총괄하고 있는 이 대리는 현재 신입사원 연수에 필요한 자료들을 제작하는 업무도 함께 진행하고 있다. 전체 부서와 협의해 자료 제작 일정을 결정하였으며, 각 부서별로 자료 내 수록될 내용을 협의한 기간에 맞춰 전달받기로 했다. 대부분의 부서에서 기간 내에 전달해 주었지만, 몇몇 부서에서는 자료 전달이 늦어질 것 같다고 연락이 왔으며, 연락이 안 되는 부서도 있다. 부서들의 편의를 최대한 봐주는 선에서 기간을 정했기 때문에 더 늦어지면 이 대리의 부담이 커지는 상황에서 사측에서는 신입사원 연수 일정을 앞당겼다.

① 자료 제작 시간을 확보할 수 있도록 신입사원 연수 날짜를 조정하자고 한다.

② 기한 내에 제출하지 못한 부서에게 책임이 있으므로 자료 제작을 해당 부서에 맡긴다.

③ 계획된 일정에 맞추어 자료를 제작할 수 있도록 회신이 안 된 부서의 자료는 삭제하자고 한다.

④ 이와 같은 업무 경험이 많은 상사에게 상황을 보고하고, 본인 대신 해당 업무를 맡아줄 것을 부탁한다.

⑤ 제작 인력을 추가로 확보해 일정을 맞추고, 그에 대한 비용은 자료 전달이 늦어진 부서에서 지불할 것을 제안한다.

34.

이름	김준영	부서 / 직급	전략기획부 / 과장
성별 / 나이	남 / 38세	담당 업무	데이터 수집 및 분석

[상황]
2년 동안 부하 직원으로 일한 신지은 사원의 업무 능력을 높이 평가해 보고서를 작성하라고 지시하며 전적으로 맡겼다. 믿고 맡긴 만큼 신 사원이 작성한 보고서 그대로 상사에게 결재를 올렸는데, 수집한 데이터 분석이 엉망이었을 뿐만 아니라 기본적인 보고서 작성법에 어긋나는 부분이 많았으며 오탈자도 상당수 발견되어 난감한 상황에 처하게 되었다.

① 상사에게 시간이 부족해서 벌어진 일이라고 말한다.
② 속상한 마음을 달래 줄 동료를 찾아 맛있는 음식을 먹으며 기분 전환을 한다.
③ 이미 벌어진 일이니 어쩔 수 없다고 생각하며 훌훌 털고 다른 업무에 집중한다.
④ 후배와 함께 상사에게 찾아가 잘못을 인정한 후 사태 수습을 위해 최선을 다한다.
⑤ 전적으로 신 사원에게 책임이 있으니 해당 사안에 대해 끝까지 알아서 처리하라고 한다.

35.

이름	양지영	부서 / 직급	R&D / 부장
성별 / 나이	여 / 40세	담당 업무	연구 총괄 운영

[상황]
영업부에서 신제품이 언제 나오는지에 대해 매일 성화를 부리고 있는 상황이어서 양 부장은 신제품 출시를 위한 기자재를 빠른 시일 내에 구입해야 한다. 그러나 총무부에서는 항상 투자 대비 효과를 입증하는 자료를 무리하게 요구한다. 규모가 큰 기자재뿐만 아니라 사소한 물품 구매 시에도 복잡한 절차를 요구하기 때문에 총무부는 항상 타 부서와의 갈등이 많이 발생하는 편이며, 직원들의 불만이 날이 갈수록 심해지고 있다.

① 신제품 출시를 미루고 우선 현 상황에서 진행할 수 있는 연구만 진행한다.
② 전 직원이 해당 사안에 대해 심각성을 느낄 수 있도록 홈페이지에 익명으로 글을 작성한다.
③ R&D, 총무부, 영업부 세 부서 모두 각자 처한 입장이 있으므로 인정하고 자료를 준비한다.
④ R&D 부서에서는 기자재가 있어야 업무가 진행되므로 영업팀이 재무팀을 직접 만나서 설득해 보라고 한다.
⑤ 그동안 쌓인 불만을 터뜨릴 수 있는 기회이므로 총무부를 제외한 부서가 모여 복잡한 업무 절차를 없애기 위해 투쟁한다.

36.

이름	장서윤	부서 / 직급	홍보기획부 / 신입사원
성별 / 나이	여 / 27세	담당 업무	시장 조사 및 콘텐츠 개발

[상황]
장 사원은 과장으로부터 한 달 동안 신입사원들끼리 진행해야 하는 업무를 부여받았다. 부여받은 업무 내용은 홍보 콘텐츠를 기획하고 제작하는 것으로, 목적은 신입사원들의 업무 능력 및 실무 능력을 향상시키는 데 있다. 또한, 해당 업무의 결과는 신입사원 평가 항목에도 포함될 예정이다. 그러나 과제를 부여받은 장 사원은 잘 해낼 수 있을지 의심스러웠다. 입사한 지 얼마 안 된 신입사원끼리만 해결하기에는 어려운 프로젝트였기 때문이다.

① 다른 회사 마케팅팀에 재직 중인 경험 많은 친구에게 도와줄 것을 요청한다.

② 과장에게 해당 업무는 신입사원끼리 해결하기에는 역량이 부족하다고 감정적으로 호소한다.

③ 업무 능력이 좋은 선배들에게 찾아가 선배들이 신입사원일 때 진행했던 자료를 얻어 해당 내용을 반영한다.

④ 신입사원끼리 모여 회의를 연 후 과반수의 의견에 따라 해당 업무를 시작할지, 바꿔달라고 요구할지 결정한다.

⑤ 평가 항목이므로 신입사원들끼리 협력해 진행한 후 과장에게 진행 상황과 결과를 자세히 설명하고 피드백을 받는다.

37.

이름	최수영	부서 / 직급	콜센터 / 사원
성별 / 나이	남 / 31세	담당 업무	민원 관리

[상황]
최 사원은 여느 때와 같이 출근 후 민원 전화를 받으며 업무를 수행하고 있는데, 현재 출장 중인 직원이 많아 사무실에는 최 사원과 동기인 추 사원 두 명만 있어 전화 연결이 평소보다는 지연되고 있는 상황이다. 전화를 받아 본인이 맡고 있는 업무가 아닐 경우에는 고객 정보를 받아 두고 순차적으로 연락하기로 했다. 그러자 한 민원인은 전화도 오래 기다려서 겨우 연결했는데 민원을 처리해 줄 때까지 전화를 끊지 않겠다며 거칠게 불만을 터뜨리고 있다.

① 처리할 수 있는 선까지 처리한 후 나머지 부분은 담당자가 해결하도록 한다.

② 회사의 이미지나 가치가 침해당하는 것을 막아야 하기 때문에 다른 대처를 하기보다는 사과를 반복한다.

③ 바로 처리를 하지 못하는 업무라도 우선 처리해 줄 수 있을 것처럼 자신감 있게 말하여 기대감을 갖게 한다.

④ 최대한 심기를 건드리지 않기 위해 간접적으로 돌려 길게 말해 시간을 끌며 추 사원과 대책을 마련해 본다.

⑤ 이야기를 경청하고 맞장구치며 치켜세워서 민원인이 스스로 기분이 풀려 전화를 끊을 때까지 기다려 본다.

38.

이름	강민정	부서 / 직급	★★지점 / 계장
성별 / 나이	여 / 33세	담당 업무	수신 담당

[상황]
현재 강 계장은 일주일 된 신입사원과 단둘이 창구에 있고, 신입사원에게 업무를 진행하는 모습을 보여 주며 교육도 병행하고 있어 매우 바쁜 상황이다. 이러한 상황에서 아직 순번이 아닌 고객이 강 계장에게 급히 달려와 지금 당장 인출해야 하니 본인부터 처리해 줄 것을 요구하고 있다. 대기 고객이 많아 해당 고객의 업무를 먼저 처리해 줄 경우 대기 고객들의 항의가 예상된다.

① 번호표 순서대로 진행해야 한다고 완강하게 말한다.
② 신입사원에게 고객과 함께 ATM으로 가 업무를 처리해 드리라고 한다.
③ 다른 곳에서도 인출할 수 있다고 하며 다른 지점으로의 방문을 유도한다.
④ 신입사원에게 대기 중인 고객들의 업무를 맡기고 해당 고객의 요구를 들어준다.
⑤ 지점 운영 시간 중 다소 한가한 시간대를 알려 주며 그때 다시 방문할 것을 요청한다.

39.

이름	박미은	부서 / 직급	△△지점 / 주임
성별 / 나이	여 / 30세	담당 업무	여신 담당(대출 상담)

[상황]
박 주임은 일주일 전 고객 A의 대출 상담을 진행했으며, 관련 상품에 대한 내용을 충분하게 안내했다. 생각해 보고 다시 오겠다고 한 A는 일주일 후인 오늘 화가 잔뜩 나 있는 모습으로 소리를 지르며 나타났다. A는 대출 금리가 너무 비싸니까 낮춰 달라고 요구했는데, 여러 직원들이 말려 보려 했으나 박 주임이랑 말해야 한다며 박 주임을 계속 부르고 있는 상황이다. 현재 시각은 오후 12시로 점심시간을 이용해 은행 업무를 보려고 온 직장인들이 붐비고 있으며, 시간이 흐를수록 "여기 지점은 왜 주차비가 30분만 무료냐?", "에어컨은 가동 중인 거냐?"라고 하며 계속해서 트집을 잡고 있다.

① 민원인을 무시하고 계속해서 업무를 수행한다.
② 주차비로 사용할 소정의 금액을 주고 돌아갈 것을 요청한다.
③ 우리는 문제가 없다는 것을 밝히고 강제로 민원인을 내보낸다.
④ 민원인과 함께 잠시 밖으로 나가 불만사항을 듣고, 더 만족할 수 있는 상품을 찾아보겠다고 약속한다.
⑤ 무엇보다 소란을 잠재우는 게 우선이니 대기 중인 고객들에게 다음에 방문할 것을 요청한 후 민원인의 불만을 해결하는 데 집중한다.

40.

이름	한지원	부서 / 직급	콜센터 / 사원
성별 / 나이	여 / 26세	담당 업무	콜택시 배차

[상황]
한 사원의 업무는 콜택시 이용을 원하는 고객들의 전화를 받아 접수한 후 원활하게 배차가 이루어질 수 있도록 하는 것이다. 평소와 같이 전화를 받고 있는데, 한 시간째 배차가 안 되고 있다며 따지는 고객의 전화를 받게 되었다. 고객은 이용하려는 거리가 짧아서 일부러 누락시킨 게 아니냐며 막무가내로 언성을 높이고 있다. 그런데 고객의 이용정보를 조회해 본 결과 실제로 고객이 콜택시를 신청한 내역은 없었다.

① 해당 지역은 일하기 피곤하다고 생각하며 전근을 신청한다.

② 억지를 부리는 민원인이 안타깝지만 업무에 방해가 되므로 경찰을 불러 인계한다.

③ 불편을 느낀 것에 동감하고 전화 목록을 확인시켜 주며 누락한 것이 아니라고 충분히 설명 후 배차를 진행한다.

④ 퇴근 시간이 얼마 남지 않았으므로 조금만 기다려 달라고 안내한 후에 직접 고객이 원하는 장소로 모셔다 드린다.

⑤ 계속 통화를 이어 나가기에는 다른 고객들의 대기가 길어지므로 고객의 말을 중단시킨 후 원하는 것이 무엇이냐고 단도직입적으로 묻는다.

기출예상문제

문항수 : 40 문항

문항시간 : 40 분

▸ 정답과 해설 39쪽

[01 ~ 02] △△은행 홍보팀에서 근무하는 A 사원은 하반기 경영전략에 관한 언론 배포용 보도자료 초안을 작성하고 있다. 이어지는 질문에 답하시오.

(가) ____________

△△은행이 하반기 디지털 창구 서비스를 전 점포로 확대한다. △△은행은 "익숙한 종이 서식 기반에서 디지털 기반 업무처리 방식으로의 전환을 빠르게 추진하고자 한다."라며 디지털 경쟁력 강화를 위해 각종 비대면 서비스를 직원이 먼저 사용해 디지털에 능숙해질 것을 강조하는 한편, 디지털 직무순환 기회 및 다양한 학습지원을 약속했다.

△△은행은 작년 10월부터 3개 영업점에서 디지털 창구를 시범 운영한 것으로 시작해 현재 50개점에서 이를 운영 중이고, 올해 말까지 780개 영업점으로 확대할 계획이다. 디지털 창구는 디지털 서식 기반의 종이 없는 창구로, 디지털 서식 운영을 통해 고객과 직원 중심의 거래 편의성을 제고하는 프로세스이다.

△△은행의 디지털 창구는 고객이 금융 거래 시 작성하는 수많은 서식을 디지털화해 고객 입장에서 쉽게 작성할 수 있도록 했으며 서명 간소화 기능을 적용해 서명을 중복적으로 작성해야 하는 경우에도 1회만 하면 되도록 편의성을 더했다. 직원 역시 거래에 필요한 서식을 찾거나 검색하여 출력하는 번거로움에서 벗어나 본연의 금융 상담에 집중할 수 있고 마감 업무 최소화로 일과 삶의 균형을 맞추는 근무문화 형성에도 도움을 줄 것으로 보인다. 또한, 각종 서식을 만들거나 고객 장표를 보관하는 데 지출되는 관리비용도 절감할 수 있게 됐다.

이러한 영업점 창구의 디지털 서비스 강화는 특히 스마트 기기에 익숙하지 않아 비대면 서비스를 받는 것에 어려움을 느끼는 중 · 장년층 고객과 영업점 방문을 선호하는 고객에게 높은 수준의 대면 금융상담 서비스를 제공할 수 있다.

△△은행 관계자는 "디지털 창구 프로세스 도입으로 고객은 보다 스마트한 금융서비스를 편리하게 이용할 수 있을 것"이라며 "앞으로도 고객 니즈에 따라 서비스를 확대하고 지속적으로 개선해 나갈 것"이라고 말했다. 디지털 뱅킹의 확대와 비대면 영업의 강화로 은행들의 '지점 다이어트'가 계속되고 있지만 △△은행은 디지털 금융은 물론 일반 지점 영업의 효율성을 끌어올려 고객을 잡겠다는 전략을 펼칠 계획이다.

01. A 사원은 아래와 같은 상사의 가이드에 따라 (가)에 들어갈 보도자료 초안의 제목을 작성하려고 한다. 다음 중 가장 적절한 것은?

> 언론 배포용 보도자료의 제목에는 우선 시행 주체를 명확하게 드러내 주는 것이 좋습니다. 그리고 불필요한 수식어나 모호한 표현을 사용하지 않도록 주의하며 보도자료의 핵심 내용을 포괄할 수 있는 메시지를 담아야 합니다.

① △△은행은 지금 – 디지털화로 '지점 다이어트' 중
② △△은행, 디지털 서식 기반의 '종이 없는 창구' 단계적 구현
③ △△은행, 오프라인 서비스에서 온라인 서비스로 도약
④ △△은행, 직원 편의를 위한 디지털 창구 도입
⑤ 보다 스마트한 금융서비스를 위하여! – 종이 신청서를 없애는 은행들

02. 제시된 보도자료의 요약본을 △△은행 홈페이지에 게시하려고 한다. 다음 중 그 내용이 바르게 작성된 것은?

> 등록일 20XX. XX. XX. | 조회수 25
>
> (가)
>
> △△은행은 디지털 경쟁력 강화에 대한 포부를 밝혔다.
>
> (중략)
>
> ① 앞으로 디지털 시대에 발맞춰 오프라인보다 온라인 고객을 잡는 전략을 펼치려는 것이다. ② 현재 △△은행은 총 780개 영업점에서 디지털 창구를 시범 운영하고 있다. 이러한 디지털 창구의 확대는 ③ 고객편의성 향상, 직원 업무 절감, 관리비용 절감 등 긍정적인 변화를 가져올 것이라 예상된다. ④ 특히 스마트 기기에 익숙한 청년층 고객들을 사로잡을 수 있을 것으로 기대되고 있다. ⑤ 디지털 창구는 일반 영업 창구에 비해 유지비를 더 필요로 하지만, 서비스 질의 향상을 위해 △△은행은 향후에도 투자를 아끼지 않을 예정이다.

[03 ~ 04] 다음 자료를 보고 이어지는 질문에 답하시오.

M 은행에 근무하는 신입행원 A는 아래 제시된 정보를 토대로 주택청약종합저축 관련 내용을 숙지하고 있다.

〈청년우대형 주택청약종합저축〉

■ 가입대상 : 아래의 자격을 모두 갖춘 개인(외국인은 가입불가)

1) 만 19세 ~ 만 29세 이하(병역복무기간 인정)인 자

2) 연소득 3천만 원 이하의 근로 · 사업 · 기타 신고소득이 있는 자

3) 무주택인 세대주

※ 무주택 여부는 가입자 본인에 한함(세대구성원의 주택 소유와 무관함).

※ 청년우대형 주택청약종합저축 가입은 주택청약종합저축, 청약저축, 청약예금, 청약부금을 포함하여 전 금융기관 1인 1계좌에 한함.

※ 사업 · 기타소득자 자격으로 가입 후 근로소득자 자격으로 변경불가(가입 시 제출한 소득서류의 소득종류로 판단)

■ 가입서류(모든 서류 필수 제출 원칙)

1) 본인실명확인증표 : 신분증(주민등록증, 운전면허증, 여권 등)

2) 세대주 확인 서류 : 주민등록등본(3개월 이내 발급분)

3) 소득확인서류 : 연소득 3천만 원 이하를 증빙하는 서류

구분	근로소득자	사업 · 기타소득자
증빙서류 (한 가지 선택)	– 소득확인증명서 – 근로소득 원천징수영수증 – 근로소득자용 소득금액증명원 – 급여명세표	– 소득확인증명서 – 사업소득 원천징수영수증 – 종합소득세용 소득금액증명원 – 종합소득과세표준확정신고 및 납부계산서 – 기타소득 원천징수영수증

4) 병적증명서 : 만 30세 이상인 자 중 병역기간 차감(최대 6년 범위 내)하여 만 29세 이하인 경우에 한해 서류 제출

■ 적용이율 : 기본이율에 일정자격 충족 시 가입일로부터 최대 10년까지 우대이율 추가하여 적용

1) 기본이율(주택청약종합저축 기간별 적용이율과 동일)

구분	1개월 이내	1개월 초과 1년 미만	1년 이상 2년 미만	2년 이상
기본이율	무이자	연 1.0%	연 1.5%	연 1.8%

2) 우대이율(연 1.5%p)
- 적용대상 : 가입기간 2년 이상인 계좌(단, 당첨계좌는 2년 미만 포함)
- 적용원금 : 납입금액 5천만 원 한도
- 적용기간 : 가입일로부터 최대 10년 동안 적용

※ 청년우대형 주택청약종합저축은 예금자보호법에 따라 예금보험공사가 보호하지 않으나, 주택도시기금의 조성재원으로서 정부가 관리하고 있습니다.

03. **행원 A는 다음과 같이 고객 B의 문의에 응대하고 있다. 답변 내용으로 옳지 않은 것은?**

고객 B : 청년우대형 주택청약종합저축 상품에 대해 문의하려고 합니다. 가입 조건이 어떻게 되나요?

행원 A : ① 청년우대형 주택청약종합저축은 만 19세 이상 만 29세 이하, 연소득 3천만 원 이하의 신고소득이 있는 무주택 세대주에 한해 가입이 가능합니다.

고객 B : 저는 현재 만 31세이지만 3년 동안 병역복무를 했는데요, 이 경우 가입이 가능한지요?

행원 A : ② 만 30세 이상이더라도 최대 6년 범위 내로 병역기간을 차감했을 때 만 29세 이하면 가입대상에 해당합니다.

고객 B : 현재 1년 5개월 된 당첨계좌의 경우 우대이율을 적용받을 수 있나요?

행원 A : ③ 납입금액 5천만 원 한도 내에서 연 1.5%p의 우대이율을 적용받으실 수 있습니다.

고객 B : 가입할 때 조심스러운 부분이 원금 보호인데요. 원금 손실은 걱정하지 않아도 되지요?

행원 A : ④ 네. 해당 상품은 예금자보호법에 따라 예금보험공사에서 보호합니다.

고객 B : 현재 제 근로소득은 연 3천만 원 이하인데 어떤 서류로 증명하면 될까요?

행원 A : ⑤ 소득확인증명서, 근로소득 원천징수영수증, 근로소득자용 소득금액증명원, 급여명세표 중 하나를 제출하시면 됩니다.

04. A는 아래와 같이 상사의 지시에 따라 제출서류 관련 예시를 작성하고 있다. 다음 중 필요한 증빙서류가 바르게 나열된 사례를 모두 고른 것은?

> A 씨, 가입에 필요한 서류를 구비하는 데 어려움을 느끼는 고객이 많다고 합니다. 구체적인 사례를 들어서 필요한 가입서류를 안내할 수 있다면 좋을 것 같아요. 여러 예시들과 함께 필요한 가입서류를 적은 표를 제작해주세요.

사례

고객명	필수증빙서류	가입구분
고객 C (만 24세, 여성)	• 여권 • 주민등록등본 : 2개월 전 발급, 세대주 C • 소득확인증명서 : 연소득 2천4백만 원	근로소득자
고객 D (만 28세, 여성)	• 운전면허증 • 주민등록등본 : 1개월 전 발급, 세대주 D • 종합소득세용 소득금액증명원 : 연소득 3천만 원	근로소득자
고객 E (만 26세, 남성)	• 주민등록증 • 주민등록등본 : 3일 전 발급, 세대주 E • 기타소득 원천징수영수증 : 연소득 2천4백만 원 • 병적증명서 : 병역기간 2년	기타소득자
고객 F (만 31세, 남성)	• 운전면허증 • 주민등록등본 : 일주일 전 발급, 세대주 F • 급여명세표 : 연소득 2천8백만 원 • 병적증명서 : 병역기간 2년	근로소득자

① 고객 C, D
② 고객 C, F
③ 고객 E, F
④ 고객 C, D, F
⑤ 고객 D, E, F

05. 다음은 신문 기사와 이를 본 △△회사 직원들끼리 나눈 대화이다. 문맥상 빈칸에 들어가야 할 문장으로 알맞은 것은?

> 은행권에 '시간 파괴' 바람이 거세게 불고 있다. 오랫동안 굳어진 오전 9시부터 오후 4시까지라는 영업시간을 탄력적으로 조정하는 점포가 늘고 있는 것이다. 탄력 운영의 방식은 오전 7시 30분부터 오후 3시까지 영업하는 '얼리 뱅크(Early Bank)', 12시부터 오후 7시까지 고객을 받는 '애프터 뱅크(After Bank)' 등 매우 다양하다. 심지어는 주말에 영업을 하는 점포들도 나타나기 시작했다.
>
> 이에 더해 무인자동화기기를 도입해 간단한 은행 업무를 영업시간 외에도 볼 수 있도록 하는 은행도 늘어나고 있는 추세다. A 은행은 복합쇼핑몰에 오후 9 ~ 10시에 영업을 하는 소형점포를 설치하여 운영하고 있다. B 은행은 무인자동화기기 디지털 키오스크를 통해 계좌 개설, 체크카드 발급 등 107가지 은행 서비스가 가능한 무인 탄력점포 26곳을 운영 중이다.
>
> 은행들이 영업시간을 탄력적으로 운영하는 데는 현실적인 이유가 있다. 이미 상당수 업무가 비대면 채널을 통해 이뤄지는 상황이라 지역별 수요에 맞춰 점포 운영시간을 조절하는 것이 합리적이라는 판단이다. 24시간 영업하는 인터넷전문은행의 돌풍도 기존 은행들의 시간 파괴를 부추긴다.

> 이 사원 : 좋은 변화인 것 같아. 기존의 영업시간으로는 대부분의 직장인들이 은행 업무를 보는 데 어려움을 느꼈으니까 말이야.
>
> 정 사원 : 인터넷전문은행이 각광받은 이유도 24시간 영업이라는 점이 컸을 거야.
>
> 박 사원 : 하지만 이런 변화는 (   ).
>
> 김 사원 : 인력 배치와 관련한 문제도 흐름에 따라 변화가 필요하겠군.

① 무인자동화기기가 더 널리 보급될 수 있는 기회가 될 거야

② 기존의 은행 영업시간에 익숙한 사람들에게 혼란을 야기할 수도 있어

③ 비대면 은행 업무에 익숙하지 않은 고령층에게 불편을 발생시킬 수도 있어

④ 직원들이 줄어들고 구조조정이 되는 등 부정적인 결과를 야기할 수도 있어

⑤ 인터넷전문은행이 더욱 성장하는 데 걸림돌이 될 거야

06. 다음 글을 읽고 난 후의 반응으로 적절하지 않은 것은?

> 기획재정부는 공기업 · 준정부기관이 대규모 사업의 집행 단계에서 지켜야 할 원칙을 담은 '공기업 · 준정부기관 총사업비관리지침'을 제정해 1일부터 시행한다고 밝혔다. 이는 공공기관의 자율 · 책임 경영원칙 아래 사업집행 단계에서 발생할 수 있는 대규모 사업비 증액 등 재무적 위험요인을 최소화해 건전한 재무관리를 도모하기 위한 것이다.
>
> 이번 지침은 94년부터 시행되어 온 국가 재정사업 '총사업비관리지침'의 관리체계를 큰 틀로 반영한 것이다. 다만 정부가 엄격히 관리하고 있는 재정사업인 '총사업비관리지침'과는 달리 공공기관장의 자율과 책임 경영하에서 체계적인 사업비 관리가 이루어지도록 하는 데 주안점을 두었다.
>
> 먼저 공공기관 총사업비 관리 대상을 공공기관 예비타당성 조사(이하 예타)를 거친 사업 등으로 한정하였다. 이 경우 총사업비 1,000억 원 이상, 국가 및 공공기관 부담액 500억 원 이상인 신규투자 및 자본출자가 대상이다. 반면 재정사업 총사업비 관리 대상은 재정 예타 사업과 함께 200억 원 이상인 건축사업 등을 포함한다. 이 경우 총사업비 500억 원, 국가 재정지원 규모가 300억 원 이상인 건설사업이 대상이다.
>
> 또한 재정사업 '총사업비관리지침'에는 없는 자체 타당성 검증절차인 '타당성 재검토' 절차를 신규 도입하여 공공기관 사업비 관리의 자율과 자기 책임 원칙을 반영하였다. 이는 설계단계 이후 사업 물량 증대 등 중대한 사업 계획 변경이 발생했을 시 공공기관의 장이 예타 분석방법을 참조하여 자체적으로 판단해 타당성을 검증하는 절차이다.
>
> 한편 예타를 마친 사업이더라도 사업비가 당초 총사업비의 30% 이상 증액되는 경우, 외부 전문기관을 통해 타당성 재조사를 받아야 한다. 또한 재정사업의 경우에는 총사업비의 15 ~ 20%의 증액이 있을 때 타당성 재조사의 대상이 된다. 다만 재해 예방 · 복구를 위해 사업을 시급히 추진해야 하거나 매몰 비용이 큰 경우에는 기재부 및 주무기관장과 협의를 거쳐 재조사를 면제받을 수 있다.
>
> 지침 제정을 담당한 기재부 관계자는 "금번 지침은 공공기관들의 사업비 관리 수준을 상향 평준화하고 대규모 사업의 설계와 사업비 변경 시 더욱 신중을 기하게 함으로써 보다 예측 가능하고 건전한 재무관리에 도움이 될 것으로 기대한다."라고 밝혔다.

① 사업비가 기존 총사업비의 35% 증액되었을 경우, 특별한 사정이 있다면 주무기관장과의 협의를 통해 재검토 심사를 면제받을 수 있어.

② 이번에 새롭게 제정된 지침은 기관의 장에게 책임감과 자율성을 부과한 측면이 있어.

③ 재정사업 총사업비관리지침에는 자체 타당성 검증 절차가 없구나.

④ 타당성 재검토 절차는 공공기관 예비타당성 조사 이후 사업집행단계에서 자체적으로 재무상태를 건전하게 관리할 수 있도록 만들어졌어.

⑤ 예비타당성 조사를 앞둔 1,000억 원 상당의 청사 신축 사업의 경우 공공기관 총사업비 관리 대상이 될 수 있어.

07. 다음은 IT 관련 기사와 이를 본 소프트웨어 개발 회사의 기획팀원들이 나눈 대화이다. 빈칸에 들어갈 문장으로 적절한 것은?

> 소프트웨어를 배우는 사람이라면 '애자일(Agile)'이라는 단어가 익숙할 것이다. 애자일은 '날렵한', '민첩한'이란 뜻으로, 기존의 문서 기반 개발 방식에서 벗어나 변화에 신속하게 반응하고 위험을 최소화하기 위한 단기 반복적인 프로젝트 개발 방법이다. 즉 애자일 개발 방식은 정해진 계획만 따르기보다 개발 주기 혹은 소프트웨어 개발 환경에 따라 유연하게 대처하는 방식을 뜻한다.

> O : 애자일 개발 방식이 처음 대두된 건 2000년대 초였어. 1990년대에는 주로 많은 인원의 개발자가 오랜 기간 동안 소프트웨어를 개발하곤 했지.
> C : 철저히 계획을 세우고, 해당 계획을 구체적으로 명시한 방대한 문서작업도 뒤따랐어. 멀리 떨어져 있는 사람이 오랜 기간 동안 함께 개발 작업을 하려면 언제 어디서나 일관된 기준을 볼 수 있어야 했기 때문이지.
> Y : 그러나 이 같은 과거의 개발 방식은 (   )
> Z : 우리 회사의 경우에도 좀 더 빠르고 유연한 개발 방식을 채택하기 위해 애자일 소프트웨어 개발을 장려하고 있지.

① 소규모 프로젝트엔 적합할지 몰라도, 대형 프로젝트에는 오히려 걸림돌로 작용해.

② 개발 주기가 긴 현대의 소프트웨어 개발에는 적절한 방법이 아니야.

③ 완벽한 기획이나 분석을 추구하는 현재의 추세에는 맞지 않아.

④ 변화가 많은 환경에 적합한 개발 방식은 아니야.

⑤ 의사 결정 과정에서 다수의 의견을 반영하지 못한다는 단점이 있어.

[08 ~ 09] 다음 글을 읽고 이어지는 질문에 답하시오.

> 특정 상품에 대한 어떤 사람의 수요가 다른 사람들의 수요에 의해 영향을 받는 것을 네트워크효과(Network Effect)라고 말한다. 이러한 네트워크효과에는 유행효과와 속물효과가 있다.
>
> 어느 한 상품이 유행하게 되면 다른 사람들도 그 상품을 구입하려는 양상이 나타날 수 있다. 이렇게 소비를 결정하는 과정에서 다른 사람들이 물건을 사는 것에 영향을 받아 그 물건을 구입하게 되는 것을 유행효과라고 한다. 예를 들어 유행효과가 전혀 존재하지 않는 상황에서는 A 게임기의 가격이 20만 원일 때 5천 대, 15만 원일 때 6천 대로 수요량이 변한다고 한다. 그런데 유행효과가 존재하여 20만 원이었던 A 게임기의 가격이 15만 원으로 하락했을 때 게임기의 수요량이 6천 대가 아닌 8천 대로 늘어난다고 하자. 이는 가격이 떨어짐에 따라 게임기를 사려는 사람이 늘어나게 되고, 이들의 소비가 다른 사람들의 소비에 영향을 미쳐 새로운 소비가 창출된 결과, 수요량의 증가폭이 더욱 커지게 된 것이다. 이러한 유행효과는 유행에 민감한 소비자들이나 연예인을 동경하는 소비자들에게 더욱 두드러지게 나타난다.
>
> (　　　　　) 어떤 상품을 소비할 때 소수만이 소유하기를 바라는 심리가 깔려 있는 경우, 그 상품을 구입하는 사람들이 많아지면 그 상품을 구입하지 않으려는 사람들도 생기게 된다. 이렇게 소비를 결정하는 과정에서 다른 사람들이 물건을 사는 것에 영향을 받아 그 물건을 구입하지 않게 되는 것을 속물효과라 한다. 예를 들어 속물효과가 존재하지 않는 상황에서는 B 손목시계 가격이 3백만 원에서 1백만 원으로 하락했을 때 수요량이 1천 개 더 늘어난다고 한다. 그런데 속물효과가 존재하여 B 손목시계의 가격이 1백만 원으로 하락했을 때 수요량의 증가폭이 5백 개에 그쳤다고 하자. 이는 가격 하락으로 수요량이 증가하자 남들과 차별화되고 싶은 심리가 발동해 그 상품을 사지 않겠다는 사람이 생겨난 결과로, 수요량의 증가폭이 감소하게 된 것이다. 이러한 속물효과는 상품의 희소성이 약화될 때 나타나기 때문에, 판매자들은 높은 희소성을 유지하기 위해 가격 할인이나 적극적인 판촉 활동을 자제하게 된다. 일반적으로 소비자들이 다른 소비자들과 독립적으로 소비를 결정한다고 생각하지만, 실제로는 위의 두 경우와 같이 여러 사람의 수요가 상호의존적으로 영향을 주고받기도 한다.

08. 다음 중 윗글을 이해한 내용으로 적절하지 않은 것은?

① 속물효과는 주로 저가의 생활필수품에 나타난다.
② 속물효과가 있는 상품은 수요가 증가해도 할인이 잘 이루어지지 않는다.
③ 상품의 네트워크효과를 고려하여 상품의 판매 전략을 수립하는 것이 기업에 유리하다.
④ 네트워크효과는 남의 영향을 많이 받는 집단일수록 그 효과가 크게 나타난다.
⑤ 유행효과가 있는 상품은 적절한 시기에 가격 할인이 이루어지는 것이 회사에 도움이 된다.

09. 다음 중 윗글의 빈칸에 들어갈 말로 가장 적절한 것은?

① 또한 ② 한 가지 덧붙이자면 ③ 이와는 달리
④ 그리고 ⑤ 그래서

10. 다음 중 ㉠과 ㉡이 의미하는 것을 바르게 추론한 것은?

> 소비의 시대인 오늘날에는 상품의 논리가 일반화되어 노동과정이나 물질적 생산품뿐만 아니라 문화, 섹슈얼리티, 인간관계, 심지어 환상과 개인적인 욕망까지지도 지배하고 있다. 모든 것이 이 논리에 종속되어 있다. 단순히 모든 기능과 욕구가 이윤에 의해 대상화되고 조작된다고 하는 의미에서뿐만 아니라 모든 것이 진열되어 이미지, 기호, 소비 가능한 모델로 환기되어 구경거리가 된다는 깊은 의미에서이다.
>
> 소비 과정은 기호를 흡수하고 기호에 의해 흡수되는 과정이다. 기호의 발신과 수신만이 있을 뿐이며 개인으로서의 존재는 기호의 조작과 계산 속에서 소멸한다. 소비 시대의 인간은 자기 노동의 생산물뿐만 아니라 자기 욕구조차도 직시하는 일이 없으며 자신의 모습과 마주 대하는 일도 없다. 그는 자신이 늘어놓은 기호들 속에 내재할 뿐이다. 초월성도 궁극성도 목적성도 더 이상 존재하지 않게 된 이 사회의 특징은 '반성'의 부재, 자신에 대한 시각의 부재이다. 현대의 질서에서는 인간이 ㉠ 자신의 모습과 마주하는 장소였던 거울은 사라지고, 대신 쇼윈도만이 존재한다. 거기에서 개인은 자신을 비춰보는 것이 아니라 대량의 ㉡ 기호화된 사물을 응시할 따름이며, 사회적 지위 등을 의미하는 기호의 질서 속으로 흡수되어 버린다. 소비의 주체는 기호의 질서이다.
>
> 소비의 가장 아름다운 대상은 육체이다. 오늘날 육체는 광고, 패션, 대중문화 등 모든 곳에 범람하고 있다. 육체를 둘러싼 위생, 영양, 의료와 관련한 숭배 의식, 젊음, 우아함, 남자다움 혹은 여자다움에 대한 강박 관념, 미용, 건강, 날씬함을 위한 식이 요법, 이것들 모두는 육체가 구원의 대상이 되었다는 사실을 증명한다. 육체는 영혼이 담당했던 도덕적, 이데올로기적 기능을 문자 그대로 넘겨받았다. 오늘날 육체는 주체의 자율적인 목적에 따라서가 아니라, 소비 사회의 규범인 향락과 쾌락주의적 이윤 창출의 원리에 따라서 다시금 만들어진다. 이제 육체는 관리의 대상이 된다. 육체는 투자를 위한 자산처럼 다루어지고, 사회적 지위를 표시하는 여러 기호 중의 하나로서 조작된다.

	㉠	㉡		㉠	㉡		㉠	㉡
①	실체	허상	②	실체	욕망	③	대상화	기호화
④	기호화	대상화	⑤	초월성	상징성			

[11 ~ 12] 다음 자료를 보고 이어지는 질문에 답하시오.

○○회사 총무팀에서 근무하는 S는 물품구매를 위해 시장가격을 조사하고 있다.

〈각 부서별 물품 수요〉

(단위 : 개)

분류	인사부	재경부	영업부
흑백 잉크	6	4	0
칼라 잉크	2	1	2
A4용지 묶음(200매)	4	3	3

〈프린트 전문점별 가격 현황〉

(단위 : 원)

분류	ㄱ사	ㄴ사	ㄷ사
흑백 잉크	7,000	8,000	10,000
칼라 잉크	25,000	22,000	18,000
A4용지 묶음(200매)	4,200	3,600	3,800

※ 총무팀에서는 각 부서별 물품 수요를 취합하여 일괄적으로 구매한다.

※ 필요 물품별로 각각 다른 전문점에서 구매할 수 있다.

11. 한 업체에서 모든 물품을 구매할 경우 전체 가격의 10%를 할인해 준다고 한다. 다음 중 제시된 자료를 참조할 때 옳지 않은 것은?

① ㄱ사에서 필요한 모든 제품을 구매할 시 213,300원이 필요하다.

② ㄴ사에서 필요한 모든 제품을 구매할 시 203,400원이 필요하다.

③ ㄷ사에서 필요한 모든 제품을 구매할 시 205,200원이 필요하다.

④ 필요한 물품을 모두 구입하는 데 드는 최소가격은 196,000원이다.

⑤ ㄴ사에서 필요한 모든 제품을 구매할 시 구매 가격이 가장 저렴하다.

12. 기존의 10% 가격 할인 대신에 한 업체에서 흑백 잉크와 칼라 잉크를 모두 구매할 시 A4용지 5,000매를 무료로 제공하기로 했다. 다음 중 옳은 것은?

① ㄱ사에서 필요한 모든 제품을 구매할 시 207,600원이 필요하다.
② ㄴ사에서 필요한 모든 제품을 구매할 시 190,000원이 필요하다.
③ ㄷ사에서 필요한 모든 제품을 구매할 시 195,000원이 필요하다.
④ 최대한 적은 비용으로 구매하려면 한 전문점이 아닌 여러 전문점에서 구매해야 한다.
⑤ ㄴ사에서 필요한 모든 제품을 구매하는 것이 ㄷ사에서 필요한 모든 제품을 구매하는 것보다 가격이 저렴하다.

13. 다음은 ○○생명의 본인부담금에 관한 자료이다. 아래 환자들의 본인부담금 총액은?

〈건강 병동〉

101호(6인실)	102호(4인실)	103호(4인실)	201호(격리실)
A(3일)	J(2일)	N(5일)	H(14일)
K(1일)	E(3일)	B(4일)	
D(4일)	M(3일)	C(2일)	
L(12일)		F(6일)	
G(6일)			

〈건강 병동 입원 비용〉

구분	비용(원/일)
101	10,000
102	50,000
103	30,000
201	100,000
식비	10,000

※ 본인부담금=(입원비 총액×20%)+(식비 총액×50%)
(단, 4인실의 경우에는 입원비 총액 중 100분의 30으로 하고, 격리 입원에 대해서는 100분의 10으로 함)

① 785,000원
② 787,000원
③ 790,000원
④ 792,000원
⑤ 795,000원

[14 ~ 15] 다음은 국내 면세점 현황과 매출 비중 현황이다. 이어지는 질문에 답하시오.

〈20X4년 국내 면세점 현황〉

(단위 : 개)

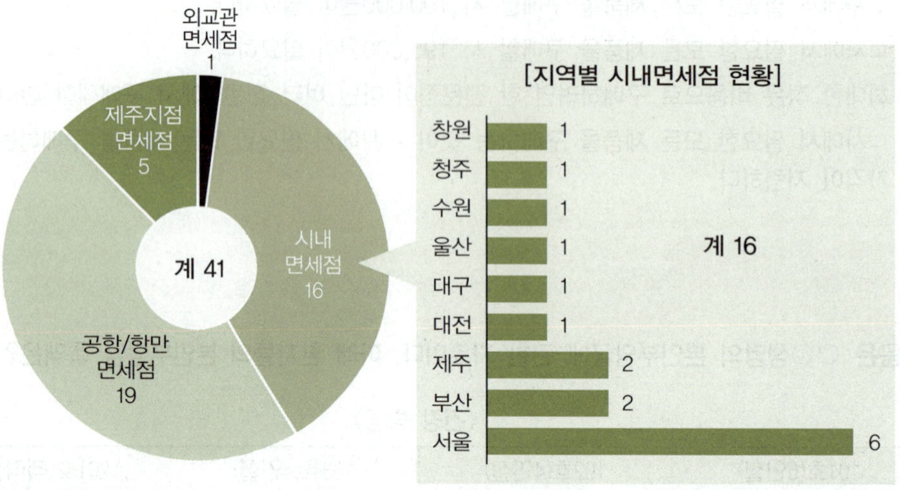

〈국내 면세점 시장 규모〉

(매출 기준, 단위 : 억 원)

분류	20X0년	20X1년	20X2년	20X3년	20X4년
시내면세점	24,500	29,500	35,700	40,000	49,000
공항/항만면세점	17,200	20,400	23,600	23,700	22,800
기타	3,300	4,100	3,700	4,300	3,200

〈국내 면세점 매출 비중 변화〉

중국인 구매액이 면세점 매출의 절반을 웃돌고 있다. 20X4년 전체 면세점 매출 대비 중국인 매출 비중은 56%였다. 같은 기간 일본인과 내국인 비중은 각각 전체의 8%, 32%다. 20X1년까지만 해도 중국인, 일본인, 내국인 매출 비중이 각각 전체의 27%, 33%, 40%이었다. 이때는 일본인 매출이 중국인보다 많았다. 엔저현상이 지속되고 한류열풍이 중국에 퍼지면서 20X2년 중국인 구매액은 면세점 매출 전체의 36%로 늘더니 20X3년 40%를 달성하였다. 반면 일본인 비중은 지속적으로 줄었다. 전체 면세점 매출액 대비 일본인 매출 비중은 20X2년 30%였지만 20X3년에는 20%로 줄었다. 반면 전체 면세점 매출액 대비 내국인 비중은 20X2년 33%, 20X3년 30%로 비교적 안정적으로 유지되고 있다.

14. 제시된 자료에 각 시/도별 면세점 분포현황을 보다 자세히 알아보기 위해 다음과 같은 자료를 추가로 조사하였다. 이에 대한 설명으로 옳지 않은 것은?

〈공항/항만면세점 지역별 현황〉

(20X4년 기준, 단위 : 개)

분류	서울	인천	제주	김해	청주	부산	대구
공항면세점	3	4	2	3	1	-	1
항만면세점	-	2	2	-	-	1	-

① 제주도에 입점한 면세점 수는 전체 국내 면세점 수의 25% 이상이다.

② 공항면세점은 없고 항만면세점은 있는 지역에서 시내면세점의 개수는 2개이다.

③ 공항면세점이나 항만면세점이 입점한 지역에는 시내면세점도 같이 입점해 있다.

④ 시내면세점 매출의 직전 연도 대비 성장률은 공항/항만면세점의 직전 연도 대비 성장률보다 항상 높다.

⑤ 20X4년 공항/항만면세점의 지점 1개당 평균 매출은 시내면세점의 지점 1개당 평균 매출의 50% 미만이다.

15. 제시된 자료에 대한 보고서를 작성하기 위해 면세점 시장의 전망에 대한 신문기사 내용을 수집하여 다음의 문장들을 첨부하려고 한다. 이때 보고서에 들어갈 내용으로 적절한 것은?

〈20X5년 면세점 시장 전망 브리핑〉

1) 시내면세점 인기 이어갈까
   시내면세점 20X5년 5곳 증가 예상... 충남 아산 1개 업체, 서울 4개 업체 지정 완료
   20X5년 중국 관광객들로 시내면세점 매출 전년 대비 10% 이상 상승 예상
2) 지속되는 불황... 내국인 소비심리 주춤
   20X5년 전년도 대비 내국인 대상 매출액 10% 이상 감소 우려
3) 공항/항만면세점에도 중국인 돌풍
   20X5년 공항/항만면세점 매출 15% 상승 장밋빛 전망

① 20X5년 우리나라의 모든 광역시에는 면세점이 있을 것이다.

② 20X5년 입점하는 충남 아산의 시내면세점은 아산에 입점하는 두 번째 면세점이다.

③ 20X5년 공항/항만면세점은 이례적으로 시내면세점보다 큰 폭의 매출 증가가 예상된다.

④ 20X5년 전체 면세점 매출액 대비 내국인 대상 매출액 비중은 20%대로 떨어질 것이다.

⑤ 20X5년 지정된 5곳의 신규 지정 업체가 모두 완공되면 시내면세점에서 서울이 차지하는 비율은 전년 대비 증가할 것이다.

[16 ~ 17] 다음의 제시 상황과 자료를 보고 이어지는 질문에 답하시오.

○○기관 직원 Y는 차기 예상 발전량에 관한 보고서를 작성하기 위해 20X0년도 발전원별 발전전력량 추이를 열람하고 있다.

(단위 : GWh)

구분	3월	4월	5월	6월	7월	8월	9월	10월	11월	12월
총 발전량 (증감률)	46,141 (−2.3)	42,252 (−3.9)	41,578 (−6.2)	43,825 (0.1)	46,669 (−6.2)	51,245 (−1.2)	44,600 (0.3)	43,164 (−3.3)	64,932 (−0.5)	51,601 (2.6)
기력 (증감률)	14,025 (−19.8)	15,001 (2.0)	14,876 (−2.1)	16,520 (−5.9)	19,058 (−14.6)	20,850 (−9.3)	19,038 (−9.2)	14,512 (−27.7)	34,880 (−22.3)	16,631 (−15.9)
원자력 (증감률)	14,463 (3.1)	13,689 (−3.3)	15,258 (3.3)	14,069 (3.6)	13,721 (17.5)	12,526 (2.7)	9,293 (−10.0)	13,468 (27.1)	14,048 (37.4)	15,060 (26.2)
복합 (증감률)	13,477 (10.2)	9,287 (−21.0)	7,555 (−29.0)	9,439 (0.6)	10,367 (−30.9)	13,346 (4.0)	11,966 (20.1)	11,483 (10.0)	12,732 (0.7)	16,382 (0.7)
수력 (증감률)	534 (18.4)	511 (−3.5)	563 (4.2)	513 (6.7)	612 (8.0)	1,074 (78.8)	880 (55.6)	474 (−13.2)	425 (−5.9)	496 (−0.7)
대체 에너지 (증감률)	2,904 (−0.8)	3,069 (13.0)	2,607 (−16.6)	2,402 (−11.6)	2,153 (−22.6)	2,693 (−13.6)	2,718 (6.0)	2,897 (30.3)	2,613 (33.7)	2,728 (30.3)
기타 (증감률)	738 (857.0)	695 (680.6)	719 (817.8)	882 (922.8)	788 (805.0)	756 (650.5)	705 (746.0)	330 (−55.6)	234 (−68.0)	304 (−48.5)

※ ( ) : 전년 동월 대비 증감률(%)

16. 다음 중 직원 Y가 자료를 파악한 내용으로 적절한 것은?

① 20X0년 4월 총발전량은 20X0년 3월 대비 3.9% 감소하였다.

② 20X0년 4월 복합 발전원은 전년 동월 대비 발전전력량이 증가하였다.

③ 20X0년 6월과 9월의 발전원별 발전전력량 순위는 같다.

④ 수력 발전원의 발전전력량이 가장 적은 달은 11월이다.

⑤ 20X0년 8월 대체에너지 발전원의 전월 대비 증가폭은 수력에너지 발전원의 증가폭보다 작다.

17. 직원 Y는 제시된 자료를 바탕으로 보고서에 삽입할 그래프를 다음과 같이 작성하였다. ㉠～㉣에 들어갈 발전원을 바르게 연결한 것은?

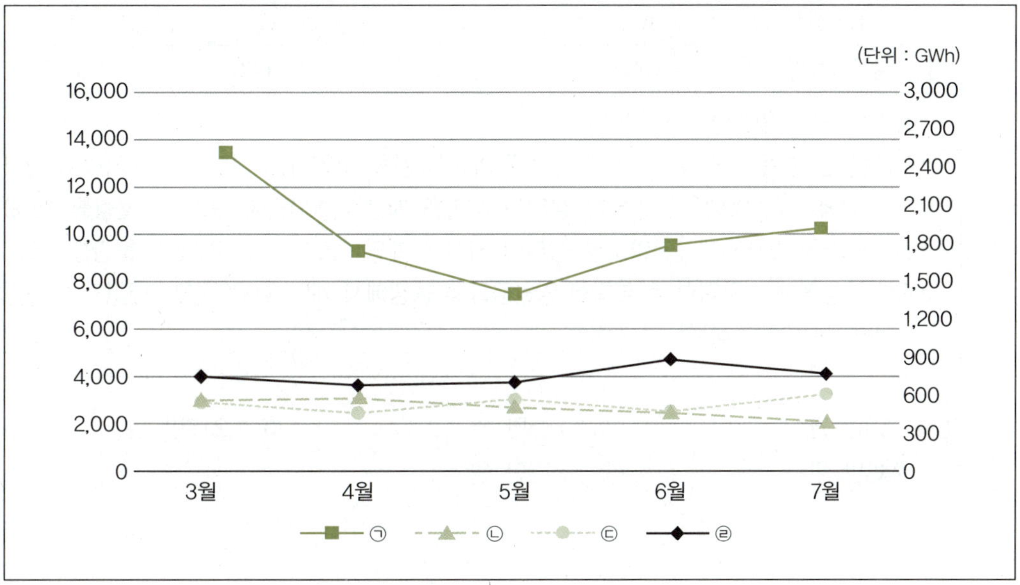

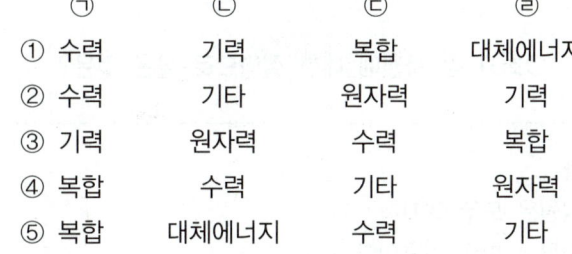

	㉠	㉡	㉢	㉣
①	수력	기력	복합	대체에너지
②	수력	기타	원자력	기력
③	기력	원자력	수력	복합
④	복합	수력	기타	원자력
⑤	복합	대체에너지	수력	기타

18. 다음과 같은 상황에서 C 농장이 내야 하는 비용의 총액은?

사과농장	A	B	C	D
수확량(개)	26,000	28,000	20,000	27,000

- 농장당 사과 할당량 : 25,000개
- C 농장은 부족한 할당량을 다른 농장들의 여유분을 구입하는 것으로 충당하려고 한다.
- B 농장에서 3,000개 중 양호한 상태의 사과를 개당 2,000원에 구입(단, 불량률 15%)
- D 농장에서 2,000개 중 양호한 상태의 사과를 개당 2,500원에 구입(단, 불량률 10%)
- B와 D 농장에서 구입한 후 부족한 양만큼을 A 농장에서 개당 3,000원에 구입(단, A 농장의 사과는 모두 양호하다)

① 1,155만 원　② 1,185만 원　③ 1,215만 원
④ 1,245만 원　⑤ 1,275만 원

19. 다음 조건을 만족할 때 대출이 없는 ○○회사 김 사원에 대한 설명으로 옳은 것은?

- 자동차가 있는 사람은 대출이 있다.
- 아파트에 살면서 자동차가 없는 직원은 모두 여자다.
- 아파트에 살면서 자동차가 있는 직원은 모두 기혼이다.
- 오피스텔에 살면서 자동차가 없는 직원은 미혼이다.
- 모든 ○○회사 직원은 오피스텔과 아파트 중 한 곳에서만 산다.

① 김 사원은 기혼이다.
② 김 사원이 여자라면 아파트에 산다.
③ 김 사원이 오피스텔에 산다면 미혼이다.
④ 김 사원이 아파트에 산다면 기혼이다.
⑤ 김 사원은 자동차를 가지고 있다.

20. ○○공사의 재무팀에서 근무하는 김필승 대리는 중대한 세미나를 앞두고 세미나 장소를 대관하려고 한다. 〈평가 기준〉에 근거하여 다음의 5개 후보지 중 총점이 가장 높은 곳을 대관하려고 할 때, 김필승 대리가 대관하게 될 세미나 장소는?

〈세미나 장소 정보〉

구분	○○공사로부터 이동시간	수용 가능인원	대관료	세미나 참석자들을 위한 교통편	빔 프로젝터 사용가능 여부
갑 센터 401호	1.5시간	400명	65만 원	불량	O
을 구민회관 2층	2시간	500명	60만 원	양호	O
병 교통회관 302호	1시간	350명	90만 원	양호	O
정 지역 상공회의소 3층	3시간	700명	70만 원	양호	O
무 빌딩 5층	2.5시간	600명	100만 원	매우 양호	X

〈평가 기준〉

- ○○공사로부터 이동시간, 수용가능인원, 대관료는 각 장소마다 1 ~ 5점을 준다.
- ○○공사로부터 이동시간과 대관료는 적을수록, 수용가능인원은 많을수록 높은 점수가 부여된다.
- 세미나 참석자들을 위한 교통편이 매우 양호하면 5점, 양호하면 4점, 불량하면 2점이 부여된다.
- 빔 프로젝터 사용이 가능하면 가산점 2점을 부여한다.

① 갑 센터 401호
② 을 구민회관 2층
③ 병 교통회관 302호
④ 정 지역 상공회의소 3층
⑤ 무 빌딩 5층

21. 다음 내용을 통해 추론할 수 있는 사실로 옳은 것은?

> ○○회사는 사내 팀별 봉사활동을 적극적으로 권장하는 차원에서 그에 대한 보상으로 휴가를 주기로 하였다. 단, 한 팀당 한 달에 두 번의 봉사활동을 해야만 한 달에 1일의 휴가를 받을 수 있다. 이번 달 첫째 주에 제출한 보고서에 의하면 홍보팀과 경영팀은 벌써 1일의 휴가를 얻었고, 인사팀은 한 번의 봉사활동을 하였다. 영업팀과 회계팀은 이번 주인 둘째 주 토요일에 함께 봉사활동을 갈 계획이다. 특히 회계팀은 다음 주에도 인사팀과 함께 봉사활동 계획을 세워 놓았다.

① 인사팀은 이번 달에 휴가를 못 얻을 것이다.
② 경영팀과 홍보팀은 두 번의 봉사활동을 같이 다녀왔다.
③ 영업팀은 더 이상 봉사활동을 하지 않아도 1일의 휴가를 얻을 수 있다.
④ 회계팀은 인사팀과 봉사활동을 다녀온 후에는 1일의 휴가를 얻을 수 있다.
⑤ 넷째 주에 영업팀이 봉사활동을 다녀오더라도 1일의 휴가를 얻을 수 없다.

[22 ~ 23] 다음 자료를 바탕으로 이어지는 질문에 답하시오.

> ○○기업 경영지원부에서 근무하는 P는 일자리 안정자금 관련 업무를 담당하고 있다.

〈20X8년 일자리 안정자금〉

• 일자리 안정자금이란?
최저임금 인상에 따른 소상공인 및 영세중소기업의 경영부담을 완화하고 노동자의 고용불안을 해소하기 위한 지원 사업입니다.

• 지원대상 기업
– 30인 미만 고용사업주(단, 공동주택 경비 · 청소원은 30인 이상 고용사업주도 지원)
※ 제외 ⅰ) 고소득 사업주(과세소득 5억 원 초과)
ⅱ) 임금체불 명단 공개 중인 사업주
ⅲ) 공공기관, 국가로부터 인건비 재정지원을 받고 있는 사업주
ⅳ) 당해 연도 최저임금을 준수하지 않는 사업주

• 지원 요건(지원대상 근로자)
대상 기업의 근로자 중 아래의 요건을 충족한 근로자에 대해 인건비 중 일부를 사업주에게 지원
ⅰ) 월평균 보수액 190만 원 미만 근로자(단, 배우자, 사업주의 직계존 · 비속은 제외)
ⅱ) 1개월 이상 고용을 유지하고 있는 근로자

〈20X9년 달라지는 일자리 안정자금〉

- 지원대상이 확대되었습니다.
  55세 이상 고령자를 고용하고 있는 경우 고용규모가 30인 이상 300인 미만이면 지원 가능합니다(단, 공동주택 경비 · 청소원 포함 사회적기업, 장애인활동지원기관, 자활기업, 노인돌봄서비스제공기관, 노인장기요양기관의 경우 기업 규모와 상관없이 지원 가능).
- 월평균 보수액 기준이 확대되었습니다.
  월평균 보수액 210만 원 이하 근로자에게 일자리 안정자금이 지원됩니다.
- 5인 미만 사업장의 경우 근로자 1인당 2만 원이 추가로 지원됩니다.
  5인 미만 사업장의 경우 노동자 1인당 15만 원, 5인 이상 사업장의 경우 노동자 1인당 13만 원이 지원됩니다.
- 20X9년 최저임금 기준이 반영됩니다.
  월평균 보수액을 월평균 근로시간으로 나눈 금액이 20X9년 최저임금(8,350원)보다 적은 근로자가 있는 사업장에 대한 지원이 불가능합니다.

22. 다음 일자리 안정자금 지원신청 세부내용을 바탕으로 사업주가 지원받을 수 있는 금액은?

1. 기업 정보

업종	과세소득	비고
장애인활동지원기관	4억 9천만 원	55세 이상 고용

2. 고용인 정보

성명	20X8년 월평균 보수액	20X9년 월평균 보수액	20X9년 월평균 근로시간	비고
김○○	1,800,000원	1,800,000원	200시간	
윤○○	2,000,000원	2,100,000원	209시간	
송○○	2,000,000원	2,000,000원	200시간	사업주의 직계비속
이○○	2,400,000원	2,500,000원	209시간	
최○○	1,600,000원	1,650,000원	209시간	

① 지원 불가능 ② 26만 원 ③ 39만 원
④ 45만 원 ⑤ 48만 원

23. 다음 중 20X8년 대비 20X9년에 새롭게 지원대상 기업이 될 수 있는 사업주의 개수는? (단, 최저임금 기준은 모두 충족하며, 20X8년과 20X9년에 모두 신청했다고 가정한다)

〈20X9년 일자리 안정자금 지원신청 내역〉

사업주	고용 규모(명)	과세소득(원)	업종	비고
A	35	4억	공동주택 경비	-
B	30	5억	소매업	-
C	310	3억	노인돌봄 서비스제공	-
D	30	4억	운수업	55세 이상 고령자 고용 기업
E	4	2억	소매업	-
F	15	5억	유치원	국가 인건비 재정지원
G	300	4억	사회적기업	55세 이상 고령자 고용 기업
H	29	5억 5천	운수업	-
I	29	5억	요식업	-
J	15	4억 5천	요식업	임금체불 명단 공개 중
K	40	4억	공동주택 청소	-

① 2개 ② 3개 ③ 4개
④ 5개 ⑤ 6개

[24 ~ 25] 다음 ■■시 어린이 교통교육에 관한 자료를 보고 이어지는 질문에 답하시오.

〈■■시 어린이를 위한 교통교육〉

• 어린이 교통교육 과정
- 교육기간/시간 : 3 ~ 12월 중 40 ~ 45분
- 1부 시작 : 10:00, 2부 시작 : 14:00, 3부 시작 : 15:00
- 주말(토, 일)에 3부는 운영하지 않음.
- 부모나 아동이 희망하는 교육내용이 교육 대상의 연령에 해당하지 않는다면 해당 교육 프로그램에 참가 불가

교육대상	교육내용	운영방법	비고
초등학교 저학년 (1 ~ 3학년)	- 다양한 교통신호와 의미 - 교통안전 행동요령 - 교통예절 - 자동차의 특성 - 올바른 도로횡단 방법 - 기타 야외놀이 시 주의사항	시청각 및 PPT자료 활용	- 부모 동석 가능 - 음식물 반입 금지
초등학교 고학년 (4 ~ 6학년)	- 다양한 교통신호와 의미 - 교통안전 행동요령 - 교통사고 위험요소 - 잘못된 보행습관 - 교통예절 - 자동차의 특성 - 스쿨존의 의미와 지켜야할 규칙 - 기타 야외놀이 시 주의사항		- 부모 동석 불가[1] - 음식물 반입 금지

1) 아동이 ADHD 발달장애 등 장애를 갖고 있을 경우 진단서 제시 시 동석 가능

- 어린이 교통교육 9월 교육신청 현황(교육일정 확정 시 문자 발송)

일	월	화	수	목	금	토
	1	2	3	4	5	6 행복초(2부) 5학년 3반
7	8 희망초(1부) 3학년 3반	9	10 구름초 (2부, 3부) 2학년 전체학급	11	12	13
14	15 동화초 (1부, 2부) 2학년 전체학급	16 힘찬태권도 (2부) 유치부	17	18	19 ■■시 YMCA(3부) 6학년부	20
21	22 사랑초(2부) 5학년 2반	23	24 걸스카우트 (3부) 저학년부	25	26 별어린이집 (1부) 7세반	27
28	29	30 소망초(3부) 4학년 1반				

24. 다음 중 제시된 자료를 이해한 것으로 적절한 것은?

① 초등학교 저학년과 고학년의 교육내용에 중복은 없다.
② 일요일에는 어린이 교통교육 교육일정이 없다.
③ 소망초 학생들은 올바른 도로횡단 방법에 관한 교육을 들을 것이다.
④ 연중 어린이 교통교육이 열리지 않는 기간은 한 달이다.
⑤ 초등학교 고학년은 교육내용에 따라 부모 동석하에 교육 수강이 가능하다.

25. 다음 어린이가 교통교육을 수강하고자 할 때 발생할 수 있는 상황으로 적절한 것은?

나이	초등학교 6학년
특징	다소 산만하며 또래와의 교우관계가 미숙
교육희망 주차	9월 둘째 주
교육희망 시간	오후
부모 희망사항	아이가 횡단보도나 인도 보행 시 너무 뛰어다닙니다. 이를 교육할 수 있는 프로그램이 있었으면 좋겠습니다.

① 전체 교육내용에 부모의 희망사항이 반영된 프로그램은 없다.
② 부모가 동석한 교육이 가능하다.
③ 교육이 이뤄지는 동안 음료를 마실 수 없을 것이다.
④ 희망 주차에는 월요일과 수요일을 제외한 나머지 요일에 교육 수강이 가능하다.
⑤ 교육 수강 시 PPT 및 현장 체험 방식이 활용될 것이다.

[26 ~ 27] 다음 제시 상황을 보고 이어지는 질문에 답하시오.

K사 인재개발원에 근무하는 A는 인재개발원의 시설임대 및 운영 총괄 업무를 담당하고 있다.

◈ 20X2년 4월 내부 교육 일정표

교육명	교육일정	교육장소	인원
성희롱예방교육	4월 2 ~ 7일, 20 ~ 25일	대강당, 중강당	520명
기획력 향상과정	4월 15일, 27일	중강당	150명
인턴사원교육	4월 10 ~ 12일	소강의실	79명
창조역량 강화과정	4월 15 ~ 20일	중강당, 소강의실	173명
청렴교육	4월 9일	대강당	280명
IT전문가 실무과정	4월 6일, 13일, 20일	IT교육실	56명

◈ 인재개발원 시설 이용 정보

가. 일반 이용 요금

시설명		시설 수	수용인원	전일(8H)	반일(4H)	추가요금(1H)
교육시설	대강당	1	300명	2,000,000	1,100,000	300,000
	중강당	3	100명	700,000	400,000	100,000
	소강의실	2	40명	300,000	165,000	45,000
	IT교육실	1	60명	750,000	400,000	100,000
숙박시설	2인실	80	2명	60,000		
	4인실	25	4명	100,000		

※ 교육시설은 전일(8H) 또는 반일(4H) 기준, 숙박시설은 1박 기준

※ 1시간당 추가요금은 18시 이후 교육시설 사용자에게만 적용

※ 반일(4H) 사용자의 약정시간 초과 시 전일(8H) 요금 적용

※ 기업 할인대상 연계 시, IT교육실은 이용료 감면 제외 시설

나. 기업할인 대상(시설 이용료의 20%를 감면)

1) 중소기업기본법에 의한 중소기업

2) 경기도 소재 기업체 및 공공기관

26. 다음은 N 기업이 인재개발원 시설 이용 신청 시 작성했던 신청서 내용과 실제 사용 시간을 기록한 정보이다. 요금 정산 이후 N 기업이 지불해야 할 금액은?

〈20X2년 5월 시설 이용 신청서〉

기관명	N 기업(본사)	주소	경기도 포천시 ○○
연수내용	상반기 전체 직원 연수	연수기간	20X2. 05. 22. ~ 20X2. 05. 25.

사용 교육시설			
구분	사용일자	사용시간	사용개수
대강당	5월 22일, 25일	10:00 ~ 13:00	1
중강당	5월 23일, 24일	10:00 ~ 18:00	2
IT교육실	5월 22일	14:00 ~ 18:00	1

사용 숙박시설		
구분	사용일자	사용개수
2인실	5월 22 ~ 24일(2박)	80
4인실	5월 22 ~ 24일(2박)	25

〈실제 사용 내역〉

사용 교육시설			
구분	사용일자	사용시간	사용개수
대강당	5월 22일, 25일	10:00 ~ 16:00	1
중강당	5월 23일, 24일	10:00 ~ 20:00	3
IT교육실	5월 22일	14:00 ~ 18:00	1

사용 숙박시설		
구분	사용일자	사용개수
2인실	5월 22 ~ 24일(2박)	80
4인실	5월 21 ~ 24일(3박)	20

① 20,320,000원 ② 20,400,000원 ③ 22,800,000원
④ 24,400,000원 ⑤ 25,400,000원

27. A는 외부 기관을 대상으로 내부 교육 일정과 겹치지 않으면 시설 사용을 수락하고 안내하는 업무를 한다. 다음 중 A가 시설 이용 신청을 수락할 수 있는 기관은?

〈20X2년 4월 시설 이용 신청 현황〉

기관	사용희망일자	사용희망시설	예상인원
① K 기업	4월 19 ~ 22일	대강당	300명
② L 공사	4월 3 ~ 4일	소강의실	70명
③ P 기업	4월 15일	중강당, 소강의실	270명
④ C 대학교	4월 7 ~ 8일	IT교육실	75명
⑤ B 공사	4월 9 ~ 11일	대강당	240명

28. 시스템 개발회사에 입사한 김○○ 씨는 회사의 전체적 업무에 대해 더 잘 이해하고자 다음과 같은 업무수행 시트를 찾아보았다. 이에 대한 특징으로 옳은 것은?

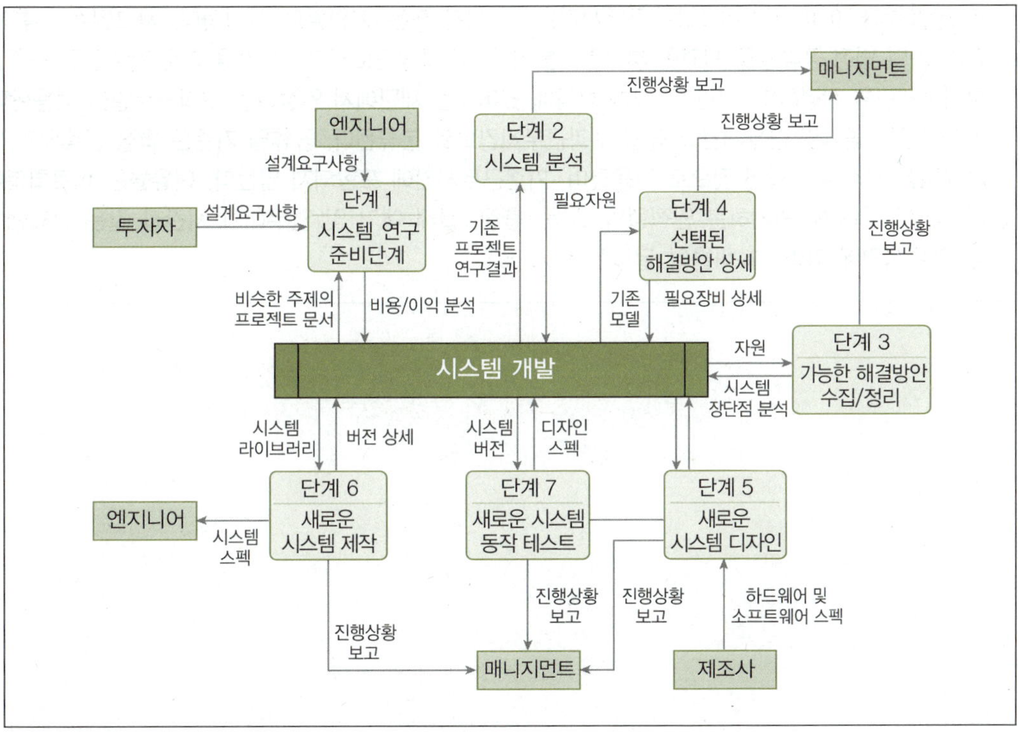

① 단계별로 업무를 수행하는 데 걸리는 시간을 알 수 있다.

② 업무의 각 단계를 효과적으로 수행했는지 스스로 점검해 볼 수 있다.

③ 전체 일정을 한눈에 볼 수 있다.

④ 업무별 수행 수준을 용이하게 확인할 수 있다.

⑤ 일의 흐름을 동적으로 파악할 수 있다.

[29 ~ 30] 다음 글을 읽고 이어지는 질문에 답하시오.

표준근무가능시간은 정원 산정을 위한 가장 기초적인 자료로, 시간 외 근무시간(OT), 사고일수, 여유율 등을 고려하여 산출한다. 각 기관 또는 기업별 정규직에 한하여 적용되며, 표준근무가능시간의 구성형태는 다음과 같다.

<table>
<tr><td colspan="3">365일×1일 근무시간</td></tr>
<tr><td colspan="2">법정 공휴일</td><td rowspan="5">표준근무가능시간</td></tr>
<tr><td colspan="2">시간 외 근무시간</td></tr>
<tr><td colspan="2">사고일수</td></tr>
<tr><td rowspan="2">여유율</td><td>생활여유율</td></tr>
<tr><td>관리여유율</td></tr>
</table>

표준근무가능시간은 (1년 365일－공휴일＋시간 외 근무시간(OT)－휴가 및 사고일수－여유율)로 산출한다. 이때 기준이 되는 근무시간은 각 기관 또는 기업별로 상이하다. 사고일수는 휴가, 연가 등의 법정 공휴일을 제외한 휴가일수를 말한다. 법정근로시간 8시간을 기준으로 연간 표준근무가능시간을 산정하며, 연간 OT시간 적용에 있어서는 재단에서 인정하는 초과근무일을 적용한다. 초과근무는 공휴일 근무시간과 평일 초과근무시간으로 분류된다. 공휴일 기준은 법정 공휴일과 인사규정상 공휴일을 합한 것으로 적용하며, 기준근무시간에 포함되지 않는다. 여유율은 피로회복이나 생리적 욕구에 의거하는 인적행위, 교육, 출장, 결재 대기 및 업무대기 시간과 같은 관리행위 등 업무성격에 따라 그 비율이 달라질 수가 있다.

29. 제시된 글을 참고할 때 업무량 산정에 대한 설명으로 옳지 않은 것은?

① 기준시간은 기관마다 다를 수 있다.
② 근로자의 날은 기준근무시간에 포함하여야 한다.
③ 병원 치료를 위한 휴가는 사고일수로 계산하여야 한다.
④ 공휴일 근무시간과 평일 초과근무시간은 기록하여야 한다.
⑤ 연간 OT시간 적용에 있어서는 재단에서 인정하는 초과근무일을 적용한다.

30. 다음 중 업무량 산정에 대한 이해로 옳지 않은 것은?

① OT시간은 합산해서 계산한다.
② 파견근로자에게는 적용할 수 없다.
③ 사고일수는 차감하고 산정한다.
④ 1년 기준은 365일 근무 기준이다.
⑤ 여유율은 국가에서 정해 놓은 비율을 적용한다.

[31 ~ 33] 다음 제시 상황을 보고 이어지는 질문에 답하시오.

S 백화점에서 근무하는 K는 최근 있었던 회의의 내용을 기록하고 정리하고 있다.

〈20XX년 12월 16일〉

(전략)

A : 올해에는 기업의 부정부패와 관련된 큰 이슈가 있었으므로, '윤리'가 주요 키워드가 되어야 한다고 보는데 다른 분들은 어떻게 생각하십니까?

B : 기업의 사회적 책임을 강조하는 목소리도 높습니다. 저는 사회공헌 사업을 비롯한 '나눔'이 키워드가 되어야 한다고 생각합니다.

C : 두 분의 의견에 대해 모두 동의합니다. 다만 올해에 이미 '윤리경영'을 강조하였으므로 올해는 중복되지 않는 가치에 대해 강조하는 것이 더 좋다고 생각합니다.

A : 좋습니다. 그 외에는 무엇이 좋을까요?

D : 최근 모 기업의 오버부킹 사건이 이슈가 된 만큼 고객에 대한 서비스를 강조할 수 있는 키워드가 포함되어야 한다고 생각합니다.

A : 좋은 의견입니다. 그렇다면 위의 키워드들을 주요 가치로 설정하고, 직원들로부터 공모를 받아 보는 게 어떨까요?

(후략)

〈20XX년 12월 19일〉

B : 피해 조사에 따르면 부정청탁금지법의 여파로 매출에 큰 비중을 차지하는 신년 선물의 매출이 30%가량 줄어들 것으로 예측됩니다. 어떤 대처가 가능할지 의견 바랍니다.

C : 부정청탁금지법의 금액 제한에 맞춘 선물세트를 새로 구성하고, 이에 대해 널리 홍보하는 대처가 우선이라고 생각합니다.

D : 추가적으로 부정청탁금지법의 금액 제한이 상황에 따라 다양하므로 이를 감안해 적절한 상품들을 조합하는 것이 중요해 보입니다. 따라서 이를 담당할 부서를 지정해야 할 것 같습니다.

(후략)

〈20XX년 12월 22일〉

(전략)

A : 다가오는 신년에 일부 인사이동이 있을 것으로 들었습니다. 이에 상응하는 조치가 있어야 한다고 봅니다.

B : 현재 인사팀에서 직원 교육을 담당할 외부 강사를 섭외 중에 있습니다. 인사이동에 따른 직원들의 업무 혼란을 최소화하기 위해서는 교육이 우선적으로 필요하다고 생각합니다.

C : 추가적으로 고려할 사항이 있을까요?

(후략)

31. K가 해당 녹취록의 회의 주제를 일자별로 정리할 때, 가장 적절한 것은?

① 〈20XX년 12월 16일〉 나눔경영 강조
② 〈20XX년 12월 16일〉 고객 서비스 개선 방안
③ 〈20XX년 12월 19일〉 부정청탁금지법 대비사항
④ 〈20XX년 12월 19일〉 신규 선물세트 홍보
⑤ 〈20XX년 12월 22일〉 직원 교육 일정

32. K는 〈20XX년 12월 16일〉의 회의 주제에 따라 직원들로부터 슬로건을 공모받았다. 다음 중 가장 적합한 것은?

① 고객을 향한 열정, 행복한 조직
② 책임 있는 기업, 도덕적인 경영
③ 하나도 윤리, 둘째도 윤리
④ 나누는 경영, 최고의 서비스
⑤ 깨끗한 경영, 나누는 사회

33. 인사팀에서는 다음과 같이 인사개편을 진행하였다. 직원 교육을 위해 외부 강사를 섭외하려고 할 때, 적합하지 않은 강사는?

이름	기존 부서	신규 부서	이름	기존 부서	신규 부서
장승진	경영1팀	경영2팀	한정훈	영업팀	인사팀
이현수	기획1팀	총무팀	박소진	인사팀	기획2팀
김은아	기획2팀	인사팀	현승욱	경영2팀	경영1팀
정성은	경영2팀	마케팅팀	김준석	기획2팀	마케팅팀

※ 1, 2팀으로 나누어진 팀 간의 업무 내용은 동일하다(예 기획1팀, 기획2팀).

	강사명	강의 제목
①	김민준	총무업무일지 작성법
②	송영훈	효과적인 경영전략의 이해
③	유지선	성과 분석 및 전략 수립 방법론
④	이형준	감성 마케팅의 응용과 실천사례
⑤	양진영	인사관리와 사내 복지의 기초

34. ○○기업 기획처 전력개발부에서 일하고 있는 김 대리의 업무 태도가 점점 나빠지고 있다. 김 대리는 업무에 전혀 관심이 없고, 일을 지겨워하는 것이 눈에 보인다. 상사인 당신이 이 상황을 해결하기 위한 방안으로 적절하지 않은 것은?

① 유급 휴가를 주어 재충전할 수 있는 기회를 제공한다.
② 새로 입사한 직원을 직접 교육할 수 있는 기회를 부여한다.
③ 새로운 업무를 맡겨 업무 속도를 변화시킬 수 있게끔 유도한다.
④ 다른 팀원과 함께하는 도전적인 과제를 부여해서 목적의식을 강화한다.
⑤ 현재 맡고 있는 업무에 대한 책임감과 중요성을 상기시켜 긍지를 가지도록 한다.

35. 다음 중 유형별 불만고객에 대한 설명으로 옳지 않은 것은?

① 우유부단한 고객은 타인이 자신을 위해 의사 결정을 내려주길 기다리는 경향이 있다.
② 저돌적인 고객은 상황을 처리하는 데 있어 단지 자신이 생각한 방법밖에 없다고 믿고 타인으로부터 피드백을 받아들이려 하지 않는 경향이 강하다.
③ 전문가형 고객은 자신을 과시하는 스타일의 고객으로, 자신이 모든 것을 다 알고 있는 전문가처럼 행동하는 경향이 짙다.
④ 빈정거리는 고객은 자기 자랑이 심하고 거만하며 남을 깔보는 경향이 있다.
⑤ 호의적인 고객은 사교적, 협조적이고 합리적이면서 진지한 반면에 자신이 하고 싶지 않거나 할 수 없는 일에도 약속을 해서 상대방을 실망시키는 경우가 있다.

36. **고객서비스를 향상시키기 위해서는 기업에 대한 고객의 불만을 해결하는 것이 매우 중요하다. 그러나 고객의 불만 유형은 다양하기 때문에 각 유형에 따른 대응책을 마련해 놓아야 한다. 다음 사례를 보고 나눈 대화로 적절한 내용이 아닌 것은?**

〈불만 유형 사례〉

A 사례 : 화장품 매장을 찾은 한 손님이 직원의 서비스가 마음에 들지 않는다는 불만을 토로하였다. 매니저가 손님에게 다가와 최대한 문제를 해결해 주려 노력했지만 그 손님은 이것저것 트집을 잡으며 계속 불평을 늘어놓았다.

B 사례 : 건강식품 매장을 찾은 한 손님이 상담원의 친절하고 자세한 설명에도 불구하고 계속 의심을 품고 믿지 않았다.

C 사례 : 백화점 구두 매장에 한 여성 손님이 방문하였는데, 그녀는 매장에 진열되어 있는 제품들이 너무 저렴해 보인다면서 가장 고급스러운 구두를 가져오라고 하였다.

D 사례 : 더운 여름날 한 손님이 시원한 음료를 마시려고 카페에 들어갔다. 그런데 직원 혼자 손님들을 상대하느라 주문이 늦어지자 본인의 주문을 빨리 받지 않는다고 거칠게 불만을 터뜨렸다.

① 수민 : A 사례의 고객은 모든 일을 시원스럽게 처리하는 모습을 보이면 해결하기가 수월할거야.

② 영호 : B 사례의 고객은 직원의 자세한 설명에도 계속 의심을 품고 있으므로 분명한 증거나 근거를 제시해서 확신을 줘야 해.

③ 민철 : C 사례의 경우는 손님을 정중하게 대하고 본인의 과시욕을 채울 수 있도록 내버려 두는 것이 가장 좋은 방법이야.

④ 영지 : D 사례의 경우 애매한 화법을 사용하게 되면 오히려 고객의 화를 돋우게 돼.

⑤ 철수 : A 사례의 경우 잠자코 고객의 의견을 경청하고 사과하는 것이 바람직하고 B의 경우는 책임자가 직접 응대하는 것이 좋아.

37. 영업팀 서 대리는 자재 공급업체와 내년도 물량 조달 관련 중요 계약을 체결하고자 한다. 다음 협상 진행 과정에서 서 대리가 저지른 실수는 무엇인가?

> 서 대리는 자재 공급업체에 직접 방문하여 상담을 진행하게 되었다. 회의 자리에는 공급업체 담당자가 사정이 있어 참석하지 못하고 사장과 감사실장이 대신 참석하게 되었다. 서 대리는 공급업체와 계약을 성사시켜 다음 날 발주서를 전달하고자 하였으나 공급업체 담당자가 계약상 미비한 점이 있다며 2차 상담을 진행할 것을 요청하였고, 공급업체는 2차 상담에서 자재 공급가격 조정이라는 요구사항을 새롭게 들고나오게 되었다.

① 준비되기 전에 협상을 진행하였다.
② 특정 입장만 고집하며 협상을 진행하였다.
③ 설정한 목표와 한계에서 벗어나 협상을 진행하였다.
④ 협상 타결에 초점을 맞추지 못하였다.
⑤ 적절하지 않은 상대와 협상을 진행하였다.

38. 다음과 같이 고객이 불만을 표시했을 때 조 대리가 대응할 말로 가장 적절한 것은?

> ◇◇가전은 지난여름에 자사 이벤트에 응모한 고객들을 대상으로 총 50건의 사은품을 발송하였다. 그런데 그중 한 고객이 자신이 받기로 한 사은품이 아닌 다른 사은품이 왔다고 고객센터에 전화를 했다. 고객센터에서는 해당 고객에게 반품절차를 안내하며 반송비용은 고객이 부담해야 함을 전했고, 고객은 사은품을 반송하는데 왜 자신이 반송비용을 부담해야 되냐며 화를 냈다. 결국 이벤트 담당자인 조 대리가 고객과 직접 통화를 하여 반송비용을 부담하는 대신 문자로 모바일 상품권을 보내 드리기로 하고 고객 반송비용 관련 건을 마무리하였다.

① 오늘 발송된 사은품의 반송건에 대한 비용 부담으로 불편을 드려 죄송합니다.
② 제품안내가 미흡했던 점 정중하게 사과드립니다.
③ 앞으로는 반품에 대한 안내를 정확히 하겠습니다.
④ 앞으로는 모바일 상품권으로 사은품을 지급하겠습니다.
⑤ 앞으로 이벤트 시 반송비용이 발생할 수 있음을 공지하겠습니다.

39. 다음 사례에 나타난 불만고객 대처 방안으로 적절한 것은?

사례

상담원 : 감사합니다. 고객님께 행복을 전해드리는 K 전자 상담원 김○○입니다. 무엇을 도와드릴까요?

A 고객 : 네, 제가 며칠 전 매장에서 산 카메라가 불량품이 아닌지 의심되네요.

상담원 : 네, 고객님. 어떤 문제가 있는지 알 수 있을까요?

A 고객 : 아니 문제가 생긴 건 아니고. 글쎄 당신들 설명을 듣고 사긴 했는데 어째 장사하는 사람들이 자기들 물건 괜찮다고 하는 말을 믿을 수 있어야지…. 사진도 뭔가 흐릿하니 내가 원하는 대로 잘 안 나온다 싶고. 하여튼 무상 A/S 기간 6개월이래서 사긴 했는데 불량품인가 의심도 되고 내가 제대로 샀나 의심도 되네요.

상담원 : …….

① 이야기를 무시하고 마무리한다.
② 불만 사항을 경청하고, 맞장구치고, 사과하고 설득한다.
③ 정중하게 대하고, 고객의 과시욕이 채워지도록 내버려둔다.
④ 분명한 증거, 근거를 제시하여 고객 스스로 확신을 갖도록 한다.
⑤ 애매한 화법을 피하고 해당 사안을 시원스럽게 처리하는 모습을 보인다.

40. A 기업 김 부장은 조직에 갈등이 발생할 조짐이 보이면 미리 조치를 취해 갈등을 방지할 수 있다고 생각한다. 이를 위해 김 부장은 각 부서의 팀장들과 논의하여 부서 내 행동 지침을 정해 〈보기〉와 같은 기본 원칙을 작성하였다. 다음 중 적절하지 않은 것은?

보기

㉠ 다른 직원을 존중하는 입장으로 명확히 말한다.
㉡ 서로 간의 의견 차이는 인정하고 상대방의 입장을 이해한다.
㉢ 하나의 문제에 대해 모든 사람들이 나름의 의견을 가지고 있다는 점을 인식한다.
㉣ 조금의 의심이 발생할 경우에는 팀원을 믿고 현재 상태 그대로 업무를 진행한다.
㉤ 다른 팀원과 갈등이 발생할 경우 당사자가 아닌 상위의 직급에게 우선적으로 상의한다.

① ㉠, ㉡ ② ㉠, ㉢ ③ ㉡, ㉣
④ ㉢, ㉤ ⑤ ㉣, ㉤

7회 기출예상문제

문항수 : 40 문항

문항시간 : 40 분

▸ 정답과 해설 48쪽

01. 다음은 〈보기〉의 글을 읽고 동사무소 직원들이 나눈 대화이다. 빈칸에 들어갈 문장으로 알맞은 것은?

보기

키오스크(Kiosk)란 '신문, 음료 등을 파는 매점'을 뜻하는 영어단어로, 정보통신에서는 정보서비스와 업무의 무인 · 자동화를 통해 대중들이 쉽게 이용할 수 있도록 공공장소에 설치한 무인단말기를 말한다. 공공시설, 대형서점, 백화점이나 전시장, 또는 공항이나 철도역 같은 곳에 설치되어 각종 행정절차나 상품정보, 시설물의 이용방법, 인근지역에 대한 관광정보 등을 제공한다. 대부분 키보드를 사용하지 않고 손을 화면에 접촉하는 터치스크린을 채택하여 단계적으로 쉽게 검색할 수 있다. 이용자 편의를 제공한다는 장점 외에도 정보제공자 쪽에서 보면 직접 안내하는 사람을 두지 않아도 되기 때문에 인력절감 효과가 크다. 특히 인터넷을 장소와 시간에 구애받지 않고 쓸 수 있는 인터넷 전용 키오스크가 관심을 끌고 있다.

A 씨 : 요즘 각종 증명서도 키오스크를 통해 발급받을 수 있어서 민원 업무 처리 직원이 줄어들고 있어.

B 씨 : 맞아. 민원인들도 차례를 기다리는 대기 시간이 짧아져서 키오스크 사용을 선호하는 편이야.

C 씨 : 하지만 (   )

D 씨 : 게다가 점자나 음성이 지원되지 않는 점 때문에 시각장애인들도 불편을 호소하고 있어. 이 문제점에 대한 개선이 필요해.

① 키오스크가 모든 사람을 대체하기에는 아직 기술적인 한계가 있어.

② 기술이 발달함에 따라 키오스크에서 발생할 수 있는 오류가 줄어들고 있어.

③ 중요한 업무 처리에서 키오스크 도입의 부작용에 대한 우려의 목소리도 나오고 있어.

④ 디지털 기기에 익숙하지 않은 일부 시민들은 키오스크 이용에 어려움을 느끼기도 해.

⑤ 터치스크린의 직관적인 조작 방식으로 누구나 쉽게 키오스크를 이용할 수 있어.

[02 ~ 03] 다음 글을 읽고 이어지는 질문에 답하시오.

야외활동 시 진드기 각별히 조심해야!

㉠ 평택시에서 최근 중증열성혈소판감소증후군(SFTS)에 걸린 것으로 의심되던 환자가 사망하였다. 평택시 보건소는 지난달 말경에 사망한 양○○ 씨(73, 여)의 경우 중증열성혈소판감소증후군에 걸린 것으로 의심된다고 밝혔다. 당시 양○○ 씨는 밭에서 진드기에 물린 것으로 알려졌다. ㉡ 양○○ 씨는 이달 초 밭일을 한 뒤 발열과 무기력 증세를 보이다가 사망하였다. 당 보건소는 이에 따라 중증열성혈소판감소증후군의 위험성을 홍보하고 이를 방지하기 위한 대책마련에 나섰다. ㉢ 보건소 관계자 김○○ 씨(44)는 '농촌주민들의 경우 진드기 위험성에 대한 인식이 낮아 이에 대한 경각심을 높이기 위해 노력을 다할 계획'이라고 말했다. 밭일을 하는 경우나 숲에 들어가는 경우 긴 옷을 입고, 일을 마친 후에는 반드시 옷을 세탁하는 등 진드기 예방을 위한 조치를 다할 것을 당부하고 있다. 특히 진드기가 붙기 쉬운 머리카락, 귀 주위, 다리 등을 중심으로 하여 조치를 취하고, 야외활동 후 6 ~ 13일이 경과한 후 고열, 두통, 설사, 피로감 등의 증상이 있으면 의료기관 등을 방문하여 검사를 받는 것이 좋다고 말한다.

㉣ 중증열성혈소판감소증후군(SFTS)은 작은소참진드기를 매개로 하는 바이러스성 감염병이다. 중증열성혈소판감소증후군은 작은소참진드기가 주로 활동하는 4월경부터 11월경에 많이 발생하므로 이 시기에 특별한 주의가 요구된다. 또한, 활동이 왕성한 4월부터 11월까지 특히 주의해야 한다. ㉤ 특히 중증열성혈소판감소증후군의 경우 예방백신 및 치료제가 없으므로 진드기에 물리지 않는 것이 무엇보다 중요하다.

02. 위 기사문에서 밑줄 친 ㉠ ~ ㉤ 중 글 전체의 중심 내용으로 적절한 것은?

① ㉠ ② ㉡ ③ ㉢
④ ㉣ ⑤ ㉤

03. 다음 중 위의 기사가 전달하고자 하는 바를 이해한 의견으로 적절한 것은?

① 요즘은 의학이 발달해서 못 고치는 병이 없으니 진드기에 물리는 건 괜찮아.
② 4월에서 11월 사이 야외활동을 한 사람이 고열이 나면 진드기에 물렸는지 물어봐야겠군.
③ 전염병이 있다고 하니 평택시에는 당분간 방문하지 않는 것이 좋겠어.
④ 사망한 환자는 나이가 많아서 사망한 것이니, 면역력이 강한 젊은이들은 조심하지 않아도 돼.
⑤ 머리카락에 진드기가 붙기 쉽다 했으니 머리가 짧은 군인들은 진드기에 물리지 않겠구나.

[04 ~ 05] 다음 글을 읽고 이어지는 질문에 답하시오.

"우리나라는 민주주의 국가이고 민주주의는 대화와 토론을 통해 문제를 해결하려는 합리적인 관용과 타협의 정신을 지닌 다수에 의한 지배이다."라는 말을 어릴 적부터 많이 들어왔다. 그러나 작금의 사회에서 민주적 과정과 그 가치에 대한 존중을 찾아보기란 쉽지 않다. 여의도에도, 캠퍼스에도 '대화'보다는 '대립'이 난무한다. 대립을 전제로 한 대화로 어찌 상대를 이해하려 하는가. 그렇다면 진정한 대화란 무엇인가. 대화란 '말을 하는 것'이 아니라 '듣는 것'이라 한다.

'듣는 것'에는 다섯 가지가 있다. 첫 번째는 '무시하기'로, 가정에서 아버지들이 자주 취하는 듣기 자세다. 아이들이 호기심을 갖고 아버지에게 말을 건네면 대체로 무시하고 듣지 않는다. 남이 이야기하는 것을 전혀 듣지 않는 것이다. (가) 두 번째는 '듣는 척하기'다. 마치 듣는 것처럼 행동하지만 상대가 말하는 내용 중 10% 정도만 듣는다. 부부간 대화에서 남편이 종종 취하는 자세다. 부인이 수다를 떨며 대화를 건네면 마치 듣는 것처럼 행동하지만 거의 듣지 않는 태도가 이에 해당한다. 세 번째는 '선택적 듣기'다. 이는 상사가 부하의 말을 들을 때 취하는 자세로 어떤 것은 듣고 어떤 것은 안 듣는 자세다. 민주적 리더십보다는 전제적인 리더십을 발휘하는 사람일수록 이런 경험이 강하다. 상대가 말하는 내용 중 30% 정도를 듣는 셈이다. (나) 네 번째는 '적극적 듣기'다. 이는 그나마 바람직한 자세라고 할 수 있다. 상대가 말을 하면 손짓, 발짓을 해 가며 맞장구를 쳐 주고 적극적으로 듣는 것이다. 그러나 귀로만 듣기 때문에 상대가 말한 내용 중 70% 정도만 듣는 데 그친다. (다) 다섯 번째는 ㉠<u>'공감적 듣기'</u>다. 귀와 눈 그리고 마음으로 듣는 가장 바람직한 자세다. 상대의 말을 거의 90% 이상 듣는다. 연애할 때를 회상해 보라. 상대가 말하는 내용을 자신의 이야기처럼 마음을 열고 들었던 기억이 있을 것이다.

우리 주변 대화에서 '공감적 듣기'를 발견하기란 여간 어려운 것이 아니다. 모든 일이 잘 이뤄지기 위해서는 자신의 주장을 피력하기보다 듣는 것부터 잘해야 한다. 모든 대인 관계는 대화로 시작한다. 그러나 대화를 하다 보면 남의 말을 듣기보다 자신의 말을 하는 데 주력하는 경우가 많다. (라) 이러한 것을 모르는 것인지 아니면 알면서도 간과하는 것인지, 유독 우리 사회에는 '고집'과 '자존심'을 혼동해 고집을 앞세워 상대의 말에 귀 기울이지 않는 이가 많다. '고집'과 '자존심'은 전혀 다른 개념이다. '고집'은 스스로의 발전을 막는 우둔한 자의 선택이고 '자존심'은 자신의 마음을 지키는 수단이기 때문이다. (마) 자존심을 간직하되 고집을 버리고 인간관계에서 또는 대화에서 '듣는 것'에 집중한다면 한국사회가 좀 더 합리적인 단계로 발전하지 않을까.

"말을 배우는 데는 2년, 침묵을 배우는 데는 60년이 걸린다."라고 했다. 상대가 누구든지 대화에서 가장 중요한 것은 유창한 '말하기'보다 '듣기'이다. 한자 '들을 청(聽)'은 '耳, 王, 十, 目, 一, 心'으로 구성돼 있다. 어쩌면 이것은 "왕(王)처럼 큰 귀(耳)로, 열 개(十)의 눈(目)을 갖고 하나(一)된 마음(心)으로 들으라."는 의미는 아닐까.

04. 다음 중 윗글의 ㉠에 해당하는 사례로 적절한 것은?

① 오 대리는 신입사원이 점심메뉴로 김치찌개가 어떻냐는 제안을 듣고 자신도 좋아한다며 적극적으로 의사를 밝혔다.

② 박 대리는 회식 자리에서 직장 상사의 비위를 맞추기 위해 듣기 싫은 이야기도 고개를 끄덕이고 맞장구를 치며 열심히 들었다.

③ 윤 대리는 회사 축구대회에서 자신의 실수로 실점을 해 괴로워하는 동료의 이야기를 듣고 남자가 뭐 그런 걸로 우느냐며 핀잔을 주었다.

④ 송 대리는 신입사원과 대화를 하는 중 자신에게 불리한 내용은 반응하지 않고 자신에게 유리한 내용에는 적극적으로 반응하며 들었다.

⑤ 강 대리는 여자친구와 헤어져 힘들어 하는 신입사원의 이야기를 듣고 얼마나 힘든지, 아픈 곳은 없는지 묻고 걱정된다고 이야기했다.

05. 윗글의 (가) ~ (마) 중 문맥상 다음 내용이 들어갈 위치로 적절한 것은?

이러한 경우 대화가 원활히 이뤄지기 어렵다. 효과적인 대화를 하려면 우선 잘 들어주는, 경청하는 자세가 중요하다. 상대의 말을 잘 들어주는 사람을 싫어할 리 없고 이런 사람은 주변으로부터 신뢰를 받는다.

① (가) ② (나) ③ (다)
④ (라) ⑤ (마)

06. 다음 중 신체언어의 산출기능에 관한 예시로 알맞은 것은?

① 철수는 말주변이 좋아 대중 앞에서 연설을 잘한다.
② 승한이는 라디오를 통해 날씨 방송을 듣는다.
③ 세영이와 영서는 소음을 유발하지 않기 위해 수업 시간에 쪽지를 주고받으며 대화한다.
④ 성욱이는 TV에서 소리가 나지 않아 자막만 보며 영화 내용을 이해하고 있다.
⑤ 민지는 외국에서 언어가 통하지 않아 외국인에게 몸짓으로 길을 물어봤다.

07. 다음은 같은 회사에서 일했던 P 씨와 S 씨가 우연히 길에서 만나 나눈 대화이다. ㉠~㉥ 중 의사소통의 친교적 기능으로 분류할 수 있는 담화 내용을 모두 고른 것은?

> P 씨 : 아, 오랜만이네. ㉠ 어디 가는 중이야?
> S 씨 : 반갑다. ㉡ 점심 먹었어?
> P 씨 : ㉢ 요즘도 거기서 근무하지?
> S 씨 : 응, 휴가 다녀와서 오늘 복귀했더니 정신이 없네.
> P 씨 : ㉣ 어디 다녀왔는데?
> S 씨 : 제주도에 다녀왔어.
> P 씨 : 좋았겠네.
> S 씨 : ㉤ 다음에 한번 식사나 하지.
> P 씨 : 그래, ㉥ 조만간 전화하자.

① ㉠, ㉡, ㉢, ㉤ ② ㉠, ㉡, ㉣, ㉤ ③ ㉠, ㉡, ㉤, ㉥
④ ㉡, ㉢, ㉤, ㉥ ⑤ ㉡, ㉣, ㉤, ㉥

08. 다음과 같은 문서를 작성할 때의 설명으로 적절한 것은?

> **행 정 기 관 명**
>
> 수신자
> (경유)
> 제목
>
> ---
>
> 내용
>
> 붙임
>
> **발 신 명 의**
>
> ---
>
> 기안자　　　　　　　　　　검토자　　결재권자
> 협조자
> 시행 처리과명－연도별 일련번호(시행일)　　접수 처리과명－연도별 일련번소(접수일)
> 우　　　도로명 주소　　/ 홈페이지 주소
> 전화 (　) 팩스 (　)　　/ 기안자 전자우편주소 / 공개구분

① 행정기관 상호 간 또는 대외적으로 공무상 작성 · 시행되는 문서이나 그 형식에는 아무런 제한이 없다.

② 일반적으로 핵심내용뿐만 아니라 가능한 한 많은 내용을 담아내야 하므로 장황하더라도 최대한 자세히 적어야 한다.

③ 날짜의 표기는 숫자로 하되, 연 · 월 · 일의 글자는 생략하고 그 자리에 쌍점을 찍어 표시한다.

④ 날짜 다음에 괄호를 사용하여 요일을 표기할 때에는 괄호가 끝난 곳에 마침표를 찍는다.

⑤ 행정기관의 장의 권한인 경우에는 해당 행정기관장의 명의로 발신한다.

09. 윤석이 산을 오를 때는 3km/h로 A 경로를 이용하였고, 내려올 때는 4km/h로 B 경로를 이용하였더니 총 1시간 30분이 소요되었다. A 경로와 B 경로를 합친 등산 거리가 5.2km였다면, B 경로의 길이는?

① 2.2km ② 2.4km ③ 2.8km
④ 3km ⑤ 3.5km

10. 어떤 극장의 1일 평균 관람객 수는 12,000명, 상영료는 8,000원이다. 만일 상영료를 x% 인상했을 때 1일 평균 관람객 수가 가격 인상 전보다 $\frac{x}{2}$% 감소한다면, 1일 평균 상영료를 전보다 612만 원 더 많이 얻기 위해서는 상영료를 몇 % 인상해야 하는가?

① 12% ② 15% ③ 17%
④ 25% ⑤ 30%

11. 서로 다른 5개의 교과서를 책장에 꽂을 때 특정한 3권이 이웃하도록 꽂는 방법은 몇 가지인가?

① 24가지 ② 32가지 ③ 36가지
④ 45가지 ⑤ 50가지

12. 유 사원은 사내 운동회에서 입을 티셔츠를 구매하려고 한다. 빨강, 파랑, 노랑, 주황, 검정 총 5가지 색상 중 3가지 색상을 선택해 구매한다고 할 때, 선택할 수 있는 색상 조합은 몇 가지인가?

① 10가지 ② 15가지 ③ 20가지
④ 25가지 ⑤ 30가지

13. H 제과회사는 제품 A를 3개 라인에서 동시에 생산하고 있다. 생산 라인의 상황이 다음과 같을 때 이 공장의 하루 생산량 전체의 불량률은 얼마인가? (단, 소수점 아래 셋째 자리에서 반올림한다)

- 1번 라인은 하루에 5,000개의 제품을 생산한다.
- 2번 라인은 1번 라인보다 10% 더 많은 제품을 생산하며, 3번 라인은 2번 라인보다 500개 더 적은 제품을 생산한다.
- 하루 생산량의 불량률은 1번 라인 0.8%, 2번 라인 1%, 3번 라인 0.5%이다.

① 0.76% ② 0.77% ③ 0.78%
④ 0.79% ⑤ 0.80%

14. 농도가 A%인 소금물 200g에 물을 더 넣어 B%의 소금물을 만들기 위해서는 몇 g의 물을 더 넣어야 하는가?

① $\frac{200(A-B)}{B}$g ② $\frac{50A-200B}{B}$g ③ $\frac{200(A-B)}{AB}$g
④ $\frac{A-100B}{AB}$g ⑤ $\frac{50(A-B)}{AB}$g

15. 어떤 부서에서 자료 입력을 화요일부터 토요일까지 5일간 나누어 진행하기로 하였다. 화요일은 전체의 $\frac{1}{6}$, 수요일은 전체의 $\frac{19}{42}$의 데이터를 입력하였다. 그런데 목요일 작업 시작 전에 나머지의 $\frac{1}{8}$에 해당하는 자료가 새로 추가되었다. 추가분을 포함한 나머지 자료를 목요일에서 토요일까지 3일간 균등히 나누고자 한다면, 토요일에 입력할 자료는 화요일의 몇 배인가?

① $\frac{5}{6}$배 ② $\frac{6}{7}$배 ③ $\frac{7}{6}$배
④ $\frac{6}{5}$배 ⑤ $\frac{18}{7}$배

[16 ~ 17] 다음 자료를 보고 이어지는 질문에 답하시오.

의사결정트리(Decision Tree)는 알고리즘 내 데이터를 분석한 결과 중 예측 가능한 규칙들의 조합으로, 주로 알고리즘의 내용을 시각적으로 표현하여 의사결정 방향을 증명한다. 의사결정에 영향을 주는 주요 조건이 트리의 뿌리를 만들고 그 외 세부적인 내용들이 가지가 되며 해결 방안은 트리의 잎으로 나타난다.

〈삶에 대한 만족도에 대한 의사결정트리〉

(단위 : 점)

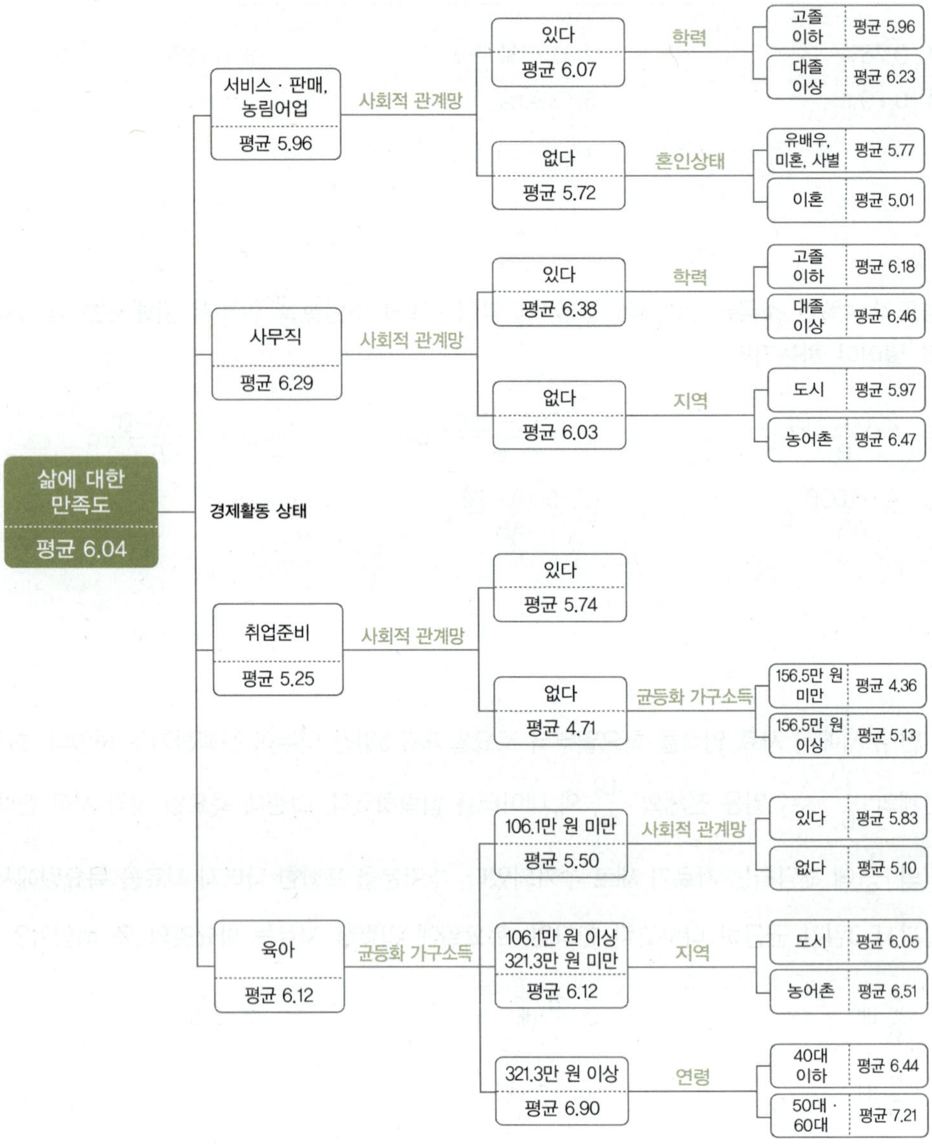

16. S 연구소는 위의 의사결정트리 자료를 통하여 5개의 집단을 집중 분석하고자 한다. 다음 중 삶에 대한 만족도 평균 점수가 가장 낮은 집단은?

① 취업준비를 하면서 사회적 관계망이 없는 집단
② 농림어업직에 종사하면서 사회적 관계망이 없는 집단
③ 사무직에 종사하면서 사회적 관계망이 없고 농촌에 거주하는 집단
④ 서비스 · 판매직에 종사하면서 사회적 관계망이 없고 이혼한 집단
⑤ 육아를 하면서 가구소득이 106.1만 원 미만이고 사회적 관계망이 없는 집단

17. 위의 의사결정트리 자료에서 집단별로 삶에 대한 만족도 점수의 정도를 구분하기 위한 지표가 아닌 것은?

① 혼인상태
② 연령과 학력
③ 경제활동 상태
④ 균등화 가구소득
⑤ 고용형태

18. 다음은 우리나라 가구 수에 관한 자료이다. 〈보기〉 중 자료에 대한 해석으로 옳은 것은 모두 몇 개인가?

〈우리나라 평균 가구원 수 및 1인 가구 비율〉

(단위 : 명, %)

구분	1990년	1995년	2000년	2005년	2010년	2015년	2020년
평균 가구원 수	4.47	4.08	2.74	3.42	3.12	2.88	2.76
1인 가구 비율	4.5	6.7	9.1	12.9	16.3	20.4	23.8

〈1인 가구와 4인 이상 가구의 비율 예상 추이(2030년, 2035년은 예측치)〉

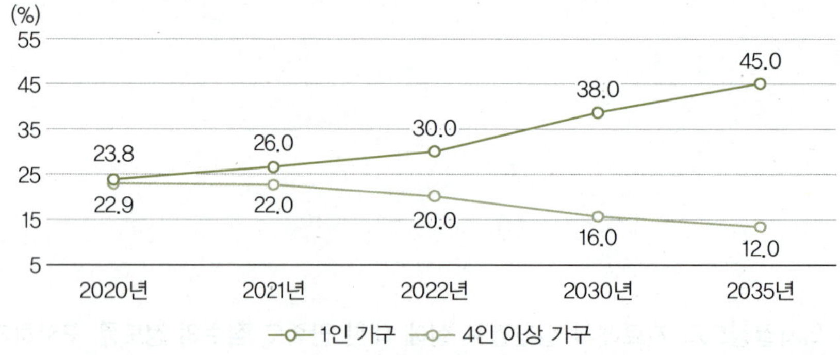

보기

㉠ 2021년 평균 가구원 수는 최소 2.13명이다.
㉡ 1990년 이후 평균 가구원 수는 5년마다 꾸준히 감소하였다.
㉢ 2022년 2 ~ 3인 가구의 비율은 전체 가구에서 절반 이하이다.
㉣ 2005년 1인 가구 비율은 2000년 대비 50% 이상 증가하였다.

① 0개　② 1개　③ 2개　④ 3개　⑤ 4개

19. A ~ E 다섯 팀이 야구 리그전을 펼친 〈결과〉가 다음과 같을 때, 4위에 오른 팀은?

결과

- A ~ E 모든 팀이 각각 한 경기씩 펼쳤고, 무승부 없이 승패가 갈렸다.
- A 팀은 D 팀을 이겼다.
- B 팀은 A 팀을 이겼고, E 팀에게 졌다.
- C 팀은 총 4승을 거두었다.
- 모든 팀은 승률이 다르다.

① A 팀 ② B 팀 ③ C 팀
④ D 팀 ⑤ E 팀

20. A ~ E는 각각 독일어, 스페인어, 일본어, 중국어 중 1개 이상의 언어를 구사할 수 있다. 다음 진술이 모두 참일 때, E가 구사할 수 있는 언어를 모두 고르면?

A : 내가 구사할 수 있는 언어는 C와 겹치지 않아.
B : 나는 D가 구사할 수 있는 언어와 독일어를 제외한 언어를 구사할 수 있어.
C : 나는 스페인어를 제외한 나머지 언어를 구사할 수 있어.
D : 내가 구사할 수 있는 언어는 A와 동일해.
E : 나는 B와 C를 비교했을 때 C만 구사할 수 있는 언어만 구사할 수 있어.

① 독일어 ② 스페인어
③ 독일어, 스페인어 ④ 일본어, 중국어
⑤ 독일어, 일본어, 중국어

21. 5명의 투자자가 3개의 회사 A, B, C 중 한 곳에 투자하기 위해 투표를 진행하여 그중 다수의 의견을 따르려고 한다. 다음 〈정보〉에 대한 진위 여부는 정확하지 않다고 할 때, 〈보기〉의 추론 중 옳지 않은 것을 모두 고르면?

조건

- 모든 투자자들은 투표를 해야 하며, 무효표는 없다.
- 각 회사는 투자자들로부터 1표도 못 받을 수 있으며, 같은 수의 투표수를 받은 회사는 없다.

정보

1. 과반수가 회사 B에 투표하였다.
2. 3명의 투자자들이 회사 A에 투표하였다.
3. 회사 B와 회사 C에 투표한 인원수를 합한 것이 회사 A에 투표한 인원보다 적다.

보기

㉠ 정보 2가 참이라면 정보 1도 참이다.
㉡ 정보 1이 참이라면 정보 3도 참이다.
㉢ 정보 3이 참이라면 정보 1도 참이다.
㉣ 정보 3이 참이라면 정보 2는 항상 참이다.

① ㉠, ㉣ ② ㉡, ㉢ ③ ㉠, ㉡, ㉢
④ ㉠, ㉡, ㉣ ⑤ ㉠, ㉡, ㉢, ㉣

22. 다음 중 소프트 어프로치(Soft Approach)에 관한 설명으로 옳지 않은 것은?

① 결론이 애매하게 끝나는 경우가 발생한다.
② 직접적인 표현보다는 시사나 암시를 통해 의사를 전달한다.
③ 상이한 문화적 토양을 가지고 있는 구성원을 가정하며 적극적으로 토론하여 문제를 해결한다.
④ 권위나 공감에 의지한 타협과 조정을 통하여 해결을 도모한다.
⑤ 서로의 감정이 상하지 않는 선에서 이심전심을 유도하고자 한다.

23. 다음은 로직트리를 사용하여 제품개발 지연 문제의 원인과 해결방안을 도출한 것이다. ㉠ ~ ㉥ 중 옳지 않은 것을 모두 고르면?

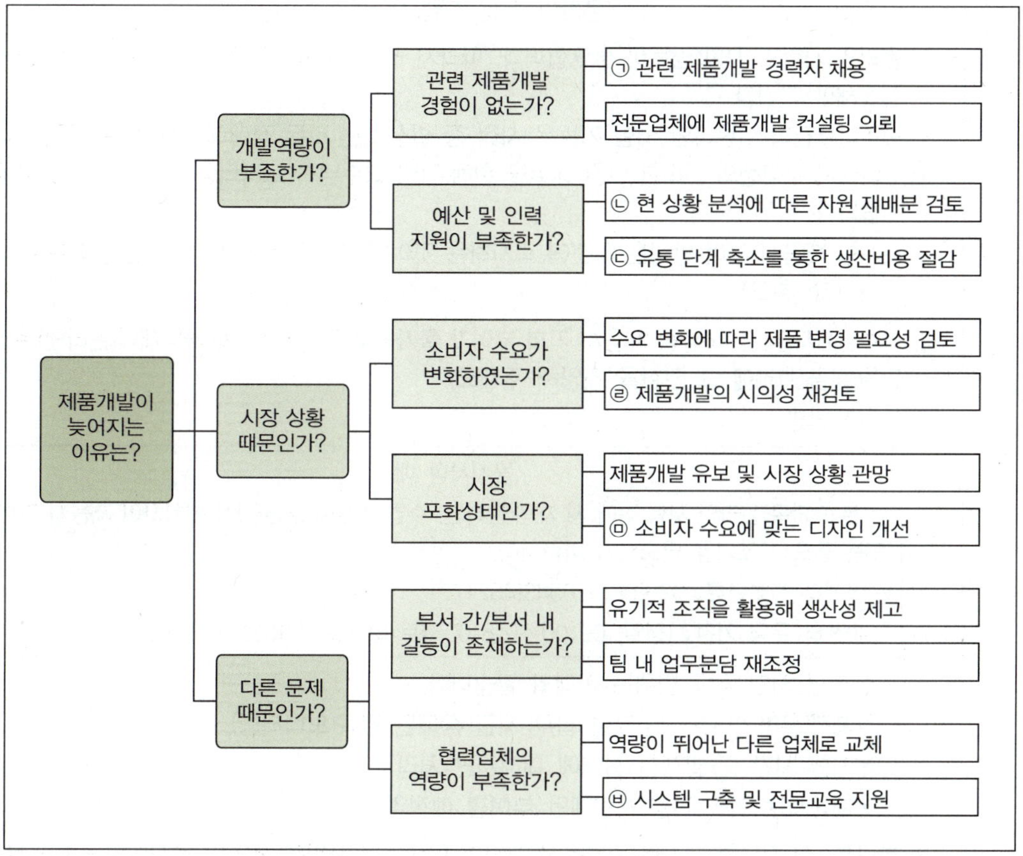

① ㉠, ㉢ ② ㉠, ㉥ ③ ㉡, ㉣

④ ㉢, ㉤ ⑤ ㉣, ㉥

24. 다음 중 C 교수에게 배부된 온라인 시험 진행 유의사항을 이해한 내용으로 옳지 않은 것은?

〈온라인 시험 진행 유의사항〉

1. 온라인 시험도 시험 감독이 필요합니다. 따라서 해당 시간에 직접 시험 감독(모니터링)을 실시해야 합니다.
   - 스마트캠퍼스 온라인 시험 기능은 시험 중 발생하는 모든 장애에 대비할 수 없습니다. 따라서 수강생의 신속한 민원 해결을 위해 담당 교수님이 모니터링을 실시하는 것이 좋습니다.
   - 시험 재응시 부여 방식은 사전에 숙지하는 것이 좋습니다(온라인 시험 설정 매뉴얼 10 ~ 15p 참조).
2. 교수님께서 직접 시험 중 재응시 기회 부여가 불가능할 경우, 교육혁신원 재택(온라인) 수업 민원실(콜센터)에 그 권한을 위임해 주세요.
   - 위임방법

> 〈공지사항 예시〉
>
> 본 교과목 온라인 시험 장애 시 재택(온라인) 수업 민원실(콜센터)에 전화하여 재응시 기회 또는 필요한 조치를 받으시기 바랍니다.
>
> - 콜센터 전화번호 : 02-987-6543(4321)
> - 콜센터 운영 기간 : (평일) 09:00 ~ 18:00, (토/일요일) 09:00 ~ 15:00

   - 온라인 시험 감독 범위는 아래와 같습니다.
     - 재택(온라인) 수업 민원실 업무 시간 중에만 감독(모니터링) 진행
     - 시험 시간 중 발생한 장애에 대해서만 처리
     - 재응시는 퀴즈 진행 시간에만 부여할 예정임.
3. 본 시험 전 간단한 테스트 퀴즈를 설정하여 학생들이 사전에 본인의 응시환경을 테스트할 수 있도록 조치해 주세요.
4. 시험은 반드시 1페이지에 1문제씩 설정해 주세요.
   - 시험 중 인터넷이 끊길 경우 데이터 소실이 최소화됩니다.
5. 특정시간에 시험 응시 인원이 많을 경우, 시간 변경 요청을 진행할 수 있습니다. 이 경우 협조하여 주시기 바랍니다.
6. 과목별 공지사항에 〈온라인 시험 응시 학습자 매뉴얼 안내〉를 게시하여 학생들이 이를 충분히 숙지할 수 있도록 안내해 주세요.

① 온라인 시험일지라도 교수 본인이 직접 시험 감독하는 것이 권장된다.
② 재응시 부여 방식은 별도로 배부된 온라인 시험 설정 매뉴얼에서 찾을 수 있다.
③ 재응시 기회 부여가 곤란할 경우 C 교수는 어느 시간이든 02-987-4321로 전화를 걸면 된다.
④ 시험을 실시하기 전에 미리 응시환경을 점검할 수 있도록 해야 한다.
⑤ 온라인 시험 도중 인터넷이 끊길 수 있으므로 이에 대한 대비를 해야 한다.

25. 신입사원 공채 면접 과정에서 면접관이 지원자에게 다음과 같이 질문하였다. 적절하지 않은 답변을 한 지원자는?

> 면접관 : 공원에 서로 모르는 사람 3명이 산책 중입니다. 이 사람들을 왜 조직이라 할 수 없는지 말해 볼까요?
>
> 김종로 : 공원에서 산책을 하는 사람들은 공통 목적이 존재하지 않기 때문에 조직이라 할 수 없습니다.
>
> 이송파 : 수직적 분화가 이루어지지 않고 수평적 분화가 일어나고 있으므로 조직으로 볼 수 없습니다.
>
> 박은평 : 저 3명 사이에는 어떠한 권한 체계를 발견할 수 없으므로 조직으로 볼 수 없습니다.
>
> 최용산 : 조직구성원의 성, 양육과정, 나이, 직업 등에 따라 형성되는 조직문화가 존재하지 않으므로 조직이라 할 수 없습니다.
>
> 정마포 : 공원에서 산책을 하는 3명은 협동적인 노력을 하지 않고 있습니다. 따라서 조직이 아닙니다.

① 김종로 ② 이송파 ③ 박은평
④ 최용산 ⑤ 정마포

26. 다음은 환경 불확실성에 따른 조직설계와 관련된 내용이다. (가)에 해당하는 내용으로 적절하지 않은 것은?

		환경의 복잡성	
		단순	복잡
환경의 동태성	안정적		
	동태적	(가)	

① 계획지향적 ③ 다소 높은 불확실성
③ 유기적 조직 ④ 낮은 차별화와 적은 통합방법
⑤ 소수의 변경조직

27. 다음 중 ㉠에 들어갈 경영전략으로 적절한 것은?

> A 기업은 다양한 제품라인을 전 세계에 선보이고 있는 다국적 기업이다. A 기업은 R&D를 기업의 근본으로 삼고, 전 제품라인에 걸쳐 제품의 품질향상을 위해 R&D에 대한 투자를 아끼지 않는다. 또한, 시장 경쟁에서 우위를 점하기 위해 자사만의 강력하고 독특하며 호의적인 브랜드 이미지를 창출하고 유지하는 것에 우선적인 목표를 두고 전략을 기획 및 실행하며, 출시된 제품들에 대해서는 폭넓은 서비스를 고객들에게 제공한다. 마이클 포터(Michael E. Porter)가 제시한 다양한 경영전략 중 A 기업의 경영전략은 (㉠)에 해당한다고 볼 수 있다.

① 차별화 전략 ② 집중화 전략 ③ 다각화 전략
④ 원가우위 전략 ⑤ 벤치마킹

28. 다음 (가) ~ (마)를 기업의 글로벌화 과정에 따라 순서대로 나열한 것은?

> (가) 해외시장의 중요성이 점차 부각되면서 국내시장에서 나아가 일부 해외시장에서의 판매를 시도하는 단계이다.
> (나) 국내시장에서 사업의 영위가 이루어지는 단계이다.
> (다) 해당 국가에서의 마케팅 활동을 비롯하여 자체적인 생산시설까지 갖추는 단계이다.
> (라) 기초적인 수출방식에서 나아가 마케팅 현지 법인 등을 통하여 현지의 마케팅 활동에 적극적으로 개입하는 단계이다.
> (마) 세계 각지의 복수의 생산시설 및 복수의 해외시장 간 유기적 연결 관계를 특징으로 하는 단계이다.

① (가)－(나)－(다)－(라)－(마) ② (가)－(다)－(라)－(나)－(마)
③ (나)－(가)－(라)－(다)－(마) ④ (나)－(다)－(가)－(라)－(마)
⑤ (나)－(라)－(가)－(다)－(마)

29. △△자동차는 경영환경 변화에 대응하기 위해 회사의 조직구조를 (A)에서 (B)로 변경하였다. (B) 조직구조의 특징으로 적절하지 않은 것은?

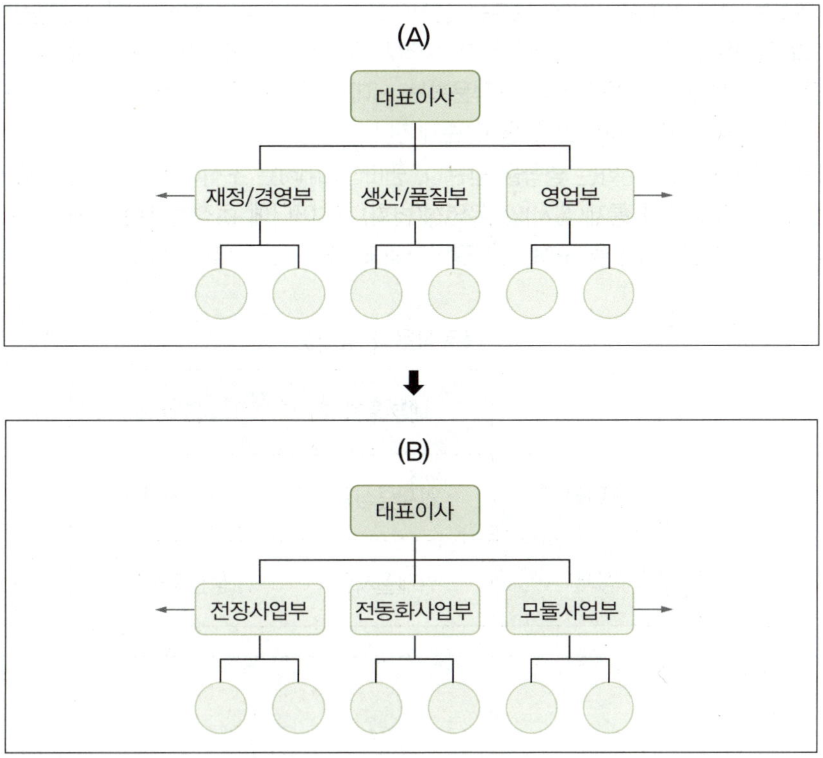

① 사업부별로 자주적이고 독립적으로 운영하는 분권 관리 형태이다.
② 기업의 활동을 제품별, 고객별, 지역별, 연령별 등으로 분화한다.
③ 사업부 간 경영관리의 중복을 피할 수 있고 업무 조정이 쉽다.
④ 사업의 규모가 커져 단위를 분화할 필요가 있을 때 채택한다.
⑤ 사업부별 업무 수행 평가 및 통제가 쉽다.

[30 ~ 31] 다음은 조직문화에 관한 내용이다. 이어지는 질문에 답하시오.

조직문화는 한 조직에서 면면히 흐르는 정신으로서, 구성원들의 정신 상태와 행동양식에 영향을 미치고 그 결과로 조직의 성패를 좌우한다. 따라서 조직문화는 조직이 계속할 수 있는 경쟁우위의 원천으로서 조직발전의 원동력이다. 조직문화는 시대적 배경, 최고경영자의 리더십, 조직이 담당하는 산업 분야 등에 따라 다양한 유형이 존재한다.

조직구조에 따라 조직문화는 영향을 받는다. 퀸(E. Quinn)은 조직이 외부와 내부 중 어디에 초점을 두는가와 조직구조가 통제(질서)와 유연성(변화) 중 어디에 초점을 두는가를 기준으로 다음과 같이 4가지 조직문화 유형을 보여주는 결합가치모형을 도출하였다.

〈조직문화 유형〉

	내부통합	외부통합
유연성	인재중심형	개방체제형
질서	위계질서형	생산중심형

30. 〈보기〉는 윗글에 제시된 조직문화의 유형별 특성이다. 다음 중 (가) ~ (라)와 해당 유형을 모두 바르게 연결한 것은?

보기

(가) 조직이 비용통제와 철저한 관리를 통해 안정을 추구하는 유형이다. 조직은 질서를 중시하고 구성원들은 예측 가능한 일만 수행한다.
(나) 가족공동체와 유사한 성격의 조직으로, 구성원의 참여, 충성, 안락을 중시하는 유형이다. 구성원들은 상호 배려와 팀을 기반으로 움직인다.
(다) 조직이 질서와 규정을 기반으로 다른 조직과의 경쟁에 초점을 두는 유형이다. 구성원들은 시장에서 유의미한 산출물을 도출하는 활동에 주력한다.
(라) 조직 내의 특정한 공식이 없어 모험을 감수하는 유형이다. 조직은 혁신을 추구하고 구성원들의 자율성을 보장하기 때문에, 구성원들이 창의적이고 도전적으로 움직인다.

	(가)	(나)	(다)	(라)
①	생산중심형	개방체제형	위계질서형	인재중심형
②	위계질서형	개방체제형	생산중심형	인재중심형
③	생산중심형	인재중심형	위계질서형	개방체제형
④	위계질서형	인재중심형	생산중심형	개방체제형
⑤	위계질서형	생산중심형	인재중심형	개방체제형

31. 윗글의 4가지 조직문화 유형 중 다음 조직도와 같은 관료제 조직구조가 지니는 특성으로 적절한 것은?

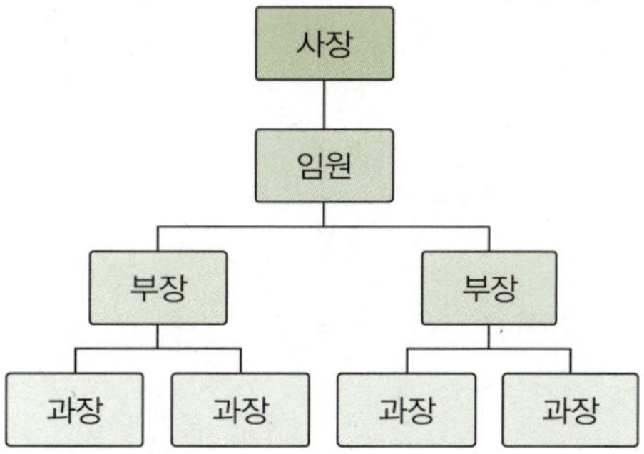

① 인재중심형
② 개방체계형
③ 위계질서형
④ 생산중심형
⑤ 개방체계형, 생산중심형

32. 다음 ㉠ ~ ㉤의 설명에 따라 각각에 들어갈 내용이 적절하게 연결된 것은?

〈포지셔닝 전략의 절차〉

[1단계] ㉠	해당 제품군에서 소비자들이 얻고자 하는 것이 무엇인지, 기존 제품들에 대해 어떤 불만을 가지고 있는지 등 소비자 요구와 기존 제품에 대한 불만족 원인을 파악하는 과정이다.
[2단계] ㉡	도입하고자 하는 제품의 경쟁 상대를 파악하는 과정으로, 이때 주의할 것은 표적시장을 어떻게 설정하느냐에 따라 경쟁자가 달라질 수 있다는 점이다.
[3단계] ㉢	경쟁제품이 소비자들에게 어떻게 인식되고 평가받는지 파악하는 과정으로, 이때 포지셔닝 맵을 작성하면 경쟁제품의 속성과 소비자의 인식을 파악하는 데 매우 유용하다.
[4단계] ㉣	경쟁제품에 비하여 소비자의 욕구를 더 잘 충족시킬 수 있는 자사제품의 포지션을 결정한다.
[5단계] ㉤	포지셔닝 전략이 실행된 후 자사제품이 목표한 위치에 포지셔닝되었는지 확인하여야 한다. 또한 초기에 성공적인 포지셔닝이 되었더라도 시간이 흘러 경쟁 환경과 소비자 욕구가 변화하였을 때는 목표 포지션을 재설정하여 이동시켜야 한다.

	㉠	㉡	㉢	㉣	㉤
①	소비자 분석	경쟁제품의 포지션 분석	경쟁자 확인	자사제품의 포지션 개발	포지셔닝의 확인 및 리포지셔닝
②	소비자 분석	경쟁자 확인	경쟁제품의 포지션 분석	자사제품의 포지션 개발	포지셔닝의 확인 및 리포지셔닝
③	자사제품의 포지션 개발	소비자 분석	경쟁자 확인	경쟁제품의 포지션 분석	포지셔닝의 확인 및 리포지셔닝
④	경쟁제품의 포지션 분석	경쟁자 확인	소비자 분석	포지셔닝의 확인 및 리포지셔닝	자사제품의 포지션 개발
⑤	경쟁자 확인	경쟁제품의 포지션 분석	소비자 분석	포지셔닝의 확인 및 리포지셔닝	자사제품의 포지션 개발

33. 다음 중 팀워크를 저해하는 행동을 하지 않은 사람은?

① 갑 씨는 지나치게 많은 것들을 의식하고 있어 팀 내부 사람들이 자신의 모든 행동을 아니꼽게 여길 것이라고 생각한다.

② 을 씨는 회의 중 자신과 다른 의견을 가지고 있는 직원에게 그에 반하는 입장을 제시하여 팽팽한 경쟁 구도를 조성하였다.

③ 병 씨는 같은 팀의 직원이 성과급을 받는 데에 대한 불만이 생겨 자신과 의견이 같은 사람들을 모아 해당 직원을 따돌리기 시작했다.

④ 정 씨는 팀 연말 회식 장소를 알아보기 위해 직원들의 의견을 모으던 도중 자신의 의견에 반하는 직원의 의견을 무시해 버렸다.

⑤ 무 씨는 팀에 중요한 의사결정을 할 때 항상 자기 자신에 대해서만 생각하고 자신에게 득이 되는 결정을 고집하였다.

34. 다음 중 협상에서의 실수에 대해 적절한 대처를 하지 못한 사람은?

① A 사원은 업무를 잘 모르는 사람과 협상을 하였다. 따라서 상급자와 다시 협상을 하기로 하였다.

② B 사원은 상대가 특정 입장만 고집하여 난관에 부딪히게 되었다. 따라서 한계를 설정하고 그 다음 단계를 대안으로 제시하였다.

③ C 사원은 상대방에 대해 지나치게 염려하고 있다. 따라서 협상을 타결하기 전에 협상 결과가 현실적으로 모두 만족할 상황인지를 확인하기로 하였다.

④ D 사원은 준비가 되기 전에 협상을 시작하였다. 따라서 아직 준비가 덜 되었다고 솔직하게 고백한 뒤, 상대방의 입장을 묻는 기회로 삼기로 하였다.

⑤ E 사원은 통제권을 잃을까 두려움에 빠졌다. 따라서 자신의 한계를 설정하고 그것을 고수하기로 하였다.

35. 다음 사례에서 나타난 김 대리의 멤버십 유형은?

> 회계팀 김 대리는 스스로를 자립적이고 반대 의견을 제시하기도 하는 조직의 양심이라고 생각한다. 또한 회사는 자신을 인정하지 않고, 업무에 대한 적절한 보상이 없으며 불공정하다고 생각하여 불만을 가지고 있다. 반면 김 대리의 동료들은 김 대리를 냉소적이고 부정적이며 고집이 세다고 평가한다.

① 소외형　② 순응형　③ 실무형
④ 수동형　⑤ 주도형

36. 다음 글에서 ㉠과 가장 관련 있는 용어는?

> 노자는 중국 춘추시대 말기 ~ 전국시대 초기(기원전 570 ~ 479년)를 산 인물로 알려진다. 주나라가 쇠락해 생산수단, 세계관, 계급 질서가 밑바탕부터 흔들리던 혼란의 시대다. 노자는 무위(無爲)의 통치와 관련해 「도덕경(道德經)」에 이렇게 썼다.
>
> "㉠ <u>최고의 단계에서는 백성들이 지도자가 있다는 것만 안다.</u> 그다음 단계에선 백성이 통치자에게 친밀함을 느끼고 칭송한다. 그 아래에선 백성이 지도자를 두려워한다. 그보다 못한 것은 아랫사람이 통치자를 비웃는 것이다."
>
> 광복 70년 만에 가난을 극복하고 선진국 그룹 말석을 차지하는 성취를 이뤘는데도 왜 행복하지 않다고 느끼는 이가 많을까. 미래는 왜 불안할까. 채우지 못한 욕망에 목말라하고, 경쟁의 강박에 시달리는 까닭은 뭘까. 최 교수는 2500년 전 노자가 쓴 200자 원고지 25장 분량의 길지 않은 글(도덕경)에서 오늘날 한국 사회가 안은 문제를 완화하거나 풀어낼 해법을 찾을 수 있다고 여긴다.

① 팔로워십　② 변혁적 리더십　③ 임파워먼트
④ 퍼실리테이션　⑤ 카리스마 리더십

37. 부적응적 인간관계를 다음과 같이 분류할 때 이 대리가 해당하는 유형은?

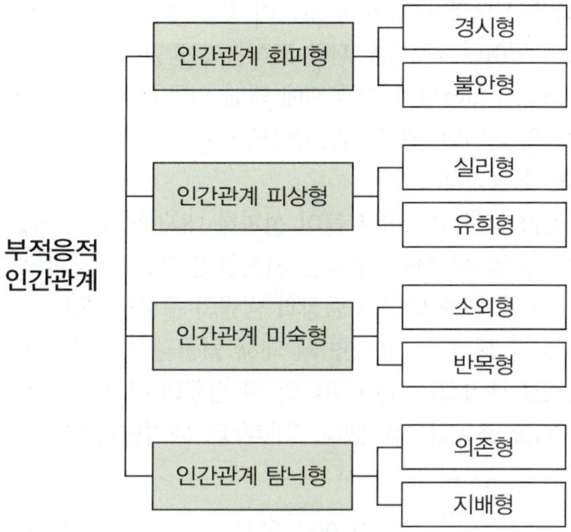

이 대리는 ○○기업에서 모르는 사람이 없을 정도로 발 넓은 인간관계를 가지고 있다. 쾌락과 즐거움을 인간관계에서 얻는 최고의 가치라고 생각하여 사람들을 만나면 가벼운 농담이나 재미있는 놀이를 통해 항상 분위기를 명랑하게 만든다. 점심시간만 되면 이 대리가 속한 테이블은 항상 웃음이 끊이질 않는다.

얼마 전까지만 해도 박 대리는 이 대리와 자주 밥을 먹는 동료였지만 지금은 그렇지 않다. 박 대리가 고민이 있다며 주말에 함께 등산을 가자고 제안한 이후로 이 대리가 그를 멀리하기 시작했기 때문이다.

한편, 이 대리와 같은 팀인 오 과장은 팀의 규율을 자주 어기는 그를 보며 자기통제능력이 부족하고 무책임한 사람이라고 생각하고 있다.

① 경시형　　② 실리형　　③ 반목형

④ 지배형　　⑤ 유희형

38. 다음 사례에서 A 과장이 보이는 리더십 유형은?

> ○○지역 영업팀장으로 부임한 A 과장이 좋은 성과를 거둘 것이라고는 아무도 기대하지 않았다. A 과장은 뛰어난 직원이었지만 조직관리 경험이 일천했기 때문이다. A 과장의 동료들도 그가 팀장으로서 잘해낼 수 있을지에 대해 의문을 가졌다. 실제로 A 과장은 타고난 카리스마를 가진 사람이 아니며, 권위적인 사람도 아니었다. 하지만 A 과장이 부임하고 ○○지역 영업팀의 성과는 상승했다.
>
> A 과장은 영업팀 팀원들이 최근 들어 성과를 내지 못하고 있을 뿐 ○○지역 영업팀에 오기 전까지는 우수한 영업사원들이었다는 사실을 발견했다. A 과장은 공식적으로는 자신이 팀장이지만 팀의 성과를 위해 이러한 팀장과 팀원의 구분은 의미가 없다는 자신의 생각을 밝힌 후, 목표설정과 담당 등 팀 운영 전반에 대해 팀원들이 적극적으로 참여할 수 있도록 했다. 또한 개인의 성과를 평가하는 것이 아니라 팀 전체의 성과를 공개하여 팀원들이 업무 성과와 결과에 대한 책임을 공유하도록 했다. 이후부터 영업팀의 성과는 상승하기 시작했다.

① 변혁적 유형　② 독재자 유형　③ 파트너십 유형
④ 자유방임적 유형　⑤ 민주주의에 근접한 유형

39. 스티븐 코비는 성공하는 사람들은 7가지의 습관을 가지고 있다고 주장한다. 다음 (가) ~ (마)에 들어갈 말이 잘못 연결된 것은? (단, 빈칸은 고려하지 않는다)

(가)	위험을 감수할 용기를 길러주고, 목표달성과정에서 맞게 될 새로운 도전을 수용하게 한다.
(나)	비전, 사명, 목적을 공유하여 팀과 조직을 연대시키고, 프로젝트를 완성하게 한다.
(다)	가장 소중한 일부터 먼저 하게 하여 일생을 성공적으로 살아가게 해 준다.
	갈등을 해결해 주고, 상호 이익을 모색하게 하여 집단의 응집력을 증대시킨다.
(라)	– 문제를 근본적으로 이해하게 하여, 적절한 해결책을 찾게 한다. – 활발한 의사소통을 통해 성공적인 문제해결로 인도한다.
(마)	특성이 다양한 팀원들의 역할과 능력을 잘 활용하고 상호 보완하게 하여 더 높은 수준의 결과를 얻게 해 준다.
	심신의 피로 때문에 생산성이 고갈되지 않도록 막고, 지속적으로 자기개발을 하게 한다.

① (가)–자신의 삶을 주도하라.　② (나)–끊임없이 쇄신하라.
③ (다)–소중한 것을 먼저 하라.　④ (라)–먼저 이해하고 다음에 이해시켜라.
⑤ (마)–시너지 효과를 내라.

40. 다음 〈상황〉에 적절한 전략으로 (A)에 들어갈 갈등관리 유형은?

상황

- 양측의 목표가 다른 경우
- 양측의 힘이 비슷한 경우
- 목표 달성이 중요하지만 시간이 없는 경우

〈토마스와 킬만(Thomas & Kilman)의 갈등관리 유형〉

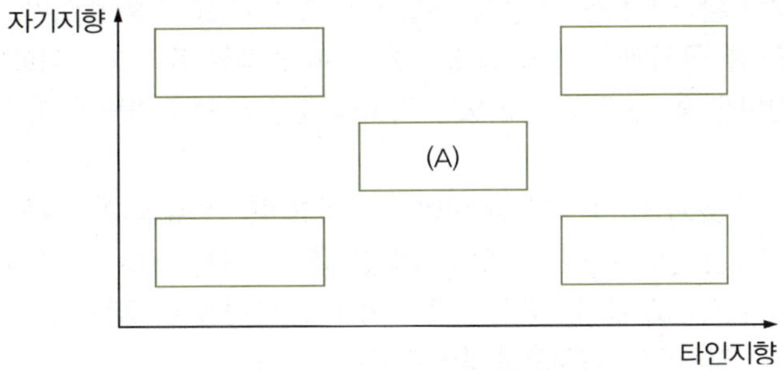

① 경쟁형　　② 통합형　　③ 회피형
④ 수용형　　⑤ 타협형

8회 기출예상문제

문항수 : 40 문항

문항시간 : 40 분

▸ 정답과 해설 57쪽

[01 ~ 02] 다음 글을 읽고 이어지는 질문에 답하시오.

(가) 가정용 커피 기계가 인기를 끌면서 네스프레소와 같은 일회용 캡슐 커피 시장이 점차 커지고 있다. 일회용 캡슐의 몸체는 플라스틱인 반면 윗부분은 알루미늄으로 덮여 있기 때문에 대부분의 재활용 시장에서는 이 두 재료를 분리하기가 어렵다. 캡슐 커피 기계를 아직 장만하지 않았다면 다시 한번 생각해 보길 바란다. 캡슐 커피는 추출 커피, 인스턴트 커피, 필터로 내린 드립 커피보다 환경에 훨씬 안 좋다. 독일 함부르크는 쓰레기를 줄이기 위해 모든 정부 건물에서 캡슐 커피를 금지했다. 미국 최대 캡슐 커피 업체인 큐리그는 불매운동이 일어나 매출이 급격하게 떨어진 후, 2020년까지 모든 커피 캡슐을 재활용 가능한 재료로 대체하겠다고 약속했다.

(나) 가장 간단하고 효과적이며 확실한 방법은 테이크아웃 음료를 마실 때 텀블러를 갖고 다니는 것이다. 텀블러는 한때 캠핑족의 전유물이었지만, 이제는 어디서나 온갖 크기와 색상의 텀블러를 다양한 가격대로 살 수 있다. 작은 가방에 넣어 다닐 수 있는 실리콘 컵도 있다. 휴게소나 커피숍에서도 합리적인 가격으로 텀블러를 판매한다.

(다) 환경운동가나 전문가를 초청해 점심시간 동안 세미나를 열 수도 있다. 그린피스나 지구의 벗처럼 '(　　　　㉠　　　　)'에 앞장서는 단체를 인터넷에서 찾아본 다음 가까운 곳에 위치한 지역 사무소에 연락해 보자. 기꺼이 찾아와 플라스틱을 사용하지 말아야 하는 이유를 알려 줄 것이다. 그린피스에서 플라스틱 줄이기 캠페인을 시작하기 전, 순환경제와 쓰레기 감소 정책을 오랫동안 연구한 친구를 사무실로 초청해 플라스틱 공해에 대한 세미나를 주최한 적이 있다. 놀랍게도 같은 건물에 근무하는 수많은 사람이 플라스틱 문제를 해결하기 위해 자신들이 어떤 일을 할 수 있는지 알기 위해 찾아왔다.

(라) 플라스틱은 하루아침에 사라지지 않을 것이고, 우리가 싸우지 않는다면 꿈쩍도 안 할 것이다. 플라스틱과의 싸움에서 이기려면 당신처럼 자연을 아끼고 후손 역시 우리 세대가 누렸던 바다의 아름다움을 느끼길 간절히 원하는 전 세계 수백만 명의 사람이 힘을 모아야 한다. 이미 수없이 많은 사람이 행동하고 있고, 그 여파를 전 세계에서 가장 높은 건물에 앉은 사람들까지 느끼고 있다. 어쩌면 플라스틱을 포기하는 일이 불가능하게 느껴질지도 모른다. 하지만 우리가 지난 3년 동안 배운 교훈은 세상이 그 어느 때보다도 빠르게 변하면서 한때 불가능한 것처럼 보였던 일들이 가능해지고 있다는 것이다. 희망의 이야기가 절실한 지금, 새로운 사회 비전을 제시하고 미래 세대에게 더 나은 세상을 물려주기 위해 다양한 배경과 문화의 사람들이 모여 플라스틱을 포기하려는 노력에 동참하기 시작했다.

1회 기출예상
2회 기출예상
3회 기출예상
4회 기출예상
5회 기출예상
6회 기출예상
7회 기출예상
8회 기출예상
인성검사
면접가이드

01. (가) ~ (라)의 전개 방식에 대한 설명으로 적절한 것은?

① (가) ~ (라)에서 서로 다른 문제 사례를 나열하고 있다.

② (가)와 (나)에서 문제 사례를 제시하고, (다)에서 원인 분석, (라)에서 해결 방안을 제시하고 있다.

③ (가)와 (나)에서 문제 사례를 제시하고, (다)와 (라)에서 문제를 해결하기 위한 방안을 제시하고 있다.

④ (가)에서 문제 사례를 제시하고, (나)와 (다)에서 해결안을 제시하며, (라)에서 문제해결의 필요성을 강조하고 있다.

⑤ (가)에서는 문제 사례를, (나)에서는 반대되는 사례를, (다)에서는 해결안을 제시하고, (라)에서 결론을 내리고 있다.

02. 윗글의 빈칸 ㉠에 들어갈 활동명으로 적절한 것은?

① 플라스틱 줄이기
② 성평등 실천하기
③ 초심을 유지하기
④ 캡슐 커피 줄이기
⑤ 텀블러 사용하기

03. 다음 글의 내용을 그림으로 표시하고자 할 때, 적절하게 표현한 것은?

> 농림축산식품부의 발표에 따르면 202X년 우리나라의 1인당 연간 육류소비량은 51.3kg이며, OECD 평균인 63.4kg(쇠고기 14.0kg, 돼지고기 21.9kg, 닭고기 27.5kg)보다 적은 수치를 기록하였다.
>
> OECD 국가 중 202X년 1인당 연간 육류소비량이 가장 많은 나라는 미국(89.7kg)으로, 1년 동안 닭고기 44.5kg, 쇠고기 24.5kg, 돼지고기 20.7kg을 소비하였다. 또한 아르헨티나(85.4kg), 이스라엘(84.2kg), 브라질(77.6kg)도 1인당 연간 육류소비가 많은 나라로 나타났다. 반대로 1인당 육류소비량이 적은 나라는 방글라데시(2.1kg), 인도(2.6kg), 에티오피아(2.8kg) 등이었다.
>
> 육류 종류별로는 한국은 돼지고기 24.3kg, 닭고기 15.4kg, 쇠고기 11.6kg을 소비했다. 우리보다 1인당 육류소비량이 적은 중국(47.1kg)과 일본(35.5kg)도 돼지고기의 소비량이 가장 높았다.

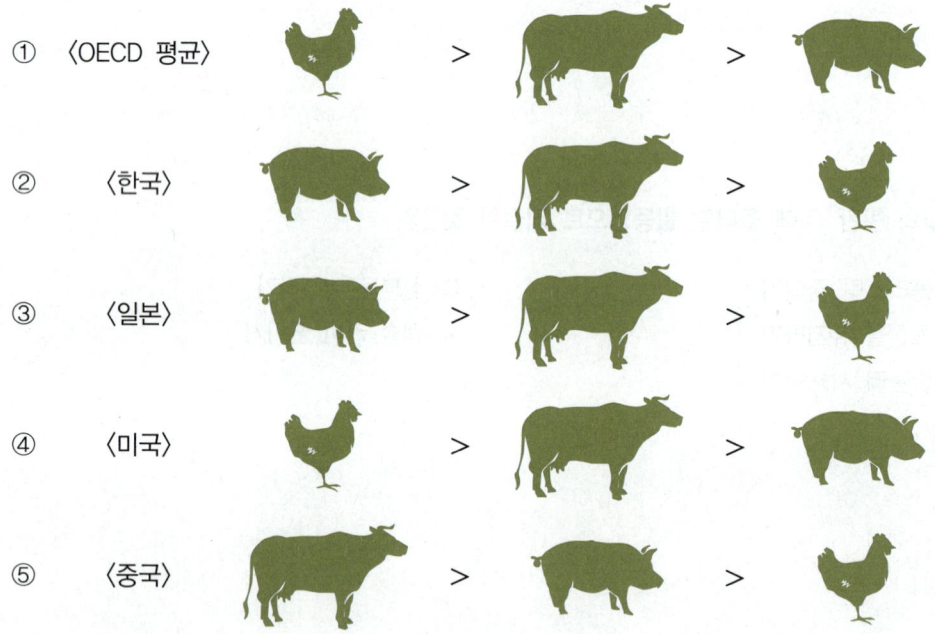

① 〈OECD 평균〉  >  > 

② 〈한국〉  >  > 

③ 〈일본〉  >  > 

④ 〈미국〉  >  > 

⑤ 〈중국〉  >  > 

[04 ~ 05] 다음 글을 읽고 이어지는 질문에 답하시오.

(가) 'hyper(초월한)'와 'text(문서)'의 합성어인 이것은 1960년대 미국 철학자 테드 넬슨이 구상한 것으로, 컴퓨터나 다른 전자기기로 한 문서를 읽다가 다른 문서로 순식간에 이동해 읽을 수 있는 비선형적 구조의 텍스트를 말한다. 대표적인 예시인 모바일은 정보에 접근하는 속도는 매우 빠르지만 파편성은 극대화되는 매체다.

(나) 밀레니얼 세대(Y 세대)와는 다르게 다양성을 중시하고 '디지털 네이티브'로 불리는 Z 세대는 대개 1995년부터 2010년까지 출생한 세대를 보편적으로 일컫는 말이다. 이들은 어렸을 때부터 인터넷 문법을 습득하여 책보다는 모바일에 익숙하다. 책은 선형적 내러티브의 서사 구조를 갖는 반면 인터넷은 내가 원하는 정보에 순식간에 접근할 수 있게 해 준다는 측면에서 정보들 사이의 서사적 완결성보다는 비선형적 구조를 지향한다. 이러한 텍스트 구조를 하이퍼텍스트라고 한다.

(다) 따라서 앞으로는 무한하게 확장된 정보 중에서 좋은 정보를 선별하고, 이를 올바르게 연결하는 개인의 능력이 중요하게 부각될 것이다.

(라) 이러한 경우 정보의 시작과 끝이 없으므로 정보의 크기를 무한대로 확장할 수 있다는 특징을 가진다. 기존의 문서는 저자가 일방적으로 정보를 제공했지만 하이퍼텍스트는 독자의 필요에 따라 특정 정보만 선택해서 제공할 수 있다.

04. 윗글의 (가) ~ (라)를 문맥에 따라 바르게 나열한 것은?

① (가)-(다)-(나)-(라)
② (가)-(나)-(다)-(라)
③ (나)-(라)-(가)-(다)
④ (나)-(가)-(라)-(다)
⑤ (다)-(라)-(나)-(가)

05. 윗글을 읽고 추론한 내용으로 적절하지 않은 것은?

① 구슬이 서 말이라도 누가 언제 어떻게 꿰느냐에 따라 보배의 가치가 달라질 수 있는 것처럼 정보를 활용함에 있어서도 사용자의 능력이 중요해진다.
② 쓰레기를 넣으면 쓰레기가 나온다는 말이 있듯 잘못된 데이터는 잘못된 결정을 유발하는 큰 실패 요인이 될 수 있다.
③ 아날로그 매체는 처음부터 순서대로 정보를 찾아야 하지만, 디지털 미디어는 해당 키워드를 클릭해 원하는 정보를 바로 찾을 수 있는 구조다.
④ 하이퍼텍스트 구조는 파편적이고 확장성이 제한되어 있으나 다양한 구성요소가 다양한 방식으로 결합되어 있다는 점에서 효율적이다.
⑤ 모바일과 책은 정보에 접근하는 속도가 다르다.

06. 다음 ㉠에 해당하는 언어의 기능으로 적절한 것은?

> A 차장은 출판에이전시에서 근무하고 있다. 독일어를 전공한 그의 주요 업무는 독일어 원서를 읽고 한국의 출판사에 책을 소개하는 일이다. 독서광인 그는 독일어로 된 책을 읽는 것을 무척이나 즐긴다. 하지만 ㉠ 그가 작성한 책 소개서는 국내의 출판사에 큰 매력을 주지 못하고 있다. 그는 글을 재미있게 쓰지 못하는 탓에 글쓰기 학원이라도 다녀야 할지 고민이다.

① 신체언어 중 산출기능
② 음성언어 중 산출기능
③ 음성언어 중 수용기능
④ 문자언어 중 산출기능
⑤ 문자언어 중 수용기능

07. 다음 ㉠에 공통적으로 들어갈 단어로 적절한 것은?

> (㉠)는 상대방을 하나의 존엄성을 가진 인격체로 존중하며, 그가 말하는 것에 깊은 관심을 가지고 있다는 사실을 나타내 주는 것이다. (㉠)를 통하여 우리의 행동이 타인에게 미치는 영향을 관찰할 수 있을 뿐 아니라 인간관계에서 일어나는 문제들이 통제할 수 없을 만큼 심각해지기 전에 방지할 수도 있으며, 또한 타인의 경험을 보다 진심으로 이해할 수도 있는 것이다.

① 의사 확인하기
② 지각 확인하기
③ 관심 기울이기
④ 공감하기
⑤ 거절하기

08. 다음 자료를 참고할 때, 〈보기〉에 해당하는 대인 커뮤니케이션 스타일로 적절한 것은?

〈대인 커뮤니케이션 스타일〉

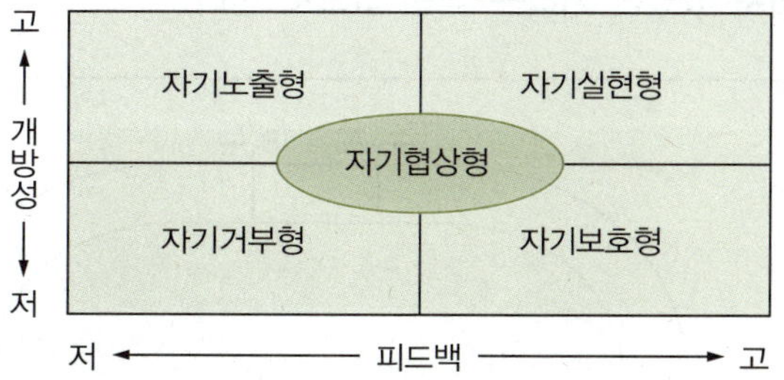

보기

K 씨는 자신의 행태에 대한 반응을 계속적으로 타인에게 물어봄으로써 타인들이 자신에게 초점을 두게끔 조장하는 행동을 보인다.

① 자기노출형
② 자기실현형
③ 자기거부형
④ 자기보호형
⑤ 자기협상형

09. 5개의 문자 a, b, c, d, e를 일렬로 배열할 때, a와 b사이에 2개의 문자를 나열하는 방법의 수는?

① 16가지
② 18가지
③ 20가지
④ 24가지
⑤ 26가지

10. S 물산의 총 해외 파견 주재원의 수는 120명이다. 이 중 해외 근무가 처음인 사람과 두 번 이상인 사람의 비율은 2 : 1이고, 두 번 이상의 해외 근무 경험자 중 과장급 이하와 차장급 이상의 비율이 2 : 3이다. 두 번 이상의 해외 근무 경험자 중 과장급 이하인 주재원의 수는 몇 명인가?

① 12명
② 14명
③ 16명
④ 18명
⑤ 20명

11. 다음 그림과 같은 2km 길이의 원형 트랙에서 A는 반시계방향으로, B는 시계방향으로 달리기를 시작했다. A는 한 바퀴 도는 데 12분, B는 한 바퀴 도는 데 8분이 걸리고 두 명이 처음 만나는 데까지 걸리는 시간은 3분 36초라면, A와 B가 출발할 때 서로 떨어져 있던 거리는? (단, A와 B가 출발 시 떨어져 있었던 거리는 작은 값으로 한다)

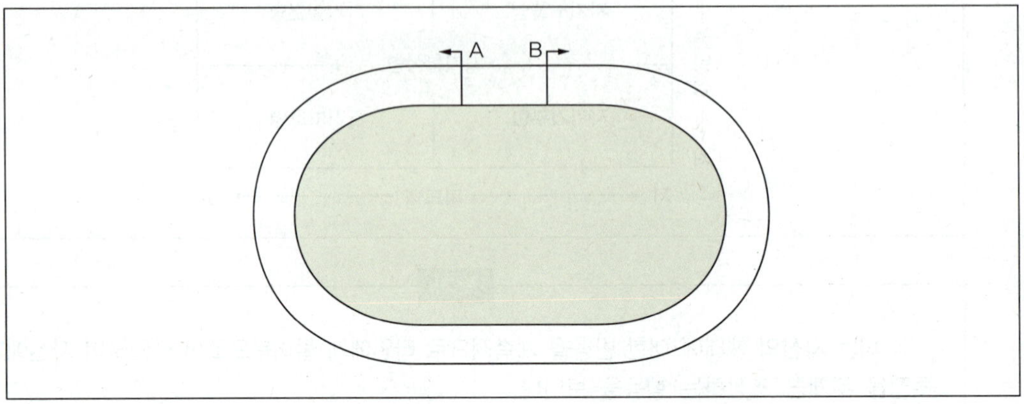

① 230m ② 330m ③ 420m
④ 500m ⑤ 540m

12. 한 권의 책을 복사하는 데 A 복사기는 12분, B 복사기는 8분이 걸린다. 이 책을 처음 2분 동안은 A 복사기만으로 복사하고 그 후부터 A, B 두 대의 복사기로 동시에 복사한다면 이 책을 모두 복사하는 데 걸리는 시간은?

① 4분 ② 5분 ③ 6분
④ 7분 ⑤ 10분

13. 100명이 응시한 자격증 시험에서 20%가 합격하였는데 합격자의 평균이 80점이었다. 전체 평균이 70점이라고 할 때 불합격자의 평균은 몇 점인가?

① 65점 ② 67.5점 ③ 69점
④ 69.5점 ⑤ 70점

14. 다음 그림과 같은 길이 있다. A에서 출발하여 B를 지나 C로 갔다가 다시 B를 거쳐서 A로 되돌아오는 최단경로의 수는 몇 가지인가?

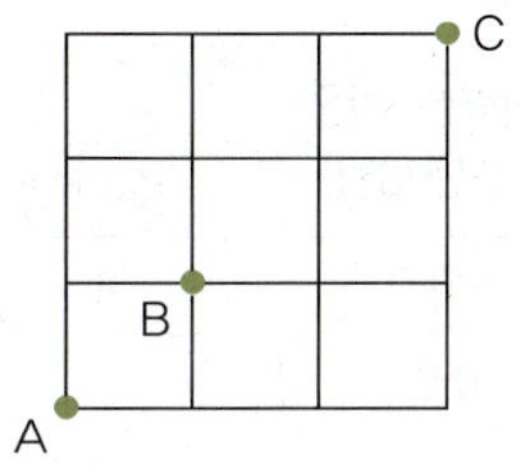

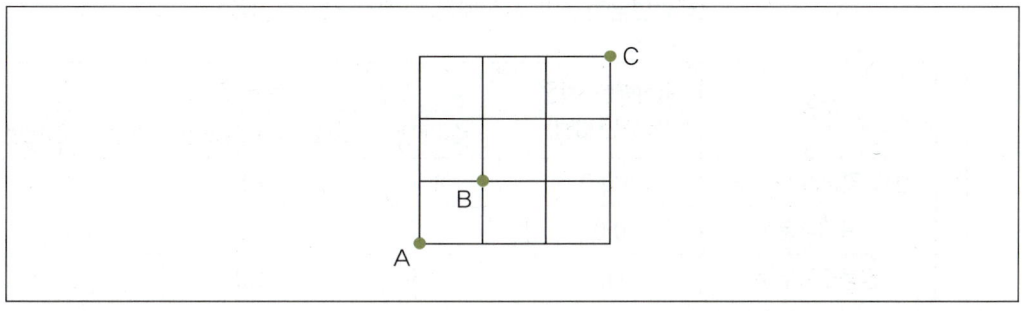

① 64가지 ② 100가지 ③ 144가지
④ 256가지 ⑤ 289가지

15. A 씨는 주기적으로 그림의 종류와 위치를 바꾸고 유리창의 커튼을 바꿔 거실 인테리어를 바꾸고 있다. 거실의 구조와 현재 보유한 그림과 커튼의 수가 다음과 같을 때, 가능한 인테리어는 모두 몇 가지인가?

- 커튼은 모두 3종, 그림은 모두 7종을 보유하고 있다.
- 거실 네 면 중 한 면은 전체가 유리이므로 커튼만 달 수 있다.
- 거실 네 면 중 세 면은 콘크리트 벽으로 그림만 한 개씩 걸 수 있다.
- 콘크리트 벽 세 면에는 서로 다른 그림을 건다.
- 같은 그림이라도 콘크리트 면이 바뀌면 다른 인테리어로 본다.

① 16가지 ② 36가지 ③ 105가지
④ 210가지 ⑤ 630가지

16. 다음 도표를 참고하여 작성한 〈보고서〉의 ㉠ ~ ㉤ 중 옳지 않은 것은?

〈국민연금기금의 자산배분과 자산군별 수익률〉

(단위 : %)

구분		자산배분 비중 (2017년 3월)	수익률		
			2016년	2014 ~ 2016년	1988 ~ 2016년
전체 자산(570조 원)		100.0	4.7	4.8	5.9
복지부문		0.0	−1.3	−1.7	6.6
금융투자부문		99.7	4.8	4.9	5.7
	국내주식	19.6	5.6	0.7	5.7
	해외주식	15.5	10.6	8.6	7.7
	국내채권	49.3	1.8	4.2	5.3
	해외채권	4.0	4.1	4.7	4.9
	대체투자	10.9	9.9	11.3	9.0
	단기자금	0.4	2.0	1.8	4.6
기타 부문		0.3	0.6	0.9	1.9

〈보고서〉

2017년 3월 말 기준 국민연금기금의 자산배분은 다음과 같다. 우선 국내채권에 전체 자산 570조 원의 49.3%인 약 281조 원이 투자되어 있다. ㉠ 다른 자산군의 자산배분을 보면 국내주식에 19.6%, 해외주식에 15.5%, 해외채권에 4.0% 그리고 대체투자에 10.9%가 투자되어 있다.

자산군별 수익률을 살펴보면, 먼저 ㉡ 2016년을 기준으로 최근 3년간 대체투자의 수익률이 11.3%로 가장 높게 나타나고 있으며, 다음으로 해외주식 수익률이 8.6%를 기록하고 있다. ㉢ 반면 2016년 기준 최근 3년간 국내채권의 수익률은 4.2%이었으며 국내주식의 수익률은 0.7%에 그치고 있다. ㉣ 기간을 확대하여 1988 ~ 2016년을 살펴보면 국내 및 해외주식의 수익률이 국내 및 해외채권의 수익률보다 다소 높게 나타나고 있다. ㉤ 매년 해외주식의 수익률은 대체로 상승 추세에 있어 국내주식에 대한 투자수익률 또한 높아질 전망이다.

① ㉠　② ㉡　③ ㉢

④ ㉣　⑤ ㉤

[17 ~ 18] 입장료가 10,000원인 박물관이 있다. 이 박물관에는 단체할인이 있어 30명을 넘는 단체에 대해서는 30명 이후의 인원부터 입장료가 1인당 20%씩 할인된다. 이어지는 질문에 답하시오.

17. 박물관에 55명이 방문했다면 입장료의 총액은 얼마인가?

① 440,000원
② 460,000원
③ 480,000원
④ 500,000원
⑤ 520,000원

18. 박물관에 방문한 어느 단체의 1인당 평균 입장료가 8,500원이라면, 이 단체는 총 몇 명인가?

① 80명
② 90명
③ 100명
④ 110명
⑤ 120명

19. A, B, C, D, E는 점심식사로 각각 피자, 치킨, 순댓국, 해장국, 초밥 중 하나를 먹었다. 다음 중 한 명의 진술만 참이고 나머지 사람은 모두 거짓을 진술하였다면, A가 먹은 메뉴는? (단, A, B, C, D, E의 식사 메뉴는 모두 다르다)

A : C는 치킨을 먹었고, E는 피자를 먹었다. B : A는 피자를 먹지 않았고, D는 초밥을 먹었다. C : B는 해장국을 먹었고, D는 치킨을 먹었다. D : C는 피자를 먹었고, E는 초밥을 먹지 않았다. E : A는 순댓국을 먹었고, B는 초밥을 먹었다.

① 피자
② 치킨
③ 순댓국
④ 해장국
⑤ 초밥

20. 직원들이 A, B, C에 대해 진술한 다음 내용에 따를 때, 옳지 않은 것은? (단, 불만은 있거나 없는 경우 둘 뿐이다)

- 이직한 최 과장은 A, B에게만 불만이 있다.
- 재직 중인 이 대리는 B에게만 불만이 있다.
- 재직 중인 김 부장은 A, B에게만 불만이 있다.
- 이직한 김 사원은 C에게만 불만이 있다.
- 이직한 박 대리는 B에게만 불만이 있다.

① 재직 중인 직원은 C에게 불만이 없다.
② 대리 이상의 직급의 경우 B에게 불만이 있다.
③ 과장 이상의 직급의 경우 A에게 불만이 있다.
④ B에 대한 불만은 이직에 큰 영향을 미치지 않는다.
⑤ 이직에는 A, C에 대한 불만이 중요하게 작용한다.

21. 다음 중 마인드 맵(Mind Map)에 대한 설명으로 옳지 않은 것은?

① 전체 내용을 오랫동안 기억할 수 있다.
② 핵심 단어의 이미지를 통한 아이디어 발상에 집중한다.
③ 제한된 시간 안에 많은 아이디어와 정보를 한 장으로 정리하는 방법이다.
④ 아이디어 발상과 동시에 논리적인 순서 파악이나 세부적인 정리가 가능하다.
⑤ 일상생활부터 업무 영역까지 폭넓게 활용할 수 있다.

22. 업무수행을 위한 계획을 세울 때 고려할 사항으로 적절하지 않은 것은?

① 업무 절차 사이의 관계나 의존성을 고려하여 일정을 조율해야 한다.
② 조직 내 업무는 다양하며, 각각의 수행절차의 과정이 다를 수 있다.
③ 개인별 업무관련 사항은 각자 자신의 사정에 맞도록 자유롭게 작성한다.
④ 업무의 효율을 나타내는 업무수행 시트는 업무를 단계별로 구분지어 작성한다.
⑤ 업무처리를 위해 필요한 자원들에는 인적 · 물적 자원 외에도 시간, 기술 등이 있다.

[23 ~ 24] 다음은 TRIZ 문제해결의 과정을 나타낸 것이다. 이어지는 질문에 답하시오.

단계	1단계	2단계	3단계	4단계	5단계
	문제 파악	문제 정보 찾기	문제 원인 정의	해결안 도출	해결안 적용
설명	문제 요소 파악 및 성공 기준 설정	문제의 공식화 및 시스템 분석	문제의 명확화	자원 분석 및 모순 정의, 해결안 도출	해결안 검증 및 적용
세부 단계		㉠			
사용 도구			㉡		

23. 위 자료의 ㉠에 들어갈 세부 단계를 순서대로 나열한 것은?

가. 시스템 분석
나. 문제 관련 내용 찾기
다. 현장 시스템의 정상적인 기능도
라. 문제 검증 및 자체 제거
마. 문제의 공식화

① 가 – 나 – 다 – 라 – 마
② 가 – 마 – 다 – 나 – 라
③ 나 – 가 – 마 – 라 – 다
④ 나 – 마 – 가 – 라 – 다
⑤ 다 – 마– 라 – 가 – 나

24. 위 자료의 ㉡에 들어갈 사용 도구로 적절한 것은?

① 모순 도식표
② 기능도
③ 관리 그래프
④ Know–why 분석
⑤ 체크 시트

25. 다음은 △△백화점의 상품군별 매출액 비중을 나타낸 자료이다. 20X0년과 20X1년의 매출액이 각각 77억 원, 94억 원이었을 때, 자료에 대한 설명으로 옳은 것은?

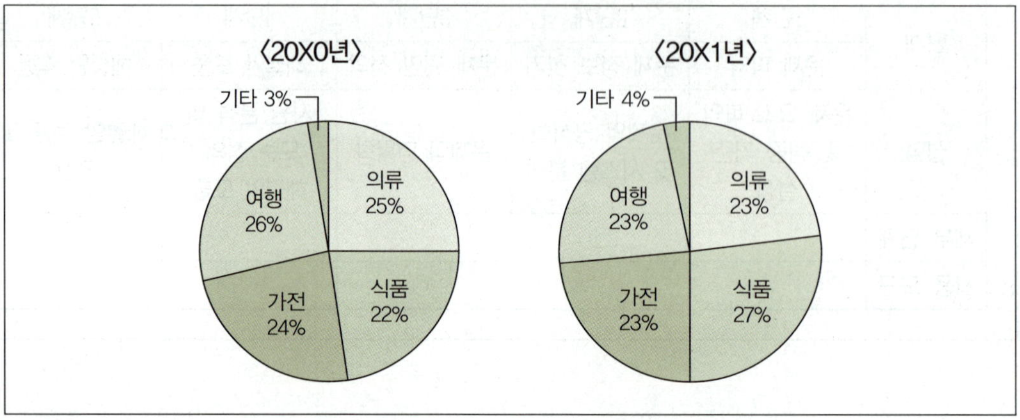

① 20X0년과 20X1년 기타군의 매출액 차이는 가전군의 매출액 차이와 같다.
② 여행군과 의류군 매출액의 합은 20X0년이 20X1년에 비해 많다.
③ 20X0년과 20X1년 가전군의 매출액 차이는 약 2억 원이다.
④ 20X1년 매출액이 20X0년과 비교해서 세 번째로 크게 변화한 것은 여행군이다.
⑤ 20X0년 대비 20X1년 매출액 비중의 변화폭이 가장 큰 것은 식품군이다.

26. 다음 중 현대의 경영전략으로 적절하지 않은 것은?

① 기업가치를 평가하는 과정에서 질을 더 중요시한다.
② 의사결정과정에서 신속한 의사결정이 중요시되고 있다.
③ 조직의 규모를 최대한 확대시켜 시장통제력을 장악한다.
④ 기업경영활동에서 사용되는 자본요소 중에서 인적자본이 차지하는 비중이 점차 커지고 있다.
⑤ 외부 환경의 요소와 내부 환경의 요소를 체계적으로 조합하여 경영전략을 설정한다.

27. 심리적 대립상태 및 이에 대한 행동적 표출을 갈등이라고 한다. 리터러(Litterer)가 주장한 갈등의 원인 중 다음 윤경영 과장의 사례와 연관된 것은?

> 윤경영 과장은 6개월간 휴직 후 회사에 복직하였다. 윤 과장이 기존에 근무하던 경영전략부가 팀제로 바뀌게 되면서 홍보팀으로 부서를 옮기게 되었다. 경영전략부에서 인사업무를 담당하던 윤 과장은 홍보팀에서 새롭게 일을 배우면서 자신보다 입사 연차가 3년이나 늦은 이홍보 대리의 지시를 받게 되었다.
>
> ---
>
> 이홍보 대리 : 윤 과장님은 SNS에 올릴 새로운 문구를 준비해 주세요.
> 윤경영 과장 : 문구는 어떻게 작성하면 좋을까요?
> 이홍보 대리 : 새로운 사업에 대한 내용이 들어가야 할 것 같습니다.

① 희소자원에 대한 경쟁
② 상충되는 자원의 배분
③ 지위부조화
④ 통합 메커니즘
⑤ 선명한 격리 메커니즘

28. 다음 중 소유경영자와 전문경영자에 대한 내용으로 잘못된 것은?

구분	정의	장점	단점
소유 경영자	기업을 일으킨 창업주이거나 기업 지분을 일정 이상 보유한 대주주이자 동시에 경영에도 참여하는 사람	• ① 강력한 리더십 • 과감한 경영혁신 • 환경 변화에 빠른 대응력	• ② 장기적 전망 부족 • 가족 경영, 족벌 경영의 위험 • 개인 이해와 회사 이해 혼동 • 부와 권력의 독점
전문 경영자	소유와 관계없이 전문적인 지식을 가지고 경영만 전담하는 경영자	• 민주적 리더십 • ③ 경영의 전문화 • 회사의 안정적 성장	• ④ 임기의 제한, 개인의 안정 추구 • 주주 이해관계의 경시 • ⑤ 단기적 이익에 집착

[29 ~ 30] 다음은 제품의 수명 주기에 대해 나타낸 것이다. 이어지는 질문에 답하시오.

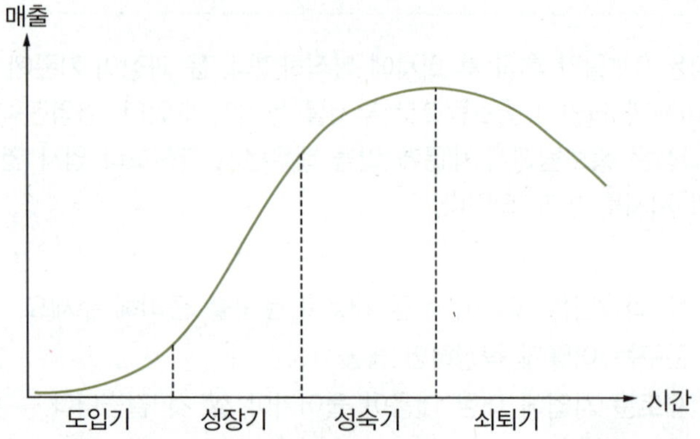

구분	도입기	성장기	성숙기	쇠퇴기
판매량	적음	급격한 증가	정점	적음
이익	손실	증가	많음	감소
수용 단계	혁신 수용자	초기 수용층	다수 수용층	후발 수용층

29. 제품의 수명 주기 단계별 마케팅 목표를 바르게 짝지은 것은?

ㄱ. 비용 축소　　ㄴ. 시장점유율 확대
ㄷ. 점유율 방어　　ㄹ. 인지 및 사용

	도입기	성장기	성숙기	쇠퇴기
①	ㄱ	ㄷ	ㄴ	ㄹ
②	ㄱ	ㄹ	ㄴ	ㄷ
③	ㄴ	ㄹ	ㄷ	ㄱ
④	ㄹ	ㄴ	ㄷ	ㄱ
⑤	ㄹ	ㄷ	ㄴ	ㄱ

30. 다음 사례에 해당되는 제품의 수명 주기 단계는?

> A 제품은 출시 이후 호평이 쏟아지며 판매량이 급격히 늘어났다. 이로 인해 A 제품을 생산하는 Z 회사는 이익을 내기 시작했다.

① 도입기　　② 성장기　　③ 성숙기

④ 쇠퇴기　　⑤ 안정기

31. 다음은 본원적 경쟁 전략을 표로 나타낸 것이다. (나)에 대한 설명으로 옳은 것은?

〈본원적 경쟁 전략〉

경쟁범위 \ 전략적 우위 요소	고객들이 인식하는 제품의 특성	원가 우위
산업전체	(가) 차별화 전략	(나) 원가 우위 전략
산업의 특정부분	(다) 집중화 전략 차별화+집중화	원가 우위+집중화

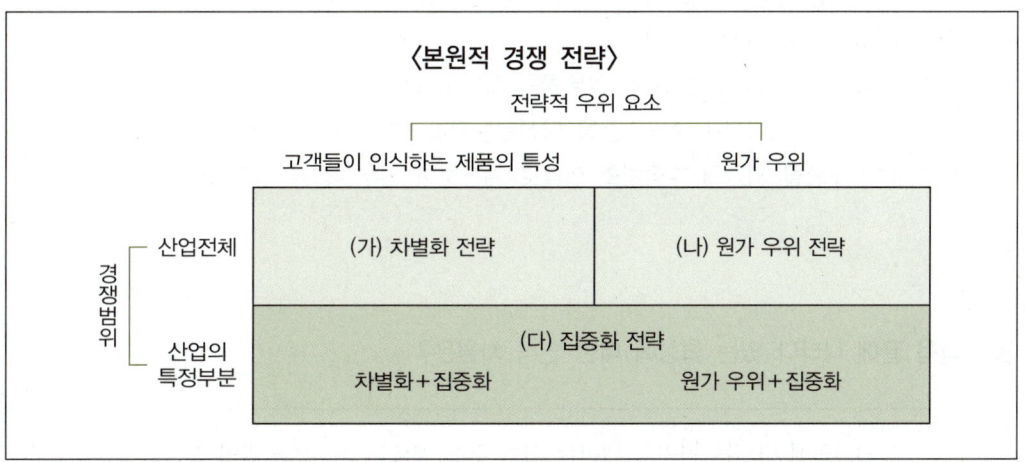

① 광범위한 고객을 대상으로 소품종 대량생산을 한다.

② 고객 집단별로 그들이 요구하는 서비스와 제품을 세분화한다.

③ 경쟁자들의 모방을 막기 위해 혁신성, 고객의 욕구에 반응하는 능력이 있어야 한다.

④ 특정 구매자 집단, 지역적으로 한정된 특정 시장을 집중적인 목표로 삼는다.

⑤ 틈새시장에서의 자원과 마케팅 활동에 집중한다.

32. 다음 업무수행 시트에 대한 설명으로 옳은 것은?

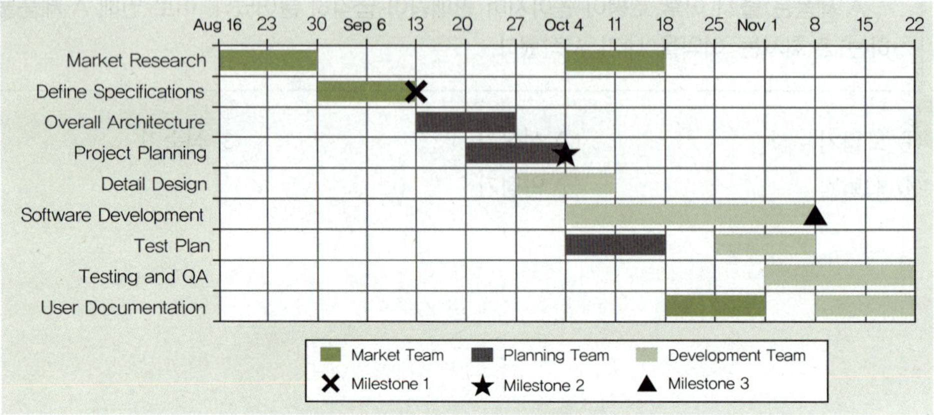

① 일의 흐름을 동적으로 보여 주는 데 효과적이다.

② PERT/CPM 차트라고 부른다.

③ 단계별로 소요되는 시간과 각 업무활동 사이의 관계를 보여 준다.

④ 각 활동별로 기대되는 수행수준을 달성했는지를 효과적으로 확인할 수 있다.

⑤ 업무에 소요될 시간의 추정치를 확률로 계산하여 업무일정을 관리한다.

33. 다음 글에 나타나 있는 협상에 대한 인식 차원은?

> ○○기업에 다니는 김민철 대리는 이번 주에 계획된 생산업체와의 협상을 위해 꼼꼼하게 준비하는 중이다. 김민철 대리가 협상으로부터 원하는 결론은 거래에서 보다 저렴한 가격으로 기업에 필요한 부품을 구매하는 것이다. 따라서 김민철 대리는 협상의 상대와 서로 갈등관계에 있다고 보고 공통의 이익을 창출하기 위한 협상을 진행하고자 한다.

① 의사소통 차원　　② 갈등해결 차원

③ 지식과 노력 차원　　④ 의사결정 차원

⑤ 교섭 차원

34. 다음 글에서 설명하는 감정은행계좌의 저축과 인출의 예시로 옳지 않은 것은?

> 감정은행계좌는 스티븐 코비(Stephen R. Covey)가 제시한 개념으로, 신뢰의 축적과 소비를 은행에 계좌를 만들어 예입을 하며 필요할 때 인출하는 것에 비유한 표현이다. 또한 이는 인간관계에서 구축하는 신뢰의 정도를 은유적으로 표현한 것으로 우리가 다른 사람에 대해 가지는 안정감을 뜻한다.

	감정은행계좌 저축	감정은행계좌 인출
①	심신을 과로시키기	심신을 쇄신하기
②	타인의 말을 경청하기	타인의 말을 흘려듣기
③	약속 지키기	약속 어기기
④	솔직하게 사과하기	거만하게 행동하기
⑤	타인에게 공손하기	다른 사람을 비난하기

35. 인지적 오류는 사건의 의미를 해석하는 과정에서 흔히 범하게 되는 논리적 잘못을 말한다. 다음 두 사람의 대화와 가장 관련이 깊은 인지적 오류는?

> 양 대리 : 무슨 일 있어? 표정이 별로 좋지 않네.
> 윤 대리 : 아까 회의실에서 나오는데 밖에 있던 직원들이 나를 보더니 막 웃는 거야.
> 양 대리 : 누가? 우리 부서 직원?
> 윤 대리 : 아니, 기획팀 신입 사원인 것 같았어. 나는 내 얼굴에 뭐가 묻었나 해서 살펴봤는데 그건 아닌 것 같아.
> 양 대리 : 너무 예민한 거 아니야? 그 직원들이 다른 일로 웃고 있는데 마침 자네가 회의실에서 나온 게 아닐까?

① 긍정격하　② 개인화　③ 공평의 오류
④ 극소화　⑤ 파국화

1회 기출예상
2회 기출예상
3회 기출예상
4회 기출예상
5회 기출예상
6회 기출예상
7회 기출예상
8회 기출예상
인성검사
면접가이드

36. 켈러먼(Barbara Kellerman)의 팔로워십 유형 중 다음에서 설명하는 유형은 무엇인가?

> • 어떤 식으로든 참여는 하지만 적극적이지 못한 부류이다.
> • 리더의 일에 적극적으로 동의하고 협조하며 적극적인 반대도 하는 명확성을 보이지만 시간과 돈을 투자하지 않는다.
> • 말뿐이며 가변적인 성향이다.

① 고립형 ② 방관형 ③ 참여형
④ 행동형 ⑤ 골수분자형

37. 조직 내에서 생길 수 있는 갈등을 해소하고 감소시키는 방법으로 옳지 않은 것은?

① 쟁점 사항이 있다면 그 팀원의 관리자에게 먼저 말해야 한다.
② 모든 사람들은 각자 나름대로의 의견을 가지고 있다는 점을 인식해야 한다.
③ 개방적인 자세를 갖추고 행동에 초점을 맞추어야 한다.
④ 조금이라도 의심이 생길 때는 분명히 말해 줄 것을 요구해야 한다.
⑤ 조직원들과의 의견 차이를 인정하고, 이를 경청하고 협의하는 자세를 갖춰야 한다.

38. 다음 중 변혁적 리더십에 관한 설명으로 적절하지 않은 것은?

① 지도자가 부하들에게 기대되는 비전을 제시하고 그 비전 달성을 위해 함께 힘쓸 것을 호소하여 부하들의 가치관과 태도의 변화를 통해 성과를 이끌어 내려는 지도력에 관한 이론이다.
② 번스는 변혁적 리더십을 리더와 부하가 상호 간 더 높은 도덕적 및 동기적 수준을 갖도록 만드는 과정이라고 보았다.
③ 리더가 부하들에게 장기적 비전을 제시하고 그 비전을 향해 매진하도록 부하들로 하여금 자신의 정서 · 가치관 · 행동규범 등을 바꾸게 하여 목표 달성을 위한 성취의지와 자신감을 고취시키는 과정이다.
④ 거래적 리더십이론은 변혁적 리더십이론을 비판하면서 등장한 이론이다.
⑤ 리더는 부하가 조직의 가치관과 신념에 의문을 제기하도록 도와줘야 한다고 본다.

39. 다음 코칭의 진행과정을 나타낸 도식의 ㉠ ~ ㉤에 들어갈 단계로 적절하지 않은 것은?

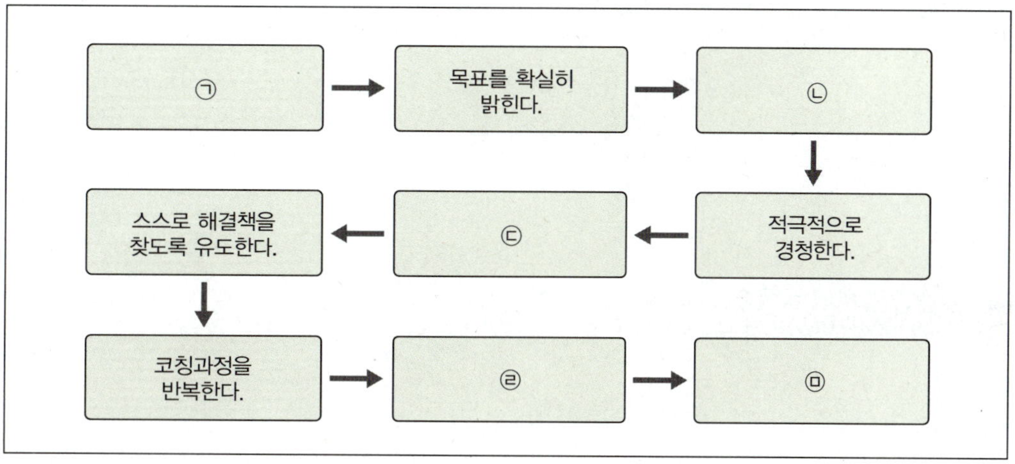

① ㉠ : 시간을 명확히 알린다.

② ㉡ : 핵심적인 질문으로 효과를 높인다.

③ ㉢ : 코치의 지시를 기준으로 목표를 설정한다.

④ ㉣ : 인정할 만한 일에 대해서는 확실히 인정한다.

⑤ ㉤ : 결과에 따른 후속 작업에 집중한다.

40. 고객만족도를 조사하는 방법인 설문조사와 심층면접법에 해당하는 설명을 〈보기〉에서 각각 골라 바르게 짝지은 것은?

보기

ㄱ. 조사결과를 통계적으로 처리할 수 있다.
ㄴ. 비교적 빠른 시간 내에 조사할 수 있다.
ㄷ. 독특한 정보를 얻을 수 있다.
ㄹ. 응답자들이 쉽게 알아들을 수 있도록 질문을 구성해야 한다.
ㅁ. 심층적 정보를 경험적으로 얻을 수 있다.
ㅂ. 수집한 자료를 사실과 다르게 해석할 위험이 있다.

	설문조사	심층면접법
①	ㄱ, ㄴ	ㄷ, ㄹ, ㅁ, ㅂ
②	ㄱ, ㄷ	ㄴ, ㄹ, ㅁ, ㅂ
③	ㄱ, ㄴ, ㄷ	ㄹ, ㅁ, ㅂ
④	ㄱ, ㄴ, ㄹ	ㄷ, ㅁ, ㅂ
⑤	ㄱ, ㄷ, ㄹ	ㄴ, ㅁ, ㅂ

MG 새마을금고

파트 2

인성검사

01 인성검사의 이해

1 인성검사, 왜 필요한가?

채용기업은 지원자가 '직무적합성'을 지닌 사람인지를 인성검사와 NCS기반 필기시험을 통해 판단한다. 인성검사에서 말하는 인성(人性)이란 그 사람의 성품, 즉 각 개인이 가지는 사고와 태도 및 행동 특성을 의미한다. 인성은 사람의 생김새처럼 사람마다 다르기 때문에 몇 가지 유형으로 분류하고 이에 맞추어 판단한다는 것 자체가 억지스럽고 어불성설일지 모른다. 그럼에도 불구하고 기업들의 입장에서는 입사를 희망하는 사람이 어떤 성품을 가졌는지 정보가 필요하다. 그래야 해당 기업의 인재상에 적합하고 담당할 업무에 적격한 인재를 채용할 수 있기 때문이다.

지원자의 성격이 외향적인지 아니면 내향적인지, 어떤 직무와 어울리는지, 조직에서 다른 사람과 원만하게 생활할 수 있는지, 업무 수행 중 문제가 생겼을 때 어떻게 대처하고 해결할 수 있는지에 대한 전반적인 개성은 자기소개서를 통해서나 면접을 통해서도 어느 정도 파악할 수 있다. 그러나 이것들만으로 인성을 충분히 파악할 수 없기 때문에 객관화되고 정형화된 인성검사로 지원자의 성격을 판단하고 있다.

채용기업은 필기시험을 높은 점수로 통과한 지원자라 하더라도 해당 기업과 거리가 있는 성품을 가졌다면 탈락시키게 된다. 일반적으로 필기시험 통과자 중 인성검사로 탈락하는 비율이 10% 내외가 된다고 알려져 있다. 물론 인성검사를 탈락하였다 하더라도 특별히 인성에 문제가 있는 사람이 아니라면 절망할 필요는 없다. 자신을 되돌아보고 다음 기회를 대비하면 되기 때문이다. 탈락한 기업이 원하는 인재상이 아니었다면 맞는 기업을 찾으면 되고, 경쟁자가 많았기 때문이라면 자신을 다듬어 경쟁력을 높이면 될 것이다.

2 인성검사의 특징

우리나라 대다수의 채용기업은 인재개발 및 인적자원을 연구하는 한국행동과학연구소(KIRBS), 에스에이치알(SHR), 한국사회적성개발원(KSAD), 한국인재개발진흥원(KPDI) 등 전문기관에 인성검사를 의뢰하고 있다.

이 기관들의 인성검사 개발 목적은 비슷하지만 기관마다 검사 유형이나 평가 척도는 약간의 차이가 있다. 또 지원하는 기업이 어느 기관에서 개발한 검사지로 인성검사를 시행하는지는 사전에 알 수 없다. 그렇지만 공통으로 적용하는 척도와 기준에 따라 구성된 여러 형태의 인성검사지로 사전 테스트를 해 보고 자신의 인성이 어떻게 평가되는가를 미리 알아보는 것은 가능하다.

인성검사는 필기시험 당일 직무능력평가와 함께 실시하는 경우와 직무능력평가 합격자에 한하여 면접과 함께 실시하는 경우가 있다. 인성검사의 문항은 100문항 내외에서부터 최대 500문항까지 다양하다. 인성검사에 주어지는 시간은 문항 수에 비례하여 30 ~ 100분 정도가 된다.

문항 자체는 단순한 질문으로 어려울 것은 없지만 제시된 상황에서 본인의 행동을 정하는 것이 쉽지만은 않다. 문항 수가 많을 경우 이에 비례하여 시간도 길게 주어지지만 단순하고 유사하며 반복되는 질문에 방심하여 집중하지 못하고 실수하는 경우가 있으므로 컨디션 관리와 집중력 유지에 노력하여야 한다. 특히 같거나 유사한 물음에 다른 답을 하는 경우가 가장 위험하다.

3 인성검사 척도 및 구성

1 미네소타 다면적 인성검사(MMPI)

MMPI(Minnesota Multiphasic Personality Inventory)는 1943년 미국 미네소타 대학교수인 해서웨이와 매킨리가 개발한 대표적인 자기 보고형 성향 검사로서 오늘날 가장 대표적으로 사용되는 객관적 심리검사 중 하나이다. MMPI는 약 550여 개의 문항으로 구성되며 각 문항을 읽고 '예(YES)' 또는 '아니오(NO)'로 대답하게 되어 있다.

MMPI는 4개의 타당도 척도와 10개의 임상척도로 구분된다. 500개가 넘는 문항들 중 중복되는 문항들이 포함되어 있는데 내용이 똑같은 문항도 10문항 이상 포함되어 있다. 이 반복 문항들은 응시자가 얼마나 일관성 있게 검사에 임했는지를 판단하는 지표로 사용된다.

구분	척도명	약자	주요 내용
타당도 척도 (바른 태도로 임했는지, 신뢰할 수 있는 결론인지 등을 판단)	무응답 척도 (Can not say)	?	응답하지 않은 문항과 복수로 답한 문항들의 총합으로 빠진 문항을 최소한으로 줄이는 것이 중요하다.
	허구 척도 (Lie)	L	자신을 좋은 사람으로 보이게 하려고 고의적으로 정직하지 못한 답을 판단하는 척도이다. 허구 척도가 높으면 장점까지 인정받지 못하는 결과가 발생한다.
	신뢰 척도 (Frequency)	F	검사 문항에 빗나간 답을 한 경향을 평가하는 척도로 정상적인 집단의 10% 이하의 응답을 기준으로 일반적인 경향과 다른 정도를 측정한다.
	교정 척도 (Defensiveness)	K	정신적 장애가 있음에도 다른 척도에서 정상적인 면을 보이는 사람을 구별하는 척도로 허구 척도보다 높은 고차원으로 거짓 응답을 하는 경향이 나타난다.
임상척도 (정상적 행동과 그렇지 않은 행동의 종류를 구분하는 척도로, 척도마다 다른 기준으로 점수가 매겨짐)	건강염려증 (Hypochondriasis)	Hs	신체에 대한 지나친 집착이나 신경질적 혹은 병적 불안을 측정하는 척도로 이러한 건강염려증이 타인에게 어떤 영향을 미치는지도 측정한다.
	우울증 (Depression)	D	슬픔 · 비관 정도를 측정하는 척도로 타인과의 관계 또는 본인 상태에 대한 주관적 감정을 나타낸다.
	히스테리 (Hysteria)	Hy	갈등을 부정하는 정도를 측정하는 척도로 신체 증상을 호소하는 경우와 적대감을 부인하며 우회적인 방식으로 드러내는 경우 등이 있다.
	반사회성 (Psychopathic Deviate)	Pd	가정 및 사회에 대한 불신과 불만을 측정하는 척도로 비도덕적 혹은 반사회적 성향 등을 판단한다.
	남성-여성특성 (Masculinity-Feminity)	Mf	남녀가 보이는 흥미와 취향, 적극성과 수동성 등을 측정하는 척도로 성에 따른 유연한 사고와 융통성 등을 평가한다.

	편집증 (Paranoia)	Pa	과대 망상, 피해 망상, 의심 등 편집증에 대한 정도를 측정하는 척도로 열등감, 비사교적 행동, 타인에 대한 불만과 같은 내용을 질문한다.
	강박증 (Psychasthenia)	Pt	과대 근심, 강박관념, 죄책감, 공포, 불안감, 정리정돈 등을 측정하는 척도로 만성 불안 등을 나타낸다.
	정신분열증 (Schizophrenia)	Sc	정신적 혼란을 측정하는 척도로 자폐적 성향이나 타인과의 감정 교류, 충동 억제불능, 성적 관심, 사회적 고립 등을 평가한다.
	경조증 (Hypomania)	Ma	정신적 에너지를 측정하는 척도로 생각의 다양성 및 과장성, 행동의 불안정성, 흥분성 등을 나타낸다.
	사회적 내향성 (Social introversion)	Si	대인관계 기피, 사회적 접촉 회피, 비사회성 등의 요인을 측정하는 척도로 외향성 및 내향성을 구분한다.

2 캘리포니아 성격검사(CPI)

CPI(California Psychological Inventory)는 캘리포니아 대학의 연구팀이 개발한 성검사로 MMPI와 함께 세계에서 가장 널리 사용되고 있는 인성검사 툴이다. CPI는 다양한 인성 요인을 통해 지원자가 답변한 응답 왜곡 가능성, 조직 역량 등을 측정한다. MMPI가 주로 정서적 측면을 진단하는 특징을 보인다면, CPI는 정상적인 사람의 심리적 특성을 주로 진단한다.

CPI는 약 480개 문항으로 구성되어 있으며 다음과 같은 18개의 척도로 구분된다.

구분	척도명	주요 내용
제1군 척도 (대인관계 적절성 측정)	지배성(Do)	리더십, 통솔력, 대인관계에서의 주도권을 측정한다.
	지위능력성(Cs)	내부에 잠재되어 있는 내적 포부, 자기 확신 등을 측정한다.
	사교성(Sy)	참여 기질이 활달한 사람과 그렇지 않은 사람을 구분한다.
	사회적 자발성(Sp)	사회 안에서의 안정감, 자발성, 사교성 등을 측정한다.
	자기 수용성(Sa)	개인적 가치관, 자기 확신, 자기 수용력 등을 측정한다.
	행복감(Wb)	생활의 만족감, 행복감을 측정하며 긍정적인 사람으로 보이고자 거짓 응답하는 사람을 구분하는 용도로도 사용된다.
제2군 척도 (성격과 사회화, 책임감 측정)	책임감(Re)	법과 질서에 대한 양심, 책임감, 신뢰성 등을 측정한다.
	사회성(So)	가치 내면화 정도, 사회 이탈 행동 가능성 등을 측정한다.
	자기 통제성(Sc)	자기조절, 자기통제의 적절성, 충동 억제력 등을 측정한다.
	관용성(To)	사회적 신념, 편견과 고정관념 등에 대한 태도를 측정한다.
	호감성(Gi)	타인이 자신을 어떻게 보는지에 대한 민감도를 측정하며, 좋은 사람으로 보이고자 거짓 응답하는 사람을 구분한다.
	임의성(Cm)	사회에 보수적 태도를 보이고 생각 없이 적당히 응답한 사람을 판단하는 척도로 사용된다.

제3군 척도 (인지적, 학업적 특성 측정)	순응적 성취(Ac)	성취동기, 내면의 인식, 조직 내 성취 욕구 등을 측정한다.
	독립적 성취(Ai)	독립적 사고, 창의성, 자기실현을 위한 능력 등을 측정한다.
	지적 효율성(Le)	지적 능률, 지능과 연관이 있는 성격 특성 등을 측정한다.
제4군 척도 (제1~3군과 무관한 척도의 혼합)	심리적 예민성(Py)	타인의 감정 및 경험에 대해 공감하는 정도를 측정한다.
	융통성(Fx)	개인적 사고와 사회적 행동에 대한 유연성을 측정한다.
	여향성(Fe)	남녀 비교에 따른 흥미의 남향성 및 여향성을 측정한다.

3 SHL 직업성격검사(OPQ)

OPQ(Occupational Personality Questionnaire)는 세계적으로 많은 외국 기업에서 널리 사용하는 CEB 사의 SHL 직무능력검사에 포함된 직업성격검사이다. 4개의 질문이 한 세트로 되어 있고 총 68세트 정도 출제되고 있다. 4개의 질문 안에서 '자기에게 가장 잘 맞는 것'과 '자기에게 가장 맞지 않는 것'을 1개씩 골라 '예', '아니오'로 체크하는 방식이다. 단순하게 모든 척도가 높다고 좋은 것은 아니며, 척도가 낮은 편이 좋은 경우도 있다.

기업에 따라 척도의 평가 기준은 다르다. 희망하는 기업의 특성을 연구하고, 채용 기준을 예측하는 것이 중요하다.

척도	내용	질문 예
설득력	사람을 설득하는 것을 좋아하는 경향	– 새로운 것을 사람에게 권하는 것을 잘한다. – 교섭하는 것에 걱정이 없다. – 기획하고 판매하는 것에 자신이 있다.
지도력	사람을 지도하는 것을 좋아하는 경향	– 사람을 다루는 것을 잘한다. – 팀을 아우르는 것을 잘한다. – 사람에게 지시하는 것을 잘한다.
독자성	다른 사람의 영향을 받지 않고, 스스로 생각해서 행동하는 것을 좋아하는 경향	– 모든 것을 자신의 생각대로 하는 편이다. – 주변의 평가는 신경 쓰지 않는다. – 유혹에 강한 편이다.
외향성	외향적이고 사교적인 경향	– 다른 사람의 주목을 끄는 것을 좋아한다. – 사람들이 모인 곳에서 중심이 되는 편이다. – 담소를 나눌 때 주변을 즐겁게 해 준다.
우호성	친구가 많고, 대세의 사람이 되는 것을 좋아하는 경향	– 친구와 함께 있는 것을 좋아한다. – 무엇이라도 얘기할 수 있는 친구가 많다. – 친구와 함께 무언가를 하는 것이 많다.
사회성	세상 물정에 밝고 사람 앞에서도 낯을 가리지 않는 성격	– 자신감이 있고 유쾌하게 발표할 수 있다. – 공적인 곳에서 인사하는 것을 잘한다. – 사람들 앞에서 발표하는 것이 어렵지 않다.

겸손성	사람에 대해서 겸손하게 행동하고 누구라도 똑같이 사귀는 경향	– 자신의 성과를 그다지 내세우지 않는다. – 절제를 잘하는 편이다. – 사회적인 지위에 무관심하다.
협의성	사람들에게 의견을 물으면서 일을 진행하는 경향	– 사람들의 의견을 구하며 일하는 편이다. – 타인의 의견을 묻고 일을 진행시킨다. – 친구와 상담해서 계획을 세운다.
돌봄	측은해 하는 마음이 있고, 사람을 돌봐 주는 것을 좋아하는 경향	– 개인적인 상담에 친절하게 답해 준다. – 다른 사람의 상담을 진행하는 경우가 많다. – 후배의 어려움을 돌보는 것을 좋아한다.
구체적인 사물에 대한 관심	물건을 고치거나 만드는 것을 좋아하는 경향	– 고장 난 물건을 수리하는 것이 재미있다. – 상태가 안 좋은 기계도 잘 사용한다. – 말하기보다는 행동하기를 좋아한다.
데이터에 대한 관심	데이터를 정리해서 생각하는 것을 좋아하는 경향	– 통계 등의 데이터를 분석하는 것을 좋아한다. – 표를 만들거나 정리하는 것을 좋아한다. – 숫자를 다루는 것을 좋아한다.
미적가치에 대한 관심	미적인 것이나 예술적인 것을 좋아하는 경향	– 디자인에 관심이 있다. – 미술이나 음악을 좋아한다. – 미적인 감각에 자신이 있다.
인간에 대한 관심	사람의 행동에 동기나 배경을 분석하는 것을 좋아하는 경향	– 다른 사람을 분석하는 편이다. – 타인의 행동을 보면 동기를 알 수 있다. – 다른 사람의 행동을 잘 관찰한다.
정통성	이미 있는 가치관을 소중히 여기고, 익숙한 방법으로 사물을 대하는 것을 좋아하는 경향	– 실적이 보장되는 확실한 방법을 취한다. – 낡은 가치관을 존중하는 편이다. – 보수적인 편이다.
변화 지향	변화를 추구하고, 변화를 받아들이는 것을 좋아하는 경향	– 새로운 것을 하는 것을 좋아한다. – 해외여행을 좋아한다. – 경험이 없더라도 시도해 보는 것을 좋아한다.
개념성	지식에 대한 욕구가 있고, 논리적으로 생각하는 것을 좋아하는 경향	– 개념적인 사고가 가능하다. – 분석적인 사고를 좋아한다. – 순서를 만들고 단계에 따라 생각한다.
창조성	새로운 분야에 대한 공부를 하는 것을 좋아하는 경향	– 새로운 것을 추구한다. – 독창성이 있다. – 신선한 아이디어를 낸다.
계획성	앞을 생각해서 사물을 예상하고, 계획적으로 실행하는 것을 좋아하는 경향	– 과거를 돌이켜보며 계획을 세운다. – 앞날을 예상하며 행동한다. – 실수를 돌아보며 대책을 강구하는 편이다.

치밀함	정확한 순서를 세워 진행하는 것을 좋아하는 경향	– 사소한 실수는 거의 하지 않는다. – 정확하게 요구되는 것을 좋아한다. – 사소한 것에도 주의하는 편이다.
꼼꼼함	어떤 일이든 마지막까지 꼼꼼하게 마무리 짓는 경향	– 맡은 일을 마지막까지 해결한다. – 마감 시한은 반드시 지킨다. – 시작한 일은 중간에 그만두지 않는다.
여유	평소에 릴랙스하고, 스트레스에 잘 대처하는 경향	– 감정의 회복이 빠르다. – 분별없이 함부로 행동하지 않는다. – 스트레스에 잘 대처한다.
근심 · 걱정	어떤 일이 잘 진행되지 않으면 불안을 느끼고, 중요한 일을 앞두면 긴장하는 경향	– 예정대로 잘되지 않으면 근심 · 걱정이 많다. – 신경 쓰이는 일이 있으면 불안하다. – 중요한 만남 전에는 기분이 편하지 않다.
호방함	사람들이 자신을 어떻게 생각하는지를 신경 쓰지 않는 경향	– 사람들이 자신을 어떻게 생각하는지 그다지 신경 쓰지 않는다. – 상처받아도 동요하지 않고 아무렇지 않은 태도를 취한다. – 사람들의 비판에 크게 영향받지 않는다.
억제력	감정을 표현하지 않는 경향	– 쉽게 감정적으로 되지 않는다. – 분노를 억누른다. – 격분하지 않는다.
낙관적	사물을 낙관적으로 보는 경향	– 낙관적으로 생각하고 일을 진행시킨다. – 문제가 일어나도 낙관적으로 생각한다.
비판적	비판적으로 사물을 생각하고, 이론 · 문장 등의 오류에 신경 쓰는 경향	– 이론의 모순을 찾아낸다. – 계획이 갖춰지지 않은 것이 신경 쓰인다. – 누구도 신경 쓰지 않는 오류를 찾아낸다.
행동력	운동을 좋아하고, 민첩하게 행동하는 경향	– 동작이 날렵하다. – 여가를 활동적으로 보낸다. – 몸을 움직이는 것을 좋아한다.
경쟁성	지는 것을 싫어하는 경향	– 승부를 겨루게 되면 지는 것을 싫어한다. – 상대를 이기는 것을 좋아한다. – 싸워 보지 않고 포기하는 것을 싫어한다.
출세 지향	출세하는 것을 중요하게 생각하고, 야심적인 목표를 향해 노력하는 경향	– 출세 지향적인 성격이다. – 곤란한 목표도 달성할 수 있다. – 실력으로 평가받는 사회가 좋다.
결단력	빠르게 판단하는 경향	– 답을 빠르게 찾아낸다. – 문제에 대한 빠른 상황 파악이 가능하다. – 위험을 감수하고도 결단을 내리는 편이다.

4 인성검사 합격 전략

1 포장하지 않은 솔직한 답변

"다른 사람을 험담한 적이 한 번도 없다.", "물건을 훔치고 싶다고 생각해 본 적이 없다."

이 질문에 당신은 '그렇다', '아니다' 중 무엇을 선택할 것인가? 채용기업이 인성검사를 실시하는 가장 큰 이유는 '이 사람이 어떤 성향을 가진 사람인가'를 효율적으로 파악하기 위해서이다.

인성검사는 도덕적 가치가 빼어나게 높은 사람을 판별하려는 것도 아니고, 성인군자를 가려내기 위함도 아니다. 인간의 보편적 성향과 상식적 사고를 고려할 때, 도덕적 질문에 지나치게 겸손한 답변을 체크하면 오히려 솔직하지 못한 것으로 간주되거나 인성을 제대로 판단하지 못해 무효 처리가 되기도 한다. 자신의 성격을 포장하여 작위적인 답변을 하지 않도록 솔직하게 임하는 것이 예기치 않은 결과를 피하는 첫 번째 전략이 된다.

2 필터링 함정을 피하고 일관성 유지

앞서 강조한 솔직함은 일관성과 연결된다. 인성검사를 구성하는 많은 척도는 여러 형태의 문장 속에 동일한 요소를 적용해 반복되기도 한다. 예컨대 '나는 매우 활동적인 사람이다'와 '나는 운동을 매우 좋아한다'라는 질문에 '그렇다'고 체크한 사람이 '휴일에는 집에서 조용히 쉬며 독서하는 것이 좋다'에도 '그렇다'고 체크한다면 일관성이 없다고 평가될 수 있다.

그러나 일관성 있는 답변에만 매달리면 '이 사람이 같은 답변만 체크하기 위해 이 부분만 신경 썼구나'하는 필터링 함정에 빠질 수도 있다. 비슷하게 보이는 문장이 무조건 같은 내용이라고 판단하여 똑같이 답하는 것도 주의해야 한다. 일관성보다 중요한 것은 솔직함이다. 솔직함이 전제되지 않은 일관성은 허위 척도 필터링에서 드러나게 되어 있다. 유사한 질문의 응답이 터무니없이 다르거나 양극단에 치우치지 않는 정도라면 약간의 차이는 크게 문제되지 않는다. 중요한 것은 솔직함과 일관성이 하나의 연장선에 있다는 점을 명심하자.

3 지원한 직무와 연관성을 고려

다양한 분야의 많은 계열사와 큰 조직을 통솔하는 대기업은 여러 사람이 조직적으로 움직이는 만큼 각 직무에 걸맞은 능력을 갖춘 인재가 필요하다. 그래서 기업은 매년 신규채용으로 입사한 신입사원들의 젊은 패기와 참신한 능력을 성장 동력으로 활용한다.

기업은 사교성 있고 활달한 사람만을 원하지 않는다. 해당 직군과 직무에 따라 필요로 하는 사원의 능력과 개성이 다르기 때문에, 지원자가 희망하는 계열사나 부서의 직무가 무엇인지 제대로 파악하여 자신의 성향과 맞는지에 대한 고민은 반드시 필요하다. 같은 질문이라도 기업이 원하는 인재상이나 부서의 직무에 따라 판단 척도가 달라질 수 있다.

4 평상심 유지와 컨디션 관리

역시 솔직함과 연결된 내용이다. 한 질문에 오래 고민하고 신경 쓰면 불필요한 생각이 개입될 소지가 크다. 이는 직관을 떠나 이성적 판단에 따라 포장할 위험이 높아진다는 뜻이기도 하다. 긴 시간 생각하지 말고 자신의 평상시 생각과 감정대로 답하는 것이 중요하며, 가능한 건너뛰지 말고 모든 질문에 답하도록 한다. 300 ~ 400개 정도 문항을 출제하는 기업이 많기 때문에, 끝까지 집중하여 임하는 것이 중요하다.

특히 적성검사와 같은 날 실시하는 경우, 적성검사를 마친 후 연이어 보기 때문에 신체적 · 정신적으로 피로한 상태에서 자세가 흐트러질 수도 있다. 따라서 컨디션을 유지하면서 문항당 7 ~ 10초 이상 쓰지 않도록 하고, 문항 수가 많을 때는 답안지에 바로바로 표기하자.

02 인성검사 연습

1 인성검사 출제유형

인성검사는 MG 새마을금고가 추구하는 '자조정신, 호혜정신, 공동체 정신을 갖춘 인재'라는 내부 기준에 따라 적합한 인재를 찾기 위해 가치관과 태도를 측정하는 것이다. 응시자 개인의 사고와 태도 · 행동 특성 및 유사 질문의 반복을 통해 거짓말 척도 등으로 기업의 인재상에 적합한지를 판단하므로 특별하게 정해진 답은 없다.

2 문항군 개별 항목 체크

1 두 가지 유형의 문항군으로 구성된 검사지를 보고 자신에게 해당되는 항목에 표시한다.

2 구성된 검사지에 문항 수가 많으면 일관된 답변이 어려울 수도 있으므로 최대한 꾸밈없이 자신의 가치관과 신념을 바탕으로 솔직하게 답하도록 노력한다.

인성검사 Tip

1. 직관적으로 솔직하게 답한다.
2. 모든 문제를 신중하게 풀도록 한다.
3. 비교적 일관성을 유지할 수 있도록 한다.
4. 평소의 경험과 선호도를 자연스럽게 답한다.
5. 각 문항에 너무 골똘히 생각하거나 고민하지 않는다.
6. 지원한 분야와 나의 성격의 연관성을 미리 생각하고 분석해 본다.

3 모의 연습

※ 자신의 모습 그대로 솔직하게 응답하십시오. 솔직하고 성의 있게 응답하지 않을 경우 결과가 무효 처리됩니다.

[001~200] 모든 문항에는 옳고 그른 답이 없습니다. 다음 문항을 잘 읽고 ⓨ와 Ⓝ 중 본인에게 해당되는 부분에 표시해 주십시오.

번호	질문	예 / 아니오	
		Yes	No
1	교통 법규를 위반했을 때 눈감아 줄만한 사람은 사귀어 둘 만하다.	ⓨ	Ⓝ
2	지루할 때면 스릴 있는 일을 일으키고 싶어진다.	ⓨ	Ⓝ
3	남의 물건을 함부로 다루는 사람에게는 내 물건을 빌려주고 싶지 않다.	ⓨ	Ⓝ
4	나는 항상 진실만을 말하지는 않는다.	ⓨ	Ⓝ
5	이따금 천박한 농담을 듣고 웃는다.	ⓨ	Ⓝ
6	다른 사람들로부터 주목받기를 좋아한다.	ⓨ	Ⓝ
7	많은 사람들 앞에서 이야기하는 것을 싫어한다.	ⓨ	Ⓝ
8	어떤 사람들은 동정을 얻기 위하여 그들의 고통을 과장한다.	ⓨ	Ⓝ
9	정직한 사람이 성공하기란 불가능하다.	ⓨ	Ⓝ
10	나의 말이나 행동에 누군가 상처를 받는다면, 그건 상대방이 여린 탓이다.	ⓨ	Ⓝ
11	화가 나서 물건을 파손한 적이 있다.	ⓨ	Ⓝ
12	기회만 주어진다면, 나는 훌륭한 지도자가 될 것이다.	ⓨ	Ⓝ
13	나는 예민하다는 말을 자주 듣는다.	ⓨ	Ⓝ
14	한 가지 일에 정신을 집중하기가 힘들다.	ⓨ	Ⓝ
15	모임에서 취할 때까지 술을 마시는 것을 못마땅하게 여긴다.	ⓨ	Ⓝ
16	아무도 나를 이해하지 못하는 것 같다.	ⓨ	Ⓝ
17	돈 내기를 하면 경기나 게임이 더 즐겁다.	ⓨ	Ⓝ
18	나는 사람들을 강화시키는 재능을 타고났다.	ⓨ	Ⓝ
19	수단과 방법을 가리지 않고 목표를 달성하고 싶다.	ⓨ	Ⓝ
20	낯선 사람들을 만나면 무슨 이야기를 해야 할지 몰라 어려움을 겪는다.	ⓨ	Ⓝ

21	곤경을 모면하기 위해 꾀병을 부린 적이 있다.	Ⓨ	Ⓝ
22	학교 선생님들은 대개 나를 공정하고 솔직하게 대해 주었다.	Ⓨ	Ⓝ
23	자동차 정비사의 일을 좋아할 것 같다.	Ⓨ	Ⓝ
24	무인감시카메라는 운전자의 눈에 잘 띄도록 표시해야 한다.	Ⓨ	Ⓝ
25	합창부에 가입하고 싶다.	Ⓨ	Ⓝ
26	사람들은 대개 성 문제를 지나치게 걱정한다.	Ⓨ	Ⓝ
27	다른 사람의 슬픔에 대해 공감하는 척할 때가 많다.	Ⓨ	Ⓝ
28	결정을 내리기 전에 다양한 관점에서 신중하게 생각한다.	Ⓨ	Ⓝ
29	체면 차릴 만큼은 일한다.	Ⓨ	Ⓝ
30	남녀가 함께 있으면 남자는 대개 그 여자의 섹스에 관련된 것을 생각한다.	Ⓨ	Ⓝ
31	주인이 없어 보이는 물건은 가져도 된다.	Ⓨ	Ⓝ
32	스릴을 느끼기 위해 위험한 일을 한 적이 있다.	Ⓨ	Ⓝ
33	현재 직면한 국제 문제에 대한 해결 방법을 알고 있다.	Ⓨ	Ⓝ
34	나는 기분이 쉽게 변한다.	Ⓨ	Ⓝ
35	현기증이 난 적이 전혀 없다.	Ⓨ	Ⓝ
36	내 피부 감각은 유난히 예민하다.	Ⓨ	Ⓝ
37	엄격한 규율과 규칙에 따라 일하기가 어렵다.	Ⓨ	Ⓝ
38	남이 나에게 친절을 베풀면 대개 숨겨진 이유가 무엇인지를 생각해본다.	Ⓨ	Ⓝ
39	학교에서 무엇을 배울 때 느린 편이었다.	Ⓨ	Ⓝ
40	우리 가족은 항상 가깝게 지낸다.	Ⓨ	Ⓝ
41	나는 자주 무력감을 느낀다.	Ⓨ	Ⓝ
42	영화에서 사람을 죽이는 장면을 보면 짜릿하다.	Ⓨ	Ⓝ
43	불을 보면 매혹된다.	Ⓨ	Ⓝ
44	소변을 보거나 참는 데 별 어려움을 겪은 적이 없다.	Ⓨ	Ⓝ
45	인생 목표 중 하나는 어머니가 자랑스러워할 무엇인가를 해내는 것이다.	Ⓨ	Ⓝ
46	과연 행복한 사람이 있을지 의문이다.	Ⓨ	Ⓝ
47	때때로 나의 업적을 자랑하고 싶어진다.	Ⓨ	Ⓝ
48	일단 화가 나면 냉정을 잃는다.	Ⓨ	Ⓝ

49	거액을 사기 칠 수 있을 정도로 똑똑한 사람이라면, 그 돈을 가져도 좋다.	Ⓨ	Ⓝ
50	선거 때 잘 알지 못하는 사람에게 투표한 적이 있다.	Ⓨ	Ⓝ
51	사교적인 모임에 나가는 것을 싫어한다.	Ⓨ	Ⓝ
52	지나치게 생각해서 기회를 놓치는 편이다.	Ⓨ	Ⓝ
53	활발한 사람으로 통한다.	Ⓨ	Ⓝ
54	꾸준히 하는 일이 적성에 맞는다.	Ⓨ	Ⓝ
55	돌다리도 두드려 보고 건넌다.	Ⓨ	Ⓝ
56	지는 것을 싫어하는 편이다.	Ⓨ	Ⓝ
57	적극적으로 행동하는 타입이다.	Ⓨ	Ⓝ
58	이웃에서 나는 소리가 신경 쓰인다.	Ⓨ	Ⓝ
59	나도 모르게 끙끙 앓고 고민하는 편이다.	Ⓨ	Ⓝ
60	비교적 금방 마음이 바뀌는 편이다.	Ⓨ	Ⓝ
61	휴식시간 정도는 혼자 있고 싶다.	Ⓨ	Ⓝ
62	자신만만한 영업맨 타입이다.	Ⓨ	Ⓝ
63	잘 흥분하는 편이라고 생각한다.	Ⓨ	Ⓝ
64	한 번도 거짓말을 한 적이 없다.	Ⓨ	Ⓝ
65	밤길에는 뒤에서 걸어오는 사람이 신경 쓰인다.	Ⓨ	Ⓝ
66	실패하면 내 책임이라고 생각한다.	Ⓨ	Ⓝ
67	남의 의견에 좌우되어서 쉽게 의견이 바뀐다.	Ⓨ	Ⓝ
68	개성적인 편이라고 생각한다.	Ⓨ	Ⓝ
69	나는 항상 활기차게 일하는 사람이다.	Ⓨ	Ⓝ
70	다양한 문화를 인정하는 것은 중요하다.	Ⓨ	Ⓝ
71	인상이 좋다는 말을 자주 듣는다.	Ⓨ	Ⓝ
72	나와 다른 관점이 있다는 것을 인정한다.	Ⓨ	Ⓝ
73	일에 우선순위를 잘 파악하여 행동하는 편이다.	Ⓨ	Ⓝ
74	사무실에서 조사하는 것보다 현장에서 파악하는 것을 선호한다.	Ⓨ	Ⓝ
75	약속 장소에 가기 위한 가장 빠른 교통수단을 미리 알아보고 출발한다.	Ⓨ	Ⓝ
76	친절하다는 말을 종종 듣는다.	Ⓨ	Ⓝ

77	팀으로 일하는 것이 좋다.	Ⓨ	Ⓝ
78	돈 관리를 잘하는 편이어서 적자가 나는 법이 없다.	Ⓨ	Ⓝ
79	내 감정이나 행동의 근본적인 이유를 찾기 위해서 노력한다.	Ⓨ	Ⓝ
80	호기심이 풍부한 편이다.	Ⓨ	Ⓝ
81	나는 좀 어려운 과제도 내가 할 수 있다는 긍정적인 생각을 많이 한다.	Ⓨ	Ⓝ
82	절대 새치기는 하지 않는다.	Ⓨ	Ⓝ
83	일단 일을 맡게 되면 책임지고 해낸다.	Ⓨ	Ⓝ
84	나는 신뢰감을 주는 편이다.	Ⓨ	Ⓝ
85	자료를 찾는 시간에 사람을 만나 물어보는 방식이 더 잘 맞는다.	Ⓨ	Ⓝ
86	새로운 일을 직접 기획해보고 기획안을 만드는 것을 좋아한다.	Ⓨ	Ⓝ
87	상냥하다는 말을 많이 듣는다.	Ⓨ	Ⓝ
88	무책임한 사람을 보면 짜증이 난다.	Ⓨ	Ⓝ
89	나는 항상 솔직하고 정직하다.	Ⓨ	Ⓝ
90	권위적인 방식으로 나를 대하면 반항한다.	Ⓨ	Ⓝ
91	안정적인 직장보다 창의적인 직장을 원한다.	Ⓨ	Ⓝ
92	쉽게 화가 난다.	Ⓨ	Ⓝ
93	냉철한 사고력이 요구되는 일이 편하다.	Ⓨ	Ⓝ
94	계획을 세울 때 세부일정까지 구체적으로 짜는 편이다.	Ⓨ	Ⓝ
95	주로 남의 의견을 듣는 편이다.	Ⓨ	Ⓝ
96	업무를 통한 정보 교환을 중심으로 상호작용이 활발한 조직을 좋아한다.	Ⓨ	Ⓝ
97	안정감보다 아슬아슬한 스릴이 더 좋다.	Ⓨ	Ⓝ
98	게임에 내기를 걸지 않으면 승부욕이 생기지 않는다.	Ⓨ	Ⓝ
99	나는 참 괜찮은 사람이다.	Ⓨ	Ⓝ
100	내가 왜 이러는지 모를 때가 자주 있다.	Ⓨ	Ⓝ
101	나는 집요한 사람이다.	Ⓨ	Ⓝ
102	가까운 사람과 사소한 일로 다투었을 때 먼저 화해를 청하는 편이다.	Ⓨ	Ⓝ
103	무엇인가를 반드시 성취해야 하는 것은 아니다.	Ⓨ	Ⓝ
104	일을 통해서 나의 지식과 기술을 후대에 기여하고 싶다.	Ⓨ	Ⓝ

105	내 의견을 이해하지 못하는 사람은 상대하지 않는다.	Ⓨ	Ⓝ
106	다른 사람들로부터 주목받기를 좋아한다.	Ⓨ	Ⓝ
107	사회에서 인정받을 수 있는 사람이 되고 싶다.	Ⓨ	Ⓝ
108	어떤 사람들은 동정을 얻기 위하여 그들의 고통을 과장한다.	Ⓨ	Ⓝ
109	내가 잘한 일은 남들이 꼭 알아줬으면 한다.	Ⓨ	Ⓝ
110	나와 다른 의견도 끝까지 듣는다.	Ⓨ	Ⓝ
111	상황에 따라서는 거짓말도 필요하다.	Ⓨ	Ⓝ
112	평범한 사람이라고 생각한다.	Ⓨ	Ⓝ
113	나는 예민하다는 말을 자주 듣는다.	Ⓨ	Ⓝ
114	남들보다 특별히 더 우월하다고 생각하지 않는다.	Ⓨ	Ⓝ
115	남들이 실패한 일도 나는 해낼 수 있다.	Ⓨ	Ⓝ
116	화가 날수록 상대방에게 침착해지는 편이다.	Ⓨ	Ⓝ
117	시비가 붙더라도 침착하게 대응한다.	Ⓨ	Ⓝ
118	내게 모욕을 준 사람들을 절대 잊지 않는다.	Ⓨ	Ⓝ
119	다른 사람의 감정을 내 것처럼 느낀다.	Ⓨ	Ⓝ
120	낯선 사람들을 만나면 무슨 이야기를 해야 할지 몰라 어려움을 겪는다.	Ⓨ	Ⓝ
121	우리가 사는 세상은 살 만한 곳이라고 생각한다.	Ⓨ	Ⓝ
122	속이 거북할 정도로 많이 먹을 때가 있다.	Ⓨ	Ⓝ
123	마음속에 있는 것을 솔직하게 털어놓는 편이다.	Ⓨ	Ⓝ
124	일은 내 삶의 중심에 있다.	Ⓨ	Ⓝ
125	웬만한 일을 겪어도 마음의 평정을 유지하는 편이다.	Ⓨ	Ⓝ
126	사람들 앞에 서면 실수를 할까 걱정된다.	Ⓨ	Ⓝ
127	다른 사람의 슬픔에 대해 공감하는 척할 때가 많다.	Ⓨ	Ⓝ
128	점이나 사주를 믿는 편이다.	Ⓨ	Ⓝ
129	화가 나면 언성이 높아진다.	Ⓨ	Ⓝ
130	차근차근 하나씩 일을 마무리한다.	Ⓨ	Ⓝ
131	어려운 목표라도 어떻게 해서든 실현 가능한 해결책을 만든다.	Ⓨ	Ⓝ
132	진행하던 일을 홧김에 그만둔 적이 있다.	Ⓨ	Ⓝ

133	사람을 차별하지 않는다.	Ⓨ	Ⓝ
134	창이 있는 레스토랑에 가면 창가에 자리를 잡는다.	Ⓨ	Ⓝ
135	다양한 분야에 관심이 있다.	Ⓨ	Ⓝ
136	무단횡단을 한 번도 해 본 적이 없다.	Ⓨ	Ⓝ
137	내 주위에서는 즐거운 일들이 자주 일어난다.	Ⓨ	Ⓝ
138	다른 사람의 행동을 내가 통제하고 싶다.	Ⓨ	Ⓝ
139	내 친구들은 은근히 뒤에서 나를 비웃는다.	Ⓨ	Ⓝ
140	아이디어를 적극적으로 제시한다.	Ⓨ	Ⓝ
141	규칙을 어기는 것도 필요할 때가 있다.	Ⓨ	Ⓝ
142	친구를 쉽게 사귄다.	Ⓨ	Ⓝ
143	내 분야에서 1등이 되어야 한다.	Ⓨ	Ⓝ
144	스트레스가 쌓이면 몸도 함께 아프다.	Ⓨ	Ⓝ
145	목표를 달성하기 위해서는 때로 편법이 필요할 때도 있다.	Ⓨ	Ⓝ
146	나는 보통사람들보다 더 존경받을 만하다고 생각한다.	Ⓨ	Ⓝ
147	내 주위에는 나보다 잘난 사람들만 있는 것 같다.	Ⓨ	Ⓝ
148	나는 따뜻하고 부드러운 마음을 가지고 있다.	Ⓨ	Ⓝ
149	어떤 일에 실패했어도 반드시 다시 도전한다.	Ⓨ	Ⓝ
150	회의에 적극 참여한다.	Ⓨ	Ⓝ
151	나는 적응력이 뛰어나다.	Ⓨ	Ⓝ
152	서두르지 않고 순서대로 일을 마무리한다.	Ⓨ	Ⓝ
153	활발한 사람으로 통한다.	Ⓨ	Ⓝ
154	꾸준히 하는 일이 적성에 맞는다.	Ⓨ	Ⓝ
155	나는 실수에 대해 변명한 적이 없다.	Ⓨ	Ⓝ
156	지는 것을 싫어하는 편이다.	Ⓨ	Ⓝ
157	나는 맡은 일은 책임지고 끝낸다.	Ⓨ	Ⓝ
158	이웃에서 나는 소리가 신경 쓰인다.	Ⓨ	Ⓝ
159	나도 모르게 끙끙 앓고 고민하는 편이다.	Ⓨ	Ⓝ
160	나는 눈치가 빠르다.	Ⓨ	Ⓝ

161	휴식시간 정도는 혼자 있고 싶다.	Ⓨ	Ⓝ
162	다른 사람의 주장이나 의견이 어떤 맥락을 가지고 있는지 생각해 본다.	Ⓨ	Ⓝ
163	나는 어려운 문제를 보면 반드시 그것을 해결해야 직성이 풀린다.	Ⓨ	Ⓝ
164	시험시간이 끝나면 곧바로 정답을 확인해 보는 편이다.	Ⓨ	Ⓝ
165	물건을 구매할 때 가격 정보부터 찾는 편이다.	Ⓨ	Ⓝ
166	항상 일을 할 때 개선점을 찾으려고 한다.	Ⓨ	Ⓝ
167	사적인 스트레스로 일을 망치는 일은 없다.	Ⓨ	Ⓝ
168	개성적인 편이라고 생각한다.	Ⓨ	Ⓝ
169	일이 어떻게 진행되고 있는지 지속적으로 점검한다.	Ⓨ	Ⓝ
170	다양한 문화를 인정하는 것은 중요하다.	Ⓨ	Ⓝ
171	궁극적으로 내가 달성하고자 하는 것을 자주 생각한다.	Ⓨ	Ⓝ
172	나와 다른 관점이 있다는 것을 인정한다.	Ⓨ	Ⓝ
173	일에 우선순위를 잘 파악하여 행동하는 편이다.	Ⓨ	Ⓝ
174	막상 시험기간이 되면 계획대로 되지 않는다.	Ⓨ	Ⓝ
175	약속 장소에 가기 위한 가장 빠른 교통수단을 미리 알아보고 출발한다.	Ⓨ	Ⓝ
176	다른 사람에게 궁금한 것이 있어도 참는 편이다.	Ⓨ	Ⓝ
177	팀으로 일하는 것이 좋다.	Ⓨ	Ⓝ
178	돈 관리를 잘하는 편이어서 적자가 나는 법이 없다.	Ⓨ	Ⓝ
179	내 감정이나 행동의 근본적인 이유를 찾기 위해서 노력한다.	Ⓨ	Ⓝ
180	후회를 해 본 적이 없다.	Ⓨ	Ⓝ
181	요리하는 TV프로그램을 즐겨 시청한다.	Ⓨ	Ⓝ
182	절대 새치기는 하지 않는다.	Ⓨ	Ⓝ
183	일단 일을 맡게 되면 책임지고 해낸다.	Ⓨ	Ⓝ
184	나는 신뢰감을 주는 편이다.	Ⓨ	Ⓝ
185	자료를 찾는 시간에 사람을 만나 물어보는 방식이 더 잘 맞는다.	Ⓨ	Ⓝ
186	새로운 일을 직접 기획해보고 기획안을 만드는 것을 좋아한다.	Ⓨ	Ⓝ
187	스스로 계획한 일은 하나도 빠짐없이 실행한다.	Ⓨ	Ⓝ
188	낮보다 어두운 밤에 집중력이 좋다.	Ⓨ	Ⓝ

189	인내심을 가지고 일을 한다.	Ⓨ	Ⓝ
190	많은 생각을 필요로 하는 일에 더 적극적이다.	Ⓨ	Ⓝ
191	미래는 불확실하기 때문에 결과를 예측하는 것은 무의미하다.	Ⓨ	Ⓝ
192	내가 잘하는 일과 못하는 일을 정확하게 알고 있다.	Ⓨ	Ⓝ
193	쉬는 날 가급적이면 집 밖으로 나가지 않는다.	Ⓨ	Ⓝ
194	영화보다는 연극을 선호한다.	Ⓨ	Ⓝ
195	아무리 계획을 잘 세워도 결국 일정에 쫓기게 된다.	Ⓨ	Ⓝ
196	생소한 문제를 접하면 해결해 보고 싶다는 생각보다 귀찮다는 생각이 먼저 든다.	Ⓨ	Ⓝ
197	가급적 여러 가지 대안을 고민하는 것이 좋다.	Ⓨ	Ⓝ
198	다른 사람들보다 새로운 것을 빠르게 습득하는 편이다.	Ⓨ	Ⓝ
199	어떤 목표를 세울 것인가 보다 왜 그런 목표를 세웠는지가 더 중요하다.	Ⓨ	Ⓝ
200	내가 잘하는 일과 못하는 일을 정확하게 알고 있다.	Ⓨ	Ⓝ

MG 새마을금고

파트
3

면접가이드

01 NCS 면접의 이해

※ 능력중심 채용에서는 타당도가 높은 구조화 면접을 적용한다.

1 면접이란?

일을 하는 데 필요한 능력(직무역량, 직무지식, 인재상 등)을 지원자가 보유하고 있는지를 다양한 면접기법을 활용하여 확인하는 절차이다. 자신의 환경, 성취, 관심사, 경험 등에 대해 이야기하여 본인이 적합하다는 것을 보여 줄 기회를 제공하고, 면접관은 평가에 필요한 정보를 수집하고 평가하는 것이다.

- 지원자의 태도, 적성, 능력에 대한 정보를 심층적으로 파악하기 위한 선발 방법
- 선발의 최종 의사결정에 주로 사용되는 선발 방법
- 전 세계적으로 선발에서 가장 많이 사용되는 핵심적이고 중요한 방법

2 면접의 특징

서류전형이나 인적성검사에서 드러나지 않는 것들을 볼 수 있는 기회를 제공한다.

- 직무수행과 관련된 다양한 지원자 행동에 대한 관찰이 가능하다.
- 면접관이 알고자 하는 정보를 심층적으로 파악할 수 있다.
- 서류상의 미비한 사항과 의심스러운 부분을 확인할 수 있다.
- 커뮤니케이션, 대인관계행동 등 행동 · 언어적 정보도 얻을 수 있다.

3 면접의 평가요소

1 인재적합도

해당 기관이나 기업별 인재상에 대한 인성 평가

2 조직적합도

조직에 대한 이해와 관련 상황에 대한 평가

3 직무적합도

직무에 대한 지식과 기술, 태도에 대한 평가

4 면접의 유형

구조화된 정도에 따른 분류

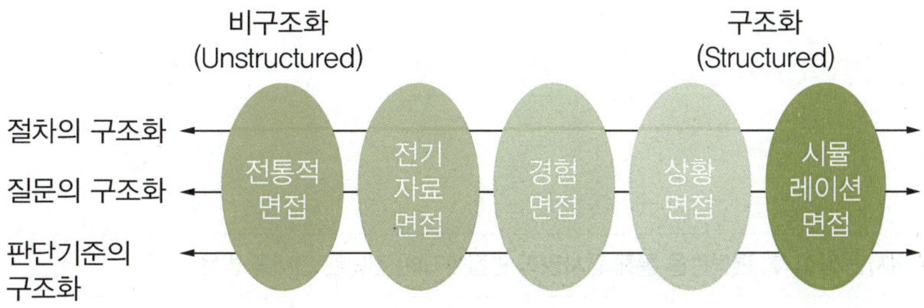

1 구조화 면접(Structured Interview)

사전에 계획을 세워 질문의 내용과 방법, 지원자의 답변 유형에 따른 추가 질문과 그에 대한 평가역량이 정해져 있는 면접 방식(표준화 면접)

- 표준화된 질문이나 평가요소가 면접 전 확정되며, 지원자는 편성된 조나 면접관에 영향을 받지 않고 동일한 질문과 시간을 부여받을 수 있음.
- 조직 또는 직무별로 주요하게 도출된 역량을 기반으로 평가요소가 구성되어, 조직 또는 직무에서 필요한 역량을 가진 지원자를 선발할 수 있음.
- 표준화된 형식을 사용하는 특성 때문에 비구조화 면접에 비해 신뢰성과 타당성, 객관성이 높음.

2 비구조화 면접(Unstructured Interview)

면접 계획을 세울 때 면접 목적만 명시하고 내용이나 방법은 면접관에게 전적으로 일임하는 방식(비표준화 면접)

- 표준화된 질문이나 평가요소 없이 면접이 진행되며, 편성된 조나 면접관에 따라 지원자에게 주어지는 질문이나 시간이 다름.
- 면접관의 주관적인 판단에 따라 평가가 이루어져 평가 오류가 빈번히 일어남.
- 상황 대처나 언변이 뛰어난 지원자에게 유리한 면접이 될 수 있음.

02 NCS 구조화 면접 기법

※ 능력중심 채용에서는 타당도가 높은 구조화 면접을 적용한다.

1 경험면접(Behavioral Event Interview)

면접 프로세스

안내 — 지원자는 입실 후, 면접관을 통해 인사말과 면접에 대한 간단한 안내를 받음.

질문 — 지원자는 면접관에게 평가요소(직업기초능력, 직무수행능력 등)와 관련된 주요 질문을 받게 되며, 질문에서 의도하는 평가요소를 고려하여 응답할 수 있도록 함.

세부질문
- 지원자가 응답한 내용을 토대로 해당 평가기준들을 충족시키는지 파악하기 위한 세부질문이 이루어짐.
- 구체적인 행동·생각 등에 대해 응답할수록 높은 점수를 얻을 수 있음.

- 방식
  해당 역량의 발휘가 요구되는 일반적인 상황을 제시하고, 그러한 상황에서 어떻게 행동했었는지(과거경험)를 이야기하도록 함.
- 판단기준
  해당 역량의 수준, 경험 자체의 구체성, 진실성 등
- 특징
  추상적인 생각이나 의견 제시가 아닌 과거 경험 및 행동 중심의 질의가 이루어지므로 지원자는 사전에 본인의 과거 경험 및 사례를 정리하여 면접에 대비할 수 있음.
- 예시

지원분야		지원자		면접관	(인)
경영자원관리 조직이 보유한 인적자원을 효율적으로 활용하여, 조직 내 유·무형 자산 및 재무자원을 효율적으로 관리한다.					
주질문					
A. 어떤 과제를 처리할 때 기존에 팀이 사용했던 방식의 문제점을 찾아내 이를 보완하여 과제를 더욱 효율적으로 처리했던 경험에 대해 이야기해 주시기 바랍니다.					
세부질문					
[상황 및 과제] 사례와 관련해 당시 상황에 대해 이야기해 주시기 바랍니다. [역할] 당시 지원자께서 맡았던 역할은 무엇이었습니까? [행동] 사례와 관련해 구성원들의 설득을 이끌어 내기 위해 어떤 노력을 하였습니까? [결과] 결과는 어땠습니까?					

기대행동	평점
업무진행에 있어 한정된 자원을 효율적으로 활용한다.	① - ② - ③ - ④ - ⑤
구성원들의 능력과 성향을 파악해 효율적으로 업무를 배분한다.	① - ② - ③ - ④ - ⑤
효과적 인적/물적 자원관리를 통해 맡은 일을 무리 없이 잘 마무리한다.	① - ② - ③ - ④ - ⑤

척도해설

1 : 행동증거가 거의 드러나지 않음	2 : 행동증거가 미약하게 드러남	3 : 행동증거가 어느 정도 드러남	4 : 행동증거가 명확하게 드러남	5 : 뛰어난 수준의 행동증거가 드러남
관찰기록 : 총평 :				

※ 실제 적용되는 평가지는 기업/기관마다 다름.

2 상황면접(Situational Interview)

면접 프로세스

안내: 지원자는 입실 후, 면접관을 통해 인사말과 면접에 대한 간단한 안내를 받음.

질문:
- 지원자는 상황질문지를 검토하거나 면접관을 통해 상황 및 질문을 제공받음.
- 면접관의 질문이나 질문지의 의도를 파악하여 응답할 수 있도록 함.

세부질문:
- 지원자가 응답한 내용을 토대로 해당 평가기준들을 충족시키는지 파악하기 위한 세부질문이 이루어짐.
- 구체적인 행동·생각 등에 대해 응답할수록 높은 점수를 얻을 수 있음.

- 방식

  직무 수행 시 접할 수 있는 상황들을 제시하고, 그러한 상황에서 어떻게 행동할 것인지(행동의도)를 이야기하도록 함.
- 판단기준

  해당 상황에 맞는 해당 역량의 구체적 행동지표
- 특징

  지원자의 가치관, 태도, 사고방식 등의 요소를 평가하는 데 용이함.

• 예시

지원분야		지원자		면접관	(인)
유관부서협업 타 부서의 업무협조요청 등에 적극적으로 협력하고 갈등 상황이 발생하지 않도록 이해관계를 조율하며 관련 부서의 협업을 효과적으로 이끌어 낸다.					
주질문					
당신은 생산관리팀의 팀원으로, 2개월 뒤에 제품 A를 출시하기 위해 생산팀의 생산 계획을 수립한 상황입니다. 그러나 원가가 곧 실적으로 이어지는 구매팀에서는 최대한 원가를 줄여 전반적 단가를 낮추려고 원가절감을 위한 제안을 하였으나, 연구개발팀에서는 구매팀이 제안한 방식으로 제품을 생산할 경우 대부분이 구매팀의 실적으로 산정될 것이므로 제대로 확인도 해보지 않은 채 적합하지 않은 방식이라고 판단하고 있습니다. 당신은 어떻게 하겠습니까?					
세부질문					
[상황 및 과제] 이 상황의 핵심적인 이슈는 무엇이라고 생각합니까? [역할] 당신의 역할을 더 잘 수행하기 위해서는 어떤 점을 고려해야 하겠습니까? 왜 그렇게 생각합니까? [행동] 당면한 과제를 해결하기 위해서 구체적으로 어떤 조치를 취하겠습니까? 그 이유는 무엇입니까? [결과] 그 결과는 어떻게 될 것이라고 생각합니까? 그 이유는 무엇입니까?					

척도해설

1 : 행동증거가 거의 드러나지 않음	2 : 행동증거가 미약하게 드러남	3 : 행동증거가 어느 정도 드러남	4 : 행동증거가 명확하게 드러남	5 : 뛰어난 수준의 행동증거가 드러남
관찰기록 : 총평 :				

※ 실제 적용되는 평가지는 기업/기관마다 다름.

3 발표면접(Presentation)

면접 프로세스

안내
- 입실 후 지원자는 면접관으로부터 인사말과 발표면접에 대해 간략히 안내받음.
- 면접 전 지원자는 과제 검토 및 발표 준비시간을 가짐.

발표
- 지원자들이 과제 주제와 관련하여 정해진 시간 동안 발표를 실시함.
- 면접관은 발표내용 중 평가요소와 관련해 나타난 가점 및 감점요소들을 평가하게 됨.

질문응답
- 발표 종료 후 면접관은 정해진 시간 동안 지원자의 발표내용과 관련해 구체적인 내용을 확인하기 위한 질문을 함.
- 지원자는 면접관의 질문의도를 정확히 파악하여 적절히 응답할 수 있도록 함.
- 응답 시 명확하고 자신있게 전달할 수 있도록 함.

- 방식

  지원자가 특정 주제와 관련된 자료(신문기사, 그래프 등)를 검토하고, 그에 대한 자신의 생각을 면접관 앞에서 발표하며, 추가 질의응답이 이루어짐.

- 판단기준

  지원자의 사고력, 논리력, 문제해결능력 등

- 특징

  과제를 부여한 후, 지원자들이 과제를 수행하는 과정과 결과를 관찰 · 평가함. 과제수행의 결과뿐 아니라 과제수행 과정에서의 행동을 모두 평가함.

4 토론면접(Group Discussion)

면접 프로세스

안내
- 입실 후, 지원자들은 면접관으로부터 토론 면접의 전반적인 과정에 대해 안내받음.
- 지원자는 정해진 자리에 착석함.

토론
- 지원자들이 과제 주제와 관련하여 정해진 시간 동안 토론을 실시함(시간은 기관별 상이).
- 지원자들은 면접 전 과제 검토 및 토론 준비시간을 가짐.
- 토론이 진행되는 동안, 지원자들은 다른 토론자들의 발언을 경청하여 적절히 본인의 의사를 전달할 수 있도록 함. 더불어 적극적인 태도로 토론면접에 임하는 것도 중요함.

마무리 (5분 이내)
- 면접 종료 전, 지원자들은 토론을 통해 도출한 결론에 대해 첨언하고 적절히 마무리 지음.
- 본인의 의견을 전달하는 것과 동시에 다른 토론자를 배려하는 모습도 중요함.

- 방식

  상호갈등적 요소를 가진 과제 또는 공통의 과제를 해결하는 내용의 토론 과제(신문기사, 그래프 등)를 제시하고, 그 과정에서의 개인 간의 상호작용 행동을 관찰함.

- 판단기준

  팀워크, 갈등 조정, 의사소통능력 등

- 특징

  면접에서 최종안을 도출하는 것도 중요하나 주장의 옳고 그름이 아닌 결론을 도출하는 과정과 말하는 자세 등도 중요함.

5 역할연기면접(Role Play Interview)

• 방식
기업 내 발생 가능한 상황에서 부딪히게 되는 문제와 역할을 가상적으로 설정하여 특정 역할을 맡은 사람과 상호작용하고 문제를 해결해 나가도록 함.

• 판단기준
대처능력, 대인관계능력, 의사소통능력 등

• 특징
실제 상황과 유사한 가상 상황에서 지원자의 성격이나 대처 행동 등을 관찰할 수 있음.

6 집단면접(Group Activity)

• 방식
지원자들이 팀(집단)으로 협력하여 정해진 시간 안에 활동 또는 게임을 하며 면접관들은 지원자들의 행동을 관찰함.

• 판단기준
대인관계능력, 팀워크, 창의성 등

• 특징
기존 면접보다 오랜 시간 관찰을 하여 지원자들의 평소 습관이나 행동들을 관찰하려는 데 목적이 있음.

03 면접 최신 기출 주제

새마을금고 면접은 크게 인성면접과 새마을금고 관련 은행사업, 시사 중심의 경제학 관련 전문지식 이해 여부를 기준으로 각 지점별로 다양한 유형의 내용의 질문들이 제시된다. 따라서 면접 전 새마을금고에 대한 정보와 경제용어에 대한 질문에 당황하지 않고 대답할 수 있도록 사전에 조사하고 대비할 필요가 있다.

1 2024 하반기 면접 실제 기출 주제

1. 1분 동안 자기소개를 하시오.
2. 새마을금고 입사를 위해 노력하면서 어려웠던 점을 말해 보시오.
3. 입사한다면 어떠한 업무를 해보고 싶은가?
4. 본인 성격의 장점과 단점을 말해 보시오.
5. 우리 금고의 상품 중 한 가지를 판매한다면 어떠한 상품을 팔 것인가?
6. 상사와 의견충돌이 있을 때 어떻게 대처하겠는가?
7. 본인만의 스트레스 해소법이 있다면 말해 보시오.
8. 성공의 기준은 무엇이라고 생각하는가?
9. 우리 금고에 지원한 이유가 있다면 말해 보시오.
10. 새마을금고의 상품을 이용해본 적이 있다면 말해 보시오.
11. 인터넷에 우리 금고에 대한 악의적인 내용의 글이 올라왔다면 어떻게 대처할 것인가?
12. 공동체를 위해서 희생한 경험이 있다면 말해 보시오.
13. 새마을금고의 직원이 갖추어야할 가장 중요한 덕목은 무엇인가?
14. 입사 후 10년 뒤 자신의 미래가 어떨지 말해 보시오.
15. LTV, DTI, DSR에 대해 아는 대로 설명하시오.
16. 행원이 되고 싶다는 마음을 먹게 된 계기가 있다면 말해 보시오.
17. 우리 금고의 상품 중 가장 관심이 갔던 상품이 있다면 말해 보시오.

18. 우리 금고의 주요 고객층에 대해 말해 보시오.

19. 우리 금고의 재무 건전성에 대해서 어떻게 생각하고 있는가?

20. 어느 고객의 민원으로 다른 고객들의 대기시간이 길어질 경우 어떻게 할 것인가?

21. 최근 새마을금고에 대한 좋지 않은 뉴스로 인해 고객들이 불안해한다면 어떻게 대응할 건인가?

22. 기성세대들이 기술발전에 잘 적응하지 못하는 경우가 많은데 간극을 좁힐 수 있는 방안이 있다면 말해 보시오.

23. 다른 기업에서 인턴을 한 경험이 있는데 이때 얻은 교훈이 있다면 말해 보시오.

24. 행원으로서 가장 중요한 윤리적 가치는 무엇인지 말해 보시오.

25. 이력을 보니 자격증이 있는데 해당 자격증을 취득한 이유를 말해 보시오.

26. 학교에 다니면서 공부 이외에 열심히 했던 활동이 있는가?

27. 살면서 가장 부끄러웠던 경험이 있다면 말해 보시오.

28. 근무하면서 성차별적인 발언을 듣게 된다면 어떻게 대처할 것인가?

29. 자신이 닮았다고 생각되는 캐릭터가 있다면 말해 보시오.

2 2024 상반기 면접 실제 기출 주제

1. 1분 동안 자기소개를 하시오.

2. 자신의 장점과 단점을 한 가지씩 말해 보시오.

3. 단점의 경우 어떠한 방식으로 극복하였는가?

4. 최근 금리가 계속 상승하고 있는데 이때 금고는 어떠한 대응을 할 수 있는가?

5. 고령층 고객들을 응대할 때 어떻게 할 것인가?

6. 새마을금고의 업무에 대해 아는 대로 말해 보시오.

7. 상호금융조합에는 무엇이 있는지 말해 보시오.

8. 자신만의 특별한 점이 있다면 말해 보시오.

9. 한국경제상황에 대해서 어떻게 생각하는가?

10. 살면서 협동한 경험에 대해 말해보시오.

11. 시간 내에 업무를 처리하지 못할 경우 어떻게 할 것인가?

12. 자신이 뽑혀야 하는 이유에 대해 말해 보시오.

13. 입사 후 새마을금고에 기여할 수 있는 바로 무엇이 있는가?

14. MZ세대를 고객으로 유치하기 위한 방법을 말해 보시오.

15. 자기계발을 위해 어떠한 노력을 하고 있는가?

16. 직장동료들과 잘 맞지 않을 경우 어떻게 할 것인가?

17. 입사하기 위해 가장 노력한 것이 무엇인가?

18. 어떠한 성향의 상사와 함께 일하고 싶은가?

19. 고객과 마찰이 있을 경우 어떻게 행동할 것인가?

20. 새마을금고가 유지되기 위해 앞으로 나아가야 할 방향에 대해 말해 보시오.

21. 업무를 할 때 있어서 가장 중요하다고 생각되는 역량을 말해 보시오.

22. 고객에게 불만민원이 발생한 경우 어떻게 대처할 것인가?

23. 복리와 단리의 결정적인 차이점을 설명하시오.

24. 외부에서 비춰지는 새마을금고의 이미지가 어떠한지 말해 보시오.

25. 취약계층의 고객을 도울 수 있는 방안이 있다면 말해 보시오.

26. 당사의 사회공헌활동에 대해 아는 대로 말해 보시오.

27. 입사를 하게 된다면 출근 후 아침에 무엇을 할 것인가?

28. 열심히 일을 했지만 인정받지 못했다는 느낌이 들 때 어떻게 할 것인가?

29. 어려운 업무를 담당하게 되었을 때 어떻게 할 것인가?

30. 최근에 읽었던 책이 있다면 말해 보시오.

3 2023 하반기 면접 실제 기출 주제

1. 1분 동안 자기소개를 하시오.

2. 상사와의 갈등을 해결하는 현명한 태도에 대해 말해 보시오.

3. 쉬는 날에는 주로 무엇을 하면서 보내는가?

4. 친한 친구가 몇 명 정도 있는가?

5. 시각장애인에게 빨간색을 어떻게 설명할 것 인지 말해 보시오.

6. 자신의 전공이 우리 금고에 어떻게 활용될 수 있는지 말해 보시오.

7. 우리 금고의 공제 상품 종류에 대해 아는 대로 말해 보시오.

8. 우리 금고를 이용해 본적이 있다면 해당 경험에 대래 말해 보시오.

9. 업무에서 보여줄 수 있는 자신의 강점에 대해 말해 보시오.

10. 요새 가계대출로 고민하는 사람들이 많은데, 가계대출 관리법에 대해 말해 보시오.

11. 합격하면 입사 후 해보고 싶은 업무가 있는가?

12. 새마을금고를 제외한 다른 은행은 지원하지 않았는가?

13. 공동의 협력이 필요한 업무에서 협조하지 않는 동료가 있다면 어떻게 할 것인가?

14. 우리 금고에서는 대출영업을 어떠한 방식으로 할 것인지 상권에 맞게 설명하시오.

15. 여수신업무 외에 총무 업무를 하게 될 수도 있는데 할 수 있는가?

16. 지인이 고객으로 왔을 때 신분증을 가져오지 않았다면 어떻게 응대할 것인가?

17. 나중에 본인이 리더가 된다면 소통과 성과 중 어떤 것을 더 중요하게 생각할 것인가?

18. 대학 생활에서 가장 의미있었던 경험에 대해 말해 보시오.

19. 팀 프로젝트를 진행하면서 갈등을 해결한 경험이 있다면 말해 보시오.

20. 봉사활동 경험이 있다면 말해 보시오.

21. 새마을금고 중앙회의 역할에 대해 아는 대로 말해 보시오.

22. 채권 회수의 개념과 그 중요성에 대해서 말해 보시오.

23. 까다로운 고객을 응대해야 할 때 어떻게 대처하겠는가?

24. 개인적으로 중요한 일정이 있지만 야근을 해야할 때 어떻게 할 것인가?

25. 동료와 의견이 충돌했을 때 어떻게 해결할 것인가?

26. 업무 중 실수가 발생했을 때 어떻게 대처할 것인가?

27. 고금리가 문제가 되는 이유를 말해 보시오.

4 2023 상반기 면접 실제 기출 주제

1. 1분 동안 자기소개를 하시오.
2. 업무에 활용할 수 있는 자신의 역량을 말해 보시오.
3. 누군가를 설득해 본 경험을 말해 보시오.
4. 자신이 가진 개성이 있다면 무엇인지 말해 보시오.
5. 지원한 지점에 방문한 적이 있는가? 있다면 지점의 장점과 단점을 말해 보시오.
6. 본인의 인간관계가 어떤지 말해 보시오.
7. 지원한 새마을금고의 홈페이지를 방문하고 느낀 바를 말해 보시오.
8. 현재 거주하고 있는 곳과 지원한 새마을금고의 지역은 다른데 지원한 이유가 무엇인가?
9. 금리 상한형 주택담보대출에 대해 설명해 보시오.
10. 지원한 새마을금고에 대해 아는 대로 말해 보시오.
11. 인턴 경력이 있는데 해당 경험을 통해 배운 것 중 금융업무에 바로 적용가능한 역량이 있는가? 있다면 말해 보시오.
12. 레고랜드발 국채 신용도 하락 사건에 대한 자신의 의견을 말해 보시오.
13. 금일 원 달러 환율에 대해 알고 있는가?
14. 분식회계가 무엇이며 이에 대한 본인의 생각을 말해 보시오.
15. MZ세대에게 새마을금고를 홍보할 수 있는 방안을 생각해본 적이 있는가? 있다면 말해 보시오.
16. 새마을금고에 대한 대중들의 인식을 말해 보시오.
17. 현재 본인의 자산관리는 어떠한 방식으로 하고 있는지 말해 보시오.
18. 타 금고가 아닌 우리 금고에 지원한 이유를 말해 보시오.
19. 금고와 은행의 차이를 말해 보시오.
20. 당기순이익 계산 방법을 알고 있다면 우리 금고의 당기순이익도 알고 있는가?
21. 우리 금고의 규모를 알고 있는가? 알고 있다면 그 규모를 평가해 보시오.
22. 우리 금고의 대표 상품은 무엇이라고 생각하며 해당 상품에 대한 장단점을 말해 보시오.
23. 사명 앞에 표기되어 있는 MG가 무엇의 약자인지 말해 보시오.
24. 금융업에 종사하고 싶은 이유는 무엇인가?
25. 우리 금고가 추구해야 할 방향은 무엇이라고 생각하는가?

26. 금융업 종사자의 필수 덕목은 무엇이라고 생각하는가?
27. MZ세대의 잦은 이직에 대해 어떻게 생각하는가?
28. 퇴근 시간이 지났는데도 상사가 퇴근을 하지 않으면 어떻게 대처할 것인가?
29. 출근 시간이 이른 편인데 적응할 수 있는가?
30. 리더와 보스의 차이를 설명해 보시오.
31. G7에 해당하는 국가를 모두 말해 보시오.

5 2022 하반기 면접 실제 기출 주제

1. 1분 동안 자기소개를 하시오.
2. 금리가 오르는 이유를 설명해 보시오.
3. 본인보다 나이가 적은 상사를 만나도 괜찮겠는가?
4. 경제와 관련된 수업을 들은 적이 있는가?
5. 현재 우리나라 경제 상황을 설명하고 문제점이 있다면 그에 따른 해결방안을 제시해 보시오.
6. 지역 새마을금고를 발전시킬 수 있는 방안이 있다면 말해 보시오.
7. 비전공자인데 동기들과 다른 직업을 가지는 것에 대해 어떻게 생각하는가?
8. 지원한 지점에 방문한 적이 있는가?
9. 불만민원이 들어왔을 때 대처방법을 말해보시오.
10. 본인만의 스트레스 관리방법이 있다면 무엇인가?
11. 기준 금리가 무엇인지 설명하고 현재 금리를 말해 보시오.
12. BIS비율이 무엇인지 설명하고 새마을금고의 BIS비율을 말해 보시오.
13. 친구와의 선약이 있는 상태에서 야근을 해야 하는 상황이 발생한다면 어떻게 대처할 지 말해 보시오.
14. 존경하는 인물을 말하고 그 이유를 제시하시오.
15. 새마을금고에서 20대 신규고객을 유치하기 위해서 개선해야 할 점을 말해 보시오.
16. 새마을금고와 시중 은행의 차이점은 무엇이라고 생각하는가?
17. 돈의 의미가 무엇이라고 생각하는가?
18. 다른 사람과 일을 할 때 가장 중요하다고 생각하는 것을 말하고 그 이유를 제시하시오.

19. 인턴을 한 경험이 있는데 한 장소와 기간, 인상 깊었던 경험을 말해 보시오.
20. 돈과 워라밸 중 어떤 것을 중시하며 그 이유는 무엇인지 말해 보시오.
21. 본인이 원하는 상사의 유형은 무엇이며 그 이유는 무엇인가?
22. 지원자의 취미는 무엇이며 해당 취미를 가지게 된 계기와 기간을 말해 보시오.
23. 현재 부동산 시장의 현황과 전망에 대해 말해 보시오.
24. 필립스 곡선에 대해 설명해 보시오.
25. 자기소개서에 금융스터디를 했다는 내용이 있는데 그때 다룬 주제를 제시하고 자신의 입장과 의견을 말해 보시오.
26. 젠트리피케이션에 대해 설명하시오.
27. 배당금과 출자금의 차이를 설명하시오.
28. 지원한 금고의 회원인가? 회원이라면 그 이유가 무엇인가?
29. RBC에 대해 아는 대로 설명해 보시오.
30. 책을 읽는 것을 좋아한다고 했는데 추천할 만한 책 세 권을 말해 보시오.

6 2022 상반기 면접 실제 기출 주제

1. 1분 동안 자기소개를 하시오.
2. 새마을금고에 지원하게 된 동기는 무엇인가?
3. 새마을금고의 대표 상품과 지점 내 상품에 대해 아는 대로 설명해 보시오.
4. 해당 새마을금고 지점을 선택한 이유는 무엇인가?
5. 새마을금고에 방문한 경험 혹은 새마을금고 상품을 이용해 본 경험이 있는가?
6. 새마을금고에 지원하면서 조언을 얻은 사람이 있었는가?
7. 새마을금고의 '금고'가 어떤 의미인지, 금고와 시중은행의 차이를 설명해 보시오.
8. 새마을금고의 경영공시와 자산규모, 직원 수를 알고 있는가?
9. 새마을금고에 입사하면 어떤 업무를 맡고 싶은가?
10. 새마을금고 SNS를 운영한다면 소개하고 싶은 새마을금고 상품 한 가지를 제시하시오.
11. LTV, DTI, DSR에 대해 설명해 보시오.
12. 예금과 적금의 차이를 설명해 보시오.

13. 출자금에 대해 아는 대로 설명해 보시오.
14. 예금자보호법에 대해 설명해보시오.
15. ESG 경영에 대해 설명해보시오.
16. 기준금리와 코픽스(KOFIX)에 대해 설명해보시오.
17. 기준금리의 변동이 새마을금고에 미칠 영향에 대해 설명해 보시오.
18. 본인이 대출을 받는다면 고정이율과 변동이율 중 어느 것을 선택할 것인가?
19. MZ세대의 정의와 새마을금고가 이들에게 어필할 수 있는 방법을 제시해 보시오.
20. 빅스텝, 자이언트스텝의 의미와 이것이 새마을금고에 미칠 영향에 대해 설명해 보시오.
21. 러시아-우크라이나 전쟁이 국내에 미치는 영향에 대해 설명해 보시오.
22. 새마을금고가 본인을 채용해야 하는 이유를 설명하시오.
23. 본인 성격의 장 · 단점은 무엇인가?
24. 본인은 어떤 유형의 직장 상사를 원하는가?
25. 주위 사람들에게 본인은 어떤 사람인가?
26. 인간관계에서 가장 중요하다고 생각하는 것은 무엇인가?
27. 수습 3개월 동안 상품이나 공제 판매에 대한 할당량이 주어진다면 어떻게 할 것인가?
28. 친구나 후배를 가르쳐 본 경험에 대해 이야기해 보시오.
29. 업무를 하다보면 잘 하는 것을 인정받지 못할 경우도 있다. 이럴 땐 어떻게 대처할 것인가?
30. 협업에 있어서 가장 좋요한 것은 무엇이라고 생각하는가?
31. 마지막으로 하고 싶은 말이 있는가?

7 2021 하반기 면접 실제 기출 주제

1. 1분 동안 자기소개를 하시오.
2. 새마을금고에 방문해 본 적이 있는가? 어떤 느낌을 받았는가?
3. 공무원이나 공기업을 준비한 적이 있는가?
4. 야근을 하거나 주말에 출근하는 것에 대해 어떻게 생각하는가?
5. 비트코인에 대해 어떤 생각을 가지고 있는가?

6. 왜 새마을금고에 지원했고, 특히 이 지점에 지원했는가?

7. 새마을금고의 장단점을 말해 보시오.

8. 기준금리는 어떻게 변화했고 이 변화가 금융권에 어떤 영향을 미치는가?

9. 자기소개서에 작성한 대외활동과 관련하여 질문에 답해 보시오.

10. 자신에게 10억이 생긴다면 이 돈으로 어떻게 투자할 것인가?

11. 새마을금고 직원에게 필요한 역량은 무엇이라고 생각하는가?

12. 본인의 일이 끝났는데 상사들은 일이 안 끝났으면 어떻게 할 것인가?

13. 평소 자신은 어떤 사람이라는 말을 듣는가?

14. 자신의 전공을 어떻게 활용하여 새마을금고에 기여할 수 있겠는가?

15. 자신이 실패한 경험과 그것을 극복했던 경험에 대해 말해 보시오.

16. 최근 본 영화 중 가장 기억에 남는 것은 무엇인가?

17. 새마을금고에 입사한 후의 포부에 대해 말해 보시오.

18. 자신의 강점, 경쟁력은 무엇이라고 생각하는가?

19. 상사가 불합리하거나 무리한 요구를 한다면 어떻게 할 것인가?

20. 은행과 새마을금고의 차이는 무엇인가?

21. 아르바이트를 한 경험이 있는가? 있다면 번 돈을 어떻게 사용하였는가?

22. 텔러와 AI 시스템에 대해 어떻게 생각하는가?

23. 코픽스의 정의에 대해 말해 보시오.

24. 새마을금고의 여러 사업 중 아쉬운 점은 무엇인가?

25. 테이퍼링의 정의에 대해 말해 보시오.

26. 여신, 수신, 총무 중에 가장 하고 싶은 업무와 그 이유를 말해 보시오.

27. 주로 읽는 신문 기사는 무엇인가?

28. 새마을금고가 디지털경쟁력을 갖출 방안에 대해 말해 보시오.

29. 새마을금고의 경영공시나 재무제표를 본 게 있는가?

30. 마지막으로 하고 싶은 말이 있는가?

8 2020 하반기 면접 실제 기출 주제

1. 1분 동안 자기소개를 하시오.
2. 새마을금고의 장단점을 말해 보시오.
3. 우리 금고에 지원하게 된 이유를 말해 보시오.
4. (경력이 있는 경우) 퇴사 이유를 말해 보시오.
5. 인생의 목표가 무엇인가?
6. 새마을금고에서 하는 일이 내가 생각한 일과 다를 경우 어떻게 할 것인가?
7. 직장 생활 중 다수의 의견이 오답이고 소수의 의견이 정답인 경우 어떤 의견을 선택하겠는가?
8. 분식회계의 장점과 단점을 설명해 보시오.
9. 문제를 해결한 경험을 말해 보시오.
10. 같이 일하고 싶은 상사는 어떤 사람인가?
11. 존경하는 인물과 그 이유를 말해 보시오.
12. 가장 오래된 기억이 무엇인가? 그중 좋은 기억과 안 좋은 기억은 무엇인가?
13. 성공한 인생의 기준을 어떻게 생각하는가?
14. 일과 자기 생활의 비중이 어떻게 되는가?
15. 새마을금고의 젊은 고객의 유치 방법과 그와 관련해 본인이 기여할 수 있는 부분을 말해 보시오.
16. 새마을금고의 수익을 올리기 위한 방안을 말해 보시오.
17. 우리 지점의 작년과 올해 총자본에 대해 말해 보시오.
18. 새마을금고의 사회공헌활동에 어떤 것이 있는지 설명해 보시오.
19. BIS 비율이 무엇인지 설명하고, 우리 지점의 BIS 비율을 말해 보시오.
20. 실제로 업무를 하다 보면 고객들과 마찰이 상당히 많은데, 이를 어떻게 해결할 것인가?
21. 일반적 기준보다 더 높은 목표를 설정하고 실천한 사례에 대해 말해 보시오.
22. 스트레스를 푸는 방법에 대해 말해 보시오.
23. 새마을금고의 이미지에 대해 말해 보시오.
24. 기준금리가 무엇인가?
25. 기준금리가 오르게 된다면 새마을금고는 어떤 영향을 받는가?
26. 나의 역량을 새마을금고에 어떻게 기여할 것인가?
27. 새마을금고에서 어떤 업무를 하고 싶은가?
28. 새마을금고에 오기를 위해 어떤 노력을 했는가?

29. 새마을금고 주 고객층이 노년층인데 어떻게 응대할 것인가?

30. 새마을금고와 타 은행과의 차이를 말해 보시오.

31. 새마을금고 상품 중 아는 상품에 대해 말해 보시오.

32. 마지막으로 할 말이 있는가?

9 2020 상반기 면접 실제 기출 주제

1. 1분 동안 자기소개를 하시오.

2. 새마을금고에 지원한 이유를 말해 보시오.

3. 대학 시절 4년간 노력한 것에 대해 말해 보시오.

4. 대학 시절 동안 인간관계에 대해 말해 보시오.

5. 나의 삶의 지표가 되는 사람은?

6. 어떤 상사를 만나고 싶은가?

7. 나만의 스트레스 해소법을 말해 보시오.

8. 새마을금고에 지원할 때 이에 대해 상의한 사람이 있는가?

9. 타 지원자와 다른 본인만의 장점은?

10. 회사원이 가져야 할 덕목은?

11. 인천국제공항 사태와 같은 비정규직 전환에 대해 어떻게 생각하는가?

12. 문제해결에 대한 경험을 말해 보시오.

13. 팀워크에 대한 경험을 말해 보시오.

14. 갈등해결경험을 말해 보시오.

15. 어떤 사람이 되고 싶은가?

16. 금융업을 지원하는 이유를 말해 보시오.

17. 자신이 가장 잘할 수 있는 것이 무엇인가?

18. 불합격 시 재지원을 할 의사가 있는가?

19. 새마을금고의 첫인상이 어땠는가?

20. 대차대조에 대해 말해 보시오.

21. 재무제표의 종류를 말해 보시오.

22. 발생주의에 대해 말해 보시오.

23. 산업 간의 경계가 허물어지고 진입장벽이 내려가고 있는 현 상황에서 새마을금고가 나아가야 할 방향을 말해 보시오.
24. 새마을금고의 ROA에 대하여 말해 보시오.
25. 4차 산업혁명에 대해 말해 보시오.
26. 새마을금고에서 운영하고 있는 금융상품에 대해 아는 것이 있다면 말해 보시오.
27. 새마을금고에 젊은 고객 수를 끌어올리기 위한 방안이 있다면?
28. 은행과 금고의 차이를 말해 보시오.
29. 기준금리에 대해 설명해 보시오.
30. 분식회계에 대해 설명해 보시오.
31. 새마을금고의 공제상품에 대해 설명하고 어떻게 판매할 것인지 말해 보시오.
32. 새마을금고의 장단점과 단점을 극복할 방안을 말해 보시오.
33. 주어진 공제 실적을 채우지 못할 것으로 예상된다면 어떻게 하겠는가?
34. (관련 학과가 아닌 경우) 학과가 다른데 어떻게 일할 것인가?
35. 마지막으로 할 말이 있는가?

10 2019 하반기 면접 실제 기출 주제

1. 1분 동안 자기소개를 하시오.
2. 새마을금고에 지원하게 된 동기는?
3. 취미와 특기는 무엇인가?
4. 은행과 새마을금고의 차이를 말해 보시오.
5. 블랙컨슈머에 어떻게 대응할 것인지 말해 보시오.
6. 본인의 강점은 무엇인가?
7. 고객이 성희롱 발언을 했을 때 어떻게 대처할 것인가?
8. 금융인에게 필요한 덕목이 무엇이라고 생각하는가?
9. 타 지원자와 다른 자신만의 특별한 점을 말해 보시오.
10. 평소 느낀 새마을금고의 이미지에 대해 말해 보시오.
11. 상사와 의견이 다를 때 어떻게 할 것인지 말해 보시오.
12. 4차 산업혁명이란 무엇인지, 그와 관련하여 새마을금고가 나아가야 할 방향은 무엇인지 말해 보시오.

13. 새마을금고 입사를 위해 무엇을 준비했는가?
14. 비대면 계좌개설에 대해 어떻게 생각하는가?
15. 최근에 읽은 책이 있다면 느낀 점을 말해 보시오.
16. 새마을금고에 대해 아는 것을 모두 말해 보시오.
17. 진상고객이 있으면 어떻게 대처할 것인가?
18. 언제 새마을금고와 인연이 닿게 되었는가?
19. 졸업 후에 무엇을 했는가?
20. 새마을금고에서 무슨 업무를 하고 싶은가?
21. 자신이 잘할 수 있는 업무를 말해 보시오.
22. 현재 한국은행 기준금리에 대하여 말해 보시오.
23. 신입 직원이 가져야 할 자세나 마음가짐에 대해 말해 보시오.
24. 전공을 살려서 새마을금고에 어떻게 이득이 될 것인지 말해 보시오.
25. 분식회계에 대하여 말해 보시오.
26. 3개월의 수습기간이 있는데 만약 면직을 당한다면 어떻게 할 것인가?
27. 새마을금고의 성장 방법에 대해 말해 보시오.

11 2019 상반기 면접 실제 기출 주제

1. 1분 동안 자기소개를 하시오.
2. 새마을금고에 지원하게 된 동기는?
3. 개인실적이 저조하면 어떻게 할 것인가?
4. 자신만의 경쟁력이 무엇이라고 생각하는가?
5. 분식회계에 대하여 말해 보시오.
6. 취미와 특기는 무엇인가?
7. 은행과 새마을금고의 차이를 말해 보시오.
8. 새마을금고에 대해 아는 것을 모두 말해 보시오.
9. 새마을금고에 입사하기 위해 지금까지 무엇을 준비했는가?
10. 새마을금고에서 무슨 업무를 하고 싶은가?
11. 경영자의 입장이라면 워라밸에 대해 뭐라고 얘기하고 싶은가?
12. 앞에 고객이 있다고 생각하고 ○○상품을 팔아 보시오.

13. 새마을금고의 단점은 무엇이라고 생각하는가?
14. 본인의 강점은 무엇인가?
15. 전공 분야가 아닌데 어떻게 할 것인가?
16. 리스크 관리란 무엇이라고 생각하는가?
17. 왜 우리 지점을 선택하였는가?
18. 상품에 대해 아는 것이 있으면 말해 보시오.
19. 금융 관련 경험이 있다면 말해 보시오.
20. 나이 어린 상사나 나이 많은 후배가 있을 때 어떻게 할 것인가?
21. 전공이 다른데 어떻게 지원하게 되었는가?
22. 자신이 면접관이라면 무슨 질문을 할 것인가?
23. 지점의 자산은 어떻게 이루어져 있는가?
24. 자산을 늘리는 방법은?
25. 새마을금고 하면 떠오르는 이미지를 말해 보시오.
26. 본인이 맡았던 업무 중 가장 어려웠던 것을 말해 보시오.
27. 고객에게 보험을 권유할 때 어떻게 할 것인가?
28. 현재 한국은행 기준금리에 대하여 말해 보시오.
29. 어르신 고객과의 갈등이 있을 경우 어떻게 해결할 것인가?
30. 성차별을 당한다면 어떻게 할 것인가?
31. 출자금에 대하여 말해 보시오.
32. 다들 바빠서 도와줄 틈이 없는데 갑자기 VIP 고객이 와서 예금을 전부 해지한다고 하면 어떻게 할 것인가?
33. 주거래층의 연령대가 높은데, 젊은층에게 어떻게 홍보할 것인가?
34. 보이스피싱에 어떻게 대처할 것인지 말해 보시오.
35. 매슬로우의 5단계 이론에 대하여 말해 보시오.
36. 금리 인하에 따른 새마을금고의 영향에 대하여 말해 보시오.
37. 성실한 조합원이 대출을 원하는데 조건이 맞지 않을 경우 어떻게 할 것인가?
38. 연체대출을 줄이기 위하여 어떻게 할 것인가?
39. 대포통장이 무엇인지, 이에 대해 어떻게 생각하는지 말해 보시오.
40. 예금자 보호법이 무엇인지 말해 보시오.
41. 대차대조표와 손익계산서의 차이를 설명하시오.

MG 새마을금고

감독관 확인란	

1회 기출예상문제

성명표기란

수험번호

⓪	⓪	⓪	⓪	⓪	⓪
①	①	①	①	①	①
②	②	②	②	②	②
③	③	③	③	③	③
④	④	④	④	④	④
⑤	⑤	⑤	⑤	⑤	⑤
⑥	⑥	⑥	⑥	⑥	⑥
⑦	⑦	⑦	⑦	⑦	⑦
⑧	⑧	⑧	⑧	⑧	⑧
⑨	⑨	⑨	⑨	⑨	⑨

(주민등록 앞자리 생년제외) 월일

⓪	⓪	⓪	⓪
①	①	①	①
②	②	②	②
③	③	③	③
④	④	④	④
⑤	⑤	⑤	⑤
⑥	⑥	⑥	⑥
⑦	⑦	⑦	⑦
⑧	⑧	⑧	⑧
⑨	⑨	⑨	⑨

수험생 유의사항

※ 답안은 반드시 컴퓨터용 사인펜으로 보기와 같이 바르게 표기해야 합니다.
〈보기〉 ① ② ③ ❹ ⑤

※ 성명표기란 위 칸에는 성명을 한글로 쓰고 아래 칸에는 성명을 정확하게 표기하십시오. (맨 왼쪽 칸부터 성과 이름은 붙여 씁니다)

※ 수험번호/월일 위 칸에는 아라비아 숫자로 쓰고 아래 칸에는 숫자와 일치하게 표기하십시오.

※ 월일은 반드시 본인 주민등록번호의 생년을 제외한 월 두 자리, 일 두 자리를 표기하십시오.
〈예〉 1994년 1월 12일 → 0112

문번	답란	문번	답란	문번	답란
1	① ② ③ ④	16	① ② ③ ④	31	① ② ③ ④
2	① ② ③ ④	17	① ② ③ ④	32	① ② ③ ④
3	① ② ③ ④	18	① ② ③ ④	33	① ② ③ ④
4	① ② ③ ④	19	① ② ③ ④	34	① ② ③ ④
5	① ② ③ ④	20	① ② ③ ④	35	① ② ③ ④
6	① ② ③ ④	21	① ② ③ ④	36	① ② ③ ④
7	① ② ③ ④	22	① ② ③ ④	37	① ② ③ ④
8	① ② ③ ④	23	① ② ③ ④	38	① ② ③ ④
9	① ② ③ ④	24	① ② ③ ④	39	① ② ③ ④
10	① ② ③ ④	25	① ② ③ ④	40	① ② ③ ④
11	① ② ③ ④	26	① ② ③ ④		
12	① ② ③ ④	27	① ② ③ ④		
13	① ② ③ ④	28	① ② ③ ④		
14	① ② ③ ④	29	① ② ③ ④		
15	① ② ③ ④	30	① ② ③ ④		

잘라서 활용하세요.

MG 새마을금고

감독관 확인란	

2회 기출예상문제

성명표기란

㉠ ㉡ ㉢ ㉣ ㉤ ㉥ ㉦ ㉧ ㉨ ㉩ ㉪ ㉫ ㉬ ㉭ / ㅏ ㅑ ㅓ ㅕ ㅗ ㅛ ㅜ ㅠ ㅡ ㅣ ㅐ ㅒ ㅔ ㅖ ㅘ ㅙ ㅚ ㅝ ㅞ ㅟ ㅢ / ㄱ ㄴ ㄷ ㄹ ㅁ ㅂ ㅅ ㅇ ㅈ ㅊ ㅋ ㅌ ㅍ ㅎ ㄲ ㄸ ㅃ ㅆ ㅉ ㄺ ㄻ

수험번호

⓪ ① ② ③ ④ ⑤ ⑥ ⑦ ⑧ ⑨

(주민등록 앞자리 생년제외) 월일

⓪ ① ② ③ ④ ⑤ ⑥ ⑦ ⑧ ⑨

문번	답란	문번	답란	문번	답란
1	① ② ③ ④	16	① ② ③ ④	31	① ② ③ ④
2	① ② ③ ④	17	① ② ③ ④	32	① ② ③ ④
3	① ② ③ ④	18	① ② ③ ④	33	① ② ③ ④
4	① ② ③ ④	19	① ② ③ ④	34	① ② ③ ④
5	① ② ③ ④	20	① ② ③ ④	35	① ② ③ ④
6	① ② ③ ④	21	① ② ③ ④	36	① ② ③ ④
7	① ② ③ ④	22	① ② ③ ④	37	① ② ③ ④
8	① ② ③ ④	23	① ② ③ ④	38	① ② ③ ④
9	① ② ③ ④	24	① ② ③ ④	39	① ② ③ ④
10	① ② ③ ④	25	① ② ③ ④	40	① ② ③ ④
11	① ② ③ ④	26	① ② ③ ④		
12	① ② ③ ④	27	① ② ③ ④		
13	① ② ③ ④	28	① ② ③ ④		
14	① ② ③ ④	29	① ② ③ ④		
15	① ② ③ ④	30	① ② ③ ④		

수험생 유의사항

※ 답안은 반드시 컴퓨터용 사인펜으로 보기와 같이 바르게 표기해야 합니다.
〈보기〉 ① ② ③ ❹ ⑤

※ 성명표기란 위 칸에는 성명을 한글로 쓰고 아래 칸에는 성명을 정확하게 표기하십시오. (맨 왼쪽 칸부터 성과 이름은 붙여 씁니다)

※ 수험번호/월일 위 칸에는 아라비아 숫자로 쓰고 아래 칸에는 숫자와 일치하게 표기하십시오.

※ 월일은 반드시 본인 주민등록번호의 생년을 제외한 월 두 자리, 일 두 자리를 표기하십시오.
〈예〉 1994년 1월 12일 → 0112

gosinet (주)고시넷

MG 새마을금고

감독관 확인란	

3회 기출예상문제

성명표기란

수험번호

(주민등록 앞자리 생년제외) 월일

문번	답란				문번	답란				문번	답란			
1	①	②	③	④	16	①	②	③	④	31	①	②	③	④
2	①	②	③	④	17	①	②	③	④	32	①	②	③	④
3	①	②	③	④	18	①	②	③	④	33	①	②	③	④
4	①	②	③	④	19	①	②	③	④	34	①	②	③	④
5	①	②	③	④	20	①	②	③	④	35	①	②	③	④
6	①	②	③	④	21	①	②	③	④	36	①	②	③	④
7	①	②	③	④	22	①	②	③	④	37	①	②	③	④
8	①	②	③	④	23	①	②	③	④	38	①	②	③	④
9	①	②	③	④	24	①	②	③	④	39	①	②	③	④
10	①	②	③	④	25	①	②	③	④	40	①	②	③	④
11	①	②	③	④	26	①	②	③	④					
12	①	②	③	④	27	①	②	③	④					
13	①	②	③	④	28	①	②	③	④					
14	①	②	③	④	29	①	②	③	④					
15	①	②	③	④	30	①	②	③	④					

수험생 유의사항

※ 답안은 반드시 컴퓨터용 사인펜으로 보기와 같이 바르게 표기해야 합니다.
〈보기〉 ① ② ③ ❹ ⑤

※ 성명표기란 위 칸에는 성명을 한글로 쓰고 아래 칸에는 성명을 정확하게 표기하십시오. (맨 왼쪽 칸부터 성과 이름은 붙여 씁니다)

※ 수험번호/월일 위 칸에는 아라비아 숫자로 쓰고 아래 칸에는 숫자와 일치하게 표기하십시오.

※ 월일은 반드시 본인 주민등록번호의 생년을 제외한 월 두 자리, 일 두 자리를 표기하십시오.
〈예〉 1994년 1월 12일 → 0112

잘라서 활용하세요.

MG 새마을금고

감독관 확인란	

4회 기출예상문제

성명표기란

수험번호

(주민등록 앞자리 생년제외) 월일

문번	답란				문번	답란				문번	답란			
1	①	②	③	④	16	①	②	③	④	31	①	②	③	④
2	①	②	③	④	17	①	②	③	④	32	①	②	③	④
3	①	②	③	④	18	①	②	③	④	33	①	②	③	④
4	①	②	③	④	19	①	②	③	④	34	①	②	③	④
5	①	②	③	④	20	①	②	③	④	35	①	②	③	④
6	①	②	③	④	21	①	②	③	④	36	①	②	③	④
7	①	②	③	④	22	①	②	③	④	37	①	②	③	④
8	①	②	③	④	23	①	②	③	④	38	①	②	③	④
9	①	②	③	④	24	①	②	③	④	39	①	②	③	④
10	①	②	③	④	25	①	②	③	④	40	①	②	③	④
11	①	②	③	④	26	①	②	③	④					
12	①	②	③	④	27	①	②	③	④					
13	①	②	③	④	28	①	②	③	④					
14	①	②	③	④	29	①	②	③	④					
15	①	②	③	④	30	①	②	③	④					

수험생 유의사항

※ 답안은 반드시 컴퓨터용 사인펜으로 보기와 같이 바르게 표기해야 합니다.
〈보기〉 ① ② ③ ❹ ⑤

※ 성명표기란 위 칸에는 성명을 한글로 쓰고 아래 칸에는 성명을 정확하게 표기하십시오. (맨 왼쪽 칸부터 성과 이름은 붙여 씁니다)

※ 수험번호/월일 위 칸에는 아라비아 숫자로 쓰고 아래 칸에는 숫자와 일치하게 표기하십시오.

※ 월일은 반드시 본인 주민등록번호의 생년을 제외한 월 두 자리, 일 두 자리를 표기하십시오.
〈예〉 1994년 1월 12일 → 0112

MG 새마을금고

감독관 확인란

5회 기출예상문제

성명표기란

수험번호

(주민등록 앞자리 생년제외) 월일

문번	답란	문번	답란	문번	답란
1	① ② ③ ④ ⑤	16	① ② ③ ④ ⑤	31	① ② ③ ④ ⑤
2	① ② ③ ④ ⑤	17	① ② ③ ④ ⑤	32	① ② ③ ④ ⑤
3	① ② ③ ④ ⑤	18	① ② ③ ④ ⑤	33	① ② ③ ④ ⑤
4	① ② ③ ④ ⑤	19	① ② ③ ④ ⑤	34	① ② ③ ④ ⑤
5	① ② ③ ④ ⑤	20	① ② ③ ④ ⑤	35	① ② ③ ④ ⑤
6	① ② ③ ④ ⑤	21	① ② ③ ④ ⑤	36	① ② ③ ④ ⑤
7	① ② ③ ④ ⑤	22	① ② ③ ④ ⑤	37	① ② ③ ④ ⑤
8	① ② ③ ④ ⑤	23	① ② ③ ④ ⑤	38	① ② ③ ④ ⑤
9	① ② ③ ④ ⑤	24	① ② ③ ④ ⑤	39	① ② ③ ④ ⑤
10	① ② ③ ④ ⑤	25	① ② ③ ④ ⑤	40	① ② ③ ④ ⑤
11	① ② ③ ④ ⑤	26	① ② ③ ④ ⑤		
12	① ② ③ ④ ⑤	27	① ② ③ ④ ⑤		
13	① ② ③ ④ ⑤	28	① ② ③ ④ ⑤		
14	① ② ③ ④ ⑤	29	① ② ③ ④ ⑤		
15	① ② ③ ④ ⑤	30	① ② ③ ④ ⑤		

수험생 유의사항

※ 답안은 반드시 컴퓨터용 사인펜으로 보기와 같이 바르게 표기해야 합니다.
〈보기〉 ① ② ③ ❹ ⑤

※ 성명표기란 위 칸에는 성명을 한글로 쓰고 아래 칸에는 성명을 정확하게 표기하십시오. (맨 왼쪽 칸부터 성과 이름은 붙여 씁니다)

※ 수험번호/월일 위 칸에는 아라비아 숫자로 쓰고 아래 칸에는 숫자와 일치하게 표기하십시오.

※ 월일은 반드시 본인 주민등록번호의 생년을 제외한 월 두 자리, 일 두 자리를 표기하십시오.
〈예〉 1994년 1월 12일 → 0112

잘라서 활용하세요.

gosinet (주)고시넷

MG 새마을금고

감독관 확인란	

6회 기출예상문제

성명표기란

(ㄱ ㄴ ㄷ ㄹ ㅁ ㅂ ㅅ ㅇ ㅈ ㅊ ㅋ ㅌ ㅍ ㅎ / ㅏ ㅑ ㅓ ㅕ ㅗ ㅛ ㅜ ㅠ ㅡ ㅣ ㅐ ㅒ ㅔ ㅖ ㅘ ㅙ ㅚ ㅝ ㅞ ㅟ ㅢ / ㄱ ㄴ ㄷ ㄹ ㅁ ㅂ ㅅ ㅇ ㅈ ㅊ ㅋ ㅌ ㅍ ㅎ ㄲ ㄸ ㅃ ㅆ ㅉ ㄺ ㄻ)

수험번호

(⓪–⑨ × 6)

(주민등록 앞자리 생년제외) 월일

(⓪–⑨ × 4)

문번	답란	문번	답란	문번	답란
1	① ② ③ ④ ⑤	16	① ② ③ ④ ⑤	31	① ② ③ ④ ⑤
2	① ② ③ ④ ⑤	17	① ② ③ ④ ⑤	32	① ② ③ ④ ⑤
3	① ② ③ ④ ⑤	18	① ② ③ ④ ⑤	33	① ② ③ ④ ⑤
4	① ② ③ ④ ⑤	19	① ② ③ ④ ⑤	34	① ② ③ ④ ⑤
5	① ② ③ ④ ⑤	20	① ② ③ ④ ⑤	35	① ② ③ ④ ⑤
6	① ② ③ ④ ⑤	21	① ② ③ ④ ⑤	36	① ② ③ ④ ⑤
7	① ② ③ ④ ⑤	22	① ② ③ ④ ⑤	37	① ② ③ ④ ⑤
8	① ② ③ ④ ⑤	23	① ② ③ ④ ⑤	38	① ② ③ ④ ⑤
9	① ② ③ ④ ⑤	24	① ② ③ ④ ⑤	39	① ② ③ ④ ⑤
10	① ② ③ ④ ⑤	25	① ② ③ ④ ⑤	40	① ② ③ ④ ⑤
11	① ② ③ ④ ⑤	26	① ② ③ ④ ⑤		
12	① ② ③ ④ ⑤	27	① ② ③ ④ ⑤		
13	① ② ③ ④ ⑤	28	① ② ③ ④ ⑤		
14	① ② ③ ④ ⑤	29	① ② ③ ④ ⑤		
15	① ② ③ ④ ⑤	30	① ② ③ ④ ⑤		

수험생 유의사항

※ 답안은 반드시 컴퓨터용 사인펜으로 보기와 같이 바르게 표기해야 합니다.
〈보기〉 ① ② ③ ❹ ⑤

※ 성명표기란 위 칸에는 성명을 한글로 쓰고 아래 칸에는 성명을 정확하게 표기하십시오. (맨 왼쪽 칸부터 성과 이름은 붙여 씁니다)

※ 수험번호/월일 위 칸에는 아라비아 숫자로 쓰고 아래 칸에는 숫자와 일치하게 표기하십시오.

※ 월일은 반드시 본인 주민등록번호의 생년을 제외한 월 두 자리, 일 두 자리를 표기하십시오.
〈예〉 1994년 1월 12일 → 0112

MG 새마을금고

감독관 확인란	

7회 기출예상문제

성명표기란

수험번호

0	0	0	0	0	0
1	1	1	1	1	1
2	2	2	2	2	2
3	3	3	3	3	3
4	4	4	4	4	4
5	5	5	5	5	5
6	6	6	6	6	6
7	7	7	7	7	7
8	8	8	8	8	8
9	9	9	9	9	9

(주민등록 앞자리 생년제외) 월일

0	0	0	0
1	1	1	1
2	2	2	2
3	3	3	3
4	4	4	4
5	5	5	5
6	6	6	6
7	7	7	7
8	8	8	8
9	9	9	9

수험생 유의사항

※ 답안은 반드시 컴퓨터용 사인펜으로 보기와 같이 바르게 표기해야 합니다.
〈보기〉 ① ② ③ ❹ ⑤

※ 성명표기란 위 칸에는 성명을 한글로 쓰고 아래 칸에는 성명을 정확하게 표기하십시오. (맨 왼쪽 칸부터 성과 이름은 붙여 씁니다)

※ 수험번호/월일 위 칸에는 아라비아 숫자로 쓰고 아래 칸에는 숫자와 일치하게 표기하십시오.

※ 월일은 반드시 본인 주민등록번호의 생년을 제외한 월 두 자리, 일 두 자리를 표기하십시오.
〈예〉 1994년 1월 12일 → 0112

문번	답란	문번	답란	문번	답란
1	① ② ③ ④ ⑤	16	① ② ③ ④ ⑤	31	① ② ③ ④ ⑤
2	① ② ③ ④ ⑤	17	① ② ③ ④ ⑤	32	① ② ③ ④ ⑤
3	① ② ③ ④ ⑤	18	① ② ③ ④ ⑤	33	① ② ③ ④ ⑤
4	① ② ③ ④ ⑤	19	① ② ③ ④ ⑤	34	① ② ③ ④ ⑤
5	① ② ③ ④ ⑤	20	① ② ③ ④ ⑤	35	① ② ③ ④ ⑤
6	① ② ③ ④ ⑤	21	① ② ③ ④ ⑤	36	① ② ③ ④ ⑤
7	① ② ③ ④ ⑤	22	① ② ③ ④ ⑤	37	① ② ③ ④ ⑤
8	① ② ③ ④ ⑤	23	① ② ③ ④ ⑤	38	① ② ③ ④ ⑤
9	① ② ③ ④ ⑤	24	① ② ③ ④ ⑤	39	① ② ③ ④ ⑤
10	① ② ③ ④ ⑤	25	① ② ③ ④ ⑤	40	① ② ③ ④ ⑤
11	① ② ③ ④ ⑤	26	① ② ③ ④ ⑤		
12	① ② ③ ④ ⑤	27	① ② ③ ④ ⑤		
13	① ② ③ ④ ⑤	28	① ② ③ ④ ⑤		
14	① ② ③ ④ ⑤	29	① ② ③ ④ ⑤		
15	① ② ③ ④ ⑤	30	① ② ③ ④ ⑤		

절취선 ✂

MG 새마을금고

감독관 확인란	

8회 기출예상문제

성명표기란

ㄱ ㄴ ㄷ ㄹ ㅁ ㅂ ㅅ ㅇ ㅈ ㅊ ㅋ ㅌ ㅍ ㅎ	ㅏ ㅑ ㅓ ㅕ ㅗ ㅛ ㅜ ㅠ ㅡ ㅣ ㅐ ㅒ ㅔ ㅖ ㅘ ㅙ ㅚ ㅝ ㅞ ㅟ ㅢ	ㄱ ㄴ ㄷ ㄹ ㅁ ㅂ ㅅ ㅇ ㅈ ㅊ ㅋ ㅌ ㅍ ㅎ	ㄱ ㄴ ㄷ ㄹ ㅁ ㅂ ㅅ ㅇ ㅈ ㅊ ㅋ ㅌ ㅍ ㅎ ㄲ ㄸ ㅃ ㅆ ㅉ	ㅏ ㅑ ㅓ ㅕ ㅗ ㅛ ㅜ ㅠ ㅡ ㅣ ㅐ ㅒ ㅔ ㅖ ㅘ ㅙ ㅚ ㅝ ㅞ ㅟ ㅢ	ㄱ ㄴ ㄷ ㄹ ㅁ ㅂ ㅅ ㅇ ㅈ ㅊ ㅋ ㅌ ㅍ ㅎ ㄲ ㄸ ㅃ ㅆ ㅉ ㄺ ㄻ	ㄱ ㄴ ㄷ ㄹ ㅁ ㅂ ㅅ ㅇ ㅈ ㅊ ㅋ ㅌ ㅍ ㅎ ㄲ ㄸ ㅃ ㅆ ㅉ	ㅏ ㅑ ㅓ ㅕ ㅗ ㅛ ㅜ ㅠ ㅡ ㅣ ㅐ ㅒ ㅔ ㅖ ㅘ ㅙ ㅚ ㅝ ㅞ ㅟ ㅢ	ㄱ ㄴ ㄷ ㄹ ㅁ ㅂ ㅅ ㅇ ㅈ ㅊ ㅋ ㅌ ㅍ ㅎ ㄲ ㄸ ㅃ ㅆ ㅉ ㄺ ㄻ	ㄱ ㄴ ㄷ ㄹ ㅁ ㅂ ㅅ ㅇ ㅈ ㅊ ㅋ ㅌ ㅍ ㅎ ㄲ ㄸ ㅃ ㅆ ㅉ	ㅏ ㅑ ㅓ ㅕ ㅗ ㅛ ㅜ ㅠ ㅡ ㅣ ㅐ ㅒ ㅔ ㅖ ㅘ ㅙ ㅚ ㅝ ㅞ ㅟ ㅢ	ㄱ ㄴ ㄷ ㄹ ㅁ ㅂ ㅅ ㅇ ㅈ ㅊ ㅋ ㅌ ㅍ ㅎ ㄲ ㄸ ㅃ ㅆ ㅉ ㄺ ㄻ

수험번호

0 1 2 3 4 5 6 7 8 9	0 1 2 3 4 5 6 7 8 9	0 1 2 3 4 5 6 7 8 9	0 1 2 3 4 5 6 7 8 9	0 1 2 3 4 5 6 7 8 9	0 1 2 3 4 5 6 7 8 9

(주민등록 앞자리 생년제외) 월일

0 1 2 3 4 5 6 7 8 9	0 1 2 3 4 5 6 7 8 9	0 1 2 3 4 5 6 7 8 9	0 1 2 3 4 5 6 7 8 9

수험생 유의사항

※ 답안은 반드시 컴퓨터용 사인펜으로 보기와 같이 바르게 표기해야 합니다.
〈보기〉 ① ② ③ ❹ ⑤

※ 성명표기란 위 칸에는 성명을 한글로 쓰고 아래 칸에는 성명을 정확하게 표기하십시오. (맨 왼쪽 칸부터 성과 이름은 붙여 씁니다)

※ 수험번호/월일 위 칸에는 아라비아 숫자로 쓰고 아래 칸에는 숫자와 일치하게 표기하십시오.

※ 월일은 반드시 본인 주민등록번호의 생년을 제외한 월 두 자리, 일 두 자리를 표기하십시오.
〈예〉 1994년 1월 12일 → 0112

문번	답란	문번	답란	문번	답란
1	① ② ③ ④ ⑤	16	① ② ③ ④ ⑤	31	① ② ③ ④ ⑤
2	① ② ③ ④ ⑤	17	① ② ③ ④ ⑤	32	① ② ③ ④ ⑤
3	① ② ③ ④ ⑤	18	① ② ③ ④ ⑤	33	① ② ③ ④ ⑤
4	① ② ③ ④ ⑤	19	① ② ③ ④ ⑤	34	① ② ③ ④ ⑤
5	① ② ③ ④ ⑤	20	① ② ③ ④ ⑤	35	① ② ③ ④ ⑤
6	① ② ③ ④ ⑤	21	① ② ③ ④ ⑤	36	① ② ③ ④ ⑤
7	① ② ③ ④ ⑤	22	① ② ③ ④ ⑤	37	① ② ③ ④ ⑤
8	① ② ③ ④ ⑤	23	① ② ③ ④ ⑤	38	① ② ③ ④ ⑤
9	① ② ③ ④ ⑤	24	① ② ③ ④ ⑤	39	① ② ③ ④ ⑤
10	① ② ③ ④ ⑤	25	① ② ③ ④ ⑤	40	① ② ③ ④ ⑤
11	① ② ③ ④ ⑤	26	① ② ③ ④ ⑤		
12	① ② ③ ④ ⑤	27	① ② ③ ④ ⑤		
13	① ② ③ ④ ⑤	28	① ② ③ ④ ⑤		
14	① ② ③ ④ ⑤	29	① ② ③ ④ ⑤		
15	① ② ③ ④ ⑤	30	① ② ③ ④ ⑤		

MG 새마을금고

감독관 확인란	

기출예상문제_연습용

성명표기란

수험번호

(주민등록 앞자리 생년제외) 월일

문번	답란				문번	답란				문번	답란			
1	①	②	③	④	16	①	②	③	④	31	①	②	③	④
2	①	②	③	④	17	①	②	③	④	32	①	②	③	④
3	①	②	③	④	18	①	②	③	④	33	①	②	③	④
4	①	②	③	④	19	①	②	③	④	34	①	②	③	④
5	①	②	③	④	20	①	②	③	④	35	①	②	③	④
6	①	②	③	④	21	①	②	③	④	36	①	②	③	④
7	①	②	③	④	22	①	②	③	④	37	①	②	③	④
8	①	②	③	④	23	①	②	③	④	38	①	②	③	④
9	①	②	③	④	24	①	②	③	④	39	①	②	③	④
10	①	②	③	④	25	①	②	③	④	40	①	②	③	④
11	①	②	③	④	26	①	②	③	④					
12	①	②	③	④	27	①	②	③	④					
13	①	②	③	④	28	①	②	③	④					
14	①	②	③	④	29	①	②	③	④					
15	①	②	③	④	30	①	②	③	④					

수험생 유의사항

※ 답안은 반드시 컴퓨터용 사인펜으로 보기와 같이 바르게 표기해야 합니다.
〈보기〉 ① ② ③ ❹ ⑤

※ 성명표기란 위 칸에는 성명을 한글로 쓰고 아래 칸에는 성명을 정확하게 표기하십시오. (맨 왼쪽 칸부터 성과 이름은 붙여 씁니다)

※ 수험번호/월일 위 칸에는 아라비아 숫자로 쓰고 아래 칸에는 숫자와 일치하게 표기하십시오.

※ 월일은 반드시 본인 주민등록번호의 생년을 제외한 월 두 자리, 일 두 자리를 표기하십시오.
〈예〉 1994년 1월 12일 → 0112

잘라서 활용하세요.

MG 새마을금고

감독관 확인란	

기출예상문제_연습용

성명표기란

ㄱ	ㅏ	ㄱ	ㄱ	ㅏ	ㄱ	ㄱ	ㅏ	ㄱ	ㄱ	ㅏ	ㄱ
ㄴ	ㅑ	ㄴ	ㄴ	ㅑ	ㄴ	ㄴ	ㅑ	ㄴ	ㄴ	ㅑ	ㄴ
ㄷ	ㅓ	ㄷ	ㄷ	ㅓ	ㄷ	ㄷ	ㅓ	ㄷ	ㄷ	ㅓ	ㄷ
ㄹ	ㅕ	ㄹ	ㄹ	ㅕ	ㄹ	ㄹ	ㅕ	ㄹ	ㄹ	ㅕ	ㄹ
ㅁ	ㅗ	ㅁ	ㅁ	ㅗ	ㅁ	ㅁ	ㅗ	ㅁ	ㅁ	ㅗ	ㅁ
ㅂ	ㅛ	ㅂ	ㅂ	ㅛ	ㅂ	ㅂ	ㅛ	ㅂ	ㅂ	ㅛ	ㅂ
ㅅ	ㅜ	ㅅ	ㅅ	ㅜ	ㅅ	ㅅ	ㅜ	ㅅ	ㅅ	ㅜ	ㅅ
ㅇ	ㅠ	ㅇ	ㅇ	ㅠ	ㅇ	ㅇ	ㅠ	ㅇ	ㅇ	ㅠ	ㅇ
ㅈ	ㅡ	ㅈ	ㅈ	ㅡ	ㅈ	ㅈ	ㅡ	ㅈ	ㅈ	ㅡ	ㅈ
ㅊ	ㅣ	ㅊ	ㅊ	ㅣ	ㅊ	ㅊ	ㅣ	ㅊ	ㅊ	ㅣ	ㅊ
ㅋ	ㅐ	ㅋ	ㅋ	ㅐ	ㅋ	ㅋ	ㅐ	ㅋ	ㅋ	ㅐ	ㅋ
ㅌ	ㅒ	ㅌ	ㅌ	ㅒ	ㅌ	ㅌ	ㅒ	ㅌ	ㅌ	ㅒ	ㅌ
ㅍ	ㅔ	ㅍ	ㅍ	ㅔ	ㅍ	ㅍ	ㅔ	ㅍ	ㅍ	ㅔ	ㅍ
ㅎ	ㅖ	ㅎ	ㅎ	ㅖ	ㅎ	ㅎ	ㅖ	ㅎ	ㅎ	ㅖ	ㅎ
	ㅘ		ㄲ	ㅘ	ㄲ	ㄲ	ㅘ	ㄲ	ㄲ	ㅘ	ㄲ
	ㅙ		ㄸ	ㅙ	ㄸ	ㄸ	ㅙ	ㄸ	ㄸ	ㅙ	ㄸ
	ㅚ		ㅃ	ㅚ	ㅃ	ㅃ	ㅚ	ㅃ	ㅃ	ㅚ	ㅃ
	ㅝ		ㅆ	ㅝ	ㅆ	ㅆ	ㅝ	ㅆ	ㅆ	ㅝ	ㅆ
	ㅞ		ㅉ	ㅞ	ㅉ	ㅉ	ㅞ	ㅉ	ㅉ	ㅞ	ㅉ
	ㅟ			ㅟ	ㄺ		ㅟ	ㄺ		ㅟ	ㄺ
	ㅢ			ㅢ	ㄻ		ㅢ	ㄻ		ㅢ	ㄻ

수험번호

0	0	0	0	0	0
1	1	1	1	1	1
2	2	2	2	2	2
3	3	3	3	3	3
4	4	4	4	4	4
5	5	5	5	5	5
6	6	6	6	6	6
7	7	7	7	7	7
8	8	8	8	8	8
9	9	9	9	9	9

(주민등록 앞자리 생년제외) 월일

0	0	0	0
1	1	1	1
2	2	2	2
3	3	3	3
4	4	4	4
5	5	5	5
6	6	6	6
7	7	7	7
8	8	8	8
9	9	9	9

수험생 유의사항

※ 답안은 반드시 컴퓨터용 사인펜으로 보기와 같이 바르게 표기해야 합니다.
〈보기〉 ① ② ③ ❹ ⑤

※ 성명표기란 위 칸에는 성명을 한글로 쓰고 아래 칸에는 성명을 정확하게 표기하십시오. (맨 왼쪽 칸부터 성과 이름은 붙여 씁니다)

※ 수험번호/월일 위 칸에는 아라비아 숫자로 쓰고 아래 칸에는 숫자와 일치하게 표기하십시오.

※ 월일은 반드시 본인 주민등록번호의 생년을 제외한 월 두 자리, 일 두 자리를 표기하십시오.
〈예〉 1994년 1월 12일 → 0112

문번	답란	문번	답란	문번	답란
1	① ② ③ ④ ⑤	16	① ② ③ ④ ⑤	31	① ② ③ ④ ⑤
2	① ② ③ ④ ⑤	17	① ② ③ ④ ⑤	32	① ② ③ ④ ⑤
3	① ② ③ ④ ⑤	18	① ② ③ ④ ⑤	33	① ② ③ ④ ⑤
4	① ② ③ ④ ⑤	19	① ② ③ ④ ⑤	34	① ② ③ ④ ⑤
5	① ② ③ ④ ⑤	20	① ② ③ ④ ⑤	35	① ② ③ ④ ⑤
6	① ② ③ ④ ⑤	21	① ② ③ ④ ⑤	36	① ② ③ ④ ⑤
7	① ② ③ ④ ⑤	22	① ② ③ ④ ⑤	37	① ② ③ ④ ⑤
8	① ② ③ ④ ⑤	23	① ② ③ ④ ⑤	38	① ② ③ ④ ⑤
9	① ② ③ ④ ⑤	24	① ② ③ ④ ⑤	39	① ② ③ ④ ⑤
10	① ② ③ ④ ⑤	25	① ② ③ ④ ⑤	40	① ② ③ ④ ⑤
11	① ② ③ ④ ⑤	26	① ② ③ ④ ⑤		
12	① ② ③ ④ ⑤	27	① ② ③ ④ ⑤		
13	① ② ③ ④ ⑤	28	① ② ③ ④ ⑤		
14	① ② ③ ④ ⑤	29	① ② ③ ④ ⑤		
15	① ② ③ ④ ⑤	30	① ② ③ ④ ⑤		

gosinet (주)고시넷

대기업·금융

저마다의 일생에는,

특히 그 일생이 동터 오르는 여명기에는

모든 것을 결정짓는 한 순간이 있다.

그 순간을 다시 찾아내는 것은 어렵다.

그것은 다른 수많은 순간들의 퇴적 속에

깊이 묻혀있다.

- 장 그르니에, 섬 LES ILES

NCS 직업기초능력평가

2025
고시넷
대기업

최신
새마을금고
기출 유형

실제 시험과
동일한 구성의
모의고사

고시넷 WWW.GOSINET.CO.KR

MG새마을금고
NCS 직업기초능력평가
기출예상모의고사

정답과 해설

gosinet
(주)고시넷

NCS 직업기초능력평가

2025
고시넷
대기업

최신
새마을금고
기출 유형

실제 시험과
동일한 구성의
모의고사

고시넷 WWW.GOSINET.CO.KR

MG새마을금고
NCS 직업기초능력평가
기출예상모의고사

정답과 해설

gosinet
(주)고시넷

MG 새마을금고

정답과 해설

1회 기출예상문제

▶ 문제 24쪽

01	③	02	④	03	②	04	③	05	③
06	④	07	④	08	①	09	④	10	①
11	④	12	④	13	①	14	③	15	①
16	④	17	②	18	③	19	①	20	③
21	④	22	①	23	③	24	③	25	④
26	④	27	④	28	④	29	②	30	①
31	③	32	②	33	②	34	②	35	④
36	②	37	①	38	④	39	①	40	③

01 문서작성능력 글의 흐름에 맞게 문단 배열하기

| 정답 | ③

| 해설 | 우선 우리나라가 선진국의 문턱으로 들어서게 한 교육에 대해 학생, 기업, 학부모, 대학 등이 불평을 제기하기 시작하였다는 내용의 (가)가 올 수 있다. 그 후로 이러한 불평이 국가의 주요 문제가 되고 있다는 내용인 (라)가 이어진다. 다음으로 (라)에서 제시한 교육비 부담, 교육기회의 불균형, 지나친 경쟁 유도로 인한 청소년 자살률 증가 등의 우리나라 교육의 문제가 단편적인 처방으로 해결될 일이 아니라는 내용의 (나)로 이어질 수 있다. 이어서 교육의 틀을 근본적으로 바꾸는 사회적 대전환의 필요성을 주장하는 (나)에 대해 이해관계와 이념적 대립 등의 상당한 저항이 있을 것이라는 예측을 제시하는 (다)가 마지막으로 올 수 있다. 따라서 (가)－(라)－(나)－(다) 순이 적절하다.

02 문서이해능력 중심내용 파악하기

| 정답 | ④

| 해설 | 제시된 글에서는 우리나라의 교육 문제가 국가의 주요 문제가 되었으며, 이를 해결하기 위해서는 단편적인 처방이 아닌 교육의 틀을 근본적으로 바꾸는 사회적 대전환, 대대적인 교육개혁이 필요하다고 설명한다. 따라서 글의 중심내용으로는 ④가 적절하다.

03 문서작성능력 빈칸에 들어갈 단어 찾기

| 정답 | ②

| 해설 | 영문명과 학명 둘 다 물을 의미하는 'Water'와 'Hydro-'를 포함하고 있으므로 ㉠에 들어갈 단어로는 '물'이 가장 적절하다.

04 문서이해능력 세부 내용 이해하기

| 정답 | ③

| 해설 | 네 번째 문단에 따르면 우리나라에 분포 중인 고라니가 70만 마리 정도이고 이는 전 세계 고라니 수의 90% 이상이다. 이를 통해 전 세계 고라니 개체 수가 약 77만 마리 정도임을 유추할 수 있다.

| 오답풀이 |

①, ② 제시된 글을 통해서는 알 수 없다.

④ 마지막 문단을 통해 고라니의 천적이 고라니 사냥을 하긴 하지만 개체 수에 큰 영향을 미치지 못한다는 것을 알 수 있다.

05 문서이해능력 세부 내용 이해하기

| 정답 | ③

| 해설 | 세 번째 문단을 보면 2024년 DDR4의 점유율은 23%로, 27%인 DDR5보다 낮은 점유율을 보일 것이라 전망되지만, DDR4 램의 사용이 거의 없어질 것이라 전망할 만한 수치는 아니다.

| 오답풀이 |

① 첫 번째 문단을 통해 알 수 있다.

② 마지막 문단을 통해 알 수 있다.

④ 2023년 DDR4의 점유율은 36%이고 DDR5의 점유율은 12%로, 아직 DDR4 램을 사용하는 비중이 더 높다.

06 문서이해능력 세부 내용 이해하기

| 정답 | ④

| 해설 | 마지막 문단을 통해 올해 2분기 말 PC용 DDR4와 DDR5 램 가격이 각각 12.80달러, 14.30달러로 1.50달러가 차이나는 것을 알 수 있다.

| 오답풀이 |

①, ②, ③ 제시된 글을 통해서는 알 수 없다.

07 문서이해능력 세부 내용 이해하기

| 정답 | ④

| 해설 | 첫 번째와 두 번째 문단을 통해 산재보상보험법이 개정되면 여러 업체에서 일하는 노무 제공자도 산재보험을 적용받을 수 있다는 것을 알 수 있다.

| 오답풀이 |

① 두 번째 문단을 통해 노무 제공자란 근로자가 아니면서 다른 사람의 사업을 위해 직접 노무를 제공하고 일정한 대가를 받는 사람임을 알 수 있다.

② 첫 번째와 세 번째 문단을 통해 산재보상보험법이 개정되면 약 93만 명의 노무 제공자에게도 추가로 산재보험 혜택에 제공되는 것을 알 수 있다.

③ 두 번째 문단을 통해 건설 현장 화물차주가 추가로 적용되는 직종에 포함되는 것을 알 수 있다.

08 문서이해능력 글의 흐름을 바탕으로 의미 파악하기

| 정답 | ①

| 해설 | 산재보상보험법에서 전속성은 주된 한 사업체에서 필요한 노무를 상시적으로 제공하고 보수를 받아 생활하는 것이다. 제시된 글에서는 이러한 전속성 요건을 폐지하여 여러 업체에 노무를 제공하는 노무 제공자에게도 산재보험의 혜택을 제공했다고 했으므로 ①이 ㉠의 의미로 가장 적절하다.

09 문제처리능력 자료 분석하기

| 정답 | ④

| 해설 | 청소년 관람불가 등급은 청소년은 관람할 수 없는 영화이므로 15세인 박 씨는 보호자를 동반하여도 B 영화를 관람할 수 없다. 해당 연령 미달이지만 보호자 동반 시 관람할 수 있는 영화는 12세 이상 관람가와 15세 이상 관람가 영화이다.

10 문제처리능력 정보 추론하기

| 정답 | ①

| 해설 | 연금 기적립액이 많을수록 은퇴 후에 연금수령액이 증가하게 되지만 소득대체율이 낮으면 기존의 소득과 연금 수령액의 차이가 크게 되어 여유롭게 지내기 어려울 수 있다.

| 오답풀이 |

② 예상 투자수익률과 소득상승률이 하락한다면 노후에 연금 수령액이 줄어들게 되므로 은퇴 후 연간 예상 생활비를 낮춰야 한다.

③ 은퇴 예상 연령이 높다는 것은 연금 적립액이 늘어난다는 것이며 연평균 소득이 많아진다는 것 또한 연금 적립액이 늘어나는 요인이므로 연금수령 시 연금 소진 속도는 감소하게 된다.

④ 의료수준의 향상은 의료비 지출의 감소를 가져올 수 있는 반면, 기대 수명의 향상으로 연금수령이 필요한 기간이 길어져 기적립액으로 향후의 의료비가 모두 충당되지 못할 수도 있다. 따라서 의료수준은 연금수령액으로 생활하는 데에 영향을 주는 중요한 요인이라고 볼 수 있다.

11 문제처리능력 시뮬레이션 화면 구성하기

| 정답 | ④

| 해설 | 〈시뮬레이션 화면 구성 시 고려할 사항〉의 항목 중 은퇴 후 연령별 시뮬레이션 결과에 관한 내용은 상세 결과 화면에서 찾을 수 없다.

12 문제처리능력 청탁금지법 이해하기

| 정답 | ④

| 해설 | 의례를 목적으로 전달하는 경조사비로 축의금과 화환을 함께 보내는 경우에는 그 가액의 합산이 10만 원을 초과해서는 안 되며, 가액 범위를 각각 초과해서도 안 된다. 따라서 3만 원 상당의 화환은 [별표 1]에서 정하는 조화의 가액 범위인 10만 원 이내에는 해당되나, 축의금 7만 원은 가액 범위인 5만 원을 초과하므로 이는 허용되지 않는다.

| 오답풀이 |

① 제8조 제3항 제3호의 사적 거래로 인한 채무의 이행에 해당하여 수수 금지 대상에 포함되지 않는다.

② D 국장은 C 차장의 상급 공직자이므로 제8조 제3항 제1호의 상급 공직자가 위로의 목적으로 하급 공직자에게 제공하는 금품 등에 해당하여 수수 금지 대상에 포함되지 않는다.

③ 제8조 제3항 제5호에서 공직자 등과 관련된 동호인회로 친분관계를 맺고 있는 자가 질병 · 재난으로 어려운 처지에 있는 경우에 제공하는 금품에 해당하여 수수 금지 대상에 포함되지 않는다.

13 문제해결능력 문제해결의 방법 파악하기

| 정답 | ①

| 해설 | 제시된 사례는 A 복지재단이 가지고 있던 문제인 비정규직 근로자의 비중 증가, 체계적이지 않은 인사 체계와 과중한 초과 업무 문제를 해결해 나가는 과정을 설명하고 있다. 사례에서는 문제의 해결을 위한 방법으로 근로 환경 개선, 인사평가제도와 보상체계를 확립하고 이를 통해 우수한 인재를 확보하였다고 설명하고 있다. 근로 시간의 연장은 제시된 사례의 문제를 해결하기 위해 제시된 방안과는 관련이 없다.

14 문제처리능력 적절한 행동 전략 세우기

| 정답 | ③

| 해설 | '방식'을 보면 평가단은 직급, 직렬 구분 없이 단일 평가단으로 구성되며 상사, 동료, 부하, 본인, 고객 등 다양한 평가주체가 참여하는 다면평가방식을 도입한다고 하였다. 따라서 평가는 관리자로부터만 받기 때문에 관리자의 의견 및 요청에 충실히 따른다는 전략은 적절하지 않다.

| 오답풀이 |

① '평가항목'을 보면 개인목표가 60%의 비중을 갖고 있고, 부서의 기여도도 20%의 비중을 가지고 있으므로 기업의 성과목표에 기여할 수 있는 개인의 목표를 설정한다는 전략은 적절하다.

② '방식'에서 부하와 면담 / 코칭 절차가 의무적으로 시행됨을 알 수 있으므로 자신의 멘토와 정기적인 면담 시간을 확보한다는 전략은 적절하다.

④ '평가항목'에서 업무수행과정 등도 평가에 반영됨을 알 수 있으므로 개인의 목표달성도뿐만 아니라 업무수행과정 등의 성과도 중요시해야 한다.

15 문제처리능력 자료를 바탕으로 계산하기

| 정답 | ①

| 해설 | 기준 1), 2)에 따라 각 부서의 성과급을 구하면 다음과 같다.

(단위 : 만 원)

부서	기준 1)	기준 2)	합계
A	500	8×10×10=800	1,300
B	300	10×13×10=1,300	1,600
C	400	12×12×10=1,440	1,840
D	200	15×8×10=1,200	1,400

기준 3)에 따라 A는 전년과 올해 모두 효율성 평가에서 '상'을 받았으므로 1,300×1.2=1,560(만 원), B와 C는 효율성 평가가 하락했으므로 각각 1,600×0.9=1,440(만 원), 1,840×0.9=1,656(만 원), D는 효율성 평가가 향상되었으므로 20%를 추가로 지급하여 1,400×1.2=1,680(만 원)을 받게 된다.

이를 바탕으로 1인당 성과급을 구하면 다음과 같다.

- A 부서 : 1,560÷8=195(만 원)
- B 부서 : 1,440÷10=144(만 원)
- C 부서 : 1,656÷12=138(만 원)
- D 부서 : 1,680÷15=112(만 원)

따라서 1인당 가장 높은 성과급을 받는 부서는 A이다.

16 문제처리능력 자료 추론하기

| 정답 | ④

| 해설 | '새로운 커뮤니케이션 플랫폼의 등장은 개인 간은 물론 개인과 기업 간의 소통과 마케팅 환경에도 큰 변화를 일으켰다'를 통해 새로운 플랫폼의 등장이 개인과 기업 둘 모두에 영향을 끼친 것을 알 수 있으나 어디에 더 많은 영향을 끼쳤는지는 알 수 없다.

| 오답풀이 |

① '스마트폰의 보급과 소셜미디어의 대중화로 기업과 소비자의 양방향 소통이 일상화되었다'를 통해 알 수 있다.

② '기업의 마케팅 활동에서도 이들을 활용한 인플루언서 마케팅이 점차 보편화되고 있다'를 통해 알 수 있다.

③ '기존의 전통적인 미디어에서는 소비자에게 제품과 브랜드를 알리기 위해서 4대 매체인 TV, 라디오, 신문,

잡지'를 통해 알 수 있다.

17 문제해결능력 문제의 유형 파악하기

| 정답 | ②

| 해설 | 제시된 문제사항의 문제유형을 파악하면 다음과 같다.

- 상반기 매출 부진으로 인한 투자 미흡 : 재정문제
- 업무에 방해가 되는 외부 소음 : 업무환경문제
- 업무 프로세스에 익숙하지 않은 직원들 : 인력문제
- 업무가 바쁜 시간대의 인력 불충분 : 인력문제
- 냉난방 시설이 꺼지는 고장 : 시설 · 장비문제

따라서 제시된 5가지 문제유형 중에서 빈칸에 들어가지 않은 유형은 '규정문제'이다.

18 기초통계능력 토너먼트전 경기 횟수 구하기

| 정답 | ③

| 해설 | 토너먼트전의 경우, '(경기 횟수)=(팀의 수)−1'이므로 10개의 팀이 결승전을 제외하고 준결승전까지 단판 토너먼트를 진행할 때 치르는 경기 횟수는 (10−1)−1=8(경기)이다. 그리고 결승전은 3판 2선승제 방식이므로 2:0으로 우승하는 경우와 2:1로 우승하는 경우가 있다. 2:0으로 우승할 경우 2경기, 2:1로 우승하는 경우 3경기를 치르게 된다. 따라서 최소 10경기, 최대 11경기를 치르게 된다.

19 도표분석능력 자료의 수치 분석하기

| 정답 | ①

| 해설 | 20X1년부터 20X4년까지 연도별 자연재해 피해액이 매해 지속적으로 증가하는 자연재해 유형은 없다. 수치가 0인 경우 피해액이 실제로 0이었거나 단위 기준인 백만 원보다 적었을 가능성이 있다.

| 오답풀이 |

② 20X1년의 자연재해 피해액 대비 복구비는 $\frac{504,220}{179,009} ≒ 2.8$(배)로 제시된 연도 중 가장 큰 비율을 기록하였다. 20X4년의 자연재해 피해액 대비 복구비는 $\frac{509,613}{192,029} ≒ 2.7$(배)이다.

③ 20X4년 자연재해 피해액 합계는 192,029백만 원으로, 304,277백만 원인 20X3년에 비해 작다.

④ 20X4년 지진으로 인한 자연재해 피해액은 67,713백만 원, 자연재해 복구비는 183,605백만 원으로 제시된 연도 중 가장 큰 액수를 기록하였다.

20 도표분석능력 자료의 수치 계산하기

| 정답 | ③

| 해설 | (가) ~ (라)에 들어갈 수치를 구하면 다음과 같다.

(가) $\frac{142,198}{179,009} \times 100 ≒ 79.44(\%)$

(나) $\frac{18,814}{33,008} \times 100 ≒ 57.00(\%)$

(다) $\frac{106,736-222,742}{222,742} \times 100 ≒ -52.08(\%)$

(라) $\frac{5,664-63,171}{63,171} \times 100 ≒ -91.03(\%)$

21 수리력 점수 계산하기

| 정답 | ④

| 해설 | 제시된 〈조건〉에 따라 각 채용절차의 점수 반영 비율을 기준으로 점수의 총합을 구하면 다음과 같다.

(단위 : 점)

합격자	서류심사	필기시험	면접	총점
A	8	32	46.5	86.5
B	9	34	41.5	84.5
C	8	35	45.5	88.5
D	7	36	40	83
E	9	33	47	89

따라서 총점이 가장 높은 합격자는 E이며, 최고득점자는 반드시 희망부서에 배정된다고 하였으므로 최고득점자가 배정되는 부서는 인사팀이다.

22 도표분석능력 자료의 수치 분석하기

| 정답 | ①

| 해설 | 2024년에도 동일한 증감률을 보인다면 B 항만의 2024년 물동량은 2023년 대비 4.0% 감소한다. 따라서 B 항만의 2024년 물동량은 $41,778 \times \frac{96}{100} ≒ 40,106.9$(만 톤)이므로 4억 톤 이상이 된다.

| 오답풀이 |

② E 항만이 2024년에도 동일한 증감률을 보인다면 E 항만의 2024년 물동량은 2023년 대비 6% 감소한다. 따라서 E 항만의 2024년 물동량은 $11,864 \times \frac{94}{100} ≒ 11,152.2$(만 톤)이 되므로 1억 톤 이상을 유지한다.

③ C 항만이 2024년에 9.5%의 증가율을 보인다면 2024년의 물동량은 $24,911 \times \frac{109.5}{100} ≒ 27,277.5$(만 톤)이 된다. 2022년의 물동량은 27,228만 톤이므로 2024년 물동량이 2022년 물동량보다 많아진다.

④ D 항만의 2022년 대비 2023년 증가율은 2.7%였고 2023년 대비 2024년 증가율은 $\frac{16,746-16,296}{16,296} \times 100 ≒ 2.8$(%)이므로 2024년의 전년 대비 증가율이 더 높다.

23 도표작성능력 표를 그래프로 변환하기

| 정답 | ③

| 해설 | 방사형 그래프(레이더 차트)는 다양한 요소 간의 균형이나 관계를 시각적으로 비교할 때 효과적이지만, 중심에서 멀어지는 방식으로 데이터를 표현하기 때문에 절대적인 증감 비교는 어려울 수 있다.

증감률을 나타낼 때는 막대 그래프나 선 그래프가 보다 적합하다. 막대 그래프는 항목별로 증감률을 직관적으로 비교할 수 있게 해주며, 선 그래프는 시간의 흐름에 따라 증감이 어떻게 변화하는지를 보여줄 때 유용하다.

| 오답풀이 |

① 물동량과 증감률은 서로 다른 성격의 데이터이므로, 그래프에 별도의 축을 설정하여 각각의 데이터를 명확하게 시각화해야 한다.

② 그래프의 축을 설정할 때 적절한 최대치를 지정하여 데이터가 그래프 내에서 균형적으로 나타나도록 해야 한다. 제시된 자료에서 물동량의 최대치는 2022년의 B 항만 물동량인 43,519만 톤이므로 물동량 축의 최대치로 4억 5천만 톤은 적절하다.

④ 항만별로 데이터를 비교하고 연도별 차이를 쉽게 파악할 수 있도록 시각화하는 것이 필요하다.

24 문제해결능력 조건을 바탕으로 추론하기

| 정답 | ③

| 해설 | 각 정책의 효과를 가장 크게 하려면 제시된 조건을 모두 충족시켜야 한다. 첫 번째 조건에 따라 음료 제공 정책은 식대 제공 정책 뒤에 실시되어야 한다. 두 번째 정책과 네 번째 정책에 따라 식대 제공 정책은 자기계발비 지원 정책 전에 실시해야 하며 다른 정책 하나를 사이에 두고 실시해야 한다. 또한 세 번째 정책에 의해 식대 제공 정책과 음료 제공 정책은 이어서 실시되지 않아야 한다. 따라서 모든 조건을 고려했을 때 정책 시행 효과가 가장 큰 순서는 ③이다.

| 오답풀이 |

① 첫 번째, 세 번째 조건에 따라 식대 제공 정책과 음료 제공 정책의 효과가 줄어든다.

② 첫 번째, 세 번째 조건에 따라 식대 제공 정책과 음료 제공 정책의 효과가 줄어들며, 네 번째 조건에 따른 정책 효과는 얻을 수 없다.

④ 네 번째 조건에 따른 정책 효과를 얻을 수 없다.

25 경영이해능력 SWOT 분석 이해하기

| 정답 | ④

| 해설 | WT전략은 약점을 보완하여 위협을 최소화하는 전략이다. 혁신기업 육성 프로그램은 대만의 기회(O)에 해당한다.

| 오답풀이 |

① 국제무역 경험이 풍부한 대만의 강점(S)을 이용하여 신사업 육성정책 및 동남아 시장 접근성이라는 기회(O)를 살리는 전략이다.

② 대만의 비즈니스 모델 응용개발 능력(S)을 살려 중국의 위협(T)을 최소화하는 전략이다.

③ 취약한 트렌드 선도력(W)을 인플루언서와 디지털마케팅을 통해 보완하고, 이를 활용하여 스마트 · 언택트 시장 확대라는 기회(O)를 살리는 전략이다.

26 체제이해능력 조직도 파악하기

| 정답 | ④

| 해설 | 부서 간 업무조정에 관한 사항은 기획조정실 소속 디지털혁신기획부의 업무이며, 해당 업무는 기획운영이사가 전결권을 가진다.

| 오답풀이 |

① 조직도에서 이사장과 감사는 점선으로 연결되어 있으므로 이사장과 감사는 상호 독립적이고 대등한 관계이다.

② 조직도에서 이사장 산하에 비서실이 위치하고 있으나, 이사장과 독립적 위치에 있는 감사에는 비서실을 별도로 두고 있지 않다.

③ 국가자격 운영의 총괄은 능력평가국 소속 능력평가기획부의 업무에 해당한다.

27 업무이해능력 부서의 업무 파악하기

| 정답 | ④

| 해설 | '사업목적'의 ESG 경영 차원에서의 청년고용 지원 프로그램이라는 내용을 통해 해당 사업은 직업능력국 소속 능력개발지원부의 업무인 청년친화형 기업 ESG 지원 사업에 해당함을 알 수 있다.

28 경영이해능력 세부 내용 이해하기

| 정답 | ④

| 해설 | 전략적 계획은 회사 전체를 대상으로 하는 향후 3～5년간의 장기 계획인 반면, 운영 계획은 부서나 팀 수준에서 전략적 계획을 달성하기 위해 매일 실행해야 하는 사항을 기술하는 계획이다.

29 경영이해능력 조직 운영 계획 이해하기

| 정답 | ②

| 해설 | ㄴ. 전략적 목표를 달성하기 위해 팀이나 부서 수준에서 매일 실행해야 하는 사항을 기술하는 것이 운영 계획 수립의 목표이다.

| 오답풀이 |

ㄱ. 조직의 실행 속도에 따라 운영 계획의 기간은 분기, 반기 또는 회계 연도가 되며, 지나치게 세부적인 일 단위의 시간적 그래프는 운영 계획과 맞지 않다. 일일 계획은 일상적인 업무 관리에 더 가깝다.

ㄷ. 운영 계획에는 각 활동의 담당자, 내용, 수행 시기를 기술해야 한다고 설명하고 있으나 담당자의 역학 관계를 작성해야 한다는 내용의 언급은 없다.

30 체제이해능력 조직문화 이해하기

| 정답 | ①

| 해설 | 두 번째 문단에서 우리나라 조직문화는 신입사원 교육을 통해 가늠할 수 있다고 제시하고 있다.

| 오답풀이 |

② 두 번째 문단을 통해 신입사원 교육이 조직의 문화적 상징성이 강하게 드러나는 교육임을 알 수 있으나 해당 교육에서 조직의 상징에 대해서 가르치는지는 알 수 없다.

③ 첫 번째 문단에 우리나라의 문화가 불평등을 용인하는 모습을 보인다는 설명이 있지만 신입사원 교육에서 이러한 것을 배우는지는 알 수 없다.

④ 제시된 글을 통해서는 알 수 없는 내용이다.

31 체제이해능력 조직 기능 이해하기

| 정답 | ③

| 해설 | 부서장에 대해서는 총액인건비팀 조직의 경우 4급 또는 5급 무보직 서기관인 반면, 벤처형 조직은 직급을 정함이 없이 아이디어 제공 공무원이 부서장을 담당한다.

| 오답풀이 |

① 행정안전부와의 협의를 거쳐야 설치할 수 있는 총액인건비팀 조직에 비해 벤처형 조직은 자율적으로 설치할 수 있어 설치유연성이 더 높다고 볼 수 있다.

② 총액인건비팀 조직은 장 · 차관, 실 · 국 소속으로, 벤처형 조직은 장 · 차관, 기조실장 소속으로 설치된다.

④ 총액인건비팀 조직의 설치기준은 최소 5명 이상이다. 벤처형 조직은 5명 미만으로도 설치할 수 있다고 제시되어 있으므로, 반대로 구성원 수가 5명 이상이더라도 벤처형 조직을 설립할 수 있다.

32 경영이해능력 조직의 의사결정 과정 이해하기

| 정답 | ②

| 해설 | M사는 자신들이 기존에 가지고 있었던 강점인 표준화된 대량 생산 방식으로 신규 경쟁자를 누를 수 있다고 과대평가하였으나 실패하였다. 따라서 M사의 실수에 대한 설명으로는 ②가 적절하다.

| 오답풀이 |

① M사는 기존의 방식을 고수하다가 소비자들에게 외면당하자 뒤늦게 신제품을 내놓았다.

③, ④ 제시된 글을 통해 알 수 없는 내용이다.

33 대인관계능력 직장 내 세대 인식 이해하기

| 정답 | ②

| 해설 | 제시된 글에서는 젊은 세대의 직장인들은 계약을 중시하며, 그들의 행동 범위와 공정성의 기준은 계약에 있다고 본다. 기성세대의 관점에서 이기적으로 보이는 젊은 세대의 행태는 실제로는 계약에 명시되지 않은 책임과 희생을 거부하는 것이며, 젊은 세대는 계약의 범위 내에서 최선을 다하며 계약을 통해 자신에게 주어진 권리를 요구하는 것이라고 설명한다.

34 대인관계능력 세대 내 조직문화 이해하기

| 정답 | ②

| 해설 | ㄱ. 제시된 글에서 젊은 직장인들의 관점에서의 공정성이란 계약을 근간으로 하는 범위 내에서 업무에 최선을 다하고 노력에 따른 정당한 대가를 인정받는 것을 의미한다.

ㄹ. 자신이 투입한 노력이 객관적으로 평가되어 합당한 대가가 돌아오도록 하는 인사제도의 정비는 제시된 글에서 정의하는 공정성의 취지에 부합하는 제도이다.

| 오답풀이 |

ㄴ. 상사와 부하직원 간의 신뢰 관계 형성은 제시된 글에서 설명하는 공정성과 연관이 없다.

ㄷ. 제시된 글에서의 공정성이란 수평적 지위의 형성을 의미하지 않는다. 젊은 직원들이 회사 엘리베이터에서 선배를 대놓고 모른 척 하는 사례는 젊은 직원들이 회사 내에서 선배와 수평적 지위에 위치할 것을 요구하는 것이 아니며, 다만 회사 엘리베이터는 회사가 아니라는 인식을 근거로 한다고 설명한다. 따라서 수평적인 인사평가구조의 도입은 제시된 글에서 설명하는 공정성의 내용과 직접적인 관련을 가지지 않는다.

35 리더십능력 리더십 이해하기

| 정답 | ④

| 해설 | 조직의 상황 예측과 우선순위 설정, 직원에 대한 역할 분담과 위임 등 조직 자체와 조직 내 직원들을 관리하는 내용으로, '조직기획 및 관리능력'에 해당한다.

| 오답풀이 |

① 문제해결능력은 통찰력과 분석 능력을 발휘하여 문제를 분석하고, 정보와 분석 결과를 바탕으로 문제해결에 적절한 결과를 도출하는 것이다. 진취적 태도는 조직의 목표 달성을 위하여 주도적으로 방향을 설정하고 업무를 끈기 있게 추진하는 능력이다.

② 리더십과 인간관계능력은 조직의 목표 달성을 위해 임직원들에게 영향을 끼치며 적절히 이끌어 가고, 그들과의 긍정적 관계 형성을 통해 존경과 지지를 유발하는 능력이다.

③ 의사소통능력은 조직의 임직원이나 고객 등의 관계와 관련한 것으로, 여러 그룹 및 사람들과의 효과적인 소통과 경청, 적절한 설득을 할 수 있는가에 대한 것이다.

36 고객서비스능력 고객 불만의 원인 분석하기

| 정답 | ②

| 해설 | 종업원이 고객의 말을 중간에 끊으며 설명하는 데 불만을 토로하였을 뿐, 고객이 주도적으로 대화를 진행하지 못함에 불만을 느끼고 있는 것은 아니다.

| 오답풀이 |

① 연회 및 투숙 예약과 같은 일반적인 내용까지도 다른 부서로 돌려버리며 많은 시간을 소요하게 한 데 불만을 느끼고 있다.

③ 종업원의 인원 부족으로 인해 일반적인 배달 서비스와 같은 적절한 서비스를 제공받지 못함에 불만을 느끼고 있다.

④ 종업원이 고객과의 대화에 있어서 시선을 피하며 고객에게 확신을 주지 못하는 태도에 불만을 느끼고 있다.

37 고객서비스능력 고객 응대 실패원인 분석하기

| 정답 | ①

| 해설 | 제시된 ⓐ의 예시는 종업원이 고객과의 대화에 있어서 시선을 피하며 고객에게 신뢰감을 주지 못했다는 내용이다. 따라서 대화를 할 때 눈을 마주 보고 한다는 의미를 나타내는 'eye to eye contact'가 ⓐ에 적절하다.

| 오답풀이 |

② warm smile : 상대방에 대한 따뜻한 환영이라는 의미이다.

③ happy welcoming : 상대방을 반갑게 맞이한다는 의미이다.

④ body language : 몸짓을 통해 감정 · 생각을 전달하는 것을 의미한다.

38 갈등관리능력 갈등의 단서 이해하기

| 정답 | ④

| 해설 | 갈등을 확인할 수 있는 단서로는 다음과 같은 행동이 있다.

1. 지나치게 감정적으로 논평과 제안을 한다.
2. 타인의 의견 발표가 끝나기도 전에 의견에 대해 공격한다.
3. 핵심을 이해하지 못한 것에 대해 서로 비난한다.
4. 편을 가르고 타협하기를 거부한다.
5. 개인적 수준에서 미묘한 방식으로 서로를 공격한다.

따라서 ㄱ ~ ㄹ 모두 갈등의 사례에 해당한다.

39 팀워크능력 효율적인 팀의 특성 파악하기

| 정답 | ①

| 해설 | 제시된 글에서 G사는 구성원의 학력, 성비 균형 등을 효율적인 팀 구성의 요소라고 가정하고 팀워크에 대해 조사를 진행했지만, 해당 요소들보다는 팀원 간의 소통 방식 그리고 자신의 의견이 중요하게 받아들여진다는 심리적 안정감이라는 요소가 팀워크의 핵심이라는 결과를 얻었다. 따라서 팀을 효율적으로 만드는 방안으로 조직이 성과를 내는 데 크게 중요하지 않은 요소인 구성원들의 학력이나 성비를 균등하게 분포시키는 것은 적절하지 않다.

40 팀워크능력 집단의 편익 이해하기

| 정답 | ③

| 해설 | 제시된 독서 소모임은 육아와 교육에 관한 최신 정보를 교류하고 공감대를 형성하는 모임이며, 해당 소모임의 주된 목적이 '정서적 지지, 피드백, 격려'임을 알 수 있다. ③의 경우 C가 친구와의 만남을 통해 격려와 지지를 얻은 사례이므로 소모임을 통해 기대할 수 있는 '정서적 지지, 피드백, 격려'를 반영한 가장 적절한 예시이다.

| 오답풀이 |

①, ②, ④ 모임을 통해 단순히 정보와 지식을 얻은 사례이다.

2회 기출예상문제

▶ 문제 58쪽

01	②	02	②	03	①	04	③	05	③
06	②	07	①	08	③	09	④	10	③
11	②	12	③	13	②	14	①	15	①
16	④	17	②	18	②	19	①	20	①
21	④	22	④	23	②	24	③	25	②
26	③	27	④	28	②	29	①	30	②
31	④	32	①	33	②	34	③	35	③
36	③	37	③	38	②	39	④	40	④

01 문서이해능력 세부 내용 이해하기

| 정답 | ②

| 해설 | 마지막 문단에 치실 사용으로 치아 사이가 넓어지는 것은 불가능하며, 갑자기 치아 사이가 넓어졌다면 치실이 아닌 치주질환을 의심해야 한다고 제시되어 있다.

| 오답풀이 |

① 두 번째 문단에서 치실을 잘못 사용하면 오히려 잇몸에 상처가 남기도 한다고 하였다.

③ 첫 번째 문단에서 칫솔질만으로는 치아 사이에 낀 음식물을 제거하기 어렵다고 하며 치실 사용의 효과에 대한 연구 결과를 제시하고 있다.

④ 첫 번째 문단에서 매일 3회씩 치실을 사용하면 치주염을 78% 줄일 수 있으나, 현실적으로 어렵다면 취침 전 한 번만 사용하는 것도 괜찮다고 하였다.

02 문서작성능력 글을 바탕으로 문구 작성하기

| 정답 | ②

| 해설 | 치실을 사용할 때마다 물로 헹구어 재활용하라는 것은 치실 사용 자체를 독려하는 내용과는 거리가 멀다. 또한, 제시된 글에서 치아 사이사이를 이동할 때 치실을 한 번 헹구거나 치실의 깨끗한 다른 부분을 사용하라고 하였을 뿐, 이는 치실을 재활용하라는 의미도, 사용할 때마다 물로 반드시 헹구어야 한다는 의미도 아니다.

03 문서작성능력 빈칸에 들어갈 알맞은 단어 찾기

| 정답 | ①

| 해설 | 제시된 글은 더 이상 금전적 보상은 조직과 인간 관리에 있어 예전만큼의 기능을 발휘하지 못하며, 해로운 동기 유발 기법에 주목해야 한다고 설명한다. 또한, 새로운 기법을 수행하기 위한 방법으로 정중한 말투의 사용, 의견에 진지한 경청, 직원의 장점 인정을 제시하고 있다. 따라서 이러한 방법들과 가장 연관이 있는 단어는 '상대를 함부로 대하지 않고 정중하게 대함'이라는 뜻의 '존중'이다.

| 오답풀이 |

②, ③ '좋은 점이나 착하고 훌륭한 일을 높이 평가함'을 뜻하는 '칭찬'과 '관심을 가지고 주의 깊게 살핌'을 뜻하는 '주목'은 일반적으로 직원들의 동기 부여에 긍정적인 영향을 끼칠 수 있겠으나, 새로운 동기 유발 기법의 방법으로 제시된 내용들을 포괄하지 못하므로 ㉠에 들어갈 단어도 적절하지 않다.

04 문서작성능력 빈칸에 들어갈 알맞은 문장 찾기

| 정답 | ③

| 해설 | (가) ~ (다)에는 직원들을 존중하는 방법의 내용이 들어가야 한다. 제시된 글에서는 직원의 능력에 대한 보상을 해야 한다는 내용의 주장이 없으며, 두 번째 문단을 통해 금전적 보상은 더 이상 예전의 동기 유발 기능을 발휘하지 못하는 것을 알 수 있다. 따라서 ③은 직원 존중의 방법으로 적절하지 않다.

| 오답풀이 |

① 대화할 때의 말투에 주의하는 것은 직원에게 정중한 말투로 업무를 맡겨야 한다는 네 번째 문단의 내용과 관련이 있다. 따라서 (가)에 적절한 문장이다.

② 의견에 감사하고 귀를 기울이는 것은 직원의 의견을 진지하게 경청해야 한다는 다섯 번째 문단의 내용과 관련이 있다. 따라서 (나)에 적절한 문장이다.

④ 장점은 인정하고 단점은 덮어 두는 것은 직원의 장점과 단점과 관련하여 배려를 해야 한다는 여섯 번째 문단의 내용과 관련이 있다. 따라서 (다)에 적절한 문장이다.

05 문서작성능력 글의 흐름에 따라 문단 배열하기

| 정답 | ③

| 해설 | 접속부사나 앞선 내용을 언급하는 부사어가 있는 (다), (라), (마)는 글의 시작인 첫 번째 문단이 될 수 없으므로 (가)와 (나)를 먼저 살펴봐야 한다. (가)에서는 현재 국가 차원에서 저출생 극복을 위해 실행하고 있는 정책과 추가로 필요한 정책을 제시하고 있고, (나)에서는 낮은 출생률로 인한 우리나라의 인구구조 변화에 따른 경제적 문제를 해결하기 위해 국가적, 사회적, 개인적 차원에서의 노력이 필요하다는 내용을 제시하고 있다. 따라서 (나)가 먼저 오고 그 뒤에 (가)가 이어져야 한다. (가) 뒤에는 국가적 차원뿐만 아니라 개인과 가정이 실천할 수 있는 노력을 제시하는 (마)가 이어져야 한다. 이후로는 앞서 제시한 노력 이외의 방안을 제시한 (라)가 오고 '마지막으로'라는 접속어로 시작하는 (다)가 이어져야 한다. 따라서 (나)－(가)－(마)－(라)－(다) 순이 적절하다.

06 문서이해능력 안내 자료 이해하기

| 정답 | ②

| 해설 | 프로그램 운영 담당자의 연락처는 안내 자료에 제시되어 있지 않다.

| 오답풀이 |

① '프로그램 진행 방법' 중 '교육시간'에 초, 중, 고등학교별로 교육시간이 다름을 알 수 있다.

③ '신청 시 유의사항'에 3가지 신청 안내 사항이 제시되어 있다.

④ '프로그램 내용'에서 1～3단계의 프로그램 내용이 제시되어 있다.

07 문서이해능력 글의 주제 파악하기

| 정답 | ①

| 해설 | 제시된 기사문에서는 비행기 충돌사고로 위급한 상황이 발생했을 때 눈물이 흐르거나 부상을 당했음에도 승객들을 대피시킨 승무원들의 사례가 소개되어 있다. 이를 통해 봉사정신과 희생정신을 가지고 직업에 임해야 한다는 주제를 도출할 수 있다.

08 문서이해능력 정보공개의 원칙 적용하기

| 정답 | ③

| 해설 | 제15조 제3항에서 '공단의 공정한 업무 수행과 안전을 저해할 우려가 있는 정보는 제외할 수 있다'라고 하였으므로 검토 과정 중에 있어 공개될 경우 업무 지장을 초래할 것으로 판단되는 정보는 비공개 정보로 분류된다.

| 오답풀이 |

① 제15조 제1항의 제1호에 따라 공개해야 할 정보로 분류할 수 있다.

② 제15조 제1항의 제4호에 따라 공개해야 할 정보로 분류할 수 있다.

④ 제15조 제1항의 제3호에 따라 공개해야 할 정보로 분류할 수 있다.

09 문서이해능력 문단별 중심내용 파악하기

| 정답 | ④

| 해설 | (라)에서는 앞으로도 기업에서 지구의 환경을 살리기 위해 친환경적인 실천을 해야 한다고 주장하고 있다. 따라서 기업들의 친환경 관련 정책이 변화했다는 내용은 찾아볼 수 없으므로 ④는 (라)의 주제로 적절하지 않다.

10 기초연산능력 환율 계산하기

| 정답 | ③

| 해설 | A～C 각각의 일별 환전 결과를 구하여 정리하면 다음과 같다.

• A

－11일 : 1달러 → 0.94유로

－12일 : 0.94유로 → $\frac{1,200}{0.9} \times 0.94 \fallingdotseq 1,253.33$(원)

13일 기준 1달러는 1,150원이므로 1달러 이상을 받게 되어 11일보다 달러화 액수가 많아 이익을 보게 된다.

• B

－11일 : 1달러 → 7.5위안

－12일 : 7.5위안 → $\frac{0.9}{7} \times 7.5 \fallingdotseq 0.96$(유로)

13일 기준 1달러는 0.95유로이므로 1달러 이상을 받게 되어 11일보다 달러화 액수가 많아 이익을 보게 된다.

• C

– 11일 : 1달러 → 105엔

– 12일 : 105엔 → $\frac{98}{110}\times 105=93.55$(루블)

13일 기준 1달러는 95루블이므로 1달러 미만을 받게 되어 11일보다 달러화 액수가 적어 손해를 보게 된다.

따라서 13일에 달러로 환전했을 때 11일에 비해 손해를 보는 사람은 C이다.

11 기초연산능력 경기 수 구하기

| 정답 | ②

| 해설 | 토너먼트 방식에서 치르게 되는 경기 수는 '팀의 수 −1'이다. 따라서 총 20개의 팀이 경기를 치르면 19경기를 진행하게 된다.

12 도표분석능력 자료의 수치 분석하기

| 정답 | ③

| 해설 | 제시된 자료에는 서울 자치구별 에너지 사용량만 나타나 있기 때문에 세금 부과 기준에 대해서는 알 수 없다.

| 오답풀이 |

① 제시된 자료를 통해 서울의 자치구가 모두 25개임을 알 수 있다. 따라서 연간 1개 자치구 평균 에너지 사용량은 $\frac{44,546,363.21}{25}\fallingdotseq 1,781,855$(MWh)로, 약 178만 MWh이다.

② 연간 에너지 사용량 합계가 100만 MWh 미만인 자치구는 약 87만 MWh를 사용하는 강북구와 약 86만 MWh를 사용하는 도봉구로 2곳이다.

④ 가장 많은 사용량을 보인 자치구는 강남구이며 가장 적은 사용량을 보인 자치구는 도봉구이다. 두 자치구의 에너지 사용량 차이는 4,423,499.24−858,109.16=3,565,390.08(MWh)로, 약 357만 MWh이다.

13 도표분석능력 도표를 바탕으로 추론하기

| 정답 | ②

| 해설 | 1월에서 3월로 시간이 지나며 추위가 잦아들면서 난방을 위한 에너지 사용이 줄어들었기 때문에 사용량이 변화하였다고 추측하는 것이 가장 적절하다.

| 오답풀이 |

①, ③, ④ 제시된 자료에 에너지를 사용한 달 이외의 정보가 나와 있지 않기 때문에 사무실 에너지 사용, 교통량, 정부 정책을 변화 원인으로 보기 어렵다.

14 도표분석능력 자료의 수치 분석하기

| 정답 | ①

| 해설 | 직접지원 항목을 구성하는 출연금과 보조금 모두 20X3년까지는 감소하다가 이후 증가하는 모습을 보이고 있다.

| 오답풀이 |

② 기타 항목은 수입의 경우 20X1년부터 20X5년까지 모두 0으로 기록하고 있다는 점에서 기타 수입이 없거나 십억 원 미만임을 알 수 있다.

③ ○○공단의 수입은 크게 정부지원, 차입금, 기타로 구분할 수 있다.

④ 용어설명에서 간접지원에 해당하는 수입 중 사업수입, 위탁수입, 독점수입은 모두 법령 또는 정관에 규정된 내용의 수입을 의미하는 반면, 부대수입은 법령 또는 정관에 근거한다는 표현 없이 정부의 간접지원액의 이자 등의 운용 수익으로 규정하고 있다.

15 도표분석능력 자료의 수치 계산하기

| 정답 | ①

| 해설 | 각 연도별로 경상운영비를 1이라고 했을 때의 인건비의 비를 구하면 다음과 같다.

• 20X2년 : $\frac{98}{6}\fallingdotseq 16$

• 20X3년 : $\frac{108}{6}=18$

• 20X4년 : $\frac{118}{8}\fallingdotseq 14$

• 20X5년 : $\frac{121}{7}\fallingdotseq 17$

따라서 20X2년 인건비 대 경상운영비의 비는 16 : 1이다.

16 도표분석능력 자료의 수치 분석하기

| 정답 | ④

| 해설 | 제시된 자료를 통해 우리나라의 태양광 및 풍력 발전 비중은 5.7%로 주요 국가들뿐만 아니라 세계 평균보다도 비중이 작은 것을 알 수 있다. 따라서 관련 예산을 증액할 필요가 있다는 정책적인 판단을 내릴 수 있다.

| 오답풀이 |

① 제시된 자료를 통해 세계 평균과 주요 국가들의 태양광 및 풍력 발전 비중을 명확히 알 수 있으며, 한국이 이에 비해 비중이 작다는 것을 통해 정책적 판단을 내릴 수 있다.

② 태양광 및 풍력 발전의 생산성이 낮은지에 대한 정보는 제시된 자료를 통해 알 수 없다.

③ 주요 국가들과 우리나라의 발전 비중의 차이가 적게는 4.7%에서 많게는 43.2%까지 나는 것을 알 수 있다. 모든 주요 국가보다 발전 비중이 작으므로 현재 수준을 유지하는 것은 적절하지 않다.

17 사고력 조건에 따라 자리 배치하기

| 정답 | ②

| 해설 | 갑은 본인이 바라보는 방향의 오른쪽에 을이 앉기를 원하므로 을은 C 자리에 앉게 된다. 을과 병은 마주보고 앉지 않으므로 병은 B 자리에 앉고, 남은 정은 A 자리에 앉게 된다. 따라서 A～C 자리에는 정－병－을 순으로 앉는다.

18 사고력 조건을 바탕으로 추론하기

| 정답 | ②

| 해설 | 두 번째 단서에 의해 비밀번호 숫자 중 소수는 없으므로 2, 3, 5, 7은 쓰이지 않으며 0, 1, 4, 6, 8, 9로 비밀번호가 구성되어 있다는 것을 알 수 있다. 세 번째 단서에 의해 4와 8 중 하나만 쓰일 수 있으므로 0, 1, 4, 6, 9 혹은 0, 1, 6, 8, 9의 5개의 숫자로 네 자리 비밀번호를 구성하게 된다. 네 번째와 다섯 번째 조건에 따라 가능한 비밀번호를 나열하면 다음과 같다.

- 0, 1, 4, 6, 9를 사용하는 경우 : 9641, 9640, 9410, 6410 → 총 4가지
- 0, 1, 6, 8, 9를 사용하는 경우 : 9861, 9860, 9810, 8610 → 총 4가지

따라서 가능한 비밀번호는 모두 8가지이다.

19 문제처리능력 자료를 바탕으로 추론하기

| 정답 | ①

| 해설 | '산림공원 내 시설 확장' 계획을 보면 주차장, 도로확장, 공용 편의시설, 건축물 시공이 가능해야 한다. 이 조건에 맞는 건설사는 병, 정이다. '한지체험박물관'의 조건에 맞는 건설사는 도로확장, 건축물 시공이 가능한 을, 병, 정이다. '도시외곽체육시설'의 수상스포츠 및 자연 암벽장까지 시공이 가능한 건설사는 정이다. 따라서 참여하지 않는 건설사는 갑이다.

20 문제처리능력 우선순위 파악하기

| 정답 | ①

| 해설 | 각 시설별 가장 적절한 부지는 다음과 같다.

- 산림공원 내 시설 확장 : 산림 공원 내에 위치하는 것이 좋다. 또 최대한 보존하기를 원하는 대나무 숲이 동쪽에 있어야 한다. 따라서 B 부지가 가장 적합하다.
- 한지체험박물관 : 산림공원 및 대나무 숲과 인접해야 하며 주민들이 쉽게 접근할 수 있도록 주거지역과도 인접해야 한다. 또한 근처에 중학교, 기념관, 한지 공장이 있으면 청소년의 접근성, 연계 프로그램, 물품 공수에 유리하다. 따라서 D 부지가 가장 적합하다.
- 도시 외곽 체육시설 : 순환도로가 근처에 있으며 수상 스포츠 시공을 필요로 하므로 강 등의 물이 가깝고 자연 암벽장을 시공할 수 있는 곳이어야 한다. 따라서 E 부지가 가장 적합하다.

따라서 건설 우선순위가 가장 낮은 부지는 A, C 부지이다.

21 문제처리능력 자료를 바탕으로 추론하기

| 정답 | ④

| 해설 | 1, 2, 5, 6, 9, 10, 12번에 해당할 경우의 점수는 1＋1＋2＋3＋4＋4＋5＝20(점)으로 스트레스 상당히 많음 수준이다.

| 오답풀이 |

① 3, 5, 12번에 해당할 경우의 점수는 1+2+5=8(점)으로 스트레스 다소 수준이다.

② 1, 4, 6, 8번에 해당할 경우의 점수는 1+2+3+3=9(점)으로 스트레스 다소 수준이다.

③ 2, 7, 9, 11번에 해당할 경우의 점수는 1+3+4+5=13(점)으로 스트레스 많음 수준이다.

22 문제처리능력 자료를 바탕으로 추론하기

| 정답 | ④

| 해설 | 제시된 글의 민관 합동 조직진단반은 조직 운영의 업무 효율성 그리고 조직진단의 객관성과 전문성을 높이기 위해 도입되었다고 설명하고 있다.

| 오답풀이 |

① 민관 합동 조직진단반은 조직진단 기간 중 자문기구로 한시적으로 운영한다고 제시되어 있다.

② 민관 합동 조직진단반은 조직진단 과정에서 조직 정비 방안과 조직운영체계상 개선 사항 등에 대한 의견을 제안하는 기구라고 제시되어 있다.

③ ○○시가 조직진단에 민간위원을 위촉한 것은 이번이 처음이라는 내용을 통해 이전까지의 조직진단은 민간위원의 참여 없이 자체적으로 진행되었음을 추론할 수 있다.

23 사고력 조건을 바탕으로 추론하기

| 정답 | ②

| 해설 | 모든 신호가 끝나기까지 걸리는 시간은 2+2.5+1+3=8.5(분)이며, 오전 9시에서 오전 10시 30분까지는 90분의 시간이 지난다. 90분을 8.5분으로 나누면, 모든 신호가 총 10번 지났고 약 5분 정도 남은 동안의 신호를 구하면 되는 것을 알 수 있다. 먼저 동서방향 신호등의 직진 신호가 2분, 남북방향 신호등의 직진 신호가 2분 30초로 총 4분 30초가 흘렀으므로 5분 후에는 남북방향 신호등의 좌회전 신호가 작동 중이다.

24 문제처리능력 기사문 이해하기

| 정답 | ③

| 해설 | ○○군의 다양한 관광지가 '2023 ~ 2024 한국관광 100선', '밤밤곡곡 100선'에 선정되며 관광 분야에서 다양한 두각을 나타내고 있다고 설명하고 있지만, ○○군의 방문객이 늘어난 직접적인 원인은 제시된 기사에서 설명하고 있지 않다. 따라서 기사를 읽고 가질 수 있는 의문으로 적절하다.

| 오답풀이 |

① 제시된 글의 첫 문장을 통해 ○○군이 1,000만 관광객 유치를 목표로 하고 있음을 알 수 있다.

② 첫 번째 문단을 통해 지난 설 연휴기간 동안 ○○군을 7만 2,473명이 방문하였음을 알 수 있다.

④ ○○군 관계자에 따르면 ○○군은 '체류형 관광 생태계 선도'를 목표로 삼고 있다.

25 사고력 조건을 바탕으로 추론하기

| 정답 | ②

| 해설 | 각 문제의 배점이 5점이므로 20점을 맞은 B는 한 문제만 틀린 것을 알 수 있다. 따라서 1 ~ 5번 중 B가 틀린 문제를 알면 전체 문제의 정답을 알게 되어 D의 점수를 알 수 있다.

구분	A	C	D
1번을 틀린 경우	1번, 2번, 4번 정답→15점	1번, 2번 정답 →10점	1번, 2번, 3번, 5번 정답 →20점
2번을 틀린 경우	4번 정답 →5점	0점	3번, 5번 정답 →10점
3번을 틀린 경우	2번, 3번, 4번 정답→15점	2번, 3번 정답 →10점	2번, 5번 정답 →10점
4번을 틀린 경우	2번 정답 →5점	2번, 4번 정답 →10점	2번, 3번, 4번, 5번 정답 →20점
5번을 틀린 경우	2번, 4번, 5번 정답→15점	2번, 5번 정답 →10점	2번 3번 정답 →10점

B가 1번을 틀린 경우, 3번을 틀린 경우, 5번을 틀린 경우가 성립할 수 있지만, 첫 번째의 경우 D가 A보다 높은 점수를 얻게 되므로 적절하지 않다. 따라서 B가 3번이나 5번을 틀린 것을 알 수 있으며 두 경우 모두 D의 점수는 10점이다.

26 경영이해능력 조직 의사결정의 중요성 이해하기

| 정답 | ③

| 해설 | 마텔은 장기 광고 독점권을 계약하는 의사결정을 통해 엄청난 성공을 이룰 수 있었지만, DEC는 대기업이 된 후에도 경영과 관련이 적은 엔지니어로 하여금 의사결정을 주도하게 하면서 시장의 흐름을 따라가지 못했고 결국 다른 기업에 인수되었다. 따라서 '올바른 의사결정의 유무'가 각 회사의 성공과 실패의 원인이 된다.

27 조직이해능력 조직문화와 전략 이해하기

| 정답 | ④

| 해설 | 제시된 글의 '조직문화가 전략을 낳는다', '문화가 ~ 다양한 전략을 낳고 더 건강한 전략을 선택해 자라게 할 것'을 통해 조직문화와 전략의 관계는 환경과 산출물의 관계라고 할 수 있다. 환경에 의해 산출물이 만들어지거나 달라지기 때문이다.

28 경영이해능력 SWOT 분석하기

| 정답 | ②

| 해설 | K사의 '과도한 비용 절감에 대한 직원들의 불만 증대', '낮은 보상 수준으로 인한 핵심 인재 유출'은 약점(W)에 해당하며 내부 환경에서 부정적인 요소로 작용하고 있다.

| 오답풀이 |

① 강점(S)에서 '브랜드 인지도'에 해당하는 사례이다.

③ 기회(O)에서 '해외 시장의 관심 증대'에 해당하는 사례이다.

④ 기회(O)에서 '학계의 제품 관련 기반 기술 지속 개발'에 해당하는 사례이다.

29 경영이해능력 SWOT 분석 이해하기

| 정답 | ①

| 해설 | K사는 '낮은 보상 수준으로 인한 우수 인재 유출'이라는 약점(W)을 타개하기 위해 'K사 제품에 대한 해외 시장의 관심 증대'라는 기회(O)를 활용하고 있다. 즉, 적극적인 해외 시장 진출을 통해 K사의 매출 구조를 개선하여 열악한 보상 체계를 혁신하고자 하고 있다.

30 경영이해능력 ESG 투자 이해하기

| 정답 | ②

| 해설 | 엑손모빌이 다우지수에서 퇴출되고 이사회의 4분의 1인 3명의 선임권을 내주게 된 결정적인 이유는 ESG 중 E에 해당하는 환경보호에 소홀히 대응했기 때문이라고 제시되어 있다.

| 오답풀이 |

①, ③ ESG 투자는 환경보호, 사회적 책임, 적정한 지배구조와 같은 비재무적인 요소를 고려하는 투자방식이다.

④ ESG는 세계 최대 자산운용사인 블랙록(BLK)을 포함한 글로벌 자산운용사가 새롭게 내세운 투자기준으로 기업 경영에 직접적인 영향을 미치는 요인 중 하나이다.

31 경영이해능력 조직의 의사결정 과정 이해하기

| 정답 | ④

| 해설 | 제시된 글에서 두뇌위원회는 제작팀의 문제 해결을 도와주기 위해 회의를 통해서 조언을 도출한다. 그 과정에서 솔직한 비평이 오가며, 회의의 내용은 따로 제작팀에게 전달되지만 반영 여부는 제작팀 스스로가 결정하도록 해 창의성을 보호한다. 이를 통해 조직을 더욱 발전시킬 수 있다.

32 경영이해능력 기업가 정신 이해하기

| 정답 | ①

| 해설 | 〈보기〉에서는 중소기업이 대기업에 비해 보유 자원이 부족하기 때문에 경쟁우위를 확보하기 위해서는 신속한 판단이나 선점능력, 결정력이 필요하다고 주장하고 있다. 이를 통해 기업이 도태되지 않기 위해서는 시장을 이끌어 나가는 진취성이 필요하다는 것을 알 수 있다.

보충 플러스+

기업가 정신(Entrepreneurship) 구성요소

- 성취욕구 : 높은 성과를 달성하기 위한 개인의 포부와 노력, 개인 생활 등 조직의 성과와 밀접한 관련이 있는 요인으로 성취욕구가 높은 사람들은 기업가가 될 확률이 높고 조직이나 사회의 경제적 · 사회적 발전에 큰 영향을 미친다.
- 혁신성 : 조직 내에서 아이디어 제품, 서비스 또는 기술로 무엇인가 새로운 것을 적극적으로 도입하고 추진하려는 성향이다.
- 위험감수성 : 기업가 정신의 가장 핵심적인 요인이며 기업가와 경영자를 구분하는 결정적인 기준이다. 조직의 내적, 외적 위험에 대한 분석을 통해 조직이 당면하는 실질적인 위험을 분석하는 능력으로, 새로운 아이디어나 창의적인 대안 등을 만들어 내거나 실행시키는 과정에 한정된 시간, 제반 여건, 재정적 자원 등의 기준에 의해 인지된 위험을 기꺼이 받아들이는 것이다.
- 진취성 : 새로운 서비스나 정책들을 다른 사람이 수행하기 이전에 미리 본인이 먼저 실행해 미래에 우월적인 지위를 차지하려는 태도, 즉 남들보다 먼저 앞서서 행동하려는 자세로 볼 수 있다.
- 자기유능감 : 주어진 과업이나 역할을 성공적으로 수행할 수 있고 위험에 대처할 수 있다는 자신감을 말한다.

33 갈등관리능력 갈등관리유형 이해하기

| 정답 | ②

| 해설 | 회피형은 자기의견 주장 정도와 협조성 정도 모두 낮은 경우로, 갈등상황이 나아질 때까지 아무런 갈등이나 문제가 없는 것처럼 행동하며 문제를 덮어두거나 위협적인 상황을 피하려고 하는 경향을 보인다.

| 오답풀이 |

① 경쟁형(지배형)에 해당한다.

③ 순응형(수용형)에 해당한다.

④ 협력형(통합형)에 해당한다.

34 협상능력 효과적인 협상 전략 이해하기

| 정답 | ③

| 해설 | 제시된 글에서 글쓴이는 상대의 생각, 감성, 니즈를 파악하고 그의 감정에 신경 써야 하며 상대의 정치적 성향, 의사결정 방식 등을 아는 것이 협상에서 중요하다고 설명하고 있다. 즉, 협상에서는 상대방을 고려하는 것이 중요하다. 또한 상대방이 자발적으로 손을 내밀도록 만드는 것이 가장 효율적인 협상 방법이라고 하였으므로, 상대방의 견해를 고려하지 않고 무조건 자신의 요구사항만 제시하는 것은 글쓴이의 관점으로 적절하지 않다.

35 대인관계능력 유대감의 필요성 이해하기

| 정답 | ③

| 해설 | 제시된 글에서 "누군가의 책상 옆을 지나는 일이 없으므로 우연한 사건이나 마주침이 발생하지 않는다. 하지만 일부러라도 이런 일을 만들려고 노력해야 한다."라고 언급하고 있다. 즉, ⓐ는 회의실, 엘리베이터, 휴게실과 같은 직장이란 공간에서의 우연한 사건이나 마주침을 의미한다. 따라서 우연한 사건이나 마주침과 관련이 없는 ③은 ⓐ로 적절하지 않다.

36 대인관계능력 대인관계상의 직장의 개념 이해하기

| 정답 | ③

| 해설 | 제시된 글의 필자는 직장 내 사회적 관계 형성이 직업과 개인 생활 모두에 영향을 미치며 조직에 소속되어 있다는 유대감이 노동의 의미를 더욱 심층적으로 체감하도록 한다고 언급하고 있다. 즉, 필자가 주장하는 직장이란 사람들과의 교류를 보장하는 작은 사회이다.

37 고객서비스능력 고객서비스 기준 적용하기

| 정답 | ③

| 해설 | ○○공사의 대 고객 서비스 이행 기준에 고객의 불친절 신고에 대한 시정 및 보상에 대한 내용은 언급되어 있지 않다.

| 오답풀이 |

① '고객의 알 권리 충족과 비밀보장' 항목에서 '공사의 제반사항을 고객께서 쉽게 이해하고 알아보실 수 있도록 홈페이지에 충실하게 게재하겠습니다.'는 내용을 통해 알 수 있다.

② '공통 서비스 이행 기준'의 전화고객 항목에서 '전화벨이 3회 이상 울리기 전에 신속히 받고'라는 내용을 통해 알 수 있다.

④ '고객서비스 평가 및 사후관리' 항목에서 '서비스 수준 향상을 위하여 매년 1회 이상 고객을 대상으로 설문조사를 실시하여 서비스 개선의 지표로 삼고'라는 내용을 통해 알 수 있다.

38 리더십능력 임파워먼트 이해하기

| 정답 | ②

| 해설 | ㄱ. 효과적인 임파워먼트를 위해서는 구성원들이 업무에 자유롭게 참여하고 기여할 수 있는 여건을 조성해야 한다.

ㄷ. 임파워먼트를 위해서는 명확하고 의미 있는 목적을 제시하는 것이 필요하다. 또한 조직 구성원들이 의미 있는 목적과 사명을 위해 최선의 노력을 발휘하도록 하는 것이 중요하다.

| 오답풀이 |

ㄴ. 임파워먼트의 충족 기준으로 구성원의 재능과 에너지를 극대화하는 것을 들 수 있으나, 이는 리더가 업무 환경을 조성할 때 구성원들의 재능과 욕구를 파악하고 이를 적극적으로 활용하며 확대할 수 있도록 지원하는 것을 의미한다. 따라서 구성원이 스스로 모든 것을 최대한 활용하는 것에 초점을 맞추기보다는 리더가 적절한 기회를 제공하고 지원하는 방식으로 구성원의 잠재력을 발휘할 수 있도록 돕는 것이 임파워먼트의 핵심이다.

ㄹ. 조직의 의사소통 체계가 하향으로만 진행되는 통제적 리더십 스타일은 임파워먼트의 장애요인이 된다.

39 대인관계능력 직장 내 대인관계 이해하기

| 정답 | ④

| 해설 | 제시된 대화에서 청년은 인간이 사회적 개인이기 때문에 인간관계라는 굴레에서 벗어날 수 없으며 모든 고민이 인관관계에서 비롯된다고 생각하고 있다. 이에 따라 철학자의 질문을 바탕으로 타인을 친구로 간주한다면 세계를 보는 눈이 달라질 것이라는 결론을 내리고 있으므로 ④가 행동지침으로 가장 적절하다.

| 오답풀이 |

① 청년이 인간관계에 대하여 굴레와 같다고 말하기는 하였으나, 대화에서 궁극적으로 제시하는 인간관계의 해결책이나 교훈으로는 적합하지 않다. 대화의 요점은 인간관계를 부정적으로만 보는 것이 아니라, 긍정적인 방식으로 바라보는 데 초점이 있다.

② 청년이 아들러의 견해를 인용한 대목과 관련이 있지만, 이는 인간관계 문제에 대한 단편적인 진술일 뿐 대화의 전체적인 맥락을 포괄하는 교훈적인 행동지침은 아니다.

③ 대화에서 타인을 친구로 보자는 내용이 있으나, 이는 지나치게 극단적이며 현실적이지 않은 방안이다. 또한, 대화의 핵심은 협력적인 관계를 중시하는 것이지 모든 관계에서 완전한 우정을 강요하는 것은 아니다.

40 대인관계능력 불안감을 이용한 대인관계전략 이해하기

| 정답 | ④

| 해설 | 스탕달의 「연애론」은 두려움이 욕망에 미치는 영향을 묘사하며 대인관계에 있어서 상대가 두려움과 불안을 느끼게 해야 한다고 주장한다. 즉, 이 책의 핵심 내용은 '두려움과 불안함의 감정을 적절히 이용하여 관계를 형성한다'이다.

3회 기출예상문제

▶ 문제 90쪽

01	①	02	④	03	③	04	②	05	①
06	②	07	④	08	③	09	①	10	③
11	②	12	①	13	④	14	④	15	③
16	②	17	③	18	②	19	④	20	①
21	①	22	①	23	②	24	③	25	③
26	①	27	①	28	③	29	④	30	①
31	④	32	③	33	②	34	②	35	③
36	④	37	③	38	②	39	②	40	①

01 문서이해능력 세부 내용 이해하기

| 정답 | ①

| 해설 | '지원자격' 부문을 보면 대학생 및 휴학생만 지원할 수 있다고 안내되어 있지만 A는 대학에 입학하지 않았는데 합격했다고 말하고 있으므로 거짓이다.

| 오답풀이 |

② 홍보서포터즈 및 기자단 활동 경험이 있는 사람을 우대한다고 했으므로 B의 말은 사실이다.

③ 외국어 회화가 능숙한 사람을 우대한다고 했으므로 영어 회화에 자신이 있어 지원했다는 C의 말은 사실이다.

④ 모집기간이 202X년 3월 2일부터 202X년 3월 19일까지이므로 지난달인 3월 20일에 지원하려고 했지만 마감되어 지원하지 못했다는 D의 말은 사실이다.

02 문서이해능력 세부 내용 이해하기

| 정답 | ④

| 해설 | 문의를 하는 방법이나 문의처는 모집 공고에 제시되어 있지 않다.

| 오답풀이 |

① '활동내용'의 '주요활동'을 통해 알 수 있다.

② '활동내용'의 '활동기간'을 통해 알 수 있다.

③ '지원방법'의 '선발절차'를 통해 알 수 있다.

03 문서작성능력 글의 흐름에 맞게 빈칸 채우기

| 정답 | ③

| 해설 | 제시된 글에서 정부는 탄소중립 및 녹색성장 사회로 나아가려는 계획을 발표했고, 이러한 전환기에는 늘 새로운 기술이 생성되었으며 저탄소 · 순환경제로의 전환을 시도하는 현 상황에 기술혁신이 가속화되고 있다고 언급하였다. 따라서 ㉠에 들어갈 단어로 적절한 것은 '혁신'이다.

04 문서작성능력 한글맞춤법 이해하기

| 정답 | ②

| 해설 | '설겆이'가 아닌 '설거지'가 올바른 맞춤법이다.

| 오답풀이 |

③ 재고(再考) : 어떤 일이나 문제를 다시 생각함.

05 문서작성능력 글의 제목 파악하기

| 정답 | ①

| 해설 | 제시된 글은 최근 시중금리가 내려가면서 대출상품의 금리도 하락했다는 내용이다. 따라서 ①이 제목으로 적절하다.

06 문서이해능력 내용을 바탕으로 추론하기

| 정답 | ②

| 해설 | 제시된 기사는 근로자가 안전장비 없이 건설 현장에 투입되었다가 사고를 당해 기업 최고경영자인 A 씨가 유죄 선고를 받았다는 내용이므로 관련 업종의 대표는 건설 현장의 안전 설비를 점검할 필요가 있다.

07 문서이해능력 세부 내용 이해하기

| 정답 | ④

| 해설 | 새마을금고는 예금자보호법이 처음 제정된 1995년보다 이른 1983년부터 예금자보호제도를 명문화하여 예금자를 보호하고 있다.

08 문서이해능력 세부 내용 이해하기

| 정답 | ③

| 해설 | (나) 문단에서는 예금자보호한도를 높여야 한다는 주장이 제시되어 있다.

a. (나) 문단의 첫 번째 문장을 통해 제도 개정에 대한 근거가 될 수 있는 것을 알 수 있다.

b. 국내 1인당 GDP 대비 예금보호한도 비율은 1.2배인데 이는 일본, 영국, 미국과 비교했을 때 낮은 편이므로 근거로 활용할 수 있다.

| 오답풀이 |

c. 금융기관에서 부담해야 하는 예금 보험료율이 상승한다는 것은 현 예금자보호한도를 높이면 안 된다는 주장에 대한 근거이다.

09 문서이해능력 글의 목적 파악하기

| 정답 | ①

| 해설 | 제시된 글은 직업기초능력평가 문항의 타당도를 검증하는 연구의 전반적인 과정과 내용을 요약한 것으로 ① 이 글의 목적으로 적절하다.

10 문서이해능력 세부 내용 이해하기

| 정답 | ③

| 해설 | 세 번째 문단을 통해 전문가적 관점의 문항 검토 결과를 제시하고 이에 대한 정량적인 타당도 지수를 산출하였음을 알 수 있다. 따라서 전문가의 의견을 기술한 글만으로 작성된 것은 아니다.

| 오답풀이 |

① 첫 번째 문단을 통해 이전까지는 기존 직업기초능력평가에 대한 타당도 검증이 미흡한 실정이었음을 알 수 있다.

② 첫 번째 문단을 통해 내용타당도 분석 방법론을 활용해 직업기초능력평가의 타당도를 분석한 것을 알 수 있다.

④ 두 번째 문단을 통해 전문가가 개별 문항에 대한 4점 척도의 평가를 실시했음을 알 수 있다.

11 도표분석능력 자료의 수치 분석하기

| 정답 | ②

| 해설 | '쓰레기/폐기물 처리 문제'를 지적한 응답자는 전체 5,000명 중 65.6%를 차지하므로 $5,000 \times \frac{65.6}{100} = 3,280$(명)이 해당 문제를 지적했다.

| 오답풀이 |

① 복수 응답이 가능하나, 응답자의 중복 여부는 제시된 그래프를 통해서 확실하게 알 수 없다.

③ 지역별로 환경 피해 정도가 다르다는 것은 '환경 불평등'을 의미하며 이 항목에 응답한 사람의 수는 전체의 7.5%이므로 7% 이상이다.

④ '강/하천/호수 수질'이 중요한 환경문제라고 응답한 사람은 전체의 14.3%이고 '자연자원 고갈' 항목에 응답한 사람은 전체의 7.6%이므로 2배 이하이다.

12 도표분석능력 그래프 해석하기

| 정답 | ①

| 해설 | 회사채 금리가 조금씩 상승하는 양상을 보이자 개인투자자들의 회사채 순매수액도 상승세를 보이고 있다. 따라서 ①은 적절한 해석이다.

| 오답풀이 |

③ 회사채 금리가 오르자 개인투자자의 매수액이 상승했으므로 이를 통해 금리의 변화가 개인투자자들의 심리에 영향을 미친다는 것을 추론할 수 있다.

④ 제시된 그래프를 통해 알 수 없다.

13 도표분석능력 그래프 해석하기

| 정답 | ④

| 해설 | 회사의 신용등급은 AA−가 BBB−보다 높지만 금리는 더 낮으므로 반비례 관계에 있음을 알 수 있다.

14 기초연산능력 거리 · 속력 · 시간 활용하기

| 정답 | ④

| 해설 | 직원 A와 B가 이동한 시간을 x라고 한다면 다음의 식이 성립한다.

$100x+80x=300$

$\therefore x=\frac{5}{3}$(시간)

따라서 A와 B가 만나는 지점은 $80\times\frac{5}{3}\fallingdotseq 133.3$으로 직원 B의 출장지로부터 약 133km 떨어진 지점이다.

15 기초통계능력 확률 계산하기

|정답| ③

|해설| 주사위를 던져 홀수가 나올 확률은 $\frac{3}{6}=\frac{1}{2}$이고, 동전을 던져 앞면이 나올 확률은 $\frac{1}{2}$이므로 동시에 홀수와 앞면이 나올 확률은 $\frac{1}{2}\times\frac{1}{2}=\frac{1}{4}$이다.

16 사고력 명제 판단하기

|정답| ②

|해설| 제시된 명제와 각각의 대우를 정리하면 다음과 같다.

규칙적으로 운동 ○ → 신체 건강 ○	대우 ⇔	신체 건강 × → 규칙적으로 운동 ×
신체 건강 ○ → 건전한 사고 ○		건전한 사고 × → 신체 건강 ×
건전한 사고 ○ → 표정이 밝음 ○		표정이 밝음 × → 건전한 사고 ×

각 명제의 대우에 따라 표정이 밝지 않은 사람은 건전한 사고를 하지 않고, 건전한 사고를 하지 않는 사람은 신체가 건강하지 않으며, 신체가 건강하지 않은 사람은 규칙적으로 운동을 하지 않는 사람이기 때문에 ②가 반드시 참인 명제이다.

|오답풀이|

① 첫 번째~세 번째 명제를 삼단논법에 따라 연결하면 '규칙적으로 운동을 하는 사람은 표정이 밝다'가 된다.

③ '신체가 건강한 사람은 규칙적으로 운동을 한다'는 첫 번째 명제의 역으로 반드시 참이라고 하기 어렵다.

④ 세 번째 명제의 대우와 두 번째 명제의 대우의 삼단논법에 따라 '표정이 밝지 않은 사람은 신체가 건강하지 않은 사람이다'가 된다.

17 사고력 삼단논법 이해하기

|정답| ③

|해설| ○○고등학교 3학년 2반 학생들은 모두 대학에 합격했는데 수진이도 대학에 합격했으므로 수진이도 ○○고등학교 3학년 2반이라는 전제가 성립한다.

18 사고력 진위 판단하기

|정답| ②

|해설| A가 범인일 경우 D의 진술과 모순되어 성립할 수 없다. B가 범인일 경우 A, C, D의 진술은 서로 모순되지 않는다. C가 범인일 경우 A의 진술과 모순되어 성립할 수 없다. D가 범인일 경우 자신의 진술과 A의 진술이 모순되어 성립할 수 없다.

따라서 거짓을 말하는 B가 범인이 된다.

19 문제처리능력 문제해결절차 파악하기

|정답| ④

|해설| 소명 내용을 검토한 후 이를 종결하는 내용의 메일을 소명 대상자에게 발송하여 확인하는 것이 최종 단계에 해당한다.

20 문제처리능력 문제해결방안 파악하기

|정답| ①

|해설| 제시된 글에서 전기통신금융사기, 이상 금융거래 모니터링을 통해 피해를 예방하고 있으며 보이스피싱 예방 교육과정으로 직원들의 대응능력을 높이고 있다고 언급하였다. 따라서 ①이 새마을금고중앙회의 문제해결방안으로 적절하다.

21 문제처리능력 협력 조직 파악하기

| 정답 | ①

| 해설 | 제시된 글에서 소상공인시장진흥공단이 진행하는 '소상공인 O2O 플랫폼 진출 지원사업'의 협력사로 국내 O2O 플랫폼 사업자 중 R사가 선정되었고, R사의 O2O 플랫폼인 ◇◇애플리케이션이 소상공인을 위한 O2O 플랫폼으로 활용될 계획이라고 하였다.

22 문제처리능력 자료의 내용 정리하기

| 정답 | ①

| 해설 | (가)에는 자국 통화 약세 압력이 양국에서 동시에 발생하는 와중에 원화 대비 엔화가 강세인 이유가 들어가야 한다. 경상수지 적자는 한국과 일본에서 동시에 발생하고 있다고 하였으므로 (가)에 들어갈 내용으로 적절하지 않다.

| 오답풀이 |

② 제시된 글의 마지막에 중국의 리오프닝 효과가 예상보다 크지 않아 원화가 크게 흔들리고 있다고 하였다.

③, ④ 두 번째 문단에서 엔화가 원화보다 강세인 원인으로 엔화 자체가 안전자산으로 인식되는 것과 우리 경제의 펀더멘털이 일본에 크게 밀리고 있다는 분석이 언급되어 있다.

23 조직이해능력 조직의 변화 이해하기

| 정답 | ②

| 해설 | 조직변화 방향 수립 단계는 조직의 세부목표나 경영방식, 규칙이나 규정 등을 수정하거나 새로 제정하는 단계이다. 신기술 도입의 필요성에 대한 판단을 내렸다는 것은 환경변화 인지 단계에 해당한다.

24 체제이해능력 조직과 개인의 목표 이해하기

| 정답 | ③

| 해설 | 내재적 보상은 스스로의 행동으로 본인이 획득하는 만족감과 성취감을 의미한다. A 씨가 성실직원상이라는 표창을 받은 것은 스스로 획득한 내재적 보상이 아닌, 업무를 성실히 수행함에 따라 ○○자동차 회사로부터 지급받은 비금전적인 외재적 보상에 해당한다.

| 오답풀이 |

① ○○자동차 회사에서 자동차의 안전 점검을 하는 업무는 ○○사의 조직목표를 달성하기 위해 A 씨에게 부과된 업무이며, A 씨는 업무를 더 잘 수행하기 위해 개인 시간에 자동차 안전 점검에 관한 노하우를 체득하여 ○○사의 조직목표 달성에 공헌하고 있다.

② 외재적 보상이란 기업이 조직원에게 제공하는 형태의 보상으로, A 씨가 ○○자동차 회사로부터 받는 월급과 성과금은 모두 외재적 보상에 해당한다.

④ ○○자동차 회사는 A 씨에게 자동차 안전 점검 업무를 맡김을 통해 조직목표 달성을 추구하고 있고, A 씨는 자동차 안전 점검을 더 잘 하고자 하는 개인의 목표를 가지고 성실하게 업무를 수행하고 있다는 점에서 조직목표와 개인목표가 조화를 이루고 있음을 추론할 수 있다.

25 경영이해능력 조직운영 원리 이해하기

| 정답 | ③

| 해설 | 제시된 글의 내용은 매표소 직원들이 본 업무인 승차권 발권 이외에 다른 업무까지 신경쓰느라 발권이 늦어져 발생하는 승객들의 불만을 없애기 위해 매표소 직원이 다른 업무는 신경쓰지 않고 발권 업무만 담당하게 한 사건이다. 이는 조직 내에서 개인이 맡은 역할을 가장 우선적으로 해야 조직운영에 차질이 생기지 않고 고객 불만 또한 줄일 수 있다는 것을 보여주는 예이다.

26 경영이해능력 의사결정 모형 이해하기

| 정답 | ①

| 해설 | 부품 불량 문제와 관련해 이전의 자료를 살펴보는 것은 개발 단계 중 탐색에 해당한다.

| 오답풀이 |

② 회의에 참여한 사람들이 문제해결을 위해 가능한 대안을 모두 도출했다는 내용을 통해 브레인스토밍이 사용된 것을 알 수 있다.

③ 문제 해결을 위해 다양한 대안 검토하고 대안별 장단점을 비교하는 과정은 실행 가능한 해결책을 선택하기 위한 선택 단계에 해당한다.

④ 집단의사결정 시 의견이 불일치하거나 여러 대안의 장단점을 분석하고 토의하는 과정에서 시간이 많이 소요될 수 있다. 반면, 의사결정권자가 한 명일 경우 이러한 과정이 생략되거나 간소화되므로 의사결정에 더 적은 시간이 소요될 가능성이 있다.

보충 플러스+

의사결정 과정

1. 확인 단계
   - 의사결정이 필요한 문제 인식 및 진단
   - 문제의 심각성에 따라 체계적으로 이루어지거나 비공식적으로 이루어지기도 함.
   - 문제를 신속히 해결해야 하는 경우 진단 신간을 줄이고 즉각적인 대응 필요
2. 개발 단계
   - 확인된 문제나 근본적 원인에 대한 해결방안 모색
   - 조직 내 관련자와의 대화나 공식적 문서 등 참고 가능
   - 새로운 문제의 경우 다양한 해결안을 설계하여 시행착오를 거쳐 적합한 해결방법을 찾아야 함.
3. 선택 단계
   - 마련한 해결방안 중 실행 가능한 해결안 선택
   - 의사결정권자 한 사람의 판단에 의한 선택, 경영과학 기법과 같은 분석에 의한 선택, 이해관계집단의 토의 및 교섭에 의한 선택 가능
   - 해결방안 선택 후 조직 내에서 공식적인 승인 절차를 거쳐 실행

27 경영이해능력 경영전략 파악하기

| 정답 | ①

| 해설 | 정부 정책 변경을 위해 로비를 하는 것은 기업전략에 해당하지 않는다.

| 오답풀이 |

② 납품받던 음료수병 뚜껑을 올해부터 자체적으로 생산하는 것은 수직적 통합에 해당하므로 기업전략의 예가 될 수 있다.

③ 음반제작 사업만 하다가 영화제작 분야에 참여하는 것은 다각화전략에 해당하므로 기업전략의 예가 될 수 있다.

④ D 기업은 2차 전지 사업을 위해 중견기업을 인수하였는데, 이는 인수합병에 해당하므로 기업전략의 예가 될 수 있다.

28 경영이해능력 경영전략 파악하기

| 정답 | ③

| 해설 |

- A 회사 : 경쟁사보다 제품 가격을 낮추기 위해 생산 효율화를 추진하는 것은 저비용전략이므로 사업전략에 해당한다.
- B 회사 : 제품의 경쟁력을 높이기 위해 경쟁사 A 회사의 약한 요소인 A/S 시스템을 강화하는 방안은 차별화전략이므로 사업전략에 해당한다.
- C 회사 : 회사 내 법무팀 인력을 추가하는 것은 인사전략이므로 기능전략에 해당한다.

29 체제이해능력 조직 내 개인의 심리적 안정감 이해하기

| 정답 | ④

| 해설 | 첫 번째 문단을 통해 심리적 안정감이 업무 수행 중 발생할 수 있는 인간관계 관련 스트레스로부터 안전하다고 믿는 마음임을 알 수 있다. 따라서 ④가 심리적 안정감에 대한 설명으로 가장 적절하다.

| 오답풀이 |

① 심리적 안정감을 조성하기 위한 효과 중 하나이다.

② 성과 창출 압박으로부터 벗어나는 것은 심리적 안정감의 효과와 관련이 없다.

③ 심리적 안정감은 업무결과와 상관없이 질책을 받지 않는 것이 아니라, 모든 구성원들이 인간관계에서 오는 스트레스를 느끼지 않고 자신의 의견이나 질문을 자유롭게 발언할 수 있는 조직 분위기가 형성된 것을 의미한다.

30 체제이해능력 조직구조 파악하기

| 정답 | ①

| 해설 | 제시된 글에서는 기존의 조직구조에 문제가 있으므로 이를 새롭게 개편해야 한다고 주장하고 있다. 현재 정보통신담당이 홍보정보담당관 산하에 있으나 이를 분리해야 한다고 주장하므로 조직 기능 개편이 조직 개편의 핵심으로 적절하다.

31 대인관계능력 관계에 영향을 미치는 요인 이해하기

| 정답 | ④

| 해설 | 제시된 글을 통해 직장인들이 가장 선호하는 동료는 예의가 바른 사람임을 알 수 있다. 따라서 항상 존댓말을 사용하며 상대방을 배려하는 최 대리가 그 사례로 적절하다.

32 고객서비스능력 불만고객 처리단계 이해하기

| 정답 | ③

| 해설 | 불만고객 처리단계 중 '해결 약속' 단계에서는 불만을 느낀 상황에 대해 관심과 공감을 보이고, 문제의 빠른 해결을 약속해야 한다. 그러나 ③에서는 해결 방안을 제시하고 있으므로 적절하지 않다.

33 대인관계능력 대인관계 양상 파악하기

| 정답 | ②

| 해설 | 제시된 자료를 통해서 업무 성과와 대인관계 간의 관련성은 파악할 수 없다.

| 오답풀이 |

①, ④ 가장 많은 수의 직장인들이 '업무 등을 할 때 조금 편할 것 같아서'에 응답했으므로 직장인들이 업무 편의성을 중요하게 생각한다는 것을 알 수 있다. 또한 대인관계가 확장되어 업무 편의성이 높아질수록 업무를 수월하게 수행할 수 있다는 것을 추론할 수 있다.

③ 과반 이상이 대인관계 확장이 필요한 이유로 '회사생활이 나름 재밌어질 것 같아서'와 '회사생활에 의미를 부여하고 싶어서'를 뽑았다는 점에서 직장인들이 대인관계가 직장생활의 재미, 활력 등과 관련이 있다고 생각하는 것을 추론할 수 있다.

34 갈등관리능력 갈등해결방안 파악하기

| 정답 | ②

| 해설 | 갈등과 관련된 모든 사람들의 의견을 받아 문제를 해결하는 윈-윈 갈등관리법으로 인사팀이 제시할 수 있는 해결전략으로 가장 적절하다.

| 오답풀이 |

①, ③, ④ 한쪽의 의견만을 수렴한 해결방안으로 갈등 해결전략으로 적절하지 않다.

35 리더십능력 동기부여 방법 이해하기

| 정답 | ③

| 해설 | 제시된 방법은 내적 동기부여로, 직원들에게 이와 같은 방법으로 동기부여를 한다면 단기적으로도, 장기적으로도 직원들에게 긍정적인 영향을 미칠 수 있다. 일시적으로만 효과를 볼 수 있는 동기부여 방법은 외적 동기부여이다.

36 갈등관리능력 갈등 상황 파악하기

| 정답 | ④

| 해설 | 〈사례 2〉를 통해 적극적인 참여와 다양한 의견이 갈등 상황을 극복하는 데 도움이 된다는 것을 알 수 있다.

| 오답풀이 |

③ 〈사례 1〉의 경우 표면적으로는 건설 과정에서 무관심으로 인해 갈등이 없는 것처럼 보였으나, 공사 결과 주민들의 욕구가 하나도 만족되지 않아 갈등의 요소가 남아 있으므로 갈등 상황이 아니라는 분석은 적절하지 않다.

37 갈등관리능력 직장 내 대화 환경 이해하기

| 정답 | ③

| 해설 | 제시된 글에서는 '스스로 해결할 수 있어야 해서', '상사가 신경을 쓰지 않아서', '상사가 너무 바빠서'를 직장 상사와 관계를 개선하기 위한 대화를 하지 않는 이유로 들었다. ③은 언급된 이유에 해당하지 않으므로 적절하지 않다.

| 오답풀이 |

① '스스로 해결할 수 있어야 해서' 항목에 해당하는 사례이다.

② '상사가 신경을 쓰지 않아서' 항목에 해당하는 사례이다.

④ '상사가 너무 바빠서' 항목에 해당하는 사례이다.

38 갈등관리능력 조직 내 갈등관리 이해하기

| 정답 | ②

| 해설 | 자릭 카너드 박사는 불안정한 상황이 직장인들에게 부정적인 영향을 미치기 때문에 회사 차원에서 직원들이 필요로 하는 자원을 제공해줄 수 있어야 한다고 했다. 따라서 주택 자금을 지원하는 정책을 개선한 B 기관이 이를 구현했다고 볼 수 있다.

| 오답풀이 |

①, ③, ④ A, C, D 기관은 직원들의 주변 상황을 고려한 것이 아니라 각각 사내 규정, 회사의 재무 여건, 회사의 미래를 고려하여 해결책을 제시하였으므로 적절하지 않다.

39 협상능력 협상전략 파악하기

| 정답 | ②

| 해설 | A 씨는 거래처의 요구를 모두 수용하는 방안을 택해 협상 가능성을 높이고 있다. 이는 유화전략에 해당하며, 상대방과의 충돌의 피하고 인간관계를 유지하고 싶을 때 선호하는 전략이다.

40 협상능력 협의내용 이행하기

| 정답 | ①

| 해설 | A 씨의 현재 상황은 협의내용을 이행하기 위해 추가인원을 배치하는 방안을 구상하는 단계로 추가인원을 배치하기 이전의 단계이다. 목표 생산량을 달성하기 위한 적임자를 찾는 단계는 추가인원을 배치하는 방안으로, 구상이 결정된 이후 단계에서의 행동에 해당한다.

4회 기출예상문제

▶ 문제 118쪽

01	④	02	①	03	②	04	④	05	③
06	④	07	④	08	②	09	④	10	①
11	④	12	③	13	③	14	③	15	②
16	③	17	①	18	④	19	②	20	③
21	①	22	④	23	①	24	②	25	①
26	①	27	①	28	④	29	③	30	②
31	④	32	④	33	③	34	④	35	①
36	②	37	③	38	④	39	②	40	③

01 문서작성능력 답변에 따라 질문 작성하기

| 정답 | ④

| 해설 | 제시된 답변에서는 인수공동질병이 확산되는 현 상황을 제시하고, 신종 인플루엔자가 돼지에서 사람으로 전파될 수 있었던 이유에 대해 설명하고 있다. 따라서 질문으로는 ④가 적절하다.

02 문서작성능력 빈칸에 들어갈 내용 추론하기

| 정답 | ①

| 해설 | '이쪽 편'은 인터넷 이용자가 살고 있는 현실 세계이자 마이크로소프트가 제공하는 서비스로, 끊임없이 소프트웨어를 업그레이드해야 하며, 스팸메일과 바이러스에 취약하다는 특징을 가진다. '저쪽 편'은 구글이 운영하는 대용량의 정보 보관소로, 인터넷 공간에 존재하는 가상의 정보 저장소이다. 안전하게 정보를 보관하며 바이러스나 스팸메일로부터 받는 공격에도 보다 안전하게 대응할 수 있다는 특징을 가진다.

03 문서작성능력 빈칸에 들어갈 내용 추론하기

| 정답 | ②

| 해설 | 제시된 글의 결론에서 기업은 지속적인 성장을 위해 박애사상을 경영에 반영해야 하며, 비영리기관은 박애의 전략적 중요성을 인식해 기업의 경영을 배워야 한다고 제

시하고 있다. 따라서 비영리기관과 기업의 협력을 통해 현대 사회의 다양한 문제를 박애로 바라봐야 한다는 것이 연구 배경 및 목적으로 적절하다.

| 오답풀이 |

① 박애사상은 의료 활동과 같은 공익적 활동과 관련이 있지만 기업의 이윤추구와 공익 간의 갈등을 해결하는 것은 아니다.

③ 결론에서 박애사상을 경영에 반영해야 한다고 했지만 기본 이념으로 지녀야 한다고 한 것은 아니다.

④ 제시된 글은 박애사상의 역사적 형성과정 탐구와는 관련이 없다.

04 문서이해능력 문단 간의 관계 파악하기

| 정답 | ④

| 해설 | (라)에서는 중심 소재인 과학과 예술의 특성을 토대로 차이점을 들며 대조하고 있다.

05 문서이해능력 세부 내용 이해하기

| 정답 | ③

| 해설 | 쇼펜하우어는 인간의 의지는 자신의 맹목적 충동을 인과율로 만족시키며, 일시적이고 표면적인 충동과 만족이 되풀이된다고 보았다. 그리고 이러한 수레바퀴에서 벗어날 수 있는 방법 중 하나로 미적 관조를 제시하였다. 따라서 미적 관조가 인간을 의지와는 상관없는 상태로 만들어 준다는 설명은 적절하다.

| 오답풀이 |

① 미적 무관심성은 영국의 경험론자들에 의해 생겨났다.

② 미적 무관심성은 주체의 주관적 상태와는 상관없이 일체의 관심으로부터 벗어난 상태이다.

④ 미적 관조의 영향으로 인과율에서 벗어나 대상은 대상의 이데아로, 주체는 순수한 직관적 주체로 변하게 된다.

06 문서작성능력 글의 흐름에 맞게 문단 배열하기

| 정답 | ④

| 해설 | 먼저, H 커피가 기존에 가지고 있던 장점과 그 장점이 유효하지 않은 이유에 대해서 설명하는 (나)가 와야 한다. 이어서 그럼에도 불구하고 H 커피가 성공할 수 있었던 이유를 설명하는 (다)가 올 수 있다. 그리고 이에 대해 부연해서 설명하는 (가)가 이어진 다음, (가)에서 설명하고 있는 '현재 한국의 상황'을 구체적으로 제시하는 (라)가 와야 한다. 따라서 (나)－(다)－(가)－(라) 순이 적절하다.

07 문서이해능력 세부 내용 이해하기

| 정답 | ④

| 해설 | 두 번째 문단을 통해 PLCC 사업이 신용카드사와 제휴사의 협업으로 만들어지는 새로운 형태의 신용카드 사업임을 알 수 있다.

| 오답풀이 |

① 첫 번째 문단 첫 번째 줄을 통해 확인할 수 있다.

②, ③ 두 번째 문단의 '카드사는 제휴사의 충성고객들을 유치할 수 있고 제휴사는 소비자를 자사에 묶어 두는 자물쇠 효과를 거둘 수 있는 전략'을 통해 알 수 있다.

08 문서작성능력 빈칸에 들어갈 단어 찾기

| 정답 | ②

| 해설 | 소비자가 제휴사에서 PLCC를 사용할 때 특별한 '혜택'을 제공받는 것이 문맥상 적절하다. 따라서 ㉠에 공통적으로 들어갈 단어는 '혜택'이다.

09 문서이해능력 세부 내용 이해하기

| 정답 | ④

| 해설 | 두 번째 문단에 새마을금고는 ESG 경영을 추진 중이며 체계적인 사회공헌사업을 전개하고 있는 4대 핵심 분야는 '소셜 MG', '그린 MG', '휴먼 MG', '글로벌 MG'라고 제시되어 있다.

10 문서이해능력 세부 내용 이해하기

| 정답 | ①

| 해설 | 새마을금고 플랫폼을 개발도상국에 전파해 빈곤 극복과 금융사각지대 해소를 목표로 하며, 특히 저축장려운동과 금융교육 등을 통해 지역사회 기초자본을 형성하여 전파 대상국의 삶의 질 향상에 기여한다고 제시되어 있다. 따라서 금융 서비스가 정착되지 않은 개발도상국에 선진 금융 서비스를 전파하기 위한 사업이 이에 해당한다.

11 도표분석능력 자료의 수치 분석하기

| 정답 | ④

| 해설 | 세계 총 의료연구 논문 수가 줄어들었던 20X5년, 20X9년에 우리나라의 의학연구 논문 발표 수는 증가하였지만, 20X6년에는 세계 총 의료연구 논문 수와 함께 우리나라의 의학연구 논문 발표 수도 감소하였다.

| 오답풀이 |

① 20X9년에 우리나라의 논문 발표 세계 순위는 11위이며, 이는 20X8년에도 동일했으므로 2년 연속 세계 순위 11위를 차지했음을 알 수 있다.

② 20X9년은 39,843건의 논문이 발표되었으며, 20X3년의 22,684건에 비해 약 $\frac{39,843}{22,684} \fallingdotseq 1.76$(배) 증가했다.

③ 20X3년부터 20X9년까지 국내 의료연구 논문 부분의 세계 순위는 크게 변동이 없이 11 ~ 12위 사이에서 움직인다.

12 도표분석능력 자료를 바탕으로 수치 계산하기

| 정답 | ③

| 해설 | 1/4분기에 스마트폰 1,050만 대를 판매한 ㉰사는 분기 전 세계 판매 비중의 5%를 기록했으므로, 전체 판매량은 $\frac{100 \times 1,050}{5}$ =21,000(만 대)임을 알 수 있다. 따라서 3사를 제외한 스마트폰 판매량 총합은 약 21,000−11,750=9,250(만 대)이다.

| 오답풀이 |

- K 대리 : ㉮사의 2/4분기 스마트폰 판매량은 전 분기 대비 300만 대가량 늘어날 것이며, ㉯사의 2/4분기 스마트폰 판매량은 전 분기 대비 최소 3,700×0.20=740(만 대) 감소할 것이다. ㉰사의 2/4분기 스마트폰 판매량은 전 분기 대비 1,200−1,050=150(만 대) 증가할 것이다. 따라서 스마트폰 판매량 합계는 1/4분기가 290만 대 더 높을 것이다.
- W 대리 : ㉮사의 1/4분기 스마트폰 판매량은 7,000만 대이고 ㉯사의 1/4분기 스마트폰 판매량은 3,700만 대, ㉰사의 1/4분기 스마트폰 판매량은 1,050만 대이다. 따라서 1/4분기 ㉮사의 스마트폰 판매량은 전체 스마트폰 판매량 합계의 $\frac{7,000}{7,000+3,700+1,050} \times 100 \fallingdotseq 59.6(\%)$를 차지한다.

13 도표분석능력 자료의 수치 분석하기

| 정답 | ③

| 해설 |

- A 발전소 : 한국 소속이며, 고체 연료를 사용하는 16만m^3/h의 신규 발전소이므로 50을 초과하면 안 된다. A 발전소의 월평균 먼지 배출은 47.275이므로 벌금을 내지 않는다.
- B 발전소 : 미국 소속이며, 액체 연료를 사용하는 97MW의 기존 발전소이므로 제한이 없다. 따라서 벌금을 내지 않는다.
- C 발전소 : 일본 소속이며, 고체 연료를 사용하는 23만 m^3/h의 기존 발전소이므로 40을 초과하면 안 된다. C 발전소의 월평균 먼지 배출은 45.240이므로 벌금을 내야 한다.
- D 발전소 : 영국 소속이며, 고체 연료를 사용하는 375MW의 신규 발전소이므로 60을 초과하면 안 된다. D 발전소의 월평균 먼지 배출은 78.456이므로 벌금을 내야 한다.
- E 발전소 : 한국 소속이며, 액체 연료를 사용하는 22만 m^3/h의 신규 발전소이므로 50을 초과하면 안 된다. E 발전소의 월평균 먼지 배출은 47.687이므로 벌금을 내지 않는다.
- F 발전소 : 영국 소속이며, 기체 연료를 사용하는 892MW의 신규 발전소이므로 65를 초과하면 안 된다. F 발전소의 월평균 먼지 배출은 67.790이므로 벌금을 내야 한다.

따라서 벌금을 내지 않아도 되는 발전소는 A, B, E로 3개이다.

14 도표분석능력 자료의 수치 분석하기

| 정답 | ③

| 해설 | 연구개발조직에서 각 병원의 표준화 값을 계산하면 다음과 같다.

A 병원	$\frac{40-10}{140-10}\times100 \fallingdotseq 23.1(\%)$
B 병원	$\frac{140-10}{140-10}\times100 = 100(\%)$
C 병원	$\frac{10-10}{140-10}\times100 = 0(\%)$
D 병원	$\frac{20-10}{140-10}\times100 \fallingdotseq 7.7(\%)$

따라서 성희, 기현의 추론이 적절하다.

15 도표분석능력 자료 분석하기

| 정답 | ②

| 해설 | 일부 운전자는 자신의 출퇴근 방향으로 신호 주기를 연장해 달라고 요청하였으므로, 자신의 편의를 위해 신호 주기 변경을 요청했음을 알 수 있다.

| 오답풀이 |

① 1만 2,369건 중 9,139건을 채택하였지만, 타 기관 사무를 제외한 모든 신고를 채택한 것이라는 내용은 언급되어 있지 않다.

③ 제한속도를 낮춰 달라는 요청은 시민 전체 요청이 아닌 제한속도 관련 신고 중 91.8%를 차지한다.

④ 과속 카메라와 과속방지턱 설치 요청은 934건으로 20X2년 507건보다 약 1.8배 증가하였다.

16 문제처리능력 기사 내용 이해하기

| 정답 | ③

| 해설 | 제시된 기사에 따르면 충전식 카드형 온누리상품권 서비스를 이용할 경우 캐시백 혜택을 받거나, 10% 특별할인을 받을 수 있다고 제시되어 있다. 따라서 금전적 지원을 제공하는 것을 알 수 있다.

17 사고력 회의 내용 추론하기

| 정답 | ①

| 해설 | 결론은 장년을 대상으로 한 연비가 좋은 도시형 SUV를 개발하자는 내용이므로 청년에 해당하는 신입사원들에 대한 내용은 적절하지 않다.

18 사고력 조건을 바탕으로 추론하기

| 정답 | ④

| 해설 | (가)에 따라 여우는 D 우리에 들어간다. (다)에 따라 호랑이는 C, E 우리에 들어갈 수 없다. (라)에 따라 표범은 E, F, G 중 들어가야 한다. (마)에 따라 만약 표범이 E 우리에 들어갈 경우 늑대는 C 우리, 호랑이는 A 우리에 들어가야 한다. 만약 표범이 F 우리에 들어갈 경우 호랑이가 들어갈 수 있는 우리는 없다. 또한 표범이 G 우리에 들어갈 경우 늑대는 F 우리 또는 E 우리에 들어가야 하는데, 두 경우 모두 호랑이가 E 우리, C 우리에 들어가야 하므로 (다) 조건에 부합하지 않는다. 따라서 A 우리에는 호랑이, C 우리에는 늑대, E 우리에는 표범이 들어감을 알 수 있다. (나)에 따라 치타와 사자는 나란히 있어야 하므로 F, G 우리에 들어감을 알 수 있다. 마지막으로 남은 B 우리에는 곰이 들어간다. 이를 정리하면 다음과 같다.

A	B	C	D	E	F	G
호랑이	곰	늑대	여우	표범	사자 (치타)	치타 (사자)

따라서 ④는 항상 참이 아니다.

19 사고력 조건을 바탕으로 추론하기

| 정답 | ②

| 해설 | (가)에 따라 연구소는 206호에 있다. (다)에 따라 법무사사무소는 204호, 205호 중 한 곳에 위치하며, (마)에 따라 인쇄소와 법무사사무소는 서로 이웃하지 않기 때문에 법무사사무소는 204호에 위치한다. (나)에 따라 인쇄소는 세무사사무소와 같은 쪽에 위치하며, (마)에 따라 법무사사무소와 연구소의 맞은편에 있지 않기 때문에 인쇄소는 202호에 위치한다. (라)에 따라 스터디카페는 연구소의 맞은편인 203호에 있다. 이를 정리하면 다음과 같다.

201호 세무사사무소	202호 인쇄소	203호 스터디카페
복도		
204호 법무사사무소	205호 치과	206호 연구소

따라서 반드시 참인 것은 ②이다.

20 사고력 명제 판단하기

| 정답 | ③

| 해설 | 푸름의 발언에 따라 푸름이는 역사책인 〈정고사호록〉을 인용했음을 알 수 있다. 이에 따라 응재의 발언의 대우가 적용되어 푸름이 인용한 책은 음양에 관한 것이 아니므로, 지애는 〈기연록〉을 인용하지 않았음을 알 수 있다. 또한 푸름이 인용한 책은 역사책이므로, 혜정이 인용한 책은 〈기연록〉임을 알 수 있다. 혜정은 〈기연록〉을 인용했는데 이는 역사, 음양, 지리에 관한 것이 아니므로 천문에 대한 책임을 알 수 있다. 푸름의 발언의 대우에 따라 혜정이 인용한 책이 천문에 관한 내용이라면, 지애가 인용한 책은 음양에 관한 내용이 된다. 음양에 관한 책은 〈주사관기〉이므로 지애는 〈주사관기〉를, 응재는 남은 책인 〈한서일기〉를 인용했음을 알 수 있다. 따라서 (가), (라)가 적절한 설명이다.

21 사고력 주장의 오류 판단하기

| 정답 | ①

| 해설 | 이 씨는 마을을 관광도시로 개발해 보면 어떻겠냐는 김 씨의 말에 관광도시가 되면 마을 전체에 도박꾼이 넘쳐나게 될 것이라는 예측을 하고 있다. 하지만 관광도시 개발과 도박꾼 수의 증가 간에는 인과성이 부족하므로 근거가 부족한 예측을 하고 있음을 알 수 있다.

22 문제처리능력 SWOT 분석하기

| 정답 | ④

| 해설 | 작년에 대거 채용하였던 인력을 대거 해고한 것은 내부 환경에서 부정적인 요소로 작용하는 것이므로 약점인 W에 해당한다.

23 문제처리능력 업무협약 추진 목표 이해하기

| 정답 | ①

| 해설 | 첫 번째 문장에서 개도국 대상 국제개발협력 사업의 효과적 수행을 위한 업무협약을 체결했다고 하였으며, 주요 협력내용은 ▲환경 분야 국제개발협력 사업 추진 시 새마을금고 연계 등을 위한 협력 ▲새마을금고 운영 확대를 위한 환경 분야 국제개발협력 사업 추진 ▲국제개발협력 사업 추진을 위한 네트워크 구축 · 협업이라고 했으므로, 국제협력개발사업 추진이 업무협약의 목표임을 알 수 있다.

24 문제처리능력 업무협약 평가하기

| 정답 | ②

| 해설 | 두 기관은 각각 대통령 표창과 국무총리 표창을 받았다고 했으므로, 나라에서 인정한 기관임을 알 수 있다. 따라서 안정적인 사업 추진이 가능할 것이라는 추론은 적절하다.

| 오답풀이 |

① 이번 업무협약은 양 기관의 전문성을 기반으로 더 효과적인 국제개발협력사업 추진을 위한 상호 협력을 목적으로 하고 있다고 하였다.

③ 양 기관은 '환경'과 '금융'을 맡고 있으므로 경쟁 구도에 있다는 설명은 적절하지 않다.

④ 양 기관은 작년 11월 실시된 개발협력의 날 유공자 포상에서 각각 대통령 표창과 국무총리 표창을 받은 만큼 국제협력개발사업의 시너지가 상당할 것으로 전망된다고 하였다.

25 국제감각 외교관에게 필요한 행동 알기

| 정답 | ①

| 해설 | 외교관이 되기 위해 역사적 사건에 대해 공부할 때는 우리나라와 관련된 것뿐만이 아니라 다양한 나라의 역사를 전반적으로 공부하는 것이 도움이 된다.

26 국제감각 | 외교관에게 필요한 지식 알기

| 정답 | ①

| 해설 | • A : 영어 지식으로 100점에 해당한다.

• B : 사회 · 인류 지식으로 98점에 해당한다.

• C : 예술 지식으로 89점에 해당한다.

따라서 A>B>C 순으로 중요하다.

27 경영이해능력 | 평가제도 개선연구 이해하기

| 정답 | ①

| 해설 | 다면 평가를 이용할 시 다양한 평가 기준을 토대로 피평가자에 대한 평가를 내려야 한다. 따라서 평가에 앞서 명확하고 단일한 기준을 세우는 것은 적절하지 않다.

28 경영이해능력 | 평가자 파악하기

| 정답 | ④

| 해설 | 평가자의 고객은 평가자 그룹에 해당하지 않는다.

| 오답풀이 |

① 상사평가자에 해당한다.

② 부하평가자에 해당한다.

③ 피평가자에 해당한다.

29 조직이해능력 | 조직규정 개선방향 이해하기

| 정답 | ③

| 해설 | 병 지원자와 C 차장은 친인척 관계라고 하기 어려우며, 이해관계에 있다고 보기도 어렵다.

| 오답풀이 |

① 면접자와 응시자가 가족 관계인 경우에 해당한다.

②, ④ 면접관과 응시자가 이해관계가 있는 경우에 해당한다.

30 조직이해능력 | 기업의 가치 이해하기

| 정답 | ②

| 해설 | 제시된 글에서는 새마을금고에서 지원자와 이해관계가 있거나 가족 관계에 있는 관계자는 채용과정에서 배제되는 서약서를 징구하는 제도가 일부 금고에서 지켜지지 않은 것을 파악하여 사적 채용 사례에 대한 실태 조사 후 미비점을 보완한 공정채용체계를 구축할 것임을 소개하고 있다. 한편 마지막 문단에서는 공정한 채용 문화가 뿌리내리도록 노력하겠다고 하였다. 따라서 새마을금고중앙회가 목표로 하는 가치는 '공정성'임을 알 수 있다.

31 업무이해능력 | 인사관리 업무 수행하기

| 정답 | ④

| 해설 | 각 기업의 인재상, 인재 조건과 〈보기〉를 비교한다.

• 지원자 A : 해외탐방 프로그램 경험을 통한 글로벌 비즈니스 감각을 지니고 있으므로 □□통신에 적절하다.

• 지원자 B : 최신 트렌드에 민감한 성향을 가지고 있으므로 ◇◇식품에 적절하다.

• 지원자 C : 해외근무 경험을 갖추고 있으므로 ○○전자에 적절하다.

32 업무이해능력 | 인사관리 업무 수행하기

| 정답 | ④

| 해설 | 세 회사 모두 글로벌 인재의 조건에 어학 능력을 명시해 두고 있으며 글로벌 마인드 혹은 다른 문화에 대한 이해와 적응을 조건에 내건 것을 통해 유연성을 중요하게 고려하는 것을 알 수 있다. 또한 공고를 통해 창의력 또한 중요하게 여겨지고 있음을 알 수 있으나 제시된 공고를 통해서는 리더십을 요구하고 있지 않다.

33 협상능력 | 협상의 단계 이해하기

| 정답 | ③

| 해설 | 협상의 과정 중 상대방과 나의 상황을 파악하는 단계는 상호 이해 단계이다. 실질 이해 단계에서는 겉으로 주장하는 것과 실제로 원하는 것을 구분하고, 분할과 통합 기법을 사용하여 이해관계를 분석한다.

34 협상능력 협상의 단계 이해하기

| 정답 | ④

| 해설 | 해결 대안 단계에서는 대안을 평가하고 최선의 대안에 대해서 합의하여 선택한 후 실행계획을 수립한다. 한 달 동안 대안을 평가하는 시간을 가진 후 다시 합의하는 ④가 해결 대안 단계이다.

| 오답풀이 |

① 협상 시작 단계에 해당한다.

② 상호 이해 단계에 해당한다.

③ 실질 이해 단계에 해당한다.

35 리더십능력 리더십의 특징 알기

| 정답 | ①

| 해설 | (나)에 해당하는 리더십은 독재자 유형이다. 질문을 금지하고 정보를 독점하며 실수를 용납하지 않는 유형이 이에 해당한다. 집단이 통제 없이 방만한 상태에 있거나 가시적인 성과물이 보이지 않을 경우 효과적으로 활용할 수 있다. 따라서 제한된 시간 안에 프로젝트를 완료할 능력이 있다는 장점을 가진다.

| 오답풀이 |

② 위임형 리더십 유형에 해당한다.

③ 참여형 리더십 유형에 해당한다.

④ 거래형 리더십 유형에 해당한다.

36 리더십능력 리더십의 특징 알기

| 정답 | ②

| 해설 | (마)에 해당하는 리더십은 변혁적 유형이다. 코칭과 격려를 통해 팀을 지원하고, 팀원들은 개개인으로 간주되므로 자신만의 고유한 능력을 효과적으로 활용할 수 있다는 특징을 가진다. 따라서 구성원들의 전문성을 빠른 시간 안에 끌어올릴 수 있다는 장점을 가진다.

37 리더십능력 관료적 문화 이해하기

| 정답 | ③

| 해설 | 첫 번째 장애요인에 따르면 관료적 문화에 젖은 기업은 변화나 위험을 감수하고 새로운 아이디어를 장려하기보다는 현재 상황을 유지하려는 경향이 있다. 따라서 관료적 문화에 젖은 기업에서는 필요에 따라 뭉치고 흩어지는 특징을 찾아보기 어렵다.

38 리더십능력 임파워먼트 이해하기

| 정답 | ④

| 해설 | 성공적인 임파워먼트 리더십이란 자기 자신을 성과 지향적인 사람으로 키우고, 부하직원의 잠재능력이 최대한으로 발휘되도록 자극을 주고 스스로 모범을 보이며 궁극적으로 관리가 필요하지 않은 수준까지 조직을 키우는 것이다. 따라서 ④의 형태가 임파워먼트된 리더의 모습으로 적절하다.

39 협상능력 협상 실패 이유 파악하기

| 정답 | ②

| 해설 | 제시된 상황에서 김 과장은 결정권을 가지고 있지 않은 상대인 이 대리와 협상을 하는 실수(ⓛ)를 저지르고 있다. 따라서 협상 상대가 협상에 대하여 책임을 질 수 있고, 타결 권한을 가진 사람인지 확인하고 협상을 시작해야 한다(ⓕ).

40 협상능력 협상 실패 이유 파악하기

| 정답 | ③

| 해설 | 박 과장은 설정한 목표와 한계에서 벗어나는 실수(ⓒ)를 저지르고 있다. 따라서 한계와 목표를 잃지 않도록 기록하고, 기록된 노트를 협상의 길잡이로 삼아야 한다(ⓓ).

5회 기출예상문제

▶ 문제 148쪽

01	②	02	④	03	①	04	③	05	④
06	③	07	⑤	08	④	09	④	10	①
11	②	12	②	13	③	14	④	15	④
16	④	17	④	18	⑤	19	②	20	②
21	④	22	④	23	④	24	①	25	⑤
26	③	27	⑤	28	⑤	29	③	30	④
31	②	32	④	33	⑤	34	④	35	③
36	⑤	37	①	38	②	39	④	40	③

01 문서이해능력 세부 내용 이해하기

| 정답 | ②

| 해설 | 건강보험자격득실 확인서와 주택 관련 서류는 제출했다고 했으므로 본인 및 대상자 확인, 중소기업 재직 확인을 위한 준비 서류만 바르게 제출했는지 따져 보면 된다. 박△△의 경우 본인 확인을 위한 여권, 대상자 확인을 위한 주민등록등본, 청년 창업자로서 창업 지원 프로그램 수급자 확인을 위한 청년 자금 대출 내역서까지 모두 바르게 제출했다.

| 오답풀이 |

① 1년 미만 재직자이므로 회사 직인이 첨부된 급여명세표, 갑종근로소득원천징수영수증(최근 1년), 급여입금 내역서, 은행 직인이 첨부된 통장거래내역서를 추가로 제출해야 한다.

③ 만 35세 이상 병역의무 이행자이므로 예비역으로 기재된 병적증명서를 추가로 제출해야 복무 기간을 인정받을 수 있다.

④ 결혼 예정자로서 예식장 계약서를 추가로 잘 제출하였으나, 중소기업 재직을 확인하기 위한 서류가 누락되었다.

⑤ 배우자 분리 세대이므로 가족관계증명원을 추가 제출해야 한다.

02 문서이해능력 사례에 적용하기

| 정답 | ④

| 해설 | 대출 금리 항목에 따르면 대출 조건 충족자이면 최초 가입부터 1회 연장까지 총 4년간 1.2%의 금리를 유지하나, 1회 연장 포함 대출 기간 4년이 종료된 2회 연장부터는 2.3%의 금리를 적용한다. 따라서 6년 동안 납부한 이자는 (960,000×2)+(960,000×2)+(1,840,000×2)= 1,920,000+1,920,000+3,680,000=7,520,000(원)이다.

03 문서이해능력 세부 내용 이해하기

| 정답 | ①

| 해설 | '가'에서는 선물과 경조사비의 가액 범위 조정을 설명하고 있다. '음식물'이 선물의 범위를 설명하기 위해 언급되었으나, 음식물의 가액 범위를 설명하고 있지는 않다.

04 문서이해능력 세부 내용 이해하기

| 정답 | ③

| 해설 | '가'에서 농수산물 및 농수산가공품 선물은 10만 원까지 가능하다고 했으나, 이 둘을 구분하는 방법이나 해당하는 품목의 예에 대해서는 설명하지 않았다.

| 오답풀이 |

① '나'에서 알 수 있는 내용으로, 상품권을 제외한 의도는 사용 내역 추적이 어려워 부패에 취약하기 때문이라고 설명하고 있다.

② '라'에서 알 수 있는 내용으로, 사례금 총액을 모르는 경우 해당 사항을 제외하고 사전 신고한 후 추후 보완 신고하면 된다.

④ '다'에서 알 수 있는 내용으로, 외국대학과 같은 외국기관에서 지급하는 사례금의 상한액은 사례금을 지급하는 자의 지급 기준에 따르면 된다.

⑤ '가'에서 알 수 있는 내용으로, 10만 원 범위 내에서 축의금 5만 원과 화환 5만 원을 함께 제공 가능하다.

05 문서이해능력 각 항목별 개정 내용 파악하기

| 정답 | ④

| 해설 | '라'에서 보완 신고 기산점을 사전 신고 시 제외된 사항을 안 날로부터 5일 이내로 변경한다고 했다.

06 문서작성능력 빈칸에 들어갈 말 고르기

| 정답 | ③

| 해설 | 을의 말에 따르면 상대평가로 진행되는 성과 평가에 직원들이 불만을 가지고 있다고 했다. 이를 해결하기 위해 체크인 제도를 도입하게 되면 상대평가가 아닌 개인이 세운 목표의 달성 여부를 기준으로 평가를 받기 때문에 조직 구성원이 함께 협력하는 분위기가 조성되고 그 과정에서 조직의 목표달성에도 큰 성과를 내게 될 것이다.

| 오답풀이 |

① 체크인 제도 도입에 있어 가장 중요한 변화는 등급제와 같은 상대평가 제도를 폐지했다는 것이다.

② 기존의 제도에서 절차 및 서류 작성에 소요되는 시간과 노력을 줄여 주기 위한 제도가 체크인 시스템이기 때문에 담당 직원을 따로 배치하는 게 좋겠다는 설명은 적절하지 않다.

④ 인사팀에서 평가 등급에 따라 재원을 나누어 주고 배분하는 것은 기존의 방식으로, 체크인 제도하에서는 관리자가 보상에 대한 통제권을 가지며, 핵심 인재에 대한 차별적인 보상은 리더들이 참여하는 회의로 결정된다.

⑤ 체육대회나 워크숍과 같은 활동이 구성원들 간의 협력을 증진시키는 방안이 될 수 있으나, 대화의 흐름상 기존 제도와 비교했을 때 부각되는 체크인 제도의 특징과 관련 없는 발언이므로 적절하지 않다.

07 문서이해능력 내용을 바탕으로 추론하기

| 정답 | ⑤

| 해설 | 첫 번째 문단에서 개인정보 유출이 실제로 보이스피싱 등 각종 범죄에 악용된 사례가 적지 않다고 했으며, 마지막 문단에서 개정안 시행 후 대체 인증 수단을 활용해도 개인정보 유출의 위험은 존재한다고 했으므로 적절한 추론이다.

| 오답풀이 |

① 발급 비용이 발생하는 인증 수단은 범용 공동인증서이며, 제시된 글에서는 아이핀 발급 시 발생되는 비용에 대해 설명하고 있지 않다.

② 제시된 글에서 아이핀은 다른 인증에 비해 편의성이 떨어지지만 휴대전화로 본인인증을 할 수 없는 상황이거나 공동인증서가 없을 경우 등에서는 유용한 인증 수단이라고 했으므로 아이핀만 사용하게 되었다는 설명은 적절하지 않다.

③ 아이핀과 은행 등에서 무료로 발급되는 용도 제한용 공동인증서는 실명 확인의 대체 인증 수단으로서 사용 목적은 같을 수 있으나, 후자의 경우 일부 영역에서만 사용 가능하다고 했으므로 이용 가능한 사이트가 같다는 설명은 적절하지 않다.

④ 아이핀은 2005년 가이드라인 제정 이후 2006년 개정을 거쳐 시행되고 있으며, 개인정보보호법 개정안은 2014년 8월부터 시행되었다.

08 문서작성능력 대화의 흐름에 맞게 빈칸 채우기

| 정답 | ④

| 해설 | 대화의 흐름에 맞는 내용을 찾으려면 먼저 빈칸의 앞뒤를 집중적으로 살펴야 한다. 지석은 수정의 말에 동의를 표하며 인간 중심적 관점에서 벗어나야한다는 논지를 펼치고 있다. 즉, 수정과 비슷한 내용의 말을 했다는 것을 추측할 수 있다. 따라서 지석의 말과 동욱의 말은 반대되는 의견이므로 동욱의 의견에 반대하면서 인간 중심적 관점을 지적하는 내용인 ④가 적절하다.

09 문서이해능력 세부 내용 파악하기

| 정답 | ④

| 해설 | 세 번째 문단을 통해 보호 관세 주의를 도입한 사람은 콜베르이며 네덜란드가 아니라 프랑스에서 추진했다는 것을 알 수 있다.

| 오답풀이 |

① 네 번째 문단과 관련된 내용으로, '요한 드 비트의 아버지 야코프는~'에서 알 수 있다.

② 마지막 문단에서 세 사람 모두 왕정과의 권력 투쟁 및 질시를 받았다고 했으므로 적절하다.

③ 세 번째 문단에서 알 수 있다.

⑤ 네 번째 문단에서 알 수 있다.

10 문서작성능력 글의 흐름에 맞게 빈칸 채우기

| 정답 | ①

| 해설 | ㉠ 뒤의 문장은 앞의 문장을 구체적으로 설명하기 위해 예를 들고 있고, ㉡ 뒤의 문장은 앞의 문장에 대하여 내용을 강조 · 보충하고 있다. 따라서 ㉠에는 '가령'이나 '예를 들어'가 들어갈 수 있고, ㉡에는 '게다가', '또한'이 들어갈 수 있다.

11 도표분석능력 자료의 수치 계산하기

| 정답 | ②

| 해설 | 일주일 동안 사과와 배의 총 판매 금액이 8,313,600원이므로 배의 총 판매 금액은 8,313,600－3,828,000＝4,485,600(원)이 된다.

사과의 판매 단가는 사과의 일주일간의 총 판매 금액을 총 판매 개수로 나눈 것으로 3,828,000÷1,740＝2,200(원)이 된다.

월요일의 사과와 배의 총 판매 금액은 1,036,000원이고 이 중 사과의 판매 금액은 210×2,200＝462,000(원)이다. 그러므로 배의 판매 단가는 (1,036,000－462,000)÷205＝2,800(원)이 된다.

따라서 수요일의 배 판매 개수를 x라고 할 때 배의 일주일간의 총 판매 금액은 $(205+212+x+225+230+255+240)\times 2{,}800=4{,}485{,}600$(원)이므로, x는 235가 된다.

따라서 수요일의 배 판매 개수는 235개이다.

12 기초연산능력 방정식 활용하기

| 정답 | ②

| 해설 | 무게가 3.5kg인 소포와 13.5kg인 소포의 개수를 각각 x, y라 하면 다음의 식이 성립한다.

$3{,}400x+12{,}500y=70{,}400$

$3.5x+13.5y=75$

그런데 수치들의 계산이 복잡해 보일 뿐만 아니라 소포의 개수가 정수여야 한다는 점을 고려하면, 적절한 수치를 대입해 보는 방법으로 정답을 찾는 것이 더 효과적일 수 있다.

만일 무게가 13.5kg인 소포가 6개라면 우편 비용이 75,000원이 되어 총 우편 비용을 넘게 된다. 5개라면 62,500원이 되어 총 우편 비용에서 이를 뺀 7,900원이 개당 우편 비용이 3,400원인 소포의 총 우편 비용이 되어야 하므로 이 역시 옳은 수량이 아닌 것을 알 수 있다. 13.5kg인 소포가 4개라면 50,000원이므로 3.5kg인 소포의 총 우편 비용은 20,400원이 된다. 20,400원을 3,400원으로 나누면 정확히 6개로 나누어진다.

따라서 무게가 3.5kg인 소포의 개수는 6개, 13.5kg인 소포의 개수는 4개가 되는 것을 알 수 있다.

13 도표분석능력 자료의 수치 분석하기

| 정답 | ③

| 해설 | 가해운전자의 경우 40세 초과 연령대에서는 고령층으로 갈수록 치사율이 높아지지만, 피해운전자의 경우에는 51 ~ 60세 연령층이 0.8%의 치사율로 41 ~ 50세의 치사율인 0.9%보다 낮은 것을 알 수 있다.

| 오답풀이 |

① 사상자는 사망자 수와 부상자 수를 합한 것이며, 별다른 언급이 없으므로 가해운전자와 피해운전자를 합산하여 파악해야 한다. 이 경우 첫 번째 표에 따라 연령이 높아진다고 해서 사상자 수가 반드시 많아지는 것은 아님을 알 수 있다.

② 첫 번째 표의 가장 우측 수치들을 비교해 보면 '불명'을 제외하고 전 연령대에서 부상자 수는 가해운전자보다 피해운전자가 더 많은 것을 알 수 있다.

④ '신호위반'과 '안전거리 미확보'의 발생건수 대비 사망자 수의 비율은 각각 $\frac{13}{348}\fallingdotseq 0.0373$, $\frac{5}{135}\fallingdotseq 0.0370$으로 '신호위반'이 더 높다.

⑤ 사망자 수는 '안전운전 의무 불이행', '신호위반', '중앙선 침범', '기타'의 순으로 많지만, 부상자 수는 '안전운전 의무 불이행', '기타', '중앙선 침범', '신호위반'의 순으로 많으므로 올바른 분석이다.

14 도표작성능력 자료를 그래프로 변환하기

| 정답 | ④

| 해설 | ④의 그래프는 피해운전자만의 사망자 수를 나타낸 것이며, '교통사고 사망자 수'라고 하였으므로 가해운전자 사망자 수를 합한 다음과 같은 그래프가 올바르다.

(단위 : 명)

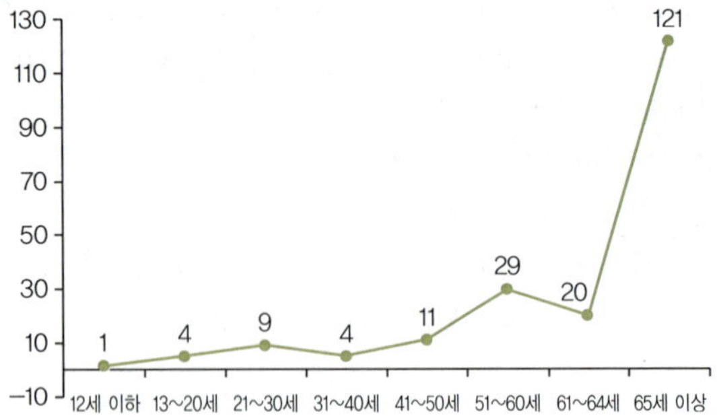

| 오답풀이 |

① 가해운전자와 피해운전자의 자전거 교통사고 발생건수를 연령대별로 합한 값이다.

③ '$\frac{\text{연령대별 피해운전자 발생 건수}}{\text{피해운전자 발생 건수의 합계}}\times 100$'으로 구한다.

⑤ 그래프에 수치가 주어져 있지 않으나, 막대의 길이로 적절한 그래프임을 알 수 있다.

15 문제처리능력 자료를 바탕으로 일정 파악하기

| 정답 | ④

| 해설 | 제시된 자료에 따라 확실하게 알 수 있는 출장 순서는 '김 사원－이 팀장－박 과장과 송 사원' 순이고, 정 대리는 가장 마지막 주에 홀로 출장을 간다. 만약 21 ~ 24일에 최 과장과 노 대리가 출장을 간다면 최대 기간의 출장을 계획할 수 있으며, 다음과 같이 일정을 정리할 수 있다.

일	월	화	수	목	금	토
		1 김 사원	2 김 사원	3 김 사원	4 김 사원	5
6	7 이 팀장	8 이 팀장	9 이 팀장	10 이 팀장	11 영업팀 전체 회의	12
13	14 팀장급 사장 미팅	15 박 과장/ 송 사원	16 박 과장/ 송 사원	17 박 과장/ 송 사원	18 박 과장/ 송 사원	19
20	21 최 과장/ 노 대리	22 최 과장/ 노 대리	23 최 과장/ 노 대리	24 최 과장/ 노 대리	25 영업팀 전체 회의	26
27	28 정 대리	29 정 대리	30 정 대리	31 정 대리		

따라서 위의 일정이 제시된 〈출장 지침〉과 〈영업팀 출장 계획〉에 부합하므로 ④가 올바르다.

| 오답풀이 |

① 같은 직급인 경우 같은 기간에 출장을 갈 수 없으며, 김 사원이 송 사원보다 일찍 출장을 가므로 옳지 않다.

② 이 팀장은 박 과장보다 빠른 주에 출장을 간다고 하였으므로 두 사람이 같은 기간에 출장을 가지 않는다.

③ 김 사원이 이 팀장보다, 이 팀장이 박 과장보다 빠른 주에 출장을 가므로 박 과장과 김 사원이 같은 기간에 출장을 가지 않는다.

⑤ 정 대리는 마지막 주에 혼자 출장을 가므로 최 과장과 같은 기간에 출장을 가지 않는다.

16 문제처리능력 지원금 계산하기

| 정답 | ④

| 해설 | 적용대상 동아리 8개의 성과와 지급률, 지급액을 표로 정리해 보면 다음과 같다.

동아리	평점 합(점)	지급률	지급액(만 원)
A	8+6+8=22	130%	100×1.3=130
B	10+8+7=25	150%	300×1.5=450
C	7+4+8=19	100%	300×1.0=300
D	8+9+7=24	130%	200×1.3=260
E	6+5+7=18	100%	400×1.0=400
F	8+9+10=27	150%	100×1.5=150
G	8+8+5=21	100%	400×1.0=400
H	7+5+5=17	100%	200×1.0=200

따라서 지원금을 가장 많이 받는 B 동아리와 가장 적게 받는 A 동아리의 지원금 차이는 450－130=320(만 원)이다.

17 문제처리능력 지원금 계산하기

| 정답 | ④

| 해설 | 20X2년도 동아리 지원금이 가장 많다는 것은 20X1년도 성과 순위 1위와 2위 동아리에 해당된다는 것을 의미한다. 따라서 평점의 합이 27점인 F 동아리와 25점인 B 동아리가 지원금이 가장 많은 2개 동아리이다.

18 사고력 명제 판단하기

| 정답 | ⑤

| 해설 | 제시된 다섯 개의 명제들 중 첫 번째, 두 번째, 세 번째 명제는 단순 삼단논법으로 연결되어 '아이스크림→초콜릿→쌀→~과자'의 관계가 성립하므로, 이것의 대우 명제인 '과자→~아이스크림', 즉 '과자를 좋아하는 사람은 아이스크림을 좋아하지 않는다'도 참인 명제가 된다.

19 사고력 강제결합법 이해하기

| 정답 | ②

| 해설 | 강제결합법은 연관성이 없는 둘 이상의 단어를 통해 새로운 아이디어를 도출하는 방법이다. ①, ③, ④, ⑤는 모두 서로 다른 사물의 연결을 통해 제3의 제품을 개발한 사례이나, ②의 플라스틱 컵의 재질을 끊임없이 대체해 보는 과정은 스캠퍼(SCAMPER) 기법의 '대체하기' 방법을 활용한 것으로 강제결합법으로 보기에는 적절치 않다.

20 문제처리능력 보험금 계산하기

| 정답 | ②

| 해설 | A ~ D 건물은 모두 보험금액이 보험가액의 80%보다 작거나 보험가액이 보험금액보다 더 큰 유형에 해당하므로, 유형별 산식에 의해 다음과 같이 계산할 수 있다.

- A 건물 : 5,000×5,000÷(7,000÷0.8)≒4,464(만 원)
- B 건물 : 5,000×7,000÷8,000=4,375(만 원)
- C 건물 : 5,000×6,000÷(8,500×0.8)≒4,412(만 원)
- D 건물 : 5,000×10,000÷12,000≒4,167(만 원)

따라서 지급되는 보험금은 A 건물－C 건물－B 건물－D 건물의 순으로 많다.

21 기초통계능력 경우의 수 구하기

| 정답 | ④

| 해설 | 가운데 숫자가 0이라고 하였으므로 우선 다음과 같이 비밀번호를 만들 수 있다.

			0			

바뀌기 전 비밀번호에서 두 번 사용된 숫자는 새 비밀번호에서 한 번씩만 사용되었다고 하였으므로 새 비밀번호에는 1이 한 번, 2가 한 번 사용된 것을 알 수 있다. 또한 7자리 숫자 중 가장 작은 숫자만 두 번 사용되었다고 하였으므로 0이 두 번 사용된 것이 된다.

따라서 7개의 숫자는 0, 0, 1, 2가 포함되어 있으며, 7자리의 숫자를 모두 더하면 15라고 하였으므로 나머지 세 개의 숫자의 합이 12여야 한다.

0, 1, 2를 사용하지 않고 같은 숫자를 세 번 이상 사용하지 않으면서, 세 개 숫자의 합이 12인 경우는 3, 4, 5의 조합밖에 없다.

따라서 새 비밀번호의 7개 숫자는 0, 0, 1, 2, 3, 4, 5가 되어야 한다. 가운데 숫자가 0이며 0을 제외한 나머지 숫자가 오름차순으로 정렬되어 있다고 하였으므로, 나머지 하나의 0이 각각 여섯 개의 자릿수가 되는 새 비밀번호로 가능한 경우의 수는 6가지가 된다.

22 문제처리능력 자료 분석하기

| 정답 | ④

| 해설 | 혜택 항목이 가장 적은 '병' 카드를 기준으로 확인해 보면 국제선 항공권 할인, K 여행사 패키지 할인, 호텔 숙박료 할인이 3개 카드에 모두 적용된다는 것을 알 수 있다.

| 오답풀이 |

① 인천공항 주차요금 할인은 '병' 카드에 적용되지 않는다.

② 국제선 항공권 할인이 누락되어 있다.

③ K 여행사 패키지 할인이 누락되어 있다.

⑤ 렌터카 할인은 '을' 카드에 적용되지 않는다.

23 문제처리능력 자료를 분석하여 선택하기

| 정답 | ④

| 해설 | 비용 지출 예정 항목을 카드별로 나누어 할인받는 금액을 계산해 보면 다음과 같다.

- '갑' 카드
  - K 여행사 패키지 : 550(만 원)×3(%)=165,000(원)
  - 공항 주차요금 : 10(만 원)×30(%)=30,000(원)
  - JR 철도 이용요금 : US$120×15(%)=US$18
    → US$18×1,100=19,800(원)

– S 카페 식사 : 2(만 원)×10(%)=2,000(원)

따라서 총 할인금액은 165,000+30,000+19,800+2,000=216,800(원)이다.

- '을' 카드
  - – K 여행사 패키지 : 550(만 원)×5(%)=275,000(원)
  - – 공항 주차요금 : 10(만 원)×50(%)=50,000(원)
  - – JR 철도 이용요금 : US$120×15(%)=US$18 → US$18×1,100=19,800(원)
  - – 도서 구매 : 3(만 원)×10(%)=3,000(원)

  따라서 총 할인금액은 275,000+50,000+19,800+3,000=347,800(원)이다.
- '병' 카드
  - – K 여행사 패키지 : 550(만 원)×6(%)=330,000(원)

  따라서 총 할인금액은 330,000원이다.

따라서 347,800원의 할인이 적용되는 '을' 카드를 선택할 때 할인이 가장 큰 것을 알 수 있다.

24 문제처리능력 자료 분석하기

| 정답 | ①

| 해설 | SW 호텔 이용 시에는 '갑', '을' 카드는 숙박료의 5%를 할인해주는 반면, '병' 카드가 숙박료의 7%를 할인해 주고 있으므로 '병' 카드의 혜택이 가장 크다.

| 오답풀이 |

② 혜택의 종류가 많은 것이 혜택 금액이 가장 많다고 볼 수는 없다.

③ '을' 카드에는 적용되지 않는다.

④, ⑤ 혜택의 유리함은 어디에서 어떤 지출 행위를 하느냐에 따라 달라지므로 모두 올바른 판단이라고 볼 수 없다.

25 경영이해능력 기업의 원가관리법 이해하기

| 정답 | ⑤

| 해설 | 제시된 글에 따르면, ABC는 제품, 고객, 서비스 등 기업의 활동을 중심으로 원가동인을 측정하고자 하는 관점을 지향하는 원가계산 기법이며, ABM은 공정, 업무절차 등을 개선하여 낭비 요인을 제거하고자 하는 일련의 프로세스 개선을 지향하는 원가관리 기법이라는 점에서 차이가 있다고 할 수 있다.

| 오답풀이 |

① ABC가 '원가는 얼마인가?'에 대한 관점이고 ABM은 '원가는 왜 발생하는가?'에 대한 관점이다.

② 특정 제품을 개발하고 유지하는 데 수행되는 활동은 제품유지 활동으로, 이는 ABC의 측정 요인이다.

③ ABC에 대한 설명이다.

④ ABM 관리를 위해 ABC에서 측정된 정보가 활용되는 것이다. ABM은 기업 내 구성원들로 하여금 품질, 납기, 수익성 향상 등에 지속적이고 집중적인 노력을 경주하도록 ABC 정보를 활용하는 과정이라 할 수 있다.

26 경영이해능력 실업의 개념 이해하기

| 정답 | ③

| 해설 | 제시된 글에서는 구직단념자나 시험준비생이 비경제활동인구로 분류된다고 설명하고 있다. 또한 실업률 설명에 의하면 '실업률=실업자 수÷경제활동인구×100'의 산식이 성립하므로 취업준비생이 적어지는 것은 실업률과 관계가 없다는 것을 알 수 있다. 또한 적어진 취업준비생이 모두 취업 등을 통해 경제활동인구가 된다는 보장도 없기 때문에 경제활동인구가 그만큼 증가한다고 볼 수도 없다.

| 오답풀이 |

① 노동가능인구는 경제활동인구와 비경제활동인구를 합한 것이며, 경제활동인구는 취업자와 실업자를 합한 것이므로 노동가능인구는 취업자, 실업자, 비경제활동인구를 포함하는 개념이 된다.

② 군인은 15세 이상 인구에 포함되나, 노동가능인구에 포함되지 않아 경제활동인구에도 포함되지 않는다.

④ 실업자와 취업자 간 인구수에 상호 증감이 있어도 경제활동인구 전체의 수는 변함이 없는 것이므로 경제활동참가율은 변하지 않는다.

⑤ 직장 생활을 하던 근로자가 갑작스러운 심신장애로 사회생활이 어려워진다는 것은 일할 능력이 없어지는 것이므로 실업자가 되는 것이 아닌, 비경제활동인구가 되는 것을 의미한다. 그러나 비경제활동인구도 노동가능인구에는 포함되므로 노동가능인구의 수에는 변함이 없게 된다.

27 체제이해능력 내선 및 팩스번호 규정 이해하기

| 정답 | ⑤

| 해설 | 내선번호 규정에 따라 첫 번째 숫자의 경우 관장과 부장은 0, 행복팀은 3, 성장팀은 1, 운영지원팀은 2번이며, 두 번째 숫자의 경우 관장, 부장, 팀장, 사원 순서대로 각각 1, 2, 3, 4를 부여 받는다. 세 번째 숫자의 경우 관장과 부장 한 명씩이므로 1을 부여 받고, 행복팀은 1～7, 성장팀은 1～9, 운영지원팀은 1～6을 부여 받으며, 네 번째와 다섯 번째 숫자의 경우 임의로 부여 되므로 01～99까지 모두 가능하다.

⑤의 경우 운영지원팀에 속한 직원 직급이 팀장과 사원이므로 두 번째 숫자는 3 또는 4가 가능하고 구성원이 총 6명이므로 세 번째 숫자는 1～6에서만 가능하다. 따라서 22700은 내선번호가 될 수 없다.

28 체제이해능력 상황에 맞게 민원인 안내하기

| 정답 | ⑤

| 해설 | A는 대안학교, 자살 예방 관련 프로그램, 봉사 실적 확인서 발급 업무를 담당하는 직원과의 전화 연결이 필요하며, 이는 각각 성장팀 팀장, 성장팀 사원, 운영지원팀 사원이 담당하고 있다. ⑤는 행복팀 사원 내선번호이다.

| 오답풀이 |

① 성장팀 팀장의 내선번호이다.

② 성장팀 사원의 내선번호이다.

③, ④ 운영지원팀 사원의 내선번호이다.

29 경영이해능력 5 Forces Model 이해하기

| 정답 | ③

| 해설 | 공급자의 교섭력은 공급자가 생산자 이외의 다른 대체재의 선택의 용이성에 따라 달라진다. 인터넷전문은행 C사의 경우 은행자본의 공급자인 예금고객을 모집하기 유리한 예금 금리를 설정하는 것에 대한 차별성이 없어 예금 금리로는 C사를 대체할 다른 은행을 선택하는 것을 막기가 어려우므로 공급자의 교섭력은 높다고 볼 수 있다.

30 경영이해능력 산업의 매력도 판단하기

| 정답 | ④

| 해설 | C사의 수익성 저해 요인은 공급자의 교섭력과 대체재의 위협 2가지이므로 $\frac{2}{5}<0.5$가 되어 산업의 매력도는 높다고 판단된다. 저해 요인 중 대체재의 위협 요인인 오프라인 은행이 모바일 서비스를 강화하는 데에 대한 대응으로 차별화된 가격 서비스를 제공할 수 있다.

31 경영이해능력 동기부여 강화이론 이해하기

| 정답 | ②

| 해설 | 바람직한 행동(이익 향상을 위해 적극적으로 아이디어를 냄)이 일어난 후 긍정적인 자극(반일 휴가 제공)을 주어 그 행동을 반복하게 하는 것은 '전략 1'에 해당된다.

32 경영이해능력 동기부여 강화이론 이해하기

| 정답 | ④

| 해설 | 바람직하지 않은 행동(체크리스트 내 불이행 항목이 있음)이 일어난 후 부정적 자극(상사와 개인 면담)을 주어 행동을 감소시키는 것은 '전략 4'에 해당된다.

33 갈등관리능력 갈등 해결 방안 모색하기

| 정답 | ⑤

| 해설 | 제시된 상황에서의 최선책은 돌발 상황 속에서도 대안을 강구하여 최대한 회사 차원에서 정한 일정에 맞게 차질 없이 업무를 수행해 내는 것이라고 할 수 있다.

34 갈등관리능력 갈등 해결 방안 모색하기

| 정답 | ④

| 해설 | 업무를 신 사원에게 전적으로 맡겼지만, 결재를 올리기 전 최종 검토를 안 한 김 과장의 잘못도 있으므로 신 사원과 함께 잘못을 인정하는 것이 바람직하다.

35 갈등관리능력 갈등 해결 방안 모색하기

| 정답 | ③

| 해설 | 각 부서의 입장 차이로 갈등이 발생했을 경우 감정 소모를 줄이고 서로의 입장을 이해하려는 태도가 무엇보다 중요하다. 따라서 ③이 가장 바람직한 대응법이며, 나머지는 문제에 대한 근본적인 해결 방법이 아니거나 오히려 갈등을 부추길 수 있으므로 적절하지 않다.

36 갈등관리능력 갈등 해결 방안 모색하기

| 정답 | ⑤

| 해설 | 신입사원들의 업무 능력과 실무 능력 향상을 위해 진행하는 업무로, 신입사원 평가에 반영되기 때문에 선배 및 지인의 도움을 받지 않고 신입사원 본인들의 역량을 기반으로 끝까지 최선을 다해 완성해야 하며, 결과물에 대해 긍정적 혹은 부정적 피드백을 적극 수용해 반영하는 것 또한 필요하다.

37 고객서비스능력 불만고객 대처하기

| 정답 | ①

| 해설 | 출장 중인 직원들의 담당 업무일 경우 고객 정보를 받아 두고 출장에서 돌아와 민원을 처리하기로 했으나, 해당 상황이 발생했을 경우에는 처리할 수 있는 만큼 최대한 처리하고 메모해 두었다가 담당자에게 인계하여 마무리하는 것이 가장 바람직하다.

| 오답풀이 |

②, ⑤ 민원인은 사과나 인정보다는 민원을 빨리 처리해 줄 것을 요구하고 있다.

③ 이와 같이 대응했다가 처리가 불가한 민원일 경우 후에 오는 피해가 더 클 수 있다.

④ 민원인은 전화 연결까지 오래 걸린 데에도 불만을 가지고 있으므로 적절하지 않은 대응이다.

38 고객서비스능력 불만고객 대처하기

| 정답 | ②

| 해설 | 빨리빨리형 고객에 대응하는 방법으로는 일을 시원스럽게 처리하는 모습을 보여 주는 것이 가장 좋다. 입사한 지 일주일이 되어 업무에 다소 미숙한 신입사원에게 다수의 고객을 맡기고 강 계장이 보다 간단한 업무인 인출을 맡는 것보다 신입사원에게 ATM을 이용해 고객의 요구 사항을 들어줄 것을 지시한 후 계속해서 대기 중인 고객을 응대하는 것이 바람직하다.

보충 플러스+

고객 유형별 대응법

트집형	"맞습니다. 역시 정확하십니다." 등의 표현을 통해 이야기를 경청하고, 맞장구치고, 추켜세우고, 설득해 가는 방법이 효과적이다.
빨리빨리형	애매한 화법은 금물이며, 만사를 시원스럽게 처리하는 모습을 보이면 응대하기 쉽다.
의심형	분명한 근거나 증거를 제시하여 스스로 확신을 갖도록 유도한다. 때로는 책임자로 하여금 응대하게 하는 것이 좋다.
거만형	정중하게 대하는 것이 좋으며 과시욕이 채워지도록 내버려둔다. 의외의 단순한 면이 있으므로 일단 호감을 얻게 되면 득이 될 경우가 많다.

39 고객서비스능력 불만고객 대처하기

| 정답 | ④

| 해설 | 대출 금리가 자신이 생각한 것과 다르자 엉뚱하거나 사소한 것을 문제 삼는 고객으로, 불만고객의 유형 중 트집형, 까다로운 유형에 해당된다. 이러한 유형의 고객에게는 이야기를 경청하고 맞장구치면서 정중하게 사과하고 설득하는 방법으로 대처하는 것이 가장 바람직하다. 더 나아가 '경청 → 감사와 공감 표시 → 사과 → 해결 약속 → 정보 파악 → 신속 처리 → 처리 확인과 사과 → 피드백'의 8단계를 활용할 수 있다. 따라서 불만사항을 경청한 후 해결책을 찾아볼 것을 약속하는 것이 바람직한 대응 방법이다.

40 고객서비스능력 불만고객 대처하기

| 정답 | ③

| 해설 | 제시된 상황의 고객은 명백히 본인이 잘못했으나, 거리가 짧아서 일부러 누락시켰을 것이라고 멋대로 생각하며 계속해서 언성을 높이고 있다. 따라서 담당자로서 정중한 태도로 응대하는 것이 가장 중요하며 고객의 말에 맞장

구치면서도 분명한 증거를 제시하여 스스로 화를 누그러뜨릴 수 있게 유도하는 것도 필요하다. 단, 고객이 틀렸다는 것을 증명해 비난하려는 의도로 느낄 경우 화를 돋울 수 있으므로 주의해야 한다.

| 오답풀이 |

①, ② 갈등 상황에서 입장 차이를 좁혀 나가려는 노력 없이 문제를 회피하거나 타인(경찰)에게 맡겨 버리는 것은 바람직하지 않은 대응 방안이다.

6회 기출예상문제

▶ 문제 182쪽

01	②	02	③	03	④	04	②	05	④
06	⑤	07	④	08	①	09	③	10	①
11	⑤	12	②	13	③	14	③	15	⑤
16	④	17	⑤	18	①	19	③	20	②
21	④	22	①	23	②	24	②	25	③
26	②	27	②	28	⑤	29	②	30	⑤
31	③	32	④	33	②	34	①	35	④
36	①	37	⑤	38	①	39	④	40	⑤

01 문서작성능력 글의 제목 작성하기

| 정답 | ②

| 해설 | 가이드에 따라 시행 주체, 핵심 내용을 포함하였고 불필요한 수식어나 모호한 표현은 사용하지 않았다.

| 오답풀이 |

① 마지막 문단에서 여러 은행들의 '지점 다이어트'가 계속되고 있지만 △△은행은 디지털 금융은 물론 일반 지점 영업의 효율성도 끌어올릴 계획이라고 하였으므로 옳지 않다.

③ 마지막 문단에서 디지털 금융, 즉 온라인 서비스는 물론 일반 오프라인 지점 영업의 효율성을 끌어올려 고객을 잡겠다는 전략을 펼칠 계획이라고 하였으므로 옳지 않다.

④ 디지털 창구 도입은 고객과 직원 중심의 거래 편의성 제고를 목적으로 한다. 따라서 직원 편의만을 위한 것은 아니다.

⑤ 시행 주체가 포함되지 않았으며 모호하게 작성되었다.

02 문서작성능력 요약본 작성하기

| 정답 | ③

| 해설 | 세 번째 문단에서 서명 간소화 기능으로 인한 고객 편의성 향상, 서식 검색과 출력 등 불필요한 업무 감소, 관리비용 절감과 같은 긍정적 효과를 언급하고 있다.

| 오답풀이 |

① 마지막 문단에서 '△△은행은 디지털 금융은 물론 일반 지점 영업의 효율성을 끌어올려 고객을 잡겠다는 전략을 펼칠 계획'이라고 하였으므로 옳지 않다.

② 두 번째 문단에서 현재 50개점에서 시범 운영 중이라고 하였다.

④ 네 번째 문단에서 영업점 창구의 디지털 서비스 강화는 특히 스마트 기기에 익숙하지 않은 중 · 장년층 고객과 영업점 방문을 선호하는 고객에게 높은 수준의 대면 금융상담 서비스를 제공할 수 있다고 하였으며, 청년층에 대한 언급은 없다.

⑤ 세 번째 문단에서 디지털 창구를 통해 각종 서식을 만들거나 고객 장표를 보관하는 데 지출되는 관리비용을 절감할 수 있게 되었다는 내용을 볼 수 있으나, 지속적인 투자에 대한 언급은 없다.

03 문서이해능력 고객 문의에 답변하기

| 정답 | ④

| 해설 | 자료의 하단부에서 '청년우대형 주택청약종합저축은 예금보험공사가 보호하지 않으나 주택도시기금의 조성 재원으로서 정부가 관리하고 있다'고 안내되어 있다.

| 오답풀이 |

① 가입대상 안내 항목의 1), 2), 3)을 통해 알 수 있다.

② 가입서류 항목의 4)를 통해 알 수 있다.

③ 적용이율 항목의 2)에서 우대이율(연 1.5%p)의 적용대상은 가입기간 2년 이상인 계좌이며 당첨계좌의 경우 2년 미만도 포함한다고 하였으므로 A의 답변은 옳다.

⑤ 가입서류 항목의 3)에서 소득확인증명서, 근로소득 원천징수영수증, 근로소득자용 소득금액증명원, 급여명세표 중 하나로 소득을 증빙할 수 있다고 하였다.

04 문서이해능력 세부 내용 이해하기

| 정답 | ②

| 해설 | 만 24세 근로소득자인 여성 고객 C가 제출한 본인실명확인증표(여권), 3개월 이내 발급받은 주민등록등본, 3천만 원 이하 연소득을 증빙하는 소득확인증명서는 모두 필수제출서류이다.

만 31세 근로소득자인 남성 고객 F는 30세가 넘었으므로 병역기간을 차감 시 만 29세 이하임을 증명하기 위해 병적증명서를 필수적으로 제출해야 한다. 본인실명확인증표(운전면허증), 3개월 이내 발급받은 주민등록등본, 3천만 원 이하 연소득을 증빙하는 급여명세표는 역시 필수제출서류이다.

| 오답풀이 |

고객 D는 근로소득자이므로 사업 · 기타소득자용 소득확인서류인 종합소득세용 소득금액증명원은 제출서류로 적절하지 않다.

고객 E는 만 30세가 넘지 않은 남성이므로 병적증명서는 필수제출서류에 해당되지 않는다.

05 문서작성능력 빈칸에 들어갈 알맞은 문장 찾기

| 정답 | ④

| 해설 | 빈칸은 '하지만'으로 대화 내용을 반전시키고 있으므로 앞의 내용과 다른 내용이어야 한다.

이 사원과 정 사원은 긍정적인 반응을 보이며 탄력점포가 나타난 배경 등을 이야기하고 있어 ①은 제외된다. 또한 빈칸에 대한 반응으로 김 사원은 인력 배치의 변화에 대해 이야기하고 있다. 따라서 직원 채용, 구조조정을 언급하며 앞의 내용과 반대되는 분위기의 말을 하는 ④가 적절하다.

06 문서이해능력 내용을 바탕으로 추론하기

| 정답 | ⑤

| 해설 | 세 번째 문단에 따르면 공공기관 총사업비 관리 대상은 공공기관 예비타당성 조사를 거친 사업으로 한정된다. 따라서 예비타당성 조사를 앞둔 사업은 해당되지 않는다.

| 오답풀이 |

① 다섯 번째 문단에서 사업비가 당초 총사업비의 30% 이상 증액되어 재조사를 받아야 할 경우 재해 예방이나 복구를 위해 사업을 시급히 추진해야 하거나 매몰 비용이 큰 경우에는 기재부 및 주무기관장과의 협의를 통해 재조사를 면제받을 수 있다고 하였다.

② 이번 지침은 공공기관장의 자율과 책임 경영하에서 체계적인 사업비 관리가 이루어지도록 하는데 주안점을 둔 것이다. 또한 '타당성 재검토' 절차를 신규 도입하여

공공기관의 장이 예타 분석방법을 참조하여 자체적으로 판단해 타당성을 검증하도록 했다.

③ 네 번째 문단을 통해 알 수 있다.

④ 기존에 없던 '타당성 재검토' 절차의 도입은 예타를 마친 사업이라도 총사업비의 무리한 증액을 방지하여 공공기관이 재무상태를 건전하게 관리하기 위한 것이다.

07 문서작성능력 글의 흐름에 맞게 빈칸 채우기

| 정답 | ④

| 해설 | 철저한 계획과 방대한 문서작업을 수반하는 과거의 개발 방식은 외부 환경에 신속하고 유연하게 대처할 수 없기 때문에 변화가 많은 현재와 같은 환경에 적합한 개발 방식은 아니다.

| 오답풀이 |

① 오랜 계획과 철저한 규정이 뒤따르는 과거의 개발 방식은 규모가 큰 대형 프로젝트에는 적합할 수 있으나 소규모 프로젝트에는 오히려 개발을 더디게 만드는 걸림돌로 작용한다.

② 현대의 소프트웨어 개발 방식은 주기가 짧고 소규모로 이뤄지는 것이 특징이다.

③ 완벽한 기획이나 분석을 추구하는 것은 과거의 개발 방식이다.

⑤ 오랜 시간 대규모로 이뤄지기 때문에 다수의 의견이 반영될 가능성이 높다.

08 문서이해능력 세부 내용 이해하기

| 정답 | ①

| 해설 | 속물효과는 다른 사람들이 물건을 사는 것에 영향을 받아 그 물건을 구입하지 않게 되는 것을 말하는데, 여기에는 남들과 차별화되고자 하는 심리가 내재되어 있다. 따라서 속물효과는 희소성이 약한 저가의 생활필수품에는 나타나지 않고 높은 희소성을 유지하는 고가의 사치품에서 나타난다.

09 문서작성능력 글의 흐름에 맞게 빈칸 채우기

| 정답 | ③

| 해설 | 빈칸 앞에서는 다른 사람들의 소비를 따라 수요량이 증가하는 현상을 설명하고 있는 반면 빈칸 뒤에서는 다른 사람들과의 차별화를 위해 사람들의 소비가 증가하면 오히려 수요량의 증가폭이 감소하는 현상에 대해 설명하고 있다. 따라서 반대의 의미를 나타내는 '이와는 달리'가 들어가는 것이 적절하다.

10 문서작성능력 문맥에 따른 단어의 의미 파악하기

| 정답 | ①

| 해설 | 현대의 개인의 존재는 기호의 조작과 계산 속에서 소멸되며 현대의 인간은 자신의 욕구를 직시하는 일이 없고 자신의 모습과 마주하는 일도 없이 자신이 늘어놓은 기호들 속에 내재할 뿐이라고 하였다. 즉 현대의 질서에서는 인간이 자신의 모습, 자신의 '실체'와 마주하지 않고 대량의 기호화된 사물, '허상'만을 응시할 따름이라고 볼 수 있다. 따라서 ㉠과 ㉡은 각각 '실체'와 '허상'을 의미한다.

11 도표분석능력 자료의 수치 계산하기

| 정답 | ⑤

| 해설 | '각 부서별 물품 수요'를 보면, 흑백 잉크는 6+4+0=10(개), 칼라 잉크는 2+1+2=5(개), A4용지 묶음(200매)은 4+3+3=10(개)가 필요함을 알 수 있다.

따라서 프린트 전문점별 총 가격은 다음과 같다.

- ㄱ사
  {(7,000×10)+(25,000×5)+(4,200×10)}×0.9=213,300(원)
- ㄴ사
  {(8,000×10)+(22,000×5)+(3,600×10)}×0.9=203,400(원)
- ㄷ사
  {(10,000×10)+(18,000×5)+(3,800×10)}×0.9=205,200(원)

또한, ㄱ사에서 흑백 잉크, ㄴ사에서 A4용지 묶음, ㄷ사에서 칼라 잉크를 구매할 시의 가격은 (7,000×10)+(18,000×5)+(3,600×10)=196,000(원)으로 가장 저렴하다.

12 도표분석능력 자료의 수치 계산하기

| 정답 | ②

| 해설 | 흑백 잉크 10개, 칼라 잉크 5개, A4용지 묶음(200매) 10개가 필요하므로, 흑백 잉크와 칼라 잉크를 모두 한 업체에서 구매할 시 A4용지는 따로 구매하지 않아도 된다. 따라서 프린트 전문점별 총 가격은 다음과 같다.

- ㄱ사
  (7,000×10)+(25,000×5)=195,000(원)
- ㄴ사
  (8,000×10)+(22,000×5)=190,000(원)
- ㄷ사
  (10,000×10)+(18,000×5)=190,000(원)

| 오답풀이 |

④ 흑백 잉크가 가장 저렴한 ㄱ사, 칼라 잉크가 가장 저렴한 ㄷ사, A4용지가 가장 저렴한 ㄴ사에서 각각의 물품을 구매한다면 (7,000×10)+(18,000×5)+(3,600×10)=196,000(원)이 필요하다.

⑤ ㄴ사와 ㄷ사에서 각각 필요한 모든 제품을 구매할 때의 가격은 동일하다.

13 기초연산능력 비용 계산하기

| 정답 | ③

| 해설 | • 101호(6인실)

입원비 총액 : 10,000×(3+1+4+12+6)=260,000(원)

식비 총액 : 10,000×(3+1+4+12+6)=260,000(원)

본인부담금 : (260,000×0.2)+(260,000×0.5)
=182,000(원)

• 102호(4인실)

입원비 총액 : 50,000×(2+3+3)=400,000(원)

식비 총액 : 10,000×(2+3+3)=80,000(원)

본인부담금 : (400,000×0.3)+(80,000×0.5)
=160,000(원)

• 103호(4인실)

입원비 총액 : 30,000×(5+4+2+6)=510,000(원)

식비 총액 : 10,000×(5+4+2+6)=170,000(원)

본인부담금 : (510,000×0.3)+(170,000×0.5)
=238,000(원)

• 201호(격리실)

입원비 총액 : 100,000×14=1,400,000(원)

식비 총액 : 10,000×14=140,000(원)

본인부담금 : (1,400,000×0.1)×(140,000×0.5)
=210,000(원)

따라서 환자들의 본인 부담금 총액은 182,000+160,000+238,000+210,000=790,000(원)이다.

14 도표분석능력 자료의 수치 계산하기

| 정답 | ③

| 해설 | 인천, 김해의 경우 공항면세점이나 항만면세점이 있지만 시내면세점은 없다.

| 오답풀이 |

① 공항면세점 2개, 항만면세점 2개, 제주지점면세점 5개, 시내면세점 2개가 제주도에 위치하고 있으므로, 국내 면세점 41개의 25% 이상이다.

② 공항면세점은 없고 항만면세점은 있는 지역은 부산으로, 부산의 시내면세점은 2개이다.

④ 시내면세점, 공항/항만면세점의 직전 연도 대비 성장률은 다음과 같다.

분류	시내면세점	공항/항만면세점
20X1년	$\frac{29,500-24,500}{24,500}\times100 ≒ 20.41(\%)$	$\frac{20,400-17,200}{17,200}\times100 ≒ 18.60(\%)$
20X2년	$\frac{35,700-29,500}{29,500}\times100 ≒ 21.02(\%)$	$\frac{23,600-20,400}{20,400}\times100 ≒ 15.69(\%)$
20X3년	$\frac{40,000-35,700}{35,700}\times100 ≒ 12.04(\%)$	$\frac{23,700-23,600}{23,600}\times100 ≒ 0.42(\%)$
20X4년	$\frac{49,000-40,000}{40,000}\times100 = 22.5(\%)$	$\frac{22,800-23,700}{23,700}\times100 ≒ -3.80(\%)$

⑤ 20X4년 공항/항만면세점의 지점 1개당 평균 매출은 $\frac{22,800}{19}$= 1,200(억 원), 시내면세점의 지점 1개당 평균 매출은 $\frac{49,000}{16}$= 3,062.5(억 원)이다. 따라서 공항/항만면세점의 지점 1개당 평균 매출은 시내면세점의 지점 1개당 평균 매출의 50% 미만이다.

15 도표분석능력 전망 추이 분석하기

| 정답 | ⑤

| 해설 | 20X4년 시내면세점에서 서울이 차지하는 비율은 $\frac{6}{16}\times 100 = 37.5(\%)$이다. 20X5년 지정된 5곳의 신규 지정 업체가 모두 완공되면 서울에 시내면세점이 4개 늘어나게 되므로 시내면세점에서 서울이 차지하는 비율은 $\frac{10}{21}\times 100 ≒ 47.62(\%)$가 된다.

| 오답풀이 |

① 광주광역시에는 면세점이 존재하지 않는다.

② 아산에는 20X4년 현재 시내면세점이 없으므로 20X5년에 입점하는 시내면세점은 아산에 입점하는 첫 번째 시내면세점이다.

③ 20X5년 시내면세점 매출은 전년 대비 10% 이상 상승, 공항/항만면세점 매출은 전년 대비 15% 상승이 예상된다. 따라서 20X5년 시내면세점 매출은 49,000×0.1=4,900(억 원), 공항/항만면세점 매출은 22,800×0.15=3,420(억 원)이 증가될 것으로 예상된다.

④ 기타 면세점 매출의 변화를 알 수 없기 때문에 20%대로 떨어질지는 알 수 없다.

16 도표분석능력 자료의 수치 분석하기

| 정답 | ④

| 해설 | 수력 발전원의 발전전력양이 가장 적은 달은 425 GWh를 기록한 11월이다.

| 오답풀이 |

① 20X0년 4월 총발전량의 3월 대비 증감률은 $\frac{42,252-46,141}{46,141}\times 100 ≒ -8.4(\%)$이다.

② 20X0년 4월 복합 발전원은 전년 동월 대비 증감률이 −21%로, 발전전력량이 감소하였다.

③ 20X0년 6월의 발전원별 발전전력량이 두 번째로 많은 발전원은 원자력, 9월은 복합이다.

⑤ 20X0년 8월 대체에너지 발전원이 전월 대비 증가폭은 2,693−2,153=540, 수력에너지의 증가폭은 1,074−612=462로 대체에너지의 증가폭이 더 크다.

17 도표작성능력 그래프 작성하기

| 정답 | ⑤

| 해설 | ㉠ 복합 발전원의 발전량은 3월 13,477GWh에서 4월에 9,287GWh로, 5월에 7,555GWh까지 감소하였다가 6월에 9,439GWh, 7월에는 10,367GWh로 다시 10,000GWh 이상의 발전량을 기록하였다. 따라서 ㉠ 그래프는 왼쪽 세로축을 기준으로 볼 때 복합 발전원임을 알 수 있다.

㉡ 대체에너지의 발전량은 3월 2,904GWh로 시작하여 4월에 소폭 증가한 후 5월부터 7월까지 2,607GWh, 2,402GWh, 2,153GWh로 계속 하락하는 추세를 보인다. 따라서 ㉡ 그래프는 왼쪽 세로축을 기준으로 볼 때 대체에너지 발전원임을 알 수 있다.

㉢ 수력 발전원은 3월 534GWh부터 시작해서 7월까지 소폭 감소와 증가를 반복하다 7월에 612GWh를 기록하였다. 따라서 ㉢ 그래프는 오른쪽 세로축을 기준으로 볼 때 수력 발전원임을 알 수 있다.

㉣ 기타 발전원은 3월 738GWh로 시작하여 4월에 소폭 하락 후 6월까지 882GWh로 상승한 후 7월에 다시 788GWh로 소폭 하락하는 추세를 보인다. 따라서 ㉣ 그래프는 오른쪽 세로축을 기준으로 그래프가 인접한 기준선을 700 ~ 750GWh 사이로 해석하면 기타 발전원임을 알 수 있다.

18 기초연산능력 비용 계산하기

| 정답 | ①

| 해설 | C 농장의 부족한 할당량은 5,000개이다. B 농장의 사과 3,000개 중 불량률을 고려한 양호한 상태의 사과는 2,550개이고 D 농장의 사과 2,000개 중 불량률을 고려한 양호한 상태의 사과는 1,800개이다. 즉 두 농장에서 구입한 사과는 총 4,350개로 A 농장에서 구입할 사과의 양은 650개가 된다.

따라서 C 농장이 내야 하는 총 비용은 (2,550×2,000)+(1,800×2,500)+(650×3,000)=11,550,000(원)이다.

19 사고력 명제 판단하기

| 정답 | ③

| 해설 | 문제에서 김 사원이 대출이 없다고 했으므로 자동차가 없다. 따라서 오피스텔에 살면서 자동차가 없는 김 사원은 미혼이다.

| 오답풀이 |

① 두 번째 조건에서 아파트에 살면서 기혼이면 자동차가 있으므로 대출이 있다. 또한 오피스텔에 살면서 자동차가 없는 직원은 모두 미혼이라고 했으므로 기혼자라면 대출이 있다. 따라서 김 사원은 기혼일 수 없다.

② 두 번째 조건의 역으로, 참인 명제의 역이 반드시 참인 것은 아니다.

④ 김 사원은 자동차가 없으므로 기혼이라고 확신할 수 없다.

⑤ 전제 조건에 김 사원은 대출이 없으므로 첫 번째 조건에서 대우 명제를 보면 '대출이 없는 사람은 자동차가 없다' 이므로 김 사원은 자동차가 없다.

20 문제처리능력 조건에 맞는 장소 채택하기

| 정답 | ②

| 해설 | 각 평가 기준에 따른 점수를 계산하면 다음과 같다.

(단위 : 점)

구분	갑 센터	을 구민회관	병 교통회관	정 지역 상공 회의소	무 빌딩
이동시간	4	3	5	1	2
수용가능인원	2	3	1	5	4
대관료	4	5	2	3	1
교통편	2	4	4	4	5
빔 프로젝터	2	2	2	2	0
합계	14	17	14	15	12

따라서 총점이 가장 높은 을 구민회관 2층이 채택된다.

21 사고력 조건에 맞게 추론하기

| 정답 | ④

| 해설 | 제시된 자료를 바탕으로 봉사활동 횟수를 구하면 다음과 같다.

분류	홍보팀	경영팀	인사팀	회계팀	영업팀
첫 주	2회	2회	1회		
둘째 주				1회	1회
셋째 주			1회	1회	

따라서 회계팀은 인사팀과 봉사활동을 다녀온 후에는 1일의 휴가를 얻을 수 있다.

22 문제처리능력 지원금 계산하기

| 정답 | ①

| 해설 | 〈20X9년 달라지는 일자리 안정자금〉에 월평균 보수액을 월평균 근로시간으로 나눈 금액이 20X9년 최저임금(8,350원)보다 적은 근로자가 있는 사업장에 대한 지원이 불가능하다고 명시되어 있다. 최○○의 20X9년 월평균 보수액은 1,650,000원, 월평균 근로시간은 209시간이므로 $\frac{1,650,000}{209} \fallingdotseq 7,895$(원)이 되어 지원이 불가능하다.

23 문제처리능력 일자리 안정자금 지원 기준 이해하기

| 정답 | ②

| 해설 | A : 30인 미만 고용사업주는 아니지만 업종이 공동주택 경비이므로 20X8년, 20X9년 모두 지원대상이다.

B : 30인 미만 고용사업주가 아니므로 20X8년, 20X9년 모두 지원대상이 아니다.

C : 30인 미만 고용사업주가 아니므로 20X8년엔 지원대상이 아니지만, 20X9년엔 노인돌봄서비스제공기관에 해당되어 지원대상이다.

D : 30인 미만 고용사업주가 아니므로 20X8년엔 지원대상이 아니지만, 20X9년엔 55세 이상 고령자를 고용하고 있는 경우에 해당되어 지원대상이다.

E, I : 30인 미만 고용사업주이므로 20X8년, 20X9년 모두 지원대상이다.

F : 30인 미만 고용사업주이지만 국가로부터 인건비 재정지원을 받고 있으므로 20X8년, 20X9년 모두 지원대상이 아니다.

G : 30인 미만 고용사업주가 아니므로 20X8년엔 지원대상이 아니지만, 20X9년엔 사회적기업에 해당되어 지원대상이다.

H : 30인 미만 고용사업주이지만 고소득 사업주이므로 20X8년, 20X9년 모두 지원대상이 아니다.

J : 30인 미만 고용사업주이지만 임금체불 명단 공개 중인 사업주이므로 20X8년, 20X9년 모두 지원대상이 아니다.

K : 30인 미만 고용사업주는 아니지만 업종이 공동주택 청소이므로 20X8년, 20X9년 모두 지원대상이다.

따라서 20X8년 대비 20X9년에 새롭게 지원대상 기업이 될 수 있는 사업주는 C, D, G로 3개이다.

24 문제처리능력 자료를 바탕으로 추론하기

| 정답 | ②

| 해설 | 어린이 교통교육 9월 교육신청 현황을 보면 일요일에는 교육일정이 없다는 것을 확인할 수 있다.

| 오답풀이 |

③ 올바른 도로횡단 방법에 관한 내용은 저학년 대상의 교육내용이기 때문에 소망초 4학년 학생들은 들을 수 없다.

④ 교육기간이 3 ~ 12월 중인 것으로 보아 교통교육이 열리지 않는 기간은 연중 두 달 이상이다.

⑤ 부모 동석은 원래 불가하나 초등학교 고학년이 ADHD 발달장애 등 장애를 갖고 있을 경우 진단서를 제시한 후에 부모를 동석하여 교육 수강이 가능하다.

25 문제처리능력 자료를 바탕으로 상황 판단하기

| 정답 | ③

| 해설 | 음식물 반입은 금지이므로 교육이 이뤄지는 동안 음료를 마실 수 없을 것이다.

| 오답풀이 |

① 부모가 희망하는 교육은 초등학교 고학년 대상 교육내용 중 '잘못된 보행습관'에 해당한다.

② 초등학교 고학년 대상 교육은 기본적으로 부모 동석이 불가하다.

④ 9월 둘째 주 오후 시간을 희망하므로 수요일을 제외한 나머지 요일에 교육 수강이 가능하다.

⑤ 현장 체험 방식이 아닌 시청각 자료가 활용될 것이다.

26 문제처리능력 금액 산출하기

| 정답 | ②

| 해설 | N 기업은 경기도 소재 기업체이므로 기업할인 대상이 되어, IT교육실을 제외하고 이용료의 20%를 감면받는다.

1) 이용료를 20% 감면 받는 시설 : 대강당, 중강의실, 2인실, 4인실

이용료 감면 전 금액은 각각 다음과 같다.

- 대강당 : 약정시간 초과로 전일(8H) 요금 적용
  2,000,000(원)×2(일)=4,000,000(원)
- 중강당 : 18 : 00 이후 2시간 추가
  {700,000(원)+100,000(원)×2(시간)}×2(일)×3(개)
  =5,400,000(원)
- 2인실 : 60,000(원)×80(개)×2(박)=9,600,000(원)
- 4인실 : 100,000(원)×20(개)×3(박)=6,000,000(원)
  → (4,000,000+5,400,000+9,600,000+6,000,000)×0.8=20,000,000(원)

2) 이용료 감면 받지 않는 시설 : IT교육실

- IT교육실 : 400,000원

따라서 1)과 2)를 합산하여 정산한 요금은 20,000,000+400,000=20,400,000(원)이다.

27 문제처리능력 시안 결정하기

| 정답 | ②

| 해설 | L 공사가 원하는 사용희망일자에는 내부에서 소강의실을 사용하지 않으며 소강의실의 시설 수도 총 2개로 최대 80명까지 수용 가능하기 때문에 신청 수락이 가능하다.

| 오답풀이 |

① K 기업이 원하는 사용희망일자는 성희롱예방교육과 일정이 겹쳐 대강당을 사용할 수 없다.

③ P 기업이 원하는 사용희망일자에는 중강당 3개와 소강의실 2개를 모두 사용하고 있으므로 이용 신청을 수락할 수 없다(기획력 향상과정에서 중강당 2개, 창조역량 강화과정에서 중강당 1개/소강의실 2개 이용).

④ C 대학교의 신청 인원이 IT교육실 수용인원 60명을 초과하므로 이용 신청을 수락할 수 없다.

⑤ B 공사가 원하는 사용희망일자는 청렴교육과 일정이 겹쳐 대강당을 사용할 수 없다.

28 업무이해능력 워크플로시트 이해하기

| 정답 | ⑤

| 해설 | 제시된 업무수행 시트는 워크플로시트이다. 이는 일의 흐름을 동적으로 보여 주는 시트로, 시트에 사용하는 도형의 종류를 다르게 하여 주된 작업과 부차적인 작업, 혼자 처리할 수 있는 일과 협조를 필요로 하는 일 등을 구분해서 표현한다.

| 오답풀이 |

①, ③ 간트 차트에 대한 설명이다.

②, ④ 체크리스트에 대한 설명이다.

29 업무이해능력 업무량 산정방법 이해하기

| 정답 | ②

| 해설 | 근로자의 날은 법정 공휴일이므로 기준근무시간에 포함되지 않는다.

30 업무이해능력 업무량 산정방법 이해하기

| 정답 | ⑤

| 해설 | 여유율은 업무의 성격에 따라 그 비율이 달라질 수 있으므로, 국가에서 정해 놓은 비율을 적용한다는 설명은 적절하지 않다.

31 업무이해능력 회의 내용 이해하기

| 정답 | ③

| 해설 | 〈20XX년 12월 19일〉 회의는 부정청탁금지법에 대비하기 위해서 새로운 선물세트를 구성하는 것에 대한 회의다.

| 오답풀이 |

①, ② 〈20XX년 12월 16일〉 회의에서는 기업의 주요 가치를 대표하는 키워드를 논하고 있다.

⑤ 제시된 녹취록에서는 직원 교육 일정보다는 신년에 있을 인사이동에 대한 조치를 논하고 있다.

32 업무이해능력 회의 내용 이해하기

| 정답 | ④

| 해설 | 〈20XX년 12월 16일〉의 회의에서 나온 키워드는 '윤리', '나눔', '고객 서비스'이지만, 올해에 이미 '윤리경영'을 강조하였으므로 회의 주제로는 '나눔'과 '서비스'가 강조되어야 한다.

33 업무이해능력 인사개편에 맞게 외부강사 섭외하기

| 정답 | ②

| 해설 | 제시된 표에서 경영팀으로 개편된 사람들은 경영1팀 → 경영2팀(장승진), 경영2팀 → 경영1팀(현승욱)으로, 모두 경영팀에서 경영팀으로 이동하였다. 1, 2팀으로 나누어진 팀 간의 업무 내용은 동일하다고 하였으므로 송영훈 강사의 '효과적인 경영전략의 이해'는 직원 교육 강의로 적합하지 않다.

| 오답풀이 |

① '총무업무일지 작성법'은 총무팀으로 이동한 이현수 사원에게 필요하다.

③ '성과 분석 및 전략 수립 방법론'은 기획2팀으로 이동한 박소진 사원에게 필요하다.

④ '감성 마케팅의 응용과 실천사례'는 마케팅팀으로 이동한 정성은, 김준석 사원에게 필요하다.

⑤ '인사관리와 사내 복지의 기초'는 인사팀으로 이동한 김은아, 한정훈 사원에게 필요하다.

34 리더십능력 동기부여 방법 파악하기

| 정답 | ①

| 해설 | 직원의 사기를 드높이기 위한 방법으로 금전적 보상이나 유급 휴가와 같은 외적 동기 유발은 일시적 효과만 줄 뿐 지속적인 변화를 주는 데 한계가 있다. 조직원들이 지속적으로 자신의 잠재력을 발휘하고 업무에 의욕을 가지게 만들기 위해서는 내적 동기를 유발해야 한다. 내적 동기부여 방법에는 직원에게 따뜻한 말과 칭찬으로 보상하는 긍정적 강화 방법, 도전의 기회를 부여해 창조성을 고무시키는 방법, 변화를 두려워하지 않도록 격려하고 자신의 업무에 책임을 지게 하여 긍지를 갖게 하는 방법 등이 있다.

보충 플러스+

내적 동기부여 방법
- 긍정적 강화법 활용
- 도전의 기회 부여
- 창의적 문제해결법 모색
- 역할과 행동에 책임감 부여
- 코칭
- 지속적 교육
- 변화를 두려워하지 않도록 격려

35 고객서비스능력 불만고객 파악하기

| 정답 | ④

| 해설 | 빈정거리는 고객은 빈정거리거나 무엇이든 반대하는 경향이 있으며, 열등감과 허영심, 자부심이 강하다. 또한 문제 자체에 중점을 두지 않고 특정 사람이나 단어에 대해 꼬투리를 잡고 항의하는 등 아주 국소적인 문제에 집착하는 모습을 보인다는 특징이 있다.

| 오답풀이 |

① 우유부단한 고객의 경우 본인이 스스로 의사 결정을 내리지 못하고 타인이 자신을 위해 의사 결정을 내려주길 기다리는 경향이 있다. 이 같은 유형의 고객에게는 몇 가지 질문을 통해 자신의 생각을 솔직하게 드러낼 수 있도록 도와주어야 한다.

② 저돌적인 고객은 본인이 생각한 한 가지 방법밖에 없다고 믿기 때문에 타인이 하는 피드백을 받아들이려 하지 않고 고집을 부린다. 이 같은 유형의 고객에게는 침착성을 유지하면서도 고객의 친밀감을 이끌어내고 자신감 있는 자세로 고객을 정중하게 맞이하도록 한다.

③ 전문가형 고객은 본인이 모든 것을 다 알고 있다는 점을 보여주고 싶어하는 고객으로, 자신을 과시하고 전문가처럼 행동하려는 경향이 짙다. 이 같은 유형의 고객에게는 고객 자신이 주장하는 내용의 문제점을 스스로 느끼게끔 대안 및 개선 방안을 유도해 내도록 한다.

⑤ 호의적인 고객은 모든 면에서 협조적이고 합리적이며 동시에 진지함도 가지고 있다. 그러나 본인이 하고 싶지 않거나 할 수 없는 일에도 약속을 하여 상대방을 실망시키는 경우가 간혹 발생한다. 이 같은 유형의 고객에게는 상대방의 의도에 말려들거나 기분에 사로잡히지 않도록 해야 하며, 말을 절제하고 고객에게 말할 기회를 많이 주어 결론을 도출해야 한다.

36 고객서비스능력 불만고객 대처하기

| 정답 | ①

| 해설 | A 사례는 트집형, B 사례는 의심형, C 사례는 거만형, D 사례는 빨리빨리형 고객에 해당한다.

트집형 고객은 고객의 이야기에 맞장구치며 경청하고 설득해 나가는 방법이 효과적이다. 모든 일을 시원스럽게 처리하는 모습을 보여줘야 한다는 대응책은 빨리빨리형에 해당한다.

| 오답풀이 |

② 의심형 고객은 분명한 증거나 근거를 제시하고 고객 스스로가 확신을 가질 수 있도록 유도해야 한다.

③ 거만형 고객은 정중하게 대하는 것이 좋고, 스스로의 과시욕이 채워지도록 그냥 내버려 두는 것이 가장 좋은 방법이다.

④ 빨리빨리형 고객에게 애매한 화법을 사용하게 되면 고객의 신경을 더욱 날카롭게 만들 수 있다. 그러므로 만사를 시원스럽게 처리하는 모습을 보여야 응대하기가 쉬워진다.

37 협상능력 협상 실패 이유 파악하기

| 정답 | ⑤

| 해설 | 서 대리가 저지른 명백한 실수는 잘못된 사람과 협상을 진행하였다는 것이다. 협상 상대가 협상에 대하여 책임을 질 수 있고 타결권한을 가지고 있는 사람인지 확인하고 협상을 시작하는 것은 매우 중요하다. 최고책임자는 협상의 세부사항을 잘 모르기 때문에 상급자라 할지라도 이러한 경우에는 협상의 올바른 상대가 아니다.

38 대인관계능력 올바르게 사과하기

| 정답 | ①

| 해설 | 잘못을 범한 쪽에서 피해를 입은 쪽에 사과를 할 때에는 잘못해서 피해를 끼친 점을 정확하게 짚어 사과해야 한다.

39 고객서비스능력 불만고객 대처하기

| 정답 | ④

| 해설 | A 고객은 직원의 설명이나 제품의 품질에 대해 의심이 많고 확신이 있는 말이 아니면 잘 믿지 않는다. 이러한 의심형 고객은 분명한 증거나 근거를 제시하여 스스로 확신을 갖도록 유도해야 하며, 때로는 책임자가 응대하도록 하는 것이 좋다.

| 오답풀이 |

① 옳지 않은 대처방법이다.

② 트집형 고객에게 적절한 대처방법이다.

③ 거만형 고객에게 적절한 대처방법이다.

⑤ 빨리빨리형 고객에게 적절한 대처방법이다.

40 갈등관리능력 갈등 해결하기

| 정답 | ⑤

| 해설 | ㉣ 조금이라도 의심이 생길 경우에는 업무를 그대로 진행하지 말고, 팀원에게 먼저 명확하게 의심되는 부분에 대하여 이야기해야 한다. 이야기를 나눈 후 문제가 있다면 그 부분을 해결한 다음 다시 업무를 진행하도록 한다.

㉤ 다른 팀원과 갈등이 발생하였을 경우 상위의 직급에게 우선적으로 상의하는 것이 아니라 당사자에게 직접적으로 이야기해야 한다. 당사자와의 의견 차이로 갈등이 깊어지거나 해결이 보이지 않을 경우 상사에게 도움을 청할 수는 있다. 하지만 먼저 갈등 당사자와 해결을 시도해야 한다.

7회 기출예상문제

▶ 문제 216쪽

01	④	02	⑤	03	②	04	⑤	05	④
06	⑤	07	③	08	⑤	09	③	10	②
11	③	12	①	13	②	14	①	15	②
16	①	17	⑤	18	②	19	①	20	①
21	⑤	22	③	23	④	24	③	25	②
26	④	27	①	28	③	29	③	30	④
31	③	32	②	33	②	34	①	35	①
36	③	37	⑤	38	③	39	②	40	⑤

01 문서작성능력 빈칸에 들어갈 내용 파악하기

| 정답 | ④

| 해설 | B가 키오스크 사용을 선호하는 민원인에 대해 말하고 있는데 C는 '하지만'으로 대화를 시작하고 있으므로 B와는 반대되는 내용의 말을 해야 한다. 또한 D는 키오스크 이용에 대한 문제점을 말하고 있으며 '게다가'를 사용하여 C의 말에 부연설명하고 있다. 이를 바탕으로 C의 대화를 추론하면 ④가 가장 적절하다.

02 문서이해능력 중심 내용 파악하기

| 정답 | ⑤

| 해설 | 제시된 글은 안내를 목적으로 한 내용의 기사문이다. 제목에서 알 수 있듯 야외활동 시 진드기를 조심해야 한다는 것이 중심을 이루는 내용이며, ㉤이 이를 가장 잘 반영한 문장임을 알 수 있다.

| 오답풀이 |

①, ② 단순한 사실을 기술한 것으로 글의 중심 내용으로 볼 수 없다.

③ 보건소 관계자의 말을 인용하여 감염 예방 계획을 설명하는 문장으로, 글의 중심 내용으로 볼 수 없다.

④ 감염병을 설명하는 문장으로 글의 중심 내용으로 볼 수 없다.

03 문서이해능력 세부 내용 이해하기

| 정답 | ②

| 해설 | 진드기 활동이 왕성한 시기가 4월부터 11월까지라고 소개되어 있으므로, 이때 야외활동을 했을 시 고열이 난다면 진드기에 물렸음을 의심해 봐야 한다.

| 오답풀이 |

① 양○○ 씨는 사망에 이르게 되었으므로 올바른 판단이 아니다.

③ 중증열성혈소판감소증후군은 바이러스성 감염병이지 전염병이 아니다.

④ 나이가 많은 사람만 위험하다는 언급은 없다.

⑤ 진드기는 머리카락에만 붙기 쉬운 것이 아니다.

04 경청능력 올바른 공감적 듣기 사례 찾기

| 정답 | ⑤

| 해설 | 제시된 글에 따르면 '공감적 듣기'는 귀와 눈 그리고 마음으로 듣는 자세다. 강 대리는 신입사원의 얘기를 들으며 마음으로 함께 공감해 주고 있으므로 '공감적 듣기'의 사례로 가장 적절하다.

05 문서작성능력 문단이 들어갈 위치 찾기

| 정답 | ④

| 해설 | 첫 문장을 고려했을 때, 서로 이야기를 함에도 불구하고 대화가 원활히 이뤄지지 않는 상황이 앞에 제시되어야 한다. (라)의 앞 문단에는 남의 말을 듣기보다 자신의 말을 하는 데 주력하여 대화가 원활히 이뤄지지 않는 경우가 제시되어 있고, 뒤 문단에는 '이러한 것' 즉 제시된 문단에서 언급된 '공감적 듣기'의 장점을 알면서도 하지 않는 경우에 대해 말하고 있다. 따라서 문맥상 (라)에 들어가는 것이 가장 적절하다.

06 의사표현능력 언어의 기능 알기

| 정답 | ⑤

| 해설 | 신체언어는 몸짓, 손짓, 표정 등 직접적인 신체 동작으로 의사나 감정을 전달하는 행위를 말한다. 따라서 알맞은 예시는 ⑤이다.

| 오답풀이 |

① 음성언어 중 산출기능에 해당한다.

② 음성언어 중 수용기능에 해당한다.

③ 문자언어 중 산출 및 수용기능에 해당한다.

④ 문자언어 중 수용기능에 해당한다.

07 의사표현능력 의사소통의 기능 이해하기

| 정답 | ③

| 해설 | 의사소통의 친교적 기능은 서로의 친분을 확인하여 원만한 사회생활을 유지할 수 있게 하는 역할을 말한다. 이러한 특징은 특정한 정보를 바라는 요청이나 답변보다는 형식적인 인사말에서 뚜렷하게 나타난다. ㉢과 ㉣은 대답을 요구하는 질문이므로 의사소통의 정보적 기능을 보여 주는 사례에 가깝다.

보충 플러스+

말하기의 종류

1. 정보전달 : 어떤 대상에 대한 정보나 지식을 전달하는 말하기로 발표, 안내 등을 할 때 쓰이는 말하기 방법이다.
2. 설득 : 듣는 이에게 자신의 주장을 따르도록 하는 말하기로 설득 연설, 협상 등에서 주로 쓰인다.
3. 친교표현 : 다른 사람과의 관계를 돈독히 유지하기 위한 말하기로 일상적인 대화에서 주로 쓰이는 말하기이다.

08 문서작성능력 공문서 작성하기

| 정답 | ⑤

| 해설 | 공문서의 발신명의를 표시할 때 행정기관장의 권한인 경우에는 해당 행정기관장의 명의로 발신해야 한다.

| 오답풀이 |

① 제시된 문서는 행정기관 상호 간 또는 대외적으로 공무상 작성하는 문서로 정해진 형식에 맞게 작성해야 한다.

② 공문서 작성 시 꼭 들어가야 할 내용만 간결하게 서술해야 한다.

③ 연 · 월 · 일의 글자를 생략하여 작성할 때는 그 자리에 온점을 찍어 표시한다.

④ 숫자로 표기된 날짜에는 마침표를 찍고 요일을 괄호로 표기할 때에는 마침표를 찍지 않는다.

09 기초연산능력 거리 구하기

| 정답 | ③

| 해설 | A 경로와 B 경로를 합친 등산거리가 5.2km이므로 구해야 할 B 경로의 길이를 $x$km라 하면, A 경로의 길이는 $(5.2-x)$km가 된다. 따라서 다음과 같은 식이 성립한다.

$$\frac{5.2-x}{3}+\frac{x}{4}=1.5$$

$$4(5.2-x)+3x=1.5\times 12$$

$$20.8-4x+3x=18$$

$$\therefore\ x=2.8(\text{km})$$

따라서 B 경로의 길이는 2.8km이다.

10 기초연산능력 인상률 구하기

| 정답 | ②

| 해설 | 가격을 x% 인상한 후의 관람객 수는 12,000명에서 $\frac{x}{2}$%, 즉 $\frac{x}{200}$가 감소하므로

$12,000\times\left(1-\frac{x}{200}\right)=12,000-60x$(명)이 된다.

인상된 상영료는 $8,000\times\left(1+\frac{x}{100}\right)=8,000+80x$(원)이고 인상 후 1일 평균 상영료는

12,000×8,000+6,120,000=102,120,000(원)이므로,

$$(12,000-60x)(8,000+80x)=102,120,000$$

$$4,800x^2-480,000x+6,120,000=0$$

$$x^2-100x+1,275=0$$

$$\therefore\ x=15\ \text{또는}\ x=85$$

따라서 상영료를 15% 또는 85% 인상하면 된다.

11 기초통계능력 경우의 수 구하기

| 정답 | ③

| 해설 | 특정한 3권을 하나로 보았을 때, 3권을 일렬로 꽂는 방법의 수는 3!=6(가지)이다.

또, 특별한 3권의 각각에 대하여 서로 바꾸어 일렬로 꽂는 방법의 수는 3!=6(가지)이다.

따라서 구하는 방법의 수는 6×6=36(가지)이다.

12 기초통계능력 경우의 수 구하기

| 정답 | ①

| 해설 | 서로 다른 5개의 색상 중에서 3개를 선택하는 것이므로 선택할 수 있는 조합의 수는

${}_5C_3={}_5C_2=\frac{5\times 4}{2}=10$(가지)이다.

13 기초연산능력 불량률 구하기

| 정답 | ②

| 해설 | 2번 라인은 5,000×1.1=5,500(개), 3번 라인은 5,500−500=5,000(개)의 제품을 하루 동안 생산한다.

각 라인의 불량률을 곱하여 불량품의 개수를 계산하면 1번 라인부터 각각 $5,000\times\frac{0.8}{100}=40$(개), $5,500\times\frac{1}{100}=55$(개), $5,000\times\frac{0.5}{100}=25$(개)이다.

따라서 하루 생산량 전체의 불량률은

$\frac{40+55+25}{5,000+5,500+5,000}\times 100 ≒ 0.77$(%)이다.

14 기초연산능력 농도 구하기

| 정답 | ①

| 해설 | '소금의 양(g)$=\frac{\text{소금물의 농도}}{100}\times$소금물의 양'이므로, A%의 소금물 200g에는 2Ag의 소금이 녹아 있다. 이 소금물을 B%로 만들기 위해 첨가해야 할 물의 양을 Xg이라 하면,

$$\frac{2A}{200+X}\times 100=B$$

$$2A\times 100=B(200+X)$$

$$200A=200B+XB$$

$$\therefore\ X=\frac{200A-200B}{B}$$

따라서 $\frac{200(A-B)}{B}$g의 물을 더 넣어야 한다.

15 기초연산능력 일의 양 구하기

| 정답 | ②

| 해설 | 전체 자료를 1이라고 할 때 화요일과 수요일에 입력한 데이터를 뺀 나머지는

$1-\left(\frac{1}{6}+\frac{19}{42}\right)=1-\frac{7+19}{42}=\frac{16}{42}=\frac{8}{21}$ 이다.

← 자료 전체=1 →

화 $\frac{1}{6}$	수 $\frac{19}{42}$	나머지 x

여기에 목요일에 추가된 자료를 더하여 3등분하면 토요일의 입력 자료가 된다.

$\frac{8}{21}\times\left(1+\frac{1}{8}\right)\div 3=\frac{8}{21}\times\frac{9}{8}\times\frac{1}{3}=\frac{9}{21}\times\frac{1}{3}=\frac{1}{7}$

따라서 토요일의 입력량은 화요일의 입력량의

$\frac{1}{7}\div\frac{1}{6}=\frac{1}{7}\times 6=\frac{6}{7}$ (배)이다.

16 도표분석능력 자료의 수치 분석하기

| 정답 | ①

| 해설 | 의사결정트리를 왼쪽에서 오른쪽으로 읽으며 최종적으로 해당되는 칸의 평균 점수를 파악할 수 있다.

① 취업준비를 하면서 사회적 관계망이 없는 집단 : 4.71

② 농림어업직에 종사하면서 사회적 관계망이 없는 집단 : 5.72

③ 사무직에 종사하면서 사회적 관계망이 없고 농촌에 거주하는 집단 : 6.47

④ 서비스 · 판매직에 종사하면서 사회적 관계망이 없고 이혼한 집단 : 5.01

⑤ 육아를 하면서 가구소득이 106.1만 원 미만이고 사회적 관계망이 없는 집단 : 5.10

따라서 평균 점수가 가장 낮은 집단은 ①이다.

17 도표분석능력 자료의 지표 파악하기

| 정답 | ⑤

| 해설 | 직업군에 따른 구분은 되어 있으나 고용형태(정규직, 비정규직 등)에 대한 정보는 자료에 주어지지 않았다.

18 도표분석능력 자료의 수치 분석하기

| 정답 | ②

| 해설 | ㉢ 1인 가구와 4인 이상 가구의 합이 50%이므로 2~3인 가구는 50% 이하일 것이다.

| 오답풀이 |

㉠ 최소 평균 가구원 수를 구하기 위해서는 그래프에 제시되지 않은 나머지 가구를 모두 2인 가구로 전제하여 계산해야 한다(100−26−22=52). 따라서 2021년 평균 가구원 수는 최소 1×0.26+4×0.22+2×0.52=2.18(명)이다.

㉡ 2005년의 평균 가구원 수는 3.42명으로, 2000년의 2.74명에 비해 증가하였다.

㉣ 2005년 1인 가구 비율은 2000년 대비 $\frac{12.9-9.1}{9.1}\times 100\fallingdotseq 42$(%) 증가하였다.

19 사고력 조건에 따라 결과 추론하기

| 정답 | ①

| 해설 | 제시된 〈결과〉를 토대로 표로 나타내면 다음과 같다.

구분	A와 대결	B와 대결	C와 대결	D와 대결	E와 대결	결과
A		×	×	○		
B	○		×		×	
C	○	○		○	○	4승
D	×		×			
E		○	×			

위 표에 따르면 A 팀은 1승 2패, B 팀은 1승 2패, C 팀은 4승, D 팀은 2패, E 팀은 1승 1패를 한 상태다. 마지막 조건에서 모든 팀은 승률이 다르다고 하였으므로 현재 승률이 같은 A 팀과 B 팀이 1승 3패 또는 2승 2패를 한 경우로 나누어 생각해 보면 다음과 같다.

1) A 팀이 2승 2패, B 팀이 1승 3패를 한 경우

구분	A와 대결	B와 대결	C와 대결	D와 대결	E와 대결	결과
A		×	×	○	○	2승 2패
B	○		×	×	×	1승 3패
C	○	○		○	○	4승

D	×	○	×		× 또는 ○	1승 3패 또는 2승 2패
E	×	○	×	○ 또는 ×		2승 2패 또는 1승 3패

D 팀과 E 팀의 경기에서 어떤 결과가 나오더라도 A 팀, B 팀과 승률이 중복되므로 조건과 상충한다.

2) A 팀이 1승 3패, B 팀이 2승 2패를 한 경우

구분	A와 대결	B와 대결	C와 대결	D와 대결	E와 대결	결과
A		×	×	○	×	1승 3패
B	○		×	○	×	2승 2패
C	○	○		○	○	4승
D	×	×	×		×	4패
E	○	○	×	○		3승 1패

E 팀이 D 팀과의 대결에서 승리할 경우 모든 팀의 승률이 다르게 되므로 주어진 조건에 부합한다.

따라서 4위를 한 팀은 1승 3패를 기록한 A 팀이다.

20 사고력 조건을 바탕으로 추론하기

| 정답 | ①

| 해설 | C의 진술에 따라 C는 독일어, 일본어, 중국어를 구사할 수 있으며, A와 D의 진술에 따라 A, D는 스페인어를 구사할 수 있다. 다음으로 B의 진술에 따라 B는 일본어, 중국어를 구사할 수 있다. 마지막으로 E의 진술에 따라 E는 B와 비교했을 때 C만 구사할 수 있는 언어를 구사할 수 있다고 하였으므로 E는 독일어만 구사할 수 있음을 알 수 있다. 이를 정리하면 다음과 같다.

구분	A	B	C	D	E
구사 가능한 언어	스페인어	일본어, 중국어	독일어, 일본어, 중국어	스페인어	독일어

21 사고력 조건을 바탕으로 추론하기

| 정답 | ⑤

| 해설 | ㉠ 정보 2가 참이라면 회사 A에 투표를 한 투자자의 수는 3명이므로 과반수가 회사 B에 투표할 수 없다. 따라서 정보 2가 참이라면 정보 1은 거짓이 된다.

㉡ 정보 1이 참이라면 회사 B에 투표한 투자자는 적어도 3명 이상이 되며, 회사 A에 투표한 투자자는 최대 2명이 된다. 따라서 어떠한 경우에도 회사 A의 득표수는 회사 B와 회사 C의 득표수의 합을 넘을 수 없다. 따라서 정보 1이 참이라면 정보 3은 거짓이 된다.

㉢ 정보 3이 참이라면 회사 B와 회사 C에 투표한 투자자들의 합은 최대 2명이 된다. 즉 적어도 3명 이상의 투자자들은 회사 A에 투표했으므로 과반수가 회사 B에 투표할 수 없다. 따라서 정보 3이 참이라면 정보 1은 거짓이 된다.

㉣ 정보 3이 참이라면 회사 B와 회사 C에 투표한 투자자들의 합은 최대 2명이 된다. 이 경우 회사 A의 득표수는 3표일 수도, 4표일 수도 있으므로 정보 3이 참이라도 정보 2가 항상 참이 되지는 않는다.

22 문제처리능력 소프트 어프로치 이해하기

| 정답 | ③

| 해설 | 상이한 문화적 토양을 가지고 있는 구성원을 가정하는 것은 '하드 어프로치(Hard Approach)'에 의한 문제해결 방법에 관한 것이다. '하드 어프로치'에 의한 문제해결에서는 서로의 생각을 직설적으로 주장하고 논쟁이나 협상을 통해 서로의 의견을 조정해 나간다.

보충 플러스+

소프트 어프로치(Soft Approach)의 특징

- 조직 구성원들이 같은 문화적 토양을 가지고 있다고 가정한다.
- 직접적인 표현이 바람직하지 않다고 여기며 무언가를 시사 또는 암시하여 의사를 전달하고 문제해결을 도모하는 방법이다.
- 권위나 공감에 의지하여 의견을 중재하고 타협과 조정을 통하여 문제를 해결하고자 한다.
- 결론이 애매하게 끝나는 경우가 발생하나 감정이 상하지 않도록 그대로 이심전심을 유도하여 파악하고자 한다.

23 사고력 로직트리 분석하기

| 정답 | ④

| 해설 | ㉢ 예산과 인적자원의 활용에 관한 내용이 들어가야 한다. 유통 단계 축소는 개발역량과 관련이 없는 내용이다.

㉤ 시장 포화상태로 인해 시장 진입 여부를 검토할 필요성이 있다는 내용이 들어가야 한다. 따라서 디자인을 개선한다는 내용은 적절하지 않다.

24 문제처리능력 시험 유의사항 이해하기

| 정답 | ③

| 해설 | 전화를 걸 수 있는 시간은 콜센터 운영 기간인 (평일) 09:00 ~ 18:00, (토/일요일) 09:00 ~ 15:00로 정해져 있다.

25 체제이해능력 조직의 정의 이해하기

| 정답 | ②

| 해설 | 수직적 분화와 수평적 분화는 조직의 분화 양상을 설명하는 것으로 조직의 계층화 정도를 나타내는 것을 수직적 분화라고 하고 분업에 의해 세분화된 각각의 활동들을 직무와 대응시키고 다시 조직 전체 수준에서 집단별로 결합시키는 것을 수평적 분화라고 한다. 공원에 모인 3명은 수직적 분화나 수평적 분화와는 관련이 없으므로 적절한 답변으로 볼 수 없다.

26 체제이해능력 환경에 따른 조직설계 이해하기

| 정답 | ④

| 해설 | 낮은 차별화와 적은 통합방법은 복잡하고 안정적인 환경의 조직설계에 관한 내용으로 (가)와는 관련이 없다.

		환경의 복잡성	
		단순	복잡
환경의 동태성	안정적	낮은 불확실성 1. 기계적 조직 2. 소수의 변경조직 3. 아주 낮은 차별화 (아주 적은 통합방법) 4. 생산지향적	다소 낮은 불확실성 1. 기계적 조직 2. 다수의 변경조직 3. 낮은 차별화 (적은 통합방법) 4. 약간의 계획
	동태적	다소 높은 불확실성 1. 유기적 조직 2. 소수의 변경조직 3. 높은 차별화 (많은 통합방법) 4. 계획지향적	높은 불확실성 1. 유기적 조직 2. 다수의 변경조직 3. 아주 높은 차별화 (아주 많은 통합방법) 4. 포괄적 계획, 예측

27 경영이해능력 경영전략 파악하기

| 정답 | ①

| 해설 | 마이클 포터가 제시한 본원적 경쟁전략은 경쟁우위를 확보하기 위한 전략으로 차별화 전략, 원가우위 전략, 집중화 전략으로 구분된다. 제시된 전략은 생산품이나 서비스를 차별화하여 고객에게 가치 있고 독특하게 인식되도록 하는 차별화 전략이다. 이 전략을 활용하기 위해서는 연구개발이나 광고를 통한 기술, 품질, 서비스, 브랜드 이미지 등을 개선할 필요가 있다.

| 오답풀이 |

② 특정 시장이나 고객에게 한정된 전략으로, 원가우위나 차별화 전략이 산업 전체를 대상으로 하는 것에 비해 집중화 전략은 특정 산업을 대상으로 한다.

④ 원가절감을 통해 해당 산업에서 우위를 점하는 전략으로 이를 위해서는 대량생산을 통해 단위 원가를 낮추거나 새로운 생산기술을 개발할 필요가 있다. 70년대 우리나라의 섬유업체나 신발업체 등이 미국시장에 진출할 때 취한 전략이 원가우위 전략에 해당한다.

28 경영이해능력 기업의 글로벌화 알기

| 정답 | ③

| 해설 | 기업의 글로벌화 과정을 5단계로 나누면 다음과 같다.

1. 내수지향 – 국제화가 진행되기 전의 단계로서, 국내시장에서 사업의 영위가 이뤄지는 단계(나)

2. 수출지향 – 해외시장의 중요성이 점차 부각되면서 국내 시장에서 나아가 일부 해외시장에서의 판매를 시도하는 단계(가)
3. 현지시장 마케팅 – 기초적인 수출방식에서 나아가 마케팅 현지 법인 등을 통하여 현지의 마케팅 활동에 적극적으로 개입하는 단계(라)
4. 현지시장지향 생산 – 해당 국가에서의 마케팅 활동을 비롯하여 자체적인 생산시설까지 갖추는 단계(다)
5. 세계시장지향 – 세계각지의 복수의 생산시설 및 복수의 해외시장 간 유기적 연결 관계를 특징으로 하는 글로벌화의 마지막 단계(마)

따라서 (나)–(가)–(라)–(다)–(마) 순이 적절하다.

29 체제이해능력 조직구조의 특징 이해하기

| 정답 | ③

| 해설 | (A)는 기능적 조직구조 형태이고, (B)는 사업부제 조직구조 형태이다.

사업부제 조직구조는 급변하는 환경에 효율적으로 대응하고 제품, 지역, 고객별 차이에 신속하게 적응하기 위해 사업별로 분권화된 의사결정이 가능한 조직구조의 형태로, 대규모 조직에 유리하다. 각 기능 부서들이 동일한 전략적 목표를 가지는 사업부 내에 소속되기 때문에 각 사업부 내의 기능 부서들 간의 조정이 용이하지만, 각 기능 부서들이 여러 사업부로 분산 배치되므로 경영관리의 중복이 초래되어 관리 비용이 증대된다는 단점이 있다.

30 체제이해능력 조직문화의 유형 파악하기

| 정답 | ④

| 해설 | (가)는 공식적이며 사무적이고 영속적이며 예측이 가능한 일을 수행하는 '위계질서형' 문화로 이 유형은 철저한 관리와 비용통제로 안정을 추구하는 유형이다. (나)는 '인재중심형' 문화로 이 유형은 가족 같은 운명공동체이며 참여와 안락을 추구하고 상호 배려와 팀워크를 중시한다. (다)는 '생산중심형' 문화로, 이 문화는 경쟁을 지향하고 경쟁에서 승리하는 것을 목표로 삼고 시장에서의 유의미한 산출물을 도출하는 활동에 주력한다. (라)는 '개방체제형' 문화로, 진취적이며 위험을 감수하는 특성이 있다. 또한 역동적이고 도전적인 풍토를 지니며 구성원들이 혁신적이며 도전적으로 움직이는 특성이 있다.

31 체제이해능력 관료제의 특성 파악하기

| 정답 | ③

| 해설 | 관료제는 산업화, 도시화와 더불어 전문적인 분업화를 통해 조직 활동을 합리적으로 조정하도록 고안된 조직 형태로 조직의 업무가 정해진 절차에 따라 이루어지도록 되어 있으며 수직적으로는 계층화되고 수평적으로는 기능상 분업 체계를 이루고 있는 조직이다. 따라서 4가지 조직문화 유형 중에서 가장 적절한 것은 '위계질서형'이다.

32 경영이해능력 포지셔닝 전략의 절차 이해하기

| 정답 | ②

| 해설 | 포지셔닝 전략의 절차는 ㉠ 소비자 분석, ㉡ 경쟁자 확인, ㉢ 경쟁제품의 포지션 분석, ㉣ 자사제품의 포지션 개발, ㉤ 포지셔닝의 확인 및 리포지셔닝이다.

33 팀워크능력 팀워크 저해 행동 파악하기

| 정답 | ②

| 해설 | 자신과 다른 의견에 대해 반박하는 입장을 제시하는 것은 팀워크를 저해하는 행동이 아니다. 여러 가지 입장을 한 곳에 모으고 적절한 타협안을 모색하는 것도 팀워크를 위해 필요한 요소들 중 하나이다.

| 오답풀이 |

① 자의식 과잉에 해당한다.

③ 질투나 시기로 인한 파벌주의에 해당한다.

④ 사고방식의 차이에 대한 무시에 해당한다.

⑤ 자기중심적인 이기주의에 해당한다.

34 협상능력 협상에서의 실수와 대처방안 파악하기

| 정답 | ①

| 해설 | A 사원은 업무를 잘 모르는 사람과 협상을 하는 실수를 저질렀다. 이에 대한 대처방안으로는 상대가 타결 권한을 가지고 있는 사람인지 확인하는 것이 적절하다. 상급자는 협상의 세부사항을 잘 모르는 사람이므로 올바른 상대가 아님을 인지해야 한다.

35 팀워크능력 멤버십 유형 파악하기

| 정답 | ①

| 해설 | 김 대리는 스스로를 자립적이고 반대 의견을 제시하는 조직의 양심이라고 평가하지만, 동료들은 김 대리를 냉소적이고 부정적이며 고집이 세다고 평가한다. 이에 해당하는 유형은 소외형이다.

| 오답풀이 |

② 순응형은 인기 없는 일은 하지 않고 조직을 위해 자신을 양보하며 기존의 질서를 따르는 유형이다.

③ 실무형은 규정을 준수하며 운영방침에 민감한 유형이다.

④ 수동형은 하는 일이 없고 제 몫을 못하며 판단과 사고를 리더에 의존하는 유형이다.

⑤ 주도형은 자신의 역할을 적극적으로 실천하고 혁신적으로 사고하며 솔선수범하는 유형으로, 모범형이라고도 한다.

36 리더십능력 임파워먼트 이해하기

| 정답 | ③

| 해설 | 임파워먼트란 조직 현장의 구성원에게 업무 재량을 위임함으로써 자주적이고 주체적인 체제 속에서 사람이나 조직의 의욕과 성과를 이끌어 내기 위한 권한부여 방식이다. ㉠은 지도자가 권력을 행사하거나 칭송받는 것이 아니라 백성들이 지도자의 존재만 인식하고 있다는 내용이므로, 리더가 구성원들에게 권한을 부여하였다고 해석할 수 있다.

37 팀워크능력 부적응적 인간관계 분류하기

| 정답 | ⑤

| 해설 | 제시된 글에서 이 대리는 사람들과의 즐거운 관계를 맺고 분위기를 잘 띄우는 성격이지만, 막상 진지하고 무거운 상황이 오면 관계를 멀리하는 경향이 있음을 알 수 있다. 이는 피상형 인간관계 중 유희형에 해당하는 경우로, 이들은 놀고 즐기는 것은 좋아하나 친밀한 관계에 대한 불편함과 두려움을 지녀 노는 수준 이상으로 관계가 진전되면 멀리하는 경향이 있어 인간관계의 불안정한 양상을 띤다. 또한 즐거움과 쾌락을 지향하는 반면 구속과 규제를 싫어해 자기조절능력과 자기통제능력이 부족하여 무책임한 사람으로 보이기도 한다.

| 오답풀이 |

① 경시형은 인간관계를 중요시 하지 않으며 오히려 고독을 즐기는 유형이다.

② 실리형은 인간관계를 현실적 이득을 위한 거래관계로 생각하는 유형이다.

③ 반목형은 인간관계에서 대립과 다툼을 반복적으로 경험하는 유형이다.

④ 지배형은 추종세력을 거느리고 주도적 역할에 만족과 행복감을 느끼는 자기중심적 유형이다.

38 리더십능력 리더십 유형 파악하기

| 정답 | ③

| 해설 | A 과장은 리더와 구성원 사이의 구분을 없애고 구성원들이 의사결정 및 팀의 방향 설정에 참여하도록 하였으며, 구성원들과 결과 및 성과의 책임을 공유하였다. 이에 해당하는 리더십 유형은 파트너십 유형이다.

| 오답풀이 |

① 변혁적 유형은 개개인과 팀이 유지해 온 이제까지의 업무상태를 뛰어넘고자 하며 조직에 명확한 비전을 제시하는 유형이다.

② 독재자 유형은 의사결정과 핵심 정보를 리더가 혼자 소유하며 순응을 요구하는 유형이다.

④ 자유방임적 유형은 리더가 수동적으로 모든 계획이나 결정을 구성원에게 맡기는 유형이다.

⑤ 민주주의에 근접한 유형은 구성원들을 목표 설정에 참여하게 하지만 최종 결정권은 리더가 갖는 유형이다.

39 리더십능력 성공하는 사람들의 습관 이해하기

| 정답 | ②

| 해설 | (나)-'끝을 생각하며 시작하라.'가 적절하다.

보충 플러스+

스티븐 코비는 성공한 사람들의 7가지 공통 습관으로 다음을 말했다.

1. 자신의 삶을 주도하라.
2. 끝을 생각하며 시작하라.
3. 소중한 것을 먼저 하라.
4. 윈-윈(Win-Win)을 생각하라.
5. 먼저 이해하고 다음에 이해시켜라.
6. 시너지 효과를 내라.
7. 끊임없이 쇄신하라.

40 갈등관리능력 갈등관리 유형 이해하기

| 정답 | ⑤

| 해설 | 토마스와 킬만의 갈등관리 유형 중 타협형은 주고받는 방식으로 어느 정도의 이익을 공유하는 중간 지점에서 타협하여 해결점을 찾는 방식이다. 양측의 목표가 다를 때, 힘이 비슷할 때, 목표 달성이 중요하지만 시간이 없을 때 적합하다.

| 오답풀이 |

① 경쟁형은 다수의 구성원들이 선호하지 않는 조치이거나 비상 상황일 때, 조직의 성장에 매우 중요한 문제일 때 적합하다.

② 통합형은 양측에게 중요한 문제, 복잡한 문제, 장기적 관계일 때 적합하다.

③ 회피형은 문제가 사소할 때, 해결로 인한 이익보다 회피로 절약되는 비용이 더 클 때, 시간과 정보가 더 필요할 때 적합하다.

④ 수용형은 신뢰를 구축해야 할 때, 양보하는 것보다 갈등을 끄는 것이 더 손해일 때 적합하다.

보충 플러스+

토마스와 킬만(Thomas & Kilman)의 갈등관리 유형

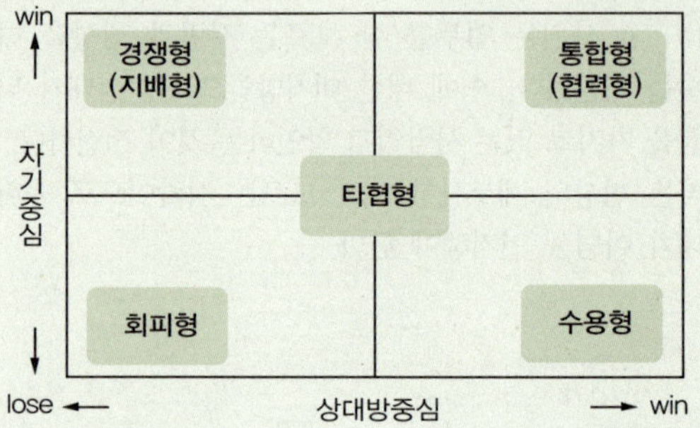

8회 기출예상문제

▶ 문제 242쪽

01	④	02	①	03	④	04	④	05	④
06	④	07	③	08	①	09	④	10	③
11	④	12	③	13	②	14	③	15	⑤
16	⑤	17	④	18	⑤	19	①	20	⑤
21	④	22	③	23	④	24	④	25	⑤
26	③	27	③	28	②	29	④	30	②
31	①	32	③	33	②	34	①	35	②
36	③	37	①	38	④	39	③	40	④

01 문서이해능력 글의 구조 파악하기

| 정답 | ④

| 해설 | (가)는 재활용이 어려운 일회용 캡슐 커피의 사례를 들어 환경에 좋지 않은 플라스틱 쓰레기 문제를 제시하고 있다. (나)는 텀블러로 플라스틱 사용을 줄일 수 있는 방법을, (다)는 세미나로 수많은 사람들이 플라스틱 줄이기에 동참할 수 있도록 하는 방법을 제안하고 있다. (라)는 후손들에게 더 나은 세상을 물려주기 위해서 플라스틱을 줄이는 노력이 필요함을 강조하고 있다.

02 문서작성능력 글의 흐름에 맞게 빈칸 채우기

| 정답 | ①

| 해설 | ㉠ 앞의 환경운동가, 그린피스, 지구의 벗을 고려했을 때 환경과 관련된 캠페인임을 파악할 수 있다. 또한 ㉠ 뒤에서는 플라스틱 문제에 대해 얘기하고 있음을 알 수 있다. 따라서 ㉠에는 '플라스틱 줄이기'가 들어가는 것이 적절하다.

03 문서이해능력 글의 내용을 그림으로 나타내기

| 정답 | ④

| 해설 | 미국의 202X년 연간 1인당 육류소비량은 닭고기 44.5kg, 쇠고기 24.5kg, 돼지고기 20.7kg이므로, 닭>소>돼지 순이다.

| 오답풀이 |

① OECD 평균은 닭>돼지>소 순이므로 적절하지 않다.

② 한국은 돼지>닭>소 순이므로 적절하지 않다.

③, ⑤ 일본과 중국은 돼지의 소비량이 가장 많다는 것만 알 수 있으므로 소고기와 닭고기의 순서는 파악할 수 없다.

04 문서작성능력 문맥에 맞게 문단 배열하기

| 정답 | ④

| 해설 | 우선 (나)에서 Z 세대의 특징으로 화두를 던지며 글의 중심소재인 '하이퍼텍스트'를 언급한다. 이어서 (가)에서는 '하이퍼텍스트'에 대해 정의하며 구체적으로 설명하고 있다. 다음으로 (라)가 이어져 하이퍼텍스트와 일반적인 문서의 차이를 제시하고 있으며, 마지막으로 (다)에서는 하이퍼텍스트가 등장함에 따라 생길 변화에 대해 설명하고 있다. 따라서 (나)－(가)－(라)－(다) 순이 적절하다.

05 문서이해능력 내용을 바탕으로 추론하기

| 정답 | ④

| 해설 | (라)에서 하이퍼텍스트는 정보의 시작과 끝이 없어 정보의 크기를 무한대로 확장할 수 있다고 하였으므로 확장성이 제한되어 있다는 설명은 적절하지 않다.

| 오답풀이 |

①, ② (다)에서 좋은 정보를 선별하고 이를 올바르게 연결하는 개인의 능력이 중요하게 부각될 것이라고 하였으므로 적절하다.

③, ⑤ 책은 선형적 내러티브의 서사 구조를 갖는 반면 하이퍼텍스트는 비선형적 구조의 텍스트를 가지므로 정보에 접근하는 방법과 속도가 서로 다르다.

06 의사소통능력 언어의 기능 이해하기

| 정답 | ④

| 해설 | '책 소개서'는 문자언어로 작성하며, 읽은 책에 대한 느낌을 적은 것이므로 산출기능에 해당한다.

07 의사소통능력 의사소통의 기술 파악하기

| 정답 | ③

| 해설 | 상대방에게 관심을 기울이지 않으면 상대방과 의미 있는 대화를 나누지 못하게 된다. 효과적인 관심 기울이기 행동 중 하나는 상대방을 하나의 존엄성을 가진 인격체로 존중하며 그가 말하는 것에 깊은 관심을 가지고 있다는 사실을 나타내 주는 것이다. 좋은 자세, 시선의 접촉, 즉각적인 언어 반동 등으로 나타낼 수 있다.

08 의사소통능력 의사소통 유형 파악하기

| 정답 | ①

| 해설 | 자신의 행태에 대한 반응을 지속적으로 물어봄으로써 자신에게 초점을 두게 하는 유형은 '자기노출형'이다. 이 유형은 피드백의 제공이 낮지만 타인에 대한 개방성은 높다.

| 오답풀이 |

② 자기실현형 : 자신에 대한 적정한 정보를 제공하고 피드백을 물어봄과 동시에 건설적이고 방어적이지 않은 방식으로 피드백을 제공하는 유형으로, 피드백의 제공과 타인에 대한 개방성이 높은 형태이고 가장 바람직한 형태이다.

③ 자기거부형 : 자기 자신을 고립시키고 타인과의 관계를 회피하려고 하는 유형이다.

④ 자기보호형 : 타인에 대한 평가적인 논평을 하고자 할 때 사용하는 것으로 타인에 대한 자기의 의견, 태도와 감정만을 타인과 공유하려고 하는 유형이다.

⑤ 자기협상형 : 타인들이 개방적인 정도까지만 자신을 개방하는 유형이다.

09 기초통계능력 경우의 수 계산하기

| 정답 | ④

| 해설 | • a와 b 사이에 c, d, e 3개의 문자 중 2개를 택하여 일렬로 나열하는 방법 : ${}_3P_2=3\times2=6$(가지)

• a와 b가 자리를 바꾸는 방법 : $2!=2\times1=2$(가지)

• $a\times\times b$를 배열하는 방법 : $2!=2\times1=2$(가지)

따라서 $6\times2\times2=24$(가지)의 방법이 있다.

10 기초연산능력 인원수 구하기

| 정답 | ③

| 해설 | 총 주재원의 수는 120명이다. 이 중 해외가 처음인 사람과 두 번 이상의 해외 근무 경험자의 비율이 2 : 1이므로 각각 $120\times\frac{2}{3}=80$(명)과 $120\times\frac{1}{3}=40$(명)이 된다. 이 40명 중 과장급 이하와 차장급 이상의 비율이 2 : 3이므로 과장급 이하 주재원은 $40\times\frac{2}{5}=16$(명)이 된다.

11 기초연산능력 거리 · 속력 · 시간 활용하기

| 정답 | ④

| 해설 | A와 B가 떨어져 있던 거리는 A가 이동한 거리와 B가 이동한 거리의 합으로 구할 수 있다. '속력$=\frac{거리}{시간}$'이므로 A의 속력은 $\frac{1}{6}$km/분, B의 속력은 $\frac{1}{4}$km/분이다.

A와 B가 처음 만나는 데까지 걸린 시간은 3분 36초이므로 $3+\frac{36}{60}=\frac{18}{5}$(분)이다. 따라서 A가 이동한 거리는 $\frac{1}{6}\times\frac{18}{5}=0.6$(km), B가 이동한 거리는 $\frac{1}{4}\times\frac{18}{5}=0.9$(km)이다.

단위를 m로 바꿔서 A와 B가 이동한 거리를 합하면 600+900=1,500(m)이며, A와 B가 떨어져 있던 거리는 작은 값으로 한다고 하였으므로, 2,000−1,500=500(m)이다.

12 기초연산능력 일률 계산하기

| 정답 | ③

| 해설 | 전체 작업량을 1이라 하면, A 복사기가 1분 동안 하는 일의 양은 $\frac{1}{12}$, B 복사기가 1분 동안 하는 일의 양은 $\frac{1}{8}$이다. 따라서 2분간 A 복사기의 작업량은 $\frac{1}{12}\times2=\frac{2}{12}$이고, 남은 작업량은 $1-\frac{2}{12}=\frac{10}{12}$이다. 남은 작업량을 마치는 데 걸리는 시간을 x분이라 하면

$$\left(\frac{1}{12}+\frac{1}{8}\right)\times x=\frac{10}{12}$$

$\therefore x=4$(분)

따라서 총 걸린 시간은 $2+4=6$(분)이다.

13 기초통계능력 평균 계산하기

| 정답 | ②

| 해설 | 100명 중 20%가 합격하였으므로 합격자는 20명, 불합격자는 80명이다. 합격자 20명의 평균이 80점이므로 합격자의 총점은 $80\times20=1,600$(점)이고, 총 응시자 100명의 평균이 70점이므로 전체 총점은 $70\times100=7,000$(점)이다. 따라서 불합격자 80명의 총점은 $7,000-1,600=5,400$(점)이므로 불합격자의 평균은 $\frac{5,400}{80}=67.5$(점)이다.

14 기초통계능력 경로의 수 계산하기

| 정답 | ③

| 해설 | A에서 B까지 갈 수 있는 경로의 수는 ${}_2C_1=2\times1=2$(가지)이고, B에서 C까지 갈 수 있는 경로의 수는 ${}_4C_2=\frac{4\times3}{2\times1}=6$(가지)이다. 따라서 A에서 B를 지나 C로 가는 경로의 수는 $2\times6=12$(가지)이고, 다시 B를 거쳐서 A로 되돌아오는 최단경로의 수는 $12\times12=144$(가지)이다.

15 기초통계능력 경우의 수 계산하기

| 정답 | ⑤

| 해설 | 커튼은 유리에만 달 수 있고 콘크리트 벽에는 그림만 걸 수 있으므로 커튼과 그림을 이용하는 경우의 수는 분리해서 생각한다. 커튼을 달 수 있는 장소는 유리면으로 1곳이고 커튼은 3종이므로 경우의 수는 3가지이다. 그림을 걸 수 있는 경우는 $7\times6\times5=210$(가지)이다. 따라서 가능한 인테리어는 모두 $3\times210=630$(가지)이다.

16 도표분석능력 자료의 수치 분석하기

| 정답 | ⑤

| 해설 | ㉢ 해외주식의 수익률은 1988 ~ 2016년은 평균 7.7%, 2014 ~ 2016년은 평균 8.6%, 2016년은 평균 10.6%인 것으로 보아, 과거에 비해 상승 추세에 있다고 할 수 있다. 그러나 국내주식에 대한 수익률은 1988 ~ 2016년에는 평균 5.7%, 2014 ~ 2016년에는 평균 0.7%, 2016년은 평균 5.6%로, 2014 ~ 2016년의 평균에 비해 2016년 수익률의 평균은 높지만 앞으로 더 높아질 것으로 전망하기는 어렵다.

17 기초연산능력 입장료 계산하기

| 정답 | ④

| 해설 | 제시된 정보를 표로 정리하면 다음과 같다.

구분	할인이 없는 30명	할인이 있는 25명
입장료	10,000원	$10,000\times0.8$ $=8,000$(원)
합계액	$10,000\times30$ $=300,000$(원)	$8,000\times25$ $=200,000$(원)

따라서 총 입장료는 $300,000+200,000=500,000$(원)이다.

18 기초연산능력 방정식 활용하기

| 정답 | ⑤

| 해설 | 단체의 인원수를 x명이라 하면, 입장료의 총액은 $8,500x$원이다. 이를 토대로 표를 정리하면 다음과 같다.

구분	할인이 없는 30명	할인이 있는 $(x-30)$명
입장료	10,000원	8,000원
합계액	300,000원	$\{8,000\times(x-30)\}$원

이를 바탕으로 식을 세우면 다음과 같다.

$300,000+8,000\times(x-30)=8,500x$

$\therefore x=120$(명)

따라서 단체 인원은 총 120명이다.

19 사고력 진위 추론하기

| 정답 | ①

| 해설 | A ~ E의 진술이 각각 참이라고 가정해 본다. 먼저 A가 참일 경우 D의 진술에 의해 E가 피자와 초밥 둘 다 먹은 것이 되어 모순이 발생한다. B가 참일 경우 D의 진술에 의해 D와 E 둘 다 초밥을 먹었다는 모순이 발생한다. C가 참일 경우 모순 없이 A는 피자, B는 해장국, C는 순댓국, D는 치킨, E는 초밥을 먹었다는 것이 성립한다. D가 참일 경우 B의 진술에 의해 A와 C 둘 다 피자를 먹었다는 모순이 발생한다. E가 참일 경우 D의 진술에 의해 B와 E 둘 다 초밥을 먹었다는 모순이 발생한다.

따라서 C가 참인 경우만 성립하므로 A는 피자를 먹었다는 사실을 알 수 있다.

20 사고력 명제 판단하기

| 정답 | ⑤

| 해설 | 이직한 세 사람 중 최 과장은 A, B, 김 사원은 C, 박 대리는 B에게 불만이 있다고 하였다. 따라서 A, C에 대한 불만이 이직에 중요하게 작용한다고 볼 수 없다.

| 오답풀이 |

① 재직 중인 이 대리와 김 부장은 C에게 불만이 없다.

② 대리 이상의 직급인 최 과장, 이 대리, 김 부장, 박 대리는 모두 B에게 불만이 있다.

③ 과장 이상의 직급인 최 과장, 김 부장은 모두 A에게 불만이 있다.

④ 이 대리와 김 부장은 B에게 불만이 있으나 이직하지 않았으므로 B에 대한 불만은 이직에 큰 영향을 미치지 않는다고 볼 수 있다.

21 사고력 마인드 맵 이해하기

| 정답 | ④

| 해설 | 마인드 맵(Mind Map)은 필요한 단어만 기록함으로써 시간을 절약할 수 있고, 두뇌는 단조롭고 지루한 직선적 노트보다는 여러 가지 색상과 다차원적인 입체로 구성된 시각적 자극을 더 쉽게 받아들이고 기억하기 때문에 전체 내용을 오랫동안 기억할 수 있다는 장점이 있다. 하지만 마인드 맵은 핵심어와 이미지 중심으로 구성되어 부분과 부분 간의 관계를 논리적으로 연결할 수 없다는 단점이 있다. 따라서 논리적인 순서나 세부적인 정리가 가능하다는 것은 틀린 설명이다.

22 업무이해능력 업무수행 계획 세우기

| 정답 | ③

| 해설 | 효과적인 업무 수행을 위해서는 자신에게 주어진 자원과 제약요건을 확인하고, 이에 따라 구체적인 계획을 수립하여야 한다. 개인별 업무 사항은 조직의 업무지침을 토대로 작성해야 하며 조직의 업무지침, 장단기 목표, 경영전략, 조직구조, 규칙 및 규정 등을 고려하도록 한다.

23 사고력 TRIZ 문제해결 과정 이해하기

| 정답 | ④

| 해설 | TRIZ 문제해결의 과정을 표로 정리하면 다음과 같다.

단계	1. 문제 파악	2. 문제 정보 찾기	3. 문제 원인 정의	4. 해결안 도출	5. 해결안 적용
설명	문제 요소 파악 및 성공 기준 설정	문제의 공식화 및 시스템 분석	문제의 명확화	자원 분석 및 모순 정의, 해결안 도출	해결안 검증 및 적용
세부 단계	문제 요소 파악 및 성공 기준	나. 문제 관련 내용 찾기	원하지 않는 현상 규정	해결 자원 분석	해결안 검증
	문제 발생 배경	마. 문제의 공식화		이상적 해결안 정의	
		가. 시스템 분석		물리 모순 정의	
	기술적 제한 및 규제 조건	라. 문제 검증 및 자체 제거	문제 명확화	해결안 도출 및 선정	해결안 적용
	변경 가능 영역	다. 현장 시스템의 정상적인 기능도		해결안 명확화	

사용 도구	• 체크 시트 • 관리 그래프 • 파레토도 • 막대 그래프 • 플로우 차트	• 순서도 • 4W • 9-Windows • 기능도	• 원인결과 사슬 분석 • 기능 상호 작용 분석 • Know-why 분석 • 문제 명확화 – 문제 영역/문제 시간 – 순서도 – 시스템 그림	• 자원 리스트 자원 분석 매트릭스 • 모순 도식표 • 해결안 명확화 – 기술검색 – 물질장/표준해 – 분리의 원리 – 40 발명 원리 – 작은 사람 모델	• 2차 해결안 도출 – 문제 영역/시간 – 자원분석 – 이상적 해결안 – 기술/물리모순 – 40 발명 원리 • PDCA

따라서 ㉠에 들어갈 순서로는 '나-마-가-라-다'가 가장 적절하다.

24 사고력 TRIZ 문제해결 과정 이해하기

| 정답 | ④

| 해설 | 3단계 '문제 원인 정의'에서 사용할 수 있는 도구는 원인결과 시술분석, 기능 상호작용 분석, Know-why 분석, 문제 명확화가 있다.

| 오답풀이 |

① 4단계인 '해결안 도출'에 해당한다.

② 2단계인 '문제 정보 찾기'에 해당한다.

③, ⑤ 1단계인 '문제 파악'에 해당한다.

25 문제처리능력 그래프 분석하기

| 정답 | ⑤

| 해설 | 20X0년과 20X1년 상품군 각각의 매출액 비중을 비교하여 살펴보면, 식품군의 변화폭이 5%p로 가장 크다는 것을 알 수 있다.

| 오답풀이 |

①, ③ 20X0년 기타군의 매출액은 $77\times\frac{3}{100}=2.31$(억 원), 20X1년 기타군의 매출액은 $94\times\frac{4}{100}=3.76$(억 원)으로 두 금액의 차이는 1.45억 원이다. 20X0년 가전군의 매출액은 $77\times\frac{24}{100}=18.48$(억 원), 20X1년 가전군의 매출액은 $94\times\frac{23}{100}=21.62$(억 원)으로 두 금액의 차이는 3.14억 원이다. 따라서 서로 같지 않다.

② 20X0년 여행군과 의류군의 매출액 합은 $77\times\frac{26+25}{100}=39.27$(억 원)이고, 20X1년 여행군과 의류군의 매출액 합은 $94\times\frac{23+23}{100}=43.24$(억 원)이다.

④ 20X1년 매출액이 20X0년과 비교해서 세 번째로 크게 변화한 것은 2.37억 원의 차이가 나는 의류군이다.

26 경영이해능력 경영전략 파악하기

| 정답 | ③

| 해설 | 현대의 경영조직은 조직을 보다 단순한 형태로 조정하거나 규모를 축소하고 기업문화의 혁신에 관심을 가진다.

27 업무이해능력 갈등의 원인 이해하기

| 정답 | ③

| 해설 | 윤경영 과장은 기존 자신의 부서에서 인사업무를 하다가 복직을 하면서 갑자기 홍보업무를 담당하는 부서로 배치되는 과정에서 자신보다 입사 연차가 늦은 이홍보 대리에게 오히려 업무 지시를 받고 있다. 이러한 상황에서 윤경영 과장과 이홍보 대리 사이에 공식적인 지위와 실제로 행사되는 권위의 차이가 발생하게 된다. 이러한 갈등의 원인을 지위부조화라고 한다.

보충 플러스+

리터러(Litterer)가 주장하는 갈등의 원인

1. 상충되는 목표의 존재 : 둘 이상의 당사자가 서로 상충되는 목표를 추구할 경우
2. 상충되는 수단/자원의 배분 : 공동의 목표를 추구하는 둘 이상이 목표달성을 위하여 어떤 자원을 동원할 것인가, 한정된 자원을 누가 얼마나 차지할 것인가에 대한 의견이 일치하지 않을 경우
3. 지위전도/지위부조화 : 상호작용을 하는 둘 이상의 행동주체 사이에 공식적인 지위와 실제로 사용되는 권위에 차이가 있을 경우
4. 인지상의 차이 : 동일한 현상이나 사물을 사람에 따라 서로 다르게 볼 수가 있는데 이러한 사람들 사이에서 상호작용을 통해 가치관, 경험, 지위, 역할 등의 차이가 생기는 경우

필리 등(Filley, House&Kerr)이 주장하는 갈등의 원인

1. 불명확한 역할 규정 : 자신 또는 상대방의 역할에 대한 기대가 명확하게 규정되지 않았을 경우에 발생하는 갈등
2. 희소자원에 대한 치열한 경쟁 : 희소자원을 두고 집단들이 서로의 몫을 증가시키거나 보호하려는 경향이 강하면 생기는 갈등
3. 선명한 메커니즘 : 둘 또는 그 이상의 집단을 구분하는 데 쓰이는 격리가 너무 선명하고 경직적이면 생길 수 있는 갈등
4. 통합 메커니즘 : 유사성을 강조하는 통합 메커니즘보다 차이점을 강조하는 통합 메커니즘이 우선하여 작동함으로 인해서 생기는 갈등

28 경영이해능력 경영자의 특징 비교하기

| 정답 | ②

| 해설 | 장기적 전망의 부족은 전문경영자의 단점에 해당한다. 전문경영자는 경영권만 갖고 있기 때문에 안정적 성장을 추구하고 임기에 제한이 있어 소유경영자에 비해 단기적 이익을 중시하고 장기적 전망은 고려하지 않을 가능성이 있다.

29 경영이해능력 제품 수명 주기 이해하기

| 정답 | ④

| 해설 | 제품의 수명 주기 단계별 마케팅 목표는 다음과 같다.

단계	도입기	성장기	성숙기	쇠퇴기
마케팅 목표	인지 및 사용(ㄹ)	시장점유율 확대(ㄴ)	점유율 방어(ㄷ)	비용 축소 (ㄱ)

30 경영이해능력 제품 수명 주기 이해하기

| 정답 | ②

| 해설 | 판매량과 이익이 급격히 증가하며 초기 수용층이 수용하는 단계인 성장기에 해당한다.

31 경영이해능력 경영전략 이해하기

| 정답 | ①

| 해설 | 원가 우위 전략은 원가 절감을 통해 해당 산업에서 우위를 점하는 전략으로, 주로 소품종 대량생산을 통해 단위 원가를 낮추거나 새로운 생산 기술을 개발하는 방식으로 이루어진다.

| 오답풀이 |

②, ③ 차별화 전략에 대한 설명이다.

④, ⑤ 집중화 전략에 대한 설명이다.

32 업무이해능력 업무수행 시트 이해하기

| 정답 | ③

| 해설 | 제시된 업무수행 시트는 간트 차트이다. 간트 차트는 목적과 시간의 두 기본적 요소를 이용하여 만드는 그래프로, 주로 공정 관리 등에 쓰인다. 간트 차트를 사용하면 단계별로 소요되는 시간과 각 업무활동 사이의 관계를 한눈에 확인할 수 있다.

| 오답풀이 |

① 일의 흐름을 동적으로 보여 주는 업무수행 시트는 워크플로 시트이다.

② PERT/CPM 차트는 프로젝트를 수행하기 위한 세부 활동과 그 세부 활동들의 연관성을 분석하고 그를 통해 프로젝트에 요구되는 사항들을 예측하기 위해 쓰인다.

④ 각 활동별로 기대되는 수행수준을 달성했는지를 보여 주는 업무수행 시트는 체크리스트이다.

⑤ 업무에 소요될 시간의 추정치를 확률로 계산하는 업무수행 시트는 PERT 차트이다.

33 협상능력 협상의 인식 차원 파악하기

| 정답 | ②

| 해설 | 김민철 대리는 협상의 상대를 서로 갈등관계에 있는 존재로 인식하고 있다. 갈등해결 차원에서의 협상은 갈등관계에 있는 이해당사자들이 대화를 통해 갈등을 해결하고자 하는 상호작용 과정이다.

| 오답풀이 |

① 의사소통 차원 : 이해당사자들이 자신의 욕구를 충족시키기 위해 최선의 것을 얻고자 상대방을 설득하는 과정

③ 지식과 노력 차원 : 얻고자 하는 것을 가진 사람의 호의를 얻어내기 위한 지식과 노력의 분야

④ 의사결정 차원 : 둘 이상의 이해당사자들이 여러 대안 중 모두 수용 가능한 대안을 찾기 위한 과정

⑤ 교섭 차원 : 선호가 서로 다른 협상 당사자들이 합의에 도달하기 위해 공동으로 의사결정하는 과정

34 대인관계능력 감정은행계좌 이해하기

| 정답 | ①

| 해설 | 감정은행계좌 저축이란 인간관계에서 신뢰를 구축하는 것을, 인출이란 신뢰를 잃는 것을 의미한다. 따라서 심신을 과로시키거나 쇄신하는 것은 감정은행계좌의 저축, 인출하는 행동에 해당하지 않는다.

35 대인관계능력 인지적 오류 파악하기

| 정답 | ②

| 해설 | 개인화(Personalization)는 주변 사건들의 발생에 마치 자신이 큰 원인을 제공했다고 생각하는 인지적 오류이다. 윤 대리는 직원들이 웃는 것을 보고 그 원인을 자기 자신에서 찾고 있다. 그러므로 거의 혹은 전혀 근거가 없는 경우에도 외적 사건과 자신을 연관시키는 개인화의 오류를 범하고 있다.

| 오답풀이 |

① 긍정격하(Disqualifying the Positive) : 객관적으로 긍정적인 경험임에도 그것이 자신에게 아무런 영향을 줄 수 없다고 인식하고 이를 거부하는 것을 의미한다.

③ 공평한 세상의 오류(Just-world Fallacy) : 세상은 공정하므로 만일 누군가에게 불합리한 일이 발생했다면 그것은 그 사람의 잘못 때문이라고 추측하는 것에서 발생하는 오류를 의미한다.

④ 극소화(Minimization) : 어떤 사건의 의미나 중요성을 실제보다 지나치게 축소하는 오류이다.

⑤ 파국화(Catastrophizing) : 부정적 사건이 비합리적으로 과장되어 최악의 결과를 가져올 것이라고 생각하는 인지왜곡현상을 말한다.

36 팀워크능력 켈러먼의 팔로워십 유형 이해하기

| 정답 | ③

| 해설 | 켈러먼의 팔로워십 유형 중 참여형에 해당하는 설명이다.

| 오답풀이 |

① 고립형 : 주변에서 어떤 일이 일어나는지 전혀 관심 없이 그저 자기 일만 하는 유형으로, 주로 조직의 규모가 큰 곳에서 많이 발견된다.

② 방관형 : 일종의 무임승차자들로 자신의 관심사와 조금 맞으면 동기부여가 되지만 그 외의 대부분의 일에는 무관심하면서 수동적인 태도를 보이는 유형으로 외관상으로는 따르는 듯싶지만 내적으로 동기부여되지 않는다.

④ 행동형 : 리더의 의견에 동조하면 발 벗고 나서서 도와주지만 반대하면 그를 사임시키고 물러나게끔 행동을 하기도 하는 일종의 영향력 행사자에 해당하는 유형이다.

⑤ 골수분자형 : 리더에게 전적으로 의존하고 그들의 말에 전적으로 동의하는 유형으로, 역으로 '내부고발자'형으로 나타나 조직의 모든 암적 현상을 외부로 드러내는 역할을 하기도 한다.

37 갈등관리능력 갈등관리의 방법 파악하기

| 정답 | ①

| 해설 | 조직 내에서 의견이 불일치하는 경우는 반드시 발생하며, 이러한 논쟁을 건설적으로 해결하고자 하는 자세가 필요하다. 다른 팀원과 불일치하는 쟁점 사항이 생겼을 경우 우선 갈등의 존재를 서로 인정하며 상호신뢰를 바탕으로 솔직하게 토의함으로써 갈등을 해결하는 것이 바람직하다. 따라서 관리자에게 먼저 말하는 것은 옳지 않다.

38 리더십능력 변혁적 리더십 이해하기

| 정답 | ④

| 해설 | 변혁적 리더십이론은 종래의 모든 리더십이론을 거래적 리더십이론이라고 비판하면서 등장한 이론이다. 거래적 리더십이론은 지도자가 제시한 조직목표를 구성원들이 성취하면 그에 따른 보상을 주는, 목표 달성과 보상을 서로 교환하는 현상을 리더십으로 보는 입장이다.

39 리더십능력 코칭 과정 파악하기

| 정답 | ③

| 해설 | 코칭이란 코치와 코치를 받는 사람이 파트너를 이뤄서 스스로 목표를 설정하고 효과적으로 달성하며 성장할 수 있도록 지원하는 과정이다. 코칭이 이루어지는 과정은 다음과 같다.

1. 시간을 명확히 알린다(㉠).
2. 목표를 확실히 밝힌다.
3. 핵심적인 질문으로 효과를 높인다(㉡).
4. 질문에 대한 답변을 적극적으로 경청한다.
5. 반응을 이해하고 인정한다(㉢).
6. 스스로 해결책을 찾도록 유도한다.
7. 코칭의 과정을 반복한다.
8. 인정할 만한 일은 확실히 인정한다(㉣).
9. 결과에 따른 후속 작업에 집중한다(㉤).

따라서 ㉢에는 '반응을 이해하고 인정한다'가 적절하다.

40 고객서비스능력 고객만족도 조사 방법 알기

| 정답 | ④

| 해설 | 심층면접법의 특징은 다음과 같다.

- 일대일 대면접촉에 의해 응답자의 잠재된 동기, 신념, 태도 등을 발견하는 데 유용하다.
- 30분에서 1시간 정도의 비교적 긴 시간이 소요된다.
- 다른 방법을 통해 포착할 수 없는 심층적인 정보를 경험적으로 얻을 수 있다(ㅁ).
- 독특한 정보를 얻을 수 있다(ㄷ).
- 면접의 결과를 사실과 다르게 해석할 가능성이 있다(ㅂ).

설문조사의 특징은 다음과 같다.

- 비교적 빠른 시간 내에 조사를 실시할 수 있다(ㄴ).
- 조사결과를 통계적으로 처리할 수 있다(ㄱ).
- 응답자들이 쉽게 이해할 수 있는 말로 질문을 구성해야 한다(ㄹ).

따라서 ㄱ, ㄴ, ㄹ은 설문조사, ㄷ, ㅁ, ㅂ은 심층면접법의 특징이다.

최신
새마을금고
기출 유형

실제 시험과
동일한 구성의
모의고사

2025
고시넷
대기업

MG새마을금고 NCS 직업기초능력평가

기출예상모의고사

gosinet
(주)고시넷

공기업_NCS

2025 고시넷 공기업
초록이 1 NCS 통합기본서
2025 고시넷 공기업
초록이 2 NCS 통합문제집
고시넷 공기업
NCS 피듈형 통합 오픈봉투모의고사 6회
고시넷 공기업
LH한국토지주택공사 5·6급 NCS 기출예상모의고사 6회
고시넷 공기업
LH한국토지주택공사 업무직 NCS 기출예상모의고사 5회
2025 고시넷 공기업
코레일 한국철도공사 NCS + 철도법 기출예상모의고사
2025 고시넷 공기업
코레일 한국철도공사 경영학 직무수행능력평가 기출문제집
2025 고시넷 공기업
코레일 한국철도공사 보훈·고졸채용 NCS + 철도법 기출예상모의고사
고시넷 공기업
서울교통공사 NCS 기출예상모의고사 8회
고시넷 공기업
부산교통공사 +부산시 공공기관 통합채용 NCS 기출예상모의고사 6회
고시넷 공기업
경기도 공공기관 통합채용 NCS 기출예상모의고사 6회
고시넷 공기업
한국산업인력공단 6급 NCS + 한국사 + 영어 기출예상모의고사 5회
고시넷 공기업
한국가스공사 NCS 기출예상모의고사 6회
2025 고시넷 공기업
한국도로공사서비스 NCS 기출예상모의고사
고시넷 공기업
한국전력공사 NCS 기출예상모의고사 5회
고시넷 공기업
사람인 NCS 출제유형모의고사
고시넷 공기업
인크루트 NCS 출제유형모의고사
고시넷 공기업
휴노 NCS 출제유형모의고사
고시넷 공기업
매일경제 NCS 출제유형모의고사
고시넷 공기업
휴스테이션 한국사회능력개발원 NCS 출제유형모의고사
고시넷 공기업
한국도로공사 NCS 기출예상모의고사 5회
2024 NCS 고시넷 공기업
공기업 통합전공 사무직 핵심이론 + 문제풀이 (경영학/경제학/행정학/법학)
고시넷 공기업
한국수자원공사 NCS 기출예상모의고사 6회
2025 고시넷 공기업
코레일 한국철도공사 경영학 통합기본서
고시넷 공기업
한국수력원자력 NCS 기출예상모의고사 4회